中国财经学术专著系列

河北省小企业创业基地建设理论与实践

Theory and Practice of Entrepreneurial Base Construction to Small Enterprises in Hebei Province

韩景元 等著

中国财富出版社

图书在版编目（CIP）数据

河北省小企业创业基地建设理论与实践 / 韩景元等著 . —北京：中国财富出版社，2015.6

（中国财经学术专著系列）

ISBN 978－7－5047－5676－3

Ⅰ. ①河…　Ⅱ. ①韩…　Ⅲ. ①中小企业—企业管理—研究—河北省　Ⅳ. ①F279.243

中国版本图书馆 CIP 数据核字（2015）第 081780 号

策划编辑　王淑珍　　　**责任印制**　方朋远

责任编辑　孙会香　惠　婳　　　**责任校对**　梁　凡

出版发行　中国财富出版社

社　　址　北京市丰台区南四环西路 188 号 5 区 20 楼　　　**邮政编码**　100070

电　　话　010－52227568（发行部）　　　010－52227588 转 307（总编室）

010－68589540（读者服务部）　　　010－52227588 转 305（质检部）

网　　址　http：//www. cfpress. com. cn

经　　销　新华书店

印　　刷　北京京都六环印刷厂

书　　号　ISBN 978－7－5047－5676－3/F·2366

开　　本　710mm×1000mm　1/16　　　**版　　次**　2015 年 6 月第 1 版

印　　张　27.25　　　**印　　次**　2015 年 6 月第 1 次印刷

字　　数　489 千字　　　**定　　价**　78.00 元

序

创业活动不同于一般的经营工作。创业活动强调把握机会，创造性地整合资源，关注创新和变革，敢于承担风险。谢恩（Shane）和维卡塔拉曼（Venkataraman）认为：作为一个商业领域，创业致力于理解创造新事物（新产品或服务、新市场、新生产过程或原材料、组织现有技术的新方法）的机会是如何出现并被特定个体所发现或创造的，这些人如何运用各种方法去利用或开发它们，然后产生各种结果。不论国际还是国内，创业活动都已被认为是经济增长的引擎。20 世纪 90 年代，美国的大企业裁掉了 600 多万个工作岗位，但失业率却降至历史上的最低水平，主要是创业者创建新企业的结果；1999 年全年，超过 900000 个新企业在美国成立［美国小企业管理局（SBA），1999］；1998 年的统计，美国有 1000 万人是自我雇用的；由少数民族和妇女创建的企业总数达 325 万家，共雇用了 400 多万人并产生了 4950 亿美元的收入［美国小企业管理局（SBA），1999］。如果再加上（在现有企业内）由内创业家（Intrapreneur）的内部创新创业活动，创业活动是经济增长的引擎是一个事实。国内也是如此，从改革开放初期的“弄潮儿”——个体户，到靠知识起家的高技术企业，都推动了中国经济的进步。

创业包括三种类型：小企业、创新企业和企业内部创业。

创业往往和新企业的创建联系在一起，创业企业更多的时候是小企业，这些企业利用自己所掌握的资源或优势与市场上原有的同类企业进行竞争。很多国家的政府对新的小企业创建提供支持，体现为办理手续的简便、管理咨询和指导税收优惠等。

有时政府还会以更为特殊的方式支持新企业的创建，特别是创新企业。创新企业是发展出原来市场上不存在的企业经营行为的新企业。这些企业或是为市场提供新产品或服务，或是采取了新的营销方式，或是开发出提供产品或服务的新方法。它们要么在市场上创造出原来没有的职位，增加了就业，要么发现了原来没有得到满足的细分市场，扩大了市场的边界。在我国，全国各地的高新技术园区往往有企业孵化器之类的机构，它的功能就是向新设立的创新企业提供经营便利，包括低租金的办公室和优惠贷款。很多创新企业在很短的时间里成长为大型企业，这一点在 IT（信息技术）产业中表现特别明显。

创业也包括在原有企业的内部设立新的部门、团队、进入新的市场和建立联盟来发现并利用新的机会，这称为企业内部创业。例如，联想本来是计算机产品的分销商和代理商，1994 年才成立 PC（个人电脑）事业部。对于联想公司，这是一个关键性的创业决策。如今，联想公司已经连续多年蝉联中国 PC 销售第一名。事实上，大型企业在今天比以往任何时候都更加强调创业。

强国富民应该是我国经济发展的根本目标，政府着眼于经济发展，往往抓大放小，从管理角度看，是明智的做法，但从经济发展的根本目标看，小企业的发展已经被各级政府提上议事日程。河北省中小企业局在创业辅导基地建设上取得了很大的成绩，对推动中小企业发展和创业活动起到了推动作用。如何规范、提高和发展创业辅导基地成为一个重要的问题，为此，自 2010 年起，河北科技大学经济管理学院受河北省中小企业局的委托进行了中小企业创业辅导基地的相关研究。在河北省中小企业局创新服务处（2014 年河北省中小企业局撤销，中小企业创业辅导基地的负责部门调整为河北省工业和信息化厅科技处）的指导和帮助下，课题组先后到杭州、温州、广州、东莞、深圳、南京、合肥等省外地区进行调研，赴衡水、邢台、唐山、沧州、保定、秦皇岛等地进行实地调研，累积近五年的扎实研究，取得了部分成果和结论。

一、河北省中小企业创业辅导基地的发展历程

河北省中小企业创业辅导基地的发展受到国家政策法律体系的深远影响，自发轫到现在可以分为起步期、发展期和规范期三个阶段。

1. 起步期（2001—2005 年）

2000 年以来，国务院及有关部委陆续出台了若干促进中小企业发展的政策措施，为中小企业创业辅导基地的出现提供了契机。2000 年国务院转发了《国家经贸委关于鼓励和促进中小企业发展的若干政策意见》；2000—2001 年，国家经贸委中小企业司相继出台了《关于培育中小企业社会服务体系若干问题的意见》《中小企业服务体系建设工作方案》《关于加强中小企业信用管理工作若干意见》等；2002 年 6 月 29 日出台了具有中小企业基本法地位的《中小企业促进法》，于 2003 年 1 月 1 日实施，其具体内容包括资金支持、创

业支持、技术创新、市场开拓、社会支持体系五大部分，其中指出："政府有关部门应当积极创造条件，提供必要的、相应的信息和咨询服务，在城乡建设规划中根据中小企业发展的需要，合理安排必要的场地和设施，支持创办中小企业。"这些法律法规的相继出台不仅为中小企业的发展提供了良好的环境，也为创业辅导机构提供了广阔的发展空间，河北省为了促进中小企业的发展，开始建立促进中小企业发展的各类园区、基地和中心等。2003 年年初唐山市被确定为全国五大创业辅导试点城市之一，建起了全省第一家创业辅导中心——唐山市中小企业创业辅导中心，此后先后在邯郸市、石家庄市设立了省级试点。2014 年对 163 家中小企业创业辅导基地的调查结果显示，2005 年以前的创业辅导基地的注册数量较少，如图 1 所示。

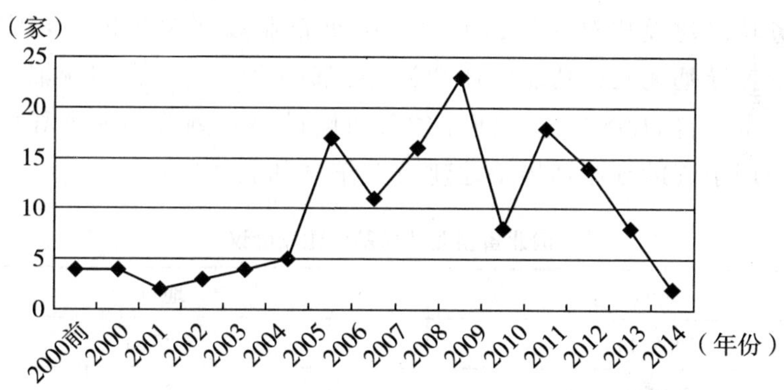

图 1　河北省创业辅导基地注册数量变化

数据来源：中小企业创业辅导基地 2014 年调查。

2. 发展期（2005—2008 年）

2005 年国务院出台的《关于鼓励支持和引导个体私营经济等非公有制经济发展的若干意见》要求："各级政府要支持建立创业服务机构，鼓励为初创小企业提供各类创业服务和政策支持。"为深入贯彻落实国务院《关于鼓励支持和引导个体私营等非公有制经济发展的若干意见》，省政府提出要重点加强创业辅导、融资担保、人才培训三大服务体系建设。鼓励有条件的市、县，要积极创办创业辅导基地，为中小企业初创者提供创业支持，解决初创阶段企业遇到的突出困难，提高创办企业的成功率。2006 年，河北省出台的《关于促进中小企业发展若干政策的意见》支持建立创业辅导基地，为创业者和中小企业提供生产、经营场所，开展创业辅导服务，政府有关部门要加大对创业辅导基地建设的供地力度，为无力单独用地建厂的中小企业提供生产经营场所。

2005年以后，河北省先后在秦皇岛等地召开了有关创业辅导基地建设的会议，如表1所示，对创业辅导基地的建设和发展起到了极大的促进作用。2005年，河北省在总结国家和省内创业辅导试点工作的基础上，制定了《河北省中小企业局关于加快推进创业辅导基地建设的指导意见》，提出了全省建立创业辅导基地的基本原则、任务目标、建设方式、规模标准和保障措施，指导和促进了全省创业辅导基地建设。2005年年底全省已建成和正在建设的中小企业创业辅导基地34个，建成标准厂房45万平方米，入驻企业1035家，安置就业3.6万人。2006年9月，针对基地服务功能建设相对滞后，河北省中小企业局《关于进一步完善中小企业创业辅导基地服务功能的通知》，对基地进一步完善创业辅导服务功能做出要求。自2006年起，河北省各级财政每年划拨创业辅导体系建设专项资金用于资助创业辅导基地建设工作（如表2所示）。

表1　河北省创业辅导基地建设会议

时间	地点
2005.11	秦皇岛
2006.5	衡水
2007.8	张家口
2008.9	衡水
2011.7	遵化

表2　政府对创业辅导基地的资金扶持

级别	金额（万元）
国家级	810
省级	1643
市级	559
县级	12189

3. 规范期（2009年至今）

2008年，为加快全省中小企业创业辅导体系建设，加强创业辅导基地的指导和服务，河北省制定了《中小企业创业辅导基地管理暂行办法》，组织省级创业辅导示范基地和创业辅导基地备案工作，该办法界定了中小企业辅导基地的概念——指能够为一定数量的创业者提供生产经营场所、公共服务设施和创业辅导服务，经省中小企业局备案的创业基地。此后创业辅导基地的建设日趋规范，备案基地数量也稳步增长，进入规范和稳定的增长期（如图 2 所示）。在国家和省中小企业专项发展资金对备案和示范的创业辅导基地建设项目继续给予资金扶持的基础上，从 2009 年起，河北省出台土地支持政策，连续 3 年按照每年每县（市、区）50 亩的规模安排用地指标专项用于创业辅导基地建设。

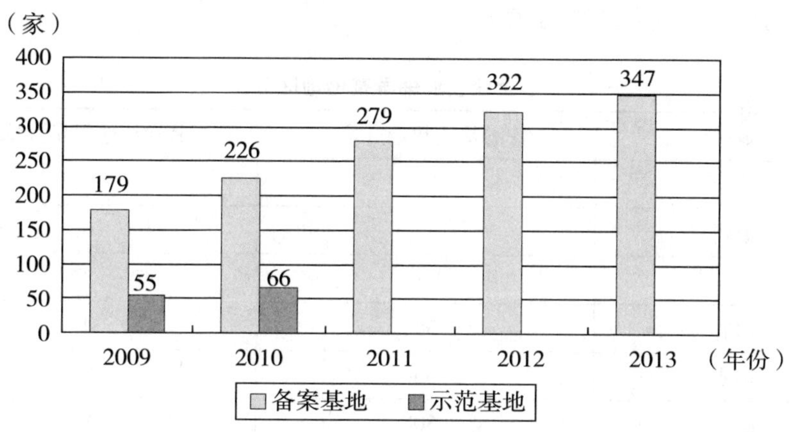

图 2　2009 年以后创业辅导基地备案和示范数量累积情况

为继续规范提升全省中小企业创业辅导基地的整体水平，加强创业辅导基地基础设施建设，完善创业辅导服务功能，推进创业辅导基地晋档省级，2012 年，河北省制定了《河北省中小企业创业辅导基地评价认定办法》，根据创业辅导基地的内涵和定位分析，对创业辅导基地的评价内容主要包括四个方面（基础资源、基地管理、服务功能、基地运营效果）和十二项具体内容（硬件设施、配套设施、服务机构、管理团队、管理制度、政务代理、技术信息、培训服务、融资服务、入驻企业数、毕业企业数、入驻企业满意度）。唐山市和邢台市工信局完成了 2012 年度基地自我评价和市局的评价初审，认定结果：五星级（6 家）、四星级（11 家）、三星级（13 家）、二星级（2 家）。星级评定对于规范创业辅导基地的建设，引导创业辅导基地的发展方向，全面提升创业辅导基地的质量有重大作用。

二、河北省中小企业创业辅导基地的发展现状

河北省中小企业创业辅导基地经过多年建设和发展，取得了重大进展，成为全民创业的重要载体，形成“政府主导，多元参与，植根产业集群，服务县域”的河北特色，产生了显著的经济、社会和生态效益，成为促进就业、解决“三农”问题、实现富民强县的有力抓手。

1. 基地总体数量不断增长

截至2013年，河北省共有省级备案基地347家，示范基地66家（如表3所示）。基本做到了每个县市均建有创业辅导基地，大大促进了基地所在地创业资源的整合和创业环境的优化。

表3　中小企业创业辅导基地地区分布

地区	备案基地数量（家）	示范基地数量（家）
保定	32	9
沧州	35	6
承德	18	3
邯郸	38	4
衡水	36	8
廊坊	30	8
秦皇岛	23	9
石家庄	31	6
唐山	39	3
邢台	31	7
张家口	34	3
合计	347	66

2. 基地的硬件环境建设不断完善

创业辅导基地内硬件设施齐全，基本实现了五通一平，能够提供办公用房，配备网络信息设备、通信设备、消防设备、公共设施等工具，实现了水、电、路、通信等资源共享。2014年调研数据显示，到2013年，创业辅导基地的建筑面积继续增加，基本满足了创业者的场地和厂房要求（如表4所示）。在硬件设备方面，如枣强玻璃钢复合材料创业辅导基地

拥有资产 1289 万元，电子万能试验机、巴士硬度计、管道水压检测、氧指数测定仪等实验检测仪器 19 台，试验设备 16 台，能够满足玻璃钢中小企业研究开发的需要。

表 4　　　　创业辅导基地面积汇总情况

	规划建筑面积（平方米）	已建建筑面积（平方米）	在建建筑面积（平方米）	利旧厂房面积（平方米）	已使用面积（平方米）
备案基地	32673354. 79	9946442. 73	2167148. 97	1496268. 00	8083115. 20
示范基地	3894312. 93	1680707. 73	547697. 60	357992. 00	1563169. 77

数据来源：中小企业创业辅导基地 2014 年调查。

3. 创业辅导基地的人才队伍建设不断加强

经过多年发展，创业辅导基地形成了一支体系完善、能力素质较高、熟悉基地管理运营的人才队伍，配备了相当数量的有着丰富创业服务经验的创业辅导人员，保证对创业者提供较为完善的创业服务。2014 年调研数据显示，共有近 200 名专业辅导师（员），其中大专以上学历占到 90% 以上，部分创业辅导师拥有硕士和博士学历，所学专业覆盖了创业所需要的管理、经济以及各类工科专业。如枣强创业辅导基地现有管理与服务人员 26 名，除抽调依托单位华强公司 3 名技术与管理骨干参与基地建设外，招聘 5 名重点院校大学生，聘请了衡水学院 1 名教授，管理人员中大学以上学历所占比例达到 94%，保证了团队素质与服务能力。

4. 基地为入驻企业提供专业化的创业服务体系

创业辅导基地积极为中小企业提供创业所需的各类服务，包括政务代理、企业创设服务、技术支持服务、人才开发与培训服务、信息服务、资金融通服务、管理咨询服务等。2014 年调研数据显示，2013 年，创业辅导基地共为近 5000 家企业提供各类服务达五万余次（如图 3 所示）。通过各类服务及扶持，创业辅导基地帮助基地内企业实现了良好发展质量，内部经营管理更规范，帮助企业迅速渡过婴儿期这个危险阶段，实现规模的成长，走上稳定成长的道路。

5. 创业辅导基地产生显著的经济效益

创业辅导基地通过创业环境的营造，解决了中小企业初创者资金、技术和土地等瓶颈制约，促进了中小企业的涌现和发展，通过产业聚集效应和规

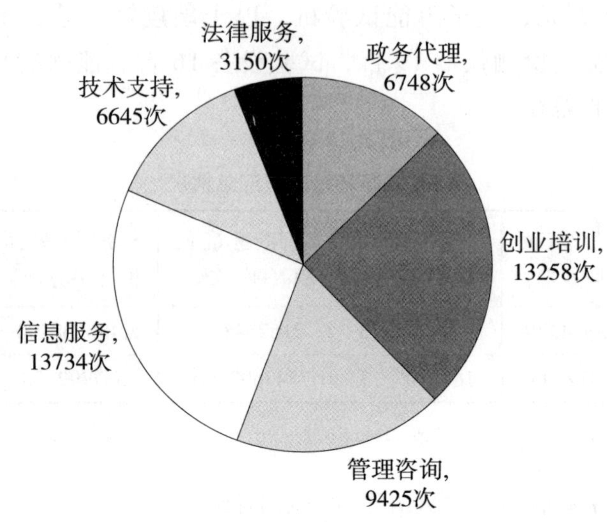

图 3　2013 年创业辅导基地提供各类创业支持服务次数

数据来源：中小企业创业辅导基地 2014 年调查。

模效应使得县域产业的效益也得到了提升，可持续发展能力大为增强。2013 年实现总产值 1092.84 亿元，上缴税金 22.98 亿元，显著提高了区域财政收入水平，成为实现富民强县的有效途径。

6. 创业辅导基地产生巨大的社会效益

创业辅导基地拓展了农民的就业和增收空间，逐步缩小城乡差距，为新农村建设奠定坚实的物质基础。通过对创业者的引导和对创业企业的扶持，创业辅导基地吸纳和培育了大量的中小企业。2014 年调研数据显示，截至 2013 年，全省创业辅导基地入驻企业数量达到 7359 家，其中规模以上企业 692 家，至今共孵化成功企业 1151 家，形成了持续的创业孵化能力。如枣强创业辅导基地自建立以来，基地内创业成功的企业家不胜枚举，资产达到百万元以上的创业成功者十几名，甚至有创业者在短短几年内资产达到了上千万元。另如武邑县创业辅导基地自 2005 年正式投入运作以来，已经帮助 14 家企业做大做强，其中有 9 家成功企业从创业辅导基地园区搬离自建厂房园区。创业辅导基地内的中小企业创造出大量的就业岗位，从而成为城镇下岗人员就业和农村剩余劳动力实现就地转移的渠道。2014 年调研数据显示，基地内企业吸纳了大量的就业人员，其中从业人员 192226 人，城镇下岗人员 41113 人，农村富余 92262 人。

7. 创业辅导基地产生明显的生态效益

创业辅导基地通过对分散加工、分散污染的小企业和加工散户的集聚，采用对环境污染问题的集中处理措施，解决了环境污染问题，产生了明显的生态效益。如顺平创业辅导基地集聚了县域内大小肠衣加工企业和个体户，原来散布于村落的肠衣加工小企业存在空气污染、噪声污染、水和土壤污染等环境问题，通过入驻基地，环境污染的问题由基地进行集中统一处理，极大解决了环境污染问题，提升周围居民生活质量。

8. 创业辅导基地提升了企业的创新能力

创业辅导基地也增强创业企业的技术创新能力。创业辅导基地通过连接企业、大学、科研机构、政府各创新要素，整合人才、资金、技术等各种创新资源形成了创新平台。基地内企业可以共享创新平台，如共享的技术研发设备、技术检测设备、政府创新的政策等。这些都极大地提升了基地内企业的创新动力和创新能力，可以提升区域经济活力、增强县域经济竞争力。如武邑县创业辅导基地内拥有河北省技术监督局下设在基地的省级金属橱柜质量检测机构，拥有价值六十多万元的检测设备和仪器，为武邑县金属橱柜产品通过相关质量认证提供质量保障服务。基地内某煤矿机械加工企业依托强大的技术创新平台进行技术创新，已经获得专利数项。

9. 形成较为完备的政策支持体系

在国家相关法律法规的基础上，河北省陆续颁布的相关法律法规，从法律的角度为建立创业基地提供了有力的支持（如表5所示）。各级政府积极融入创业基地的建设工作，不仅直接投入资金建设创业基地的实体设施，更是制定了相关的税收优惠和政策优惠，吸引新创企业入驻，扶持创业基地运作。在政府行政力量的推动下，资金、政策、区域内部的人力物力财力都能得到有效的整合和集中，对创业基地的建设与发展起到了很大的推动作用。

表5　河北省对于创业辅导基地主要支持政策一览表

年份	名称	主要内容
2005	《关于加快推进创业辅导基地建设的指导意见》	界定创业辅导基地，提出软硬件方面的基本要求
2006	《关于促进中小企业发展若干政策的意见》	支持建立创业辅导基地，为创业者和中小企业提供生产、经营场所，开展创业辅导服务

续 表

年份	名称	主要内容
2006	《关于进一步完善中小企业创业辅导基地服务功能的通知》	对基地进一步完善创业辅导服务功能做出要求
2007	《河北省人民政府关于鼓励创业的决定》	鼓励结合本地实际，采取政府引导扶持、鼓励多方投资，充分利用城乡各类园区、规模较大的闲置厂房和场地、专业化市场等适合中小企业聚集创业的场所，建设具有滚动孵化功能的中小企业创业辅导基地
2008	《中小企业创业辅导基地管理暂行办法》	建立创业辅导基地的备案制度和示范制度
	河北省推进全民创业大会	孙瑞彬副省长在讲话中明确提出“连续三年每年每县安排50亩土地，专项用于创业辅导基地建设”
2009	《河北省国土资源厅关于鼓励和推动全民创业有关政策的通知》	各设区市、扩权县要保障创业用地，2009—2011年各县（市）要安排50亩用地计划用于创业基地建设
2010	《河北省人民政府关于进一步加快民营经济发展的意见》	各设区市优先安排县（市、区）中小企业创业辅导基地建设用地，原则上每县（市、区）每年不少于50亩
2011	《关于进一步加快民营经济发展的意见》	继续安排50亩用地计划用于创业基地建设
2012	《河北省进一步支持小型微型企业和民营经济健康发展重点工作责任分工方案》	继续安排50亩用地计划用于创业基地建设
	推动中小企业创业辅导基地评价认定和评级	《河北省中小企业创业辅导基地评价认定办法》
2014	《关于鼓励创业促进就业的若干意见》	支持创业孵化基地建设，建设创业孵化基地（园区），为创业者提供低成本的创业孵化服务

10. 形成多元化的建设和发展格局

在基地的发展过程中，由于县域人口、经济、社会的背景不同，基地的主导力量拥有资源各异，相关利益者参与程度不同，各地创业辅导基地在发展过程中形成了多种发展方式。从主导力量上看，创业辅导基地的创建和运营有三种主导力量作为支撑，主要包括：政府主导力量、龙头企业领导力量、社会集群力量。从土地模式上看，主要包括国有土地、集体土地、自有土地等。从产业选择看，创业辅导基地主要包括两大类，即以服务业为主的创业辅导基地和以工业为主的创业辅导基地。从厂房供应看，创业辅导基地主要分为标准厂房供应和闲置厂房供应两种类型。标准厂房供应需要政府划拨土地或者利用乡镇集体土地，或者直接从工业园区、工业功能区中规划一块土地。闲置厂房供应通常是将空置或破产企业的厂房，或者其他闲置的国有或集体用房加以改造而成。

11. 和县域产业集群发展形成了良好的互动效应

创业辅导基地基本上都和当地的主要优势产业相结合，以县域内的工业加工业为主。形成了较强的产业聚集效应以及规模效应，培植了特色产业，促进了产业集群的发展。如小河庄创业辅导基地内大部分是电线电缆企业，而其所在地宁晋小河庄村的主导产业就是生产、销售电线电缆，目前共有国家质检总局颁发的电缆许可证的企业 38 家，被国家民委命名为“中国电线电缆第一庄”。再如清河县羊绒产业中小企业创业辅导基地就是和清河当地的主导产业羊绒产业相结合，从而使得创业者能够依托当地羊绒制品行业的优势资源。

三、河北省中小企业创业辅导基地的问题分析

虽然中小企业创业辅导基地建设取得了巨大的进展，发挥了明显的效益，但是在建设和发展过程中也存在着不少问题，主要表现在以下几个方面。

1. 对中小企业创业辅导基地的认识有待提高

一是由于对创业辅导基地的认识和宣传力度不足，造成了一些县（市）对创业辅导基地建设的作用、意义认识有待提高，项目规划起点低，基础设施、公用设施、服务设施不配套；二是有些县（市）没有准确认识创业辅导基地与工业园区的区别，使规划的创业辅导基地缺乏辅导和孵化功能，致使创业辅导基地演变成新的工业园区；三是有些县（市）没有真正让区域内广大群众明白创业辅导基地的内容和作用，使得创业辅导基地的示范和带动作用受到影响。

2. 对基地支持政策落实不均衡

部分县（市）在落实创业辅导基地的支持政策时，存在着落实力度不够的

问题，尤其是针对创业辅导基地的土地支持政策由于种种原因难以落实。我国正在大力推动全民创业，激发了全民创业热情。创业者的数量不断增多，大量中小企业需要场地孵化和支持，当前每年50亩的土地指标支持政策如果落实不力，就难以跟上基地发展的需求，土地限制成为基地扩大规模，提高容纳能力的制约因素。

3. 基地类型仍然较为单一

省内的创业辅导基地多以县域内的传统制造或产品加工业为主，主要是为大型企业进行加工配套或者处于分散加工的状态，多处于产业链的低端，缺乏竞争力和利润空间，也影响到了基地的持续发展。

4. 部分基地持续成长能力较弱

部分创业辅导基地还是以房租收入和政府补贴为主，缺乏商业模式上的创新，缺乏稳定的收入来源，难以支持创业辅导基地的发展。

5. 基地的创业服务体系仍然不够完备

在创业服务平台建设方面吸引包括天使投资、风险投资、法律、专利、金融、会计、咨询、策划、税务、资产评估、技术交易等中介服务机构的入住和参与还不够。仍停留在向入驻企业提供办公场所、物业管理及税收优惠政策等内容，提供企业所需要的辅导、融资等增值服务方面能力不强，服务于企业的方式方法不够丰富，虽然提供了物理空间和基本的物业服务，但在产业生态环境培育方面做得还不够，产业引导作用发挥还不够，导致作为孵化器“产出”的毕业企业数量不够多，质量不够高。对技术研发平台建设的投入比较少，缺少功能较为齐全的技术研发平台，也影响了在孵企业的成长速度。

6. 基地缺乏专业的创业辅导人员

多数创业辅导基地工作人员没有经过专业化培训，也没有企业经验，专业的创业辅导人员数量较少，难以满足基地内企业的需求。

7. 基地难以满足中小企业的融资需求

中小企业在创业初期对于资金的需求极其迫切，但创业辅导基地很难满足初创企业的资金需求。一是融资渠道少，创业企业从银行、小额贷款公司、担保公司获得贷款和担保的成功率很低，企业融资难，融资成本高。二是大多数创业辅导基地自身的经费靠政府拨款来维持，缺少创业投资所需要的资金。三是即使创业辅导基地有资金，由于没有专业人士进行管理，不能对项目进行有效评估，控制投资风险，因此也很难开展创业投资服务。

四、河北省中小企业创业辅导基地发展对策

积极推动中小企业创业辅导基地的建设和发展，构建适合于新创企业生成的良好环境，需要继续强化政府主导地位，需要创新基地的发展模式，完善辅导基地运营和管理机制，构建完善的创业服务支持体系。

1. 进一步完善政策扶持，继续大力推动辅导基地的建设

继续通过行政推动、政策支持和扶持引导等方式推动创业辅导基地的建设力度，为中小企业的发展提供厂房、资金、技术以及人才等支持。政府应通过政策、法律手段建立和完善各种协调机制，扮演辅导基地的监管者和协调者，应当积极协调国土资源、科技、人力资源和社会保障、团委、财政、住房城乡建设、商务等部门，加强沟通，整合各方资源，协同推进辅导基地的建设，在土地使用、税收优惠、资金扶持、工商登记等方面按规定给予基地政策支持。

2. 强化辅导基地的政策落实力度

行政推动是推动创业辅导基地建设的必要手段。为调动相关政府部门推动基地发展的积极性，提高政府部门落实支持政策的动力，应当建立相关单位的考核和激励体系，对于政策落实积极、推动基地发展成绩显著的给予奖励，对于政策落实不到位、辅导基地建设落后的部门给予督促。

3. 建立辅导基地网络平台

形成互联互通、服务协同、资源共享、信息畅通、供需对接的平台网络。一是可以以信息化、网络化手段处理基地的申报命名、巡检考核、数据统计等日常工作；二是可以作为平台供辅导基地进行经验交流、典型事迹宣传，争取社会各界的认同和支持，为创业辅导基地建设健康发展营造良好环境；三是以后逐步拓展到创业辅导信息服务平台和创业信息数据库，最终实现信息共享，联动服务，切实降低新创企业获取和使用信息的成本。

4. 采用多种方式建设创业辅导基地

新建一批：继续大力推动创业辅导基地的建设，在产业集群、产业集聚区、产业园区等各类产业化基地专门划出区域建立创业辅导基地。改造一批：对于各类老旧厂房、仓库进行改造，使之成为中小企业创业的载体。扩建一批：对于发展良好、效益显著的基地，应该在土地、资金和人员上予以支持进行扩建。发现一批：对运行良好的各类园区、基地进行强化其创业辅导、孵化和服务等功能后赋予中小企业创业辅导基地的资格。

5. 建立创业辅导基地分级分类管理体系

为区分创业基地的侧重点，进行针对性的管理和指导，应建立创业辅导基地分级分类管理体系。一是分级管理。由县一级审核并向上推荐创业辅导基地，进入各市的创业辅导基地备案数据库，进行动态管理；市一级根据评价条件对数据库内的备案基地进行年度审核并授予“重点基地”的资格，对于“重点基地”中的优秀者按规定可授予“省部示范基地”。二是进行分类指导。主要是继续拓展创业辅导基地的产业特色，并根据基地的产业背景的不同出台具体管理措施。具体可以划分为以下几类：处于市区内的基地以科技创新型企业和现代服务业企业为主，侧重于承接京津冀一体化进程中北京和天津的高科技产业转移、成果专业，以及配套服务。县域内的基地主要和县域内产业集群相结合，以传统制造和产品加工业为主。处于乡村的基地以服务于农业产业化为主，主要是劳动密集型和农副产品加工企业。

6. 建立创业辅导基地的动态管理机制

建立动态化、能进能出、能上能下的创业辅导基地管理机制，具体包括：一是设置合理的准入门槛。对具备创业辅导条件并具有服务社会热情的创业服务机构应该积极高效地进行备案和资格授予，组织引导并鼓励他们向基地内中小企业创业者提供创业辅导服务。二是建立完善的考核机制。可以从基础资源、基地管理、服务功能、基地运营效果四个方面对创业辅导基地进行考核，同时依据考核结果进行评级和后续奖惩。三是建立有效的激励机制。激励机制是推动创业辅导基地建设的有效手段，结合考核机制可以向在年度考核中绩效显著的辅导基地给予褒奖，进一步放大其在整个创业辅导体系中的示范作用。四是建立动态的退出机制。对辅导基地试行检查和报告制度，并建立退出机制，对巡检中发现的问题限期整改；对问题突出、不能发挥示范作用的基地予以摘牌。

7. 推动创业辅导基地运营机构的专业化

逐步引入市场力量参与创业辅导基地的运作，推动专业的创业辅导基地运营商的发展，提倡形成连锁化、标准化和集团化的发展方式，以统一的品牌形象进行快速、高品质、可复制的持续发展。

8. 创新辅导基地的赢利模式

当前基地的运营主要依靠国家政策拨款和向入驻企业收取租金和服务费用，对于创业辅导基地的长期运营发展来说远远不够。要扩大创业辅导基地的收益来源，可以从以下三个方面着手：第一，引入多元化的投资主体，增加创业基地的运营资金；第二，创建品牌化服务体系，扩大服务收入；第三，对基地企业投资的股权化收入。

9. 构建品牌化的创业服务体系

专业的创业服务是辅导基地的核心价值所在，由辅导基地出面整合创业服务的社会资源，吸纳会计事务所、律师事务所、创业投资公司、管理咨询公司等社会创业服务机构构建功能完善的创业服务系统，创建服务品牌，使服务真正为创业者创造价值，为基地带来效益。

10. 大力培养创业辅导人员

采用多种形式培育创业辅导师队伍，同时聘任熟悉创业政策的政府工作人员、高等院校科研单位的专家教授、具有丰富创业经验的企业家和具有管理、技术、融资、法律等各方面专长的人员为创业辅导师，为基地内创业者提供培训、咨询、诊断等服务，不断提升创业辅导水平和创业成功率。

11. 进行金融创新，破解融资难题

处于初创期的企业是最渴望资金但又最难得到资金的时期。要继续建立完善多元化的投入体系，形成政府投入为引导、企业投入为主体、风险投资为支撑、银行贷款、机构融资并举的多元化投入格局，构建“政府＋基地＋银行＋创投＋担保＋保险”的多层次科技金融服务体系，重点是构建信用担保体系和加强与其他财务机构的合作，帮助大多数中小企业破解融通资金难、信用程度低、财务成本高等金融难题，同时解决金融机构小型微型贷款操作难问题。

12. 健全辅导基地组织管理体系

创业辅导基地作为一个组织，必须要有完备的组织管理体系才可以保证基地的有效运行。包括完善创业辅导基地的法人治理结构，建立职能清晰的组织部门，建设职业化的管理团队以及建设有特色的创业辅导基地企业文化等。

13. 完善对辅导基地入驻企业的管理机制

行之有效的管理机制是创业辅导基地提升培育水平、提高培育效率的关键，包括入驻企业的筛选机制、竞争机制和毕业机制。筛选机制包括筛选标准和筛选流程的制定，由于基地的容纳能力和培育能力有限，有必要对拟入住的新创企业进行严格筛选，以保证培育质量和培育资源的有效利用。竞争机制是指基地内的中小企业对服务的获取的竞争，创业基地有必要对入驻企业设立一定的评价标准，以保证基地的有限的服务资源能够像发展潜力较大的企业进行倾斜，以实现资源的最有效配置。毕业机制是指当企业的生产经营步入正轨，有能力自立时就应该离开创业基地去谋求更大的发展。应当明确毕业标准及入驻企业出现重大问题时的淘汰标准。

课题研究过程中得到浙江中小企业局、广东省中小企业局、江苏省中小企业局、安徽省中小企业局、衡水市中小企业局、邢台市中小企业局、河北华强科技开发有限公司、浙江华新实业有限公司、清河羊绒制品市场管理委员会、香河中小企业局等单位的大力协助，在此表示感谢！工信厅吴聚平处长、王中朝处长、赵克时处长、王雅君厅长等亲自参与了研究工作并对本书的撰写给予了帮助和指导，一并表示感谢。

本书第2章、第4章、第6章由杨彦波撰写，第3章、第5章、第17章、第18章、第19章由赵利勇撰写，其余章节由韩景元撰写，赵云鹤参与了第二部分的撰写工作，张静参与了第四部分的撰写工作。

需要说明的是，在本书定稿之际，工信部将中小企业创业辅导基地正式规范为小企业创业基地，其概念、内涵及形态、政策也会有所调整，为便于交流，将本书名称改为小企业创业基地，但书中的概念仍沿用中小企业创业辅导基地，特此说明。

作　者

2015年2月

目　录

第一部分　创业辅导基地的基本理论研究

第一部分

创业辅导基地的基本理论研究

1 中小企业的界定

1.1 中小企业的界定原则

中小企业的定义最早见于法国中小企业联合会1946年的纲领，该纲领第二条写道：“中小企业是这样的企业，其领导人亲自承担企业的财务、技术、社会和道德责任，而不管这种企业的法律形式如何。”这种定义强调的是企业所有权和领导权，而未界定规模（包括资金和雇工人数）。中小企业是一个相对的概念，试图在理论上或实践上给出一个明确的定义是相当困难的。目前世界各国对中小企业的界定尚无完全统一的标准，其主要原因是：①不同国家和地区的经济发展水平不一样，中小企业所处的经济发展环境也有差异；②即使是同一国家或地区，不同时期的经济发展状况也不同，从而导致划分标准的变化；③企业发展的本身就是一个动态的过程，是各种条件和因素的综合体，本身的差异性很难找到统一的标准。因此，在对中小企业进行界定时要坚持差异性和相对性两个原则。

1.2 中小企业的界定标准

目前对中小企业的划分标准有定量（Quantitative）和定性（Qualitative）两类。前者主要根据雇员人数、资产、营业额等数量指标划分；后者也称质量界定标准，“独立所有”“自主经营”“较小的市场份额”为其中最核心的内涵。其中，定量标准又可细分为“单一标准”与“复合标准”，前者只采用一个指标（通常是雇员人数），后者包括多个量化参数，目前全世界80%以上的国家皆采用定量标准。

1.2.1 国外中小企业的界定标准

1. 美国中小企业的界定标准

美国《中小企业法》(1953)规定:“是独立所有和经营,并在某行业领域中不占支配地位的企业均为小企业(中小企业)。”美国中小企业的划分标准主要有两种:第一种是由中小企业管理局(SBA)颁布的,主要是从雇员人数上划分中小企业;第二种是由美国经济发展委员会颁布的,主要从质的方面划分,规定任何企业只要符合下列四个标准中的两个或两个以上就属中小企业。这四个标准是:①独立经营,即企业主同时也是经理;②企业的资本是由一个人或少数几个人提供的;③企业产品的销售范围主要是当地;④和本行业的大企业相比企业规模较小。以上四个标准实际上是相互补充的作用。

按照中小企业管理局2000 年4 月对中小企业划分的最新标准,美国中小企业是根据不同的行业,按照雇员人数、企业资本金和企业规模来划分的。一般行业,雇员在500 人以下,或企业资本金在500 万美元以下的为中小企业;特殊行业,如石油化工、航空货运、海洋货运等,雇员人数不超过1500人,资本金不超过2750 万美元的为中小企业;农、林、渔行业的年销售额在500 万美元以下的为中小企业。

2. 加拿大中小企业的界定标准

加拿大政府并没有给中小企业下一个统一的定义,有关机构和组织根据自身的业务需要对中小企业下了各自不同的定义。加拿大银行协会将放贷授权在25 万加元以下的企业划为小企业。加拿大出口发展公司把年出口额在100 万加元以下的企业定为小企业。加拿大税务局将应税收入低于40 万加元、应税资本低于5000 万加元的企业归类为中小企业。加拿大工业部以雇用人员数量的多少来划分中小企业:第一,不足5 人的企业为微型企业;第二,生产企业少于100人,服务业企业少于50 人为小企业;第三,雇用100 人以上的生产企业和50 人以上的服务企业但规模均在500 人以下的企业为中等企业。

3. 日本中小企业的界定标准

日本是按照从业人员的规模和资本金规模来划分企业规模的。根据日本政府1999 年出台的新《中小企业基本法》的规定:制造业资本金在3 亿日元以下、从业人员在300 人以下的为中小企业;批发业资本金在1 亿日元以下、从业人员在100 人以下的为中小企业;零售业资本金在5000 万日元以下、从业人员在50 人以下的为中小企业;服务业资本金在5000 万日元以下、从业人员在

100人以下的为中小企业。与1963年的《中小企业基本法》相比，新《中小企业基本法》提高了中小企业的最低资本金，相当于是扩大了中小企业的范围。

4. 德国中小企业的界定标准

欧盟对中小企业有一个统一的界定标准，雇员人数在250人以下的为中小企业，其中又把50～249人的企业定义为中型企业，50人以下的为小型企业。

位于德国波恩的中小企业研究所于2002年9月对其中小企业定义的量化指标进行了调整。在确定营业额规模等级方面，中小企业研究所遵循了欧盟对中小企业的定义，将雇员数少于500名、年营业额在5000万欧元以下的企业称为中小企业。同时又把年营业额100万欧元、雇员10人作为中、小企业的界限。员工数在9人及9人以下、年营业额在100万欧元以下的称为小型企业。

5. 法国中小企业的界定标准

法国政府规定雇员500人以下的企业为中小企业。法国企业法对中小企业的界定标准如下：雇员人数在500人以内且年营业额不超过4000万欧元，或大企业持有股权在25%以下的工业、商业、服务业和制造业企业为中小企业。法国对中小企业的界定遵循雇员人数的原则，且对中型、小型和超小型企业也做了严格的区分。其中雇员人数低于10人的为非常小型企业，10～499人的为中小型企业。

6. 英国中小企业的界定标准

英国在中小企业的划分上基本上采用欧盟的统一标准，将年营业额在4000万欧元以下、员工少于250人的企业统称为中小企业。此外，英国博尔顿委员会也提出中小企业定性界定的三分法。一是中小企业一般占有相关市场的较小部分，这表明中小企业对价格、产品数量或所处环境影响力很微弱，但这并不排除中小企业可能在某个小型专业市场占有很大的份额。二是中小企业一般没有定型的管理机构，一般是由企业主负责主要决策和日常经营管理。三是中小企业不受母公司的控制，中小企业一般具有决策自主权。博尔顿委员会的定义强调了中小企业“市场份额、人格化管理和独立决策”的性质。博尔顿委员会最初把制造业、零售业、批发业、建筑业、采矿业、汽车业、服务业、公路运输业、饮食业9个部门，规定雇员不到200人为中小企业，后又改为不超过100人。在英国经济学界，对中小企业又提出了另外的界定标准。如《小企业——金融与控制》一书的作者吉姆认为，一个企业如果符合下列三个条件中的两个就可以称为中小企业：①营业额不超过100万英镑；②资产总负债不超过70万英镑；③平均每周雇员不超过50人。

7. 意大利中小企业的界定标准

意大利对中小企业在法律上没有统一的规定，在统计上一般主要以企业雇员的多少作为企业规模的参照标准。企业雇员在500人及以上的视为大企业，雇员在499人及以下的则视为中小企业；在中小企业中，一般又将雇员在100~499人的视为中型企业，而将占中小企业总数95%以上的雇员在99人及以下的视为小型企业。

8. 韩国中小企业的界定标准

韩国对中小企业的政策界定主要沿用1986年的标准，以企业雇用人数和资产额为规模划分标准，雇用人数在300人以下的制造业、矿业和运输业企业，200人以下的建筑业企业，20人以下的商业服务业企业，只要不是财阀所属企业，均可视为中小企业。

1.2.2 我国中小企业的界定标准

1. 我国大陆地区中小企业的界定标准

我国的中小企业划分标准自新中国成立以来曾做过六次更改：第一次是20世纪50年代，主要是以企业职工人数作为企业规模的划分标准。第二次是1962年，改为按固定资产价值数量作为划分标准。第三次是1978年，国家计委发布《关于基本建设项目的大中型企业划分标准的规定》，把划分企业规模的标准改为“年综合生产能力”。第四次是1988年，对1978年标准进行修改和补充，重新发布了《大中小型工业企业划分标准》，按不同行业的不同特点作了分别划分，将企业规模分为特大型、大型（分为大一、大二两类）、中型（分为中一、中二两类）和小型四类六档。当时中小企业一般指中二类和小型企业。1999年再次修改，根据1999年国家统计局和原国家经贸委制定的我国企业类型划分标准，将销售收入和资产总额作为主要考察指标，资产总额和年销售收入5000万元以上为中型企业，资产总额和年销售收入5000万元以下为小型企业。

最新一次对中小企业标准的制定，是为贯彻实施2002年6月29日全国人大通过的、在2003年1月1日正式实施的《中华人民共和国中小企业促进法》，于2003年2月19日国家经济贸易委员会、国家发展计划委员会、财政部、国家统计局联合公布的国经贸中小企〔2003〕143号文件《关于印发中小企业标准暂行规定的通知》（以下简称《通知》）中规定的，该《通知》指出，《中小企业标准暂行规定》中的中小企业标准根据企业职工人数、销售额、资产总额等指标，结合行业特点制定，适用于工业、建筑业、交通运输和邮政业、批发和零售业、住宿和餐饮业。其中，工业包括采矿业、制造业、电力、燃气及水的生产和供应业。具体划分标准如表 1－1 所示。

表 1－1　　我国中小企业的划分标准

	行业职工人数		销售额（元）		资产总额（元）	
	一般标准	中型企业	一般标准	中型企业	一般标准	中型企业
工业	<2000 人	≥300 人	<3 亿	≥3000 万	<4 亿	≥4000 万
建筑业	<3000 人	≥600 人	<3 亿	≥3000 万	<4 亿	≥4000 万
批发业	<200 人	≥100 人	<3 亿	≥3000 万		
零售业	<500 人	≥100 人	<1.5 亿	≥1000 万		
交通运输业	<3000 人	≥500 人	<3 亿	≥3000 万		
邮政业	<1000 人	≥400 人	<3 亿	≥3000 万		
住宿和餐饮业	<800 人	≥400 人	<1.5 亿	≥3000 万		

工业，中小型企业须符合以下条件：职工人数 2000 人以下，或销售额 30000 万元以下，或资产总额为 40000 万元以下。其中，中型企业须同时满足职工人数 300 人及以上，销售额 3000 万元及以上，资产总额 4000 万元及以上；其余为小型企业。

建筑业，中小型企业须符合以下条件：对职工人数 3000 人以下，或销售额 30000 万元以下，或资产总额 40000 万元以下。其中，中型企业须同时满足职工人数 600 人及以上，销售额 3000 万元及以上，资产总额 4000 万元及以上；其余为小型企业。

批发和零售业，零售业中小型企业须符合以下条件：职工人数 500 人以下，或销售额 15000 万元以下。其中，中型企业须同时满足职工人数 100 人及以上，销售额 1000 万元及以上；其余为小型企业。批发业中小型企业须符合以下条件：职工人数 200 人以下，或销售额 30000 万元以下。其中，中型企业须同时满足职工人数 100 人及以上，销售额 3000 万元及以上；其余为小型企业。

交通运输和邮政业，交通运输业中小型企业须符合以下条件：职工人数 3000 人以下，或销售额 30000 万元以下。其中，中型企业须同时满足职工人数 500 人及以上，销售额 3000 万元及以上；其余为小型企业。邮政业中小型企业须符合以下条件：职工人数 1000 人以下，或销售额 30000 万元以下。其中，中型企业须同时满足职工人数 400 人及以上，销售额 3000 万元及以上；其余为小型企业。

住宿和餐饮业，中小型企业须符合以下条件：职工人数 800 人以下，或销售额 15000 万元以下。其中，中型企业须同时满足职工人数 400 人及以上，销售额 3000 万元及以上；其余为小型企业。

中型企业：同时满足表中三项一般标准和三项中型企业标准的企业。

小型企业：同时满足三项一般标准，但不同时满足三项中型企业标准的企业。

2. 我国台湾地区中小企业的界定标准

我国台湾地区自 1967 年 8 月公布对中小企业的界定标准后，分别于 1973 年 3 月、1977 年 8 月、1978 年 2 月、1982 年 7 月、1991 年 11 月、1995 年 9 月和 2000 年 1 月修订过 7 次。依据台湾经济部发布的中小企业认定标准，系指依法办理公司登记或商业登记，并合于下列标准之事业：①制造业、营造业、矿业及土石采掘业实收资本额在新台币八千万元以下者。②农林渔牧业、水电燃气业、批发及零售业、住宿及餐饮业、运输仓储及通信业、金融及保险业、不动产及租赁业、专业科学及技术服务业、教育服务业、医疗保健及社会福利服务业、文化运动及休闲服务业、其他服务业前一年营业额在新台币一亿元以下者。另得以下列经常雇用员工数为中小企业认定标准：①制造业、营造业、矿业及土石采取业经常雇用员工数未满两百人者。②农林渔牧业、水电燃气业、批发及零售业、住宿及餐饮业、运输仓储及通信业、金融及保险业、不动产及租赁业、专业科学及技术服务业、教育服务业、医疗保健及社会福利服务业、文化运动及休闲服务业、其他服务业经常雇用员工数未满五十人者。

3. 我国香港地区中小企业的界定标准

依据香港政府的规定，任何从事制造业而在本港雇用少于 100 人的企业或任何从事非制造业（包括建造业、采矿业、采石业、电力及燃料生产业、进出口贸易、批发、零售、饮食、酒店、物流、运输、仓库、保险、地产、商用服务、社区服务、社会服务和个人服务业）而在本港雇用少于 50 人的企业为中小企业。

1.3 中小企业的特点

在社会再生产结构中，大企业占据了可实现规模经济的需求同质化领域，并展开了以独占市场结构为基础，以市场管理为核心的竞争，这种竞争通过再生产结构对中小企业的发展设置了障碍，造成了中小企业的脆弱性。与大企业相比，中小企业占据了不能实现规模经济的需求多样化领域，展开了以现场信息搜寻为核心的竞争，通过这种竞争，使中小企业的存在领域不断扩大，经营水平不断提高，确定了中小企业的成长性。这就是在现实市场中，中小企业既有成长性的一面又有脆弱性的一面。

1.3.1　中小企业的两面性

1. 大企业竞争与中小企业竞争的关系

大企业所处的市场竞争结构与中小企业所处的市场竞争结构是不同的，在需求同质化领域，规模经济性会放射出强大功能，大企业通过资本的积聚集中占据了需求同质化领域，规模的经济性和市场管理成为大企业市场竞争的手段。在需求多样化领域，规模经济性失去了作用。市场竞争的主要任务是现场信息的搜寻活动（即哈耶克式的竞争）。由于大企业栖息于需求同质化领域，中小企业栖息于需求多样化领域，所以大企业通过市场管理也无法废除需求多样化领域中展开的竞争，在大企业体制下需求多样化领域的竞争仍然会不断地进行，需求多样化领域在绝对量上会不断地增加。由于需求多样化领域被纳入了与需求同质化领域共生的结构中，也就是需求多样化领域被编入以大企业为核心的社会再生产结构中，所以，中小企业的竞争和大企业的竞争不可能没有关系。大企业竞争虽然不能废止中小企业竞争，但却可以通过再生产结构抑制推动中小企业发展的竞争方式。

中小企业在需求多样化领域进行竞争，大企业体制不能消灭需求多样化领域，说明了中小企业是具备成长性的企业群。然而，中小企业同时又被阻碍其成长的脆弱性所缠绕，为中小企业成长设置了屏蔽。可见，成长性是中小企业的基础，同时中小企业也携带着阻碍其成长的脆弱性。

2. 中小企业是成长性与脆弱性的统一体

对于中小企业问题的认识目前存在着两种中小企业观，一种是消极的中小企业观，一种是积极的中小企业观。中小企业是成长性和脆弱性的统一体。促进中小企业发展的竞争和阻碍中小企业的发展的大企业竞争相互作用，使中小企业同时存在着成长性和脆弱性，成长性和脆弱性构成了中小企业本质的两个方面，成长性和脆弱性形成了一体化。只看到中小企业的成长性是错误的，只看到中小企业的脆弱性也是错误的，承认中小企业成长性的同时不要否定其脆弱性，承认中小企业脆弱性的同时也不要否定其成长性，必须把成长性和脆弱性放在同一个视野中理解认识。

1.3.2 中小企业的多样性

对中小企业质的规定应该满足三个必要条件。第一个必要条件是能够说明在大企业体制下中小企业的成长性。第二个必要条件是能够说明中小企业的脆弱性。并通过中小企业与大企业不同的竞争方式的相互作用，说明中小企业是成长性和脆弱性的统一体。第三个必要条件是能够说明在中小企业成长性基础上构成的中小企业多样性。

在中小企业成长性基础上构成的多样性，不仅是中小企业的销售额和利润率与大企业相比更加分散，而且是在销售额和利润率分散的背后存在着企业质的分散，也就是中小企业是由多种异质的企业类型构成，这种内在的质的差异导致了中小企业的销售额和利润率的分散。

中小企业的存在是由推动中小企业发展的竞争和阻碍中小企业发展的竞争共同作用的结果。但是，对个别企业而言，推动中小企业发展的竞争和阻碍中小企业发展的竞争却是不同的，有的中小企业，推动中小企业发展的竞争可以充分展开，阻碍中小企业的竞争给中小企业带来的不良影响几乎没有。相反，另一些中小企业，推动中小企业发展的竞争不能充分展开，阻碍中小企业发展的竞争严重地制约着中小企业。尽管中小企业是成长性和脆弱性的统一体，但对个别中小企业而言，每个中小企业成长性和脆弱性的统一方式是不同的，因此，可以根据中小企业成长性和脆弱性统一的方式不同来界定中小企业的存在类型。

在同一个中小企业中，成长性和脆弱性势均力敌，是成长性和脆弱性相统一的典型，我们把这类中小企业群称之为“标准型中小企业”。这个模式作为分水岭把中小企业分成两极，一极是成长性强脆弱性小的中小企业群，我们把这类中小企业称之为“成长型中小企业”；另一极是脆弱性强成长性几乎不能看到的中小企业群，我们把这类中小企业称之为“脆弱型中小企业”。当然，这三种类型并不是截然分开的，各个类型的边界不是“一条线”而是一个区域，区分出三个基本类型的目的是解释在中小企业成长性基础上构成的中小企业多样性。

1.4 中小企业的基本分类

依据成长性和脆弱性的统一方式，把中小企业分成三种基本类型。但是，在每种类型中，中小企业的成长性和脆弱性统一的程度又不同，在现实中，中小企业呈现出的是以成长性为基础的多样性，并且，这种多样性状态最后都可以归结到这三种基本类型之中。表 1 -2 是对中小企业基本类型的分类。

表 1 -2　　中小企业基本类型的分类

	一般规定	具体特征	子分类
成长型中小企业	企业家活动能够进行，能够有效地降低市场的不确定性。成长性强，脆弱性小	①有独占的细分市场，从而获得了价格控制权 ②经营者具备很强的协调能力和决策创新能力 ③发挥中小企业特征信息搜寻竞争得以全面展开 ④经营资源问题限制了其成长性	市场限定型中小企业 市场非限定型中小企业
标准型中小企业	企业家活动能够进行，但却不能全面展开，不能有效地降低市场的不确定性，成长性和脆弱性同时存在	①没有独占的细分市场 ②生产面上具有成长性，销售面上存在脆弱性 ③经营者的管理能力差别很大	战略型中小企业 非战略型中小企业
问题型中小企业	企业家活动不能进行，市场不确定性问题突出。脆弱性强成长弱	①对需求和生产方面的信息搜寻活动不能正常开展 ②创业时就表现出生产技术水平低下且不能提供适应市场环境变化的技术	停滞型中小企业 新旧交替型中小企业

1.4.1　成长型中小企业

成长型中小企业是企业家作用能够充分发挥，可以有效降低市场的不确定性，其成长性大于脆弱性，把中小企业本质中的成长性全面展现出来的中小企业群。成长型中小企业可分为市场限定型中小企业和市场非限定型中小企业。市场限定型中小企业是指专门为某一产业的特殊需求为对象从事经营活动的企业。因为这类中小企业市场对象被限定，产品销售对特定顾客的依赖性强，价格形成能力受到限制。市场非限定型中小企业是指众多产业的特殊需求为对象从事经营活动的企业。由于这种类型的中小企业为众多产业的特殊需求服务，产业销售对顾客的依赖性低，增强了价格形成能力，从市场限定型向非市场限定型发展是成长性中小企业成长的关键。

成长型中小企业具备特征是：

1. 拥有专业化市场

专业化市场是指具有高信息进入壁垒和特殊用途的市场。在多数场合下，市场上提供的产品都是具有特殊用途的产品（其中也有不提供产品，而是用独特的技术进行加工的中小企业）。特殊用途领域的需求因多样化的用途被细分化，所以产品也是多样性的。该市场上的产品凝聚了准确捕捉到新需求的需求信息和有效满足该需求的高水准技术信息。“专用品”不仅是针对特殊用途，而且还是用难以掌握的高水准技术完成的，只有拥有这种高技术，才能构建出信息进入壁垒，减少自己的竞争对手，“成长型中小企业”通过构建出来的专业化市场，不仅可以摆脱中小企业所固有的残酷竞争，还可以获得价格控制能力，有效地降低市场的不确定性。

2. 现场信息搜寻活动活跃

从需求面上看，在多数情况下，成长型中小企业通过同顾客保持一对一的关系来了解需求信息。成长型中小企业不像大企业那样以非固定的多数顾客作为对象进行促销活动，而是在特定的市场同顾客进行一对一的对话，同单个顾客进行这种高密度的对话，可以发现顾客的潜在需求，并快速地对顾客的需求做出反应，自然也就获得了顾客的订单。同顾客保持一对一的关系，即使不能像大企业那样在全社会获得知名度和信誉度，却可以在特定的市场提高知名度和信誉度。同顾客进行交谈的方式不仅可以意外地获得需求信息，还可以通过信息交换，改变与顾客的单纯买卖关系，建立起长期的紧密的互助关系，同顾客的关系加深提高了企业获得需求信息的准确度，更为深远的意义是提高了需求信息的专业化程度。从生产面上看，成长型中小企业是以经验技术为核心。经验技术是不管是谁，不在工作现场是体验不到的，只有在工作现场的人才能体验到。经验技术是以默会知识的形式存在，所以其专业性高。经验技术对在生产过程中发生的问题、从顾客方面获得的课题等非常清楚，积累了大量的解决问题的方法。所以，经验技术是在原理上不是新知识，但对解决问题却发挥着重要作用的技术。专业人才不足的中小企业尽管从科学技术层面上获得高新技术的难度大，但有关经验技术方面获得技术信息却是可能的。

3. 具有强烈的经营革新倾向

成长型中小企业在信息搜寻活动中之所以取得成功，是因为成长型中小企业是以适应时代变化的经营战略和经营资源为武器进行生产经营活动。市场的变化不是没有秩序的，市场的变化有一定的倾向性，根据这个趋势制定经营战略，在战略的执行中取得必需的经营资源（因此，对经营者而言，必须具备很强的“决策创新能力”），在此基础上才能进行有效的信息搜寻活动。事实上，制定经营战略和运用经营资源也是信息搜寻活动的结果，使经营战略和经营资源适合时代无非是通过信息搜寻活动，清楚自己原有的经营战略和经营资源，知道了市场的缺口，并对执行原有经营战略的经营资源进行革新。因此，也可以说成长型中小企业是从经营革新活动中产生的。

4. 成长性与脆弱性并存

尽管成长型中小企业表现出来的是成长性，但并不是与脆弱性无缘。对成长型中小企业而言，在经营上非常容易出现的问题是经营资源问题。成长型中小企业与其他类型的中小企业相比，经营资源要较之其他类型的中小企业丰富，由于成长的原因需要追加经营资源。由于成长型中小企业规模小，造成了担保能力差、知名度低。因此，很难从银行借入资金，由于资金需求强劲，很多中小企业都会陷入资金不足的困境。对成长中的中小企业来说，人才具有非同寻常的重要性，但知名度低却成了中小企业获得人才的壁垒，可以说，成长型中小企业在发展中遇到的瓶颈是如何处理经营资源问题。

1.4.2 标准型中小企业

在标准型中小企业中，促进中小企业发展的竞争不能充分展开，不能像成长型中小企业那样有效地应对市场的不确定性。所以，在这种类型的中小企业中，具备了一定的成长性，同时又存在着难以克服的脆弱性，两者同在一个经营体内抗衡。标准型中小企业是典型的“成长性和脆弱性的统一体”。

标准型中小企业根据发展程度可区分为“战略型中小企业”和“非战略型中小企业”。战略型中小企业是指在生产技术方面具有优越性，经营者具备人事协调能力和决策创新能力，在组织运营方面、业务发展方面具有战略性的中小企业群。但是标准型中小企业存在着不能有效地进行需求信息搜寻活动问题，即不能发现解决中小企业问题的关键——“未利用的机会”，即使发现了“未利用的机会”，也难于筹集到把“未利用机会”转化为现实需求所必需的经营资源。非战略型中小企业，尽管在生产技术上具有优势，但经营者却缺乏人事协调能力和决策创新能力，在经营上也缺乏战略性。由于这种类型的中小企业适应市场变化的能力差，一旦其所拥有的生产技术落后于时代，就可能转变成问题型中小企业，当然通过经营者能力提升，也可能发展为战略型中小企业。而非战略型中小企业向战略型中小企业转化的关键是经营者自身能力的提升。

标准型中小企业具备特征是：

1. 在需求面是不能准确把握“未利用的机会”

通常信息搜寻活动分为需求信息的搜寻活动和技术信息的搜寻活动。这两种信息搜寻活动是形成企业专业化市场不能缺少的两种活动。对标准型中小企业而言，由于需求信息的搜寻活动受到压制，使标准型中小企业难于察觉到需求面上的“未利用的机会”。

2. 没有独立的专业化市场

标准型中小企业所拥有的市场主要有两类。一类是追随型市场，产品开发仅停留在风险低、追随型的产品开发上，没有专用性强的产品，因此就不能形成信息进入壁垒，不能创造出独立的专业化市场，如果这种类型的中小企业增加，市场就会成为仿制品的市场，进而会引起价格大幅度下降，市场不确定性增强。另一类是配套型市场，产品生产主要是依赖特定企业的订货，把市场的销售机能完全依赖于订货的企业，来逃避市场不确定性。但是，依赖配套协作来降低的市场销售不确定性的效果是有很大局限性的，配套协作企业在大企业采购垄断的压力下，价格被强制地压低，市场不确定性提高。由于配套协作企业纳入了特定企业统一的再生产过程中，所以，作为资本的独立性受到侵害。在大企业体制下，这两类企业在中小企业中占有相当的比重。

3. 在生产上存在成长性，在销售上存在脆弱性

标准型中小企业尽管没有构建出独立的专业化市场，但却掌握了产品生产的专门技术，能够保持产品的基本品质，在成本、交货期方面也达到了让顾客满意的水平，由此形成了自己的经营基础。成为标准型中小企业优良生产技术的核心是经验技术。依据经验技术积累，从而保持着高度的技术专用性，特别是在配套协作的场合，也存在着不少这样的经营状况，即由于具备了专门的生产能力，在生产技术方面积累了独有信息，与委托企业内部各个部门相比，技术水平达到了更高的水准。尽管在需求信息搜寻活动不能充分进行，以至于不能拥有独立的专业化市场，故标准型中小企业同时具备了成长性和脆弱性。

1.4.3 问题型中小企业

中小企业发展的基础是以现场信息为核心的竞争，在问题型中小企业中，却不存在以现场信息为核心的竞争，因此其市场不确定性表现的极为突出，由于受许多消极因素的影响，问题型中小企业是一个勉强维持生存的中小企业群。问题型中小企业表现的是脆弱性，不仅在生产活动方面存在着脆弱性，

在销售活动方面存在着脆弱性。问题型中小企业主要有两种模式：停滞型中小企业和新旧交替型中小企业。

停滞型中小企业从创业初期，就处在技术水准低下，发展前景渺茫的状态的中小企业群。劳动密集型的小商品生产企业；以单一设备进行固定加工的配套协作企业，多数都属于这种模式。这种类型企业中的大多数都是资本投入少，不需要专门的信息资源，在创业容易的领域中经营。理所当然，这类领域产品价格低，竞争非常激烈，是剥夺的最终承担者，由此阻碍了这种类型企业的资本积累。在这种类型企业中，有一些企业从一开始就缺乏发展的后劲，也感觉不到资金和人才是否不足；也有一些企业其经营者使用普通的机械设备亲自进行一些零碎的加工；还有一些企业，面对产业结构调整、市场变化却迟迟不进行调整，即使没了订单还在硬挺着等。停滞型中小企业为什么还能够生存下去呢？——这种类型企业生存的依据主要是自我榨取和使用廉价劳动。以家族成员劳动为核心的小企业，可通过延长家族成员的劳动时间来补偿低价格的订单，家族劳动不计成本的特性使家族成员可以进行长时间的劳动。以雇用劳动力劳动为核心的中小企业，通过尽可能地用低工资来雇用中高年龄劳动者、农村剩余劳动者、妇女劳动力、新生成的青年劳动者来降低劳动力成本，以加强对劳动者的剥削来摆脱困境。同时，大企业体制形成的相对人口过剩等造成的新的劳动力供给也为该种类型的中小企业提供了生存基础。

新旧交替型中小企业是拥有专业性技术，但这种技术已经陈旧或过时，正面临困境的中小企业群。新旧交替型中小企业的典型问题是适应市场变化能力差，生产技术已经陈旧或过时，陷入了难以再生的从事配套协作的中小企业。这种类型的企业通常是通过削减员工人数、降低员工工资、降低设备的开工率、接受价格不稳定的、便宜的订单来维持生存。

尽管脆弱型中小企业存在着两种模式，但在经济发展的不同时期，经济发展水平不同的国家，存在的方式是不同的，在经济发达国家，脆弱型中小企业的大多数是属于新旧交替型。在经济发展中国家，问题型中小企业的大多数是属于停滞型。停滞型中小企业是把廉价劳动作为其存在的基础，发达国家由于整体工资水平的提高，丧失了廉价劳动力存在的基础发达国家问题型中小企业的主要类型是新旧交替型中小企业。而发展中国家，特别是像我国这样的发展中国家，在经济转轨时期农村释放出来的大量剩余劳动力、经济体制改革过程中大量的下岗职工，再加之我国庞大的人口压力，使我国依然存在着大量的廉价劳动力，为停滞型中小企业提供出源源不断的劳动力，使之得以维持。

1.5 微型企业的内涵及界定标准

目前，微型企业的界定因素已经在如下几个方面达成共识：①从企业的规模特征界定，主要是根据企业的雇员人数即人员规模界定，并且将其作为分析和判断的一个最重要的标志性指标；②从结构性指标界定，主要包括创业动机、企业的治理结构。

不同国家和地区对于微型企业的内涵理解不完全相同，但一般都是从企业的规模标准（即资产总额和雇员人数）、创业动机，以及所有者来源（即贫困程度）三个方面来理解的。美国国际开发署将“微型企业”定义为是由穷人拥有和经营的、雇工在10人以下的小企业；亚洲开发银行将“微型企业”定义为指那些雇用工人（包括雇主及家庭成员工人在内，其中员工不包括专业人员及专业服务提供者）不超过10人的企业。菲律宾政府根据资产总额和雇员人数两项标准将菲境内从事制造业、农业经济或服务业的独资企业、合伙企业或有限责任公司企业等划分为微型、小型、中型和大型企业四种类型。法国的“微型企业”定义为雇用员工在9人以下的企业。日本则把制造业中20人以下、商业服务业中5人以下的企业定义为“微型企业”。我国台湾地区并未对“微型企业”予以正式定义，但在《中小企业认定标准》中，有“小规模企业”即“微型企业”，并且明确地将其规模确定为制造业从业人员20人以下，商业服务业从业人员5人以下微型企业的发展出现于20世纪80年代，但直到20世纪90年代中期才引起重视。

微型企业的界定标准如表1－3和表1－4所示。

表1－3　　微型企业的界定标准

国家（或地区）及国际组织	界定标准
经济合作发展组织	1991年的发展合作报告中谈到的微型企业指的是产生于发展中国家的那些自谋职业者本人或与其家庭成员建立起来的规模很小的企业，其雇员从2～10个不等，大多数从事劳动密集型的小作坊生产、小摊点服务
亚洲开发银行	微型企业是指那些雇用工人（包括雇主及家庭成员工人在内，其中员工不包括专业人员及专业服务提供者）不超过10人的企业，并强调微型企业不包括高科技企业；可直接认为是穷人的企业

续　表

国家（或地区）及国际组织	界定标准
美国	由贫困人口拥有与经营、员工不超过 10 人（包括不支薪的家庭成员）的企业
欧盟	职工人数在 10 人以下，或资产总额不超过 200 万欧元的企业
法国	凡雇用员工在 9 人以下的企业被称为特小企业
日本	将工业、运输业从业人员 20 人以下，批发业、零售业、服务业从业人员 5 人以下的企业定义为小规模企业，又称零细企业
萨尔瓦多	1996 年开始将劳动者不超过 10 人、年销售额不超过 60 万科郎的生产单位定义为微型企业
菲律宾	在菲境内从事制造业、农业经济或服务业的独资企业、合伙企业、合作企业或有限责任公司等，其资产总额在 150 万比索以下、雇员人数为 1 ~9 个的划为微型企业
越南	雇员人数在 5 人以下、资本金在 1 亿 VNB 以下的企业
中国台湾地区	员工低于 5 人（含所有人在内）、设备投资低于 2.5 万美元的企业组织，且通常是居家型事业

表 1 –4　　我国中小企业、微型企业的划分标准

	微型企业	中小企业
组织管理	没有正式的组织方式，拥有者和经营者大都为穷人，缺乏管理工作内容	有明确的组织结构，有正式的管理工作内容
金融支持	所需的本金少，融资渠道主要是亲戚朋友和熟人，很少有正式的融资渠道	合作伙伴共同出资，与正式的融资渠道有融资联系
固定资本	固定资本少，工具和设备粗糙而简单，且大多是家庭生活用品	拥有机器、设备与专门的场地
销售模式	直销方式，且以服务本地市场为主	与产品相关的产业链、供应链有联系
薪酬制度	没有正式的薪酬制度，工资低，接近维持生存的水平，企业成为家庭的主要经济保障	有正式的薪酬制度，实行了岗位工资制

续 表

	微型企业	中小企业
生产运作	大部分是以“前村后店”的模式组织生产运作；经营的产品大都是与当地居民的生活息息相关；缺乏质量管理；采用劳动密集型的技术和手工艺；运作方式灵活而富有流动性，容易改行；经营环境具有高度竞争性	有一定的采购、生产和存货管理制度；有一定的竞争战略选择；有一定的竞争力
人力资源	企业员工以家庭成员为主，且大都是通过正式的就业渠道不能就业的人	有一定的招聘制度，进入企业的员工大都接受过专门的专业训练
财务会计	没有也不需要建立正式的会计科目，少量而不规范的会计活动知识为了应付上缴税费	存在面向中小企业的会计制度

随着中国经济环境的不断改变，创业似乎正成为当前社会的一个标志，不仅在城市，随着农民外出务工积累技术、经验、人脉、资本，以及农村环境的大力改善，创业现象在农村也是方兴未艾。由于内部自身条件和外部创业环境的限制，在农村大量的创业活动是小规模、小范围的，可以说属于微型企业。

从国内的相关研究文献来看，直到 21 世纪微型企业才逐渐进入国内学者的研究视野中。但在我国官方的正式统计口径中，至今还没有“微型企业”的概念，至于对微型企业的内涵理解及定义探讨也仅仅限于学术界数量不多的研究之中。其中比较有代表性的表述有：“微型企业”是指“雇工人数在 10 人以下、产权和经营权高度统一、自主经营、以家族式的管理为主、在同行业中不占垄断地位的规模微小企业”；“雇员人数在 10 人以下的具有法人资格的企业和个人独资企业，合伙企业以及工商登记注册的个体和家庭经济组织等”；“微型企业是指企业雇员少于 10 人、产权和经营权高度统一、产品（服务）种类单一、规模细小的企业组织”。

通过上面对于“微型企业”的内涵理解及其定义表述，可以将微型企业的内涵归纳为以下几个方面。

（1）从企业规模特征即量的指标上看，主要从企业员工人数和资产规模两个指标来界定，其中又以员工人数作为最重要的分析和判断的标志性指标。

（2）从创业动机上看，创办微型企业是创业者为了解决贫困或实现就业而采取的一种被动行为，属于一种“生存型动机”。

（3）从所有者来源来看，微型企业所有者一般都来源于贫困人口或失业人口。

（4）从企业治理结构上看，一般都是产权和经营权高度统一的经济组织。

针对国内学者界定存在的分歧，结合国外主要采用的标准，可以认定：

（1）在雇员人数上，借鉴国外大多数国家的经验，应该将其确定为 10 人以下（不含 10 人，雇员包括不支薪的家庭成员）。

（2）在资产总额的确定上，由于行业差异等因素的存在，不能一概而论搞“一刀切”，而应借鉴一些学者的意见，将其确定为“低于所在行业小企业的平均水平”。

（3）在创业动机上，一些学者认为微型企业的存在是为了解决贫困和失业问题，因此微型企业的创业动机属于生存型创业。然而由于经济和教育的不断发展，人们的生活水平和受教育水平在逐渐提高，生存型创业比重在逐渐减少，相反机会型创业逐渐增加。创建微型企业已经不仅仅在是解决贫困或实现再就业的途径，而主要是创业者为追求事业更高的发展以及为实现人生价值等成就而选择的一种主动行为。微型企业的发展趋势也将不再只局限于生存型创业，为了更广泛地研究微型企业，对于微型企业的创业动机这一界定因素应该也将机会型创业考虑进来。

（4）没有工商登记注册的小商小贩和家庭经济组织也应该属于微型企业。“这种小企业通常都是秘密经营的并且未注册，它们不交税”，这种“秘密经营的并且未注册”的现象在国外也大量存在，并且是微型企业的一大特点，因此，应将这部分没有工商登记注册的小商小贩和家庭经济组织也划为微型企业。

（5）个体户也应该属于微型企业的研究范畴。在中国，人们常常将手工作坊、从事传统工艺或服务的、雇员人数不足 8 人的生产经营单位称之为“个体户”，而在国外均将雇员人数在 10 人（不含 10 人）以下的小生产或服务组织归于微型企业，由此可以推论发达国家是将中国所谓的“个体户”视为企业，个体户科学的称谓应该是个体企业，故个体户属于微型企业研究范畴。

2 富民强国与我国中小企业发展

2.1 我国中小企业发展现状

2.1.1 发展概况

中小企业具有机制灵活、彻底面向市场，与市场经济融为一体；决策直接，有较强的集权意识等特点，因而在市场竞争中具有较强的赢利能力。中国企业联合会在《中国企业发展报告》中提出，中小企业是国民经济健康协调发展的重要基础，是建立社会主义市场经济体制的微观基础、是社会稳定的重要保证，对支撑经济发展起到了巨大作用。

据国家有关统计数据，截至 2012 年我们中国的中小企业数有 5651 万户（包括个体工商户），占企业总数的 99% 以上，成为我国经济、社会发展中的重要力量。目前，中小企业创造的最终产品和服务价值相当于国内生产总值的 60% 左右，上缴税收为国家税收总额的 50% 左右。

中小企业成为扩大就业的主渠道，提供了 75% 以上的城镇就业岗位。国有企业下岗职工、农民工的绝大部分在中小企业实现了就业。同时，中小企业也已经成为一些高校毕业生就业的重要渠道。

中小企业完成了我国 65% 的发明专利、75% 以上的技术创新和 80% 以上的新产品开发。不少中小企业已经从早期的加工、贸易等领域，向基础设施、高新技术等领域拓展，有些地区中小企业形成了产业集群，不断推动产业结构的优化升级。

中小企业对外开放水平也在不断提高。据统计，近年来的出口总额中，有 60% 以上是中小企业提供的。中小企业在服装、纺织品、玩具等家居用品及轻工制品等劳动密集型产品的出口占相当大比重；在电子通信设备产品、生物技术等高技术领域，中小企业出口比重也逐步提高。

2.1.2 中小企业的制度特征

由于中小企业主要是以企业规模为标准划分的，而企业规模与企业制度类型是相关联的，因而个人业主制企业和合伙制企业相对应的是中小企业，而股份公司制相对应的企业规模较大。但从股份公司的类型来看，股份有限公司比有限责任公司的规模更大。通常，股份有限公司大都为大企业，而有限责任公司中的很大一部分可以划归到中小企业里来。我国民营经济最发达地区之一的温州，目前有民营有限责任公司2万多家，其中绝大部分为中小企业。但从数量上讲，民营中小企业主要是以个人业主制企业和合伙制企业（温州的股份合作制企业中大部分实质上是合伙制企业）为主。因此中小企业制度的特征主要是针对个人业主制企业、合伙制企业和有限责任公司而言的。一般而言，民营中小企业制度具有如下突出的特征。

1. 所有权与经营权的高度统一

从中国的民营中小企业的治理结构来看，无论是个人业主制企业，还是合伙制企业，甚至于民营有限责任公司，企业的所有者与经营者基本上合而为一，所有权和经营权高度统一，企业行为目标与所有者目标高度重合，几乎不存在任何的偏离，这是新古典经济学所构架的市场机制发挥其资源最优配置作用的重要条件。这也是中小企业最具“魅力”之处，是其所具有的诸如市场竞争的主体、灵活变通等一切优点的“起点”。中小企业与大企业不同，它是小规模生产，管理简单，所有者亲自管理有利于对生产经营活动实行直接控制，降低产品成本。对十种小企业而言，所有者同时又是经营管理者能够产生竞争优势。只要是中小企业，这种管理模式就是最佳的，最能发挥企业的生产效率，这也就是为什么在世界范围内，绝大多数的中小企业都采取这种相同的管理模式的主要原因，中国自然也不例外。

2. 中小企业通常与家族制联系在一起

家族企业具有悠久的历史，虽然股份公司已经成为主导性的企业制度，但是世界大多数中小企业仍然采用了这一制度形式，这一事实证明了家族企业依然具有较强的生命力。无论是西方发达的市场经济国家法国、意大利等，还是亚洲新兴的工业国家或地区（中国台湾、中国香港）等，90%以上的中小企业都是家族制企业。据中国社科院1999年的抽样调查资料，浙江私营企业中私人股份所占比例在90%以上，其中大股东所占比例高达66%以上，处于绝对控股地位；还有其他同姓兄弟也占约14%的股份；即业主和家族其他成员之和占企业股份的80%左右。中国的民营企业尤其是民营中小企业之所以选择家族企业作为其主要的企业制度，是因为我国的民营中小企业大都是由个体工商业户或农村承包经营户演变过来的，个体经济以一家一户为主要特征的家庭作坊式的管理，不可避免地给民营中小企业的管理带来许多家族制的色彩，特别是在农村，家族组织是最强有力的非正式组织，无论是集体所有还是私人所有的乡镇企业，都不能阻挡家族力量的强有力的渗透。同时，从企业制度供给方面看，我国缺乏现代公司制的运作条件（公司法在1993年才颁布）；而从制度需求来看，一方面由于长期以来我国的社会信用受到极大的破坏，人们彼此间的信任度减低，缺乏经济合作的基础，选择以血缘为基础的合作方式远比建立在社会信用基础上的现代公司制要可靠得多；另一方面受我国的家族文化的影响，人们在选择合作对象时，首选对象往往是家族成员。

3. 中小企业的产权不明晰

当前，制约中小企业成长速度和质量的关键之一是企业组织制度，其核心是产权变革问题。

由个人独资、合伙制以及小规模的无限责任公司占主体的中小企业产权制度的主要特点表现为：第一，"三缘"（血缘、学缘、地缘）纽带粗重。中小企业创业之初多为夫妻店、父子店、学友店、朋友店等，形同"林家铺子"式的内部关系。这种关系纽带较易在企业内部形成利益上的亲和力和认同感，生产经营上的协同性，既维护了个人财产的独占性，简化了企业的运作程序，又可节约管理成本。第二，所有权与经营权合而为一。出于最低成本的考虑和控制上的便捷，老板集技术、财务、销售主管等于一身，完全没有必要聘请一位管理专家来分享他的权力和利益，因此所有权与经营权是合而为一的。第三，治理结构较简单。小业主明晰的产权归属和简单的劳动关系，没有因委托代理关系带来的对经理人的激励、约束等复杂问题，因此企业治理结构比较简练。上述特点在被人们当作中小企业的"原罪"特色的同时，也应该看到它仍是中小企业在一定的成长阶段的一种最佳制度安排，有共存在的历史合理性。

4. 中小企业的管理人格化

中小企业内部的组织结构简单，没有太多的管理层次，管理权利统一地集中在所有者手中，管理者与一般从业人员之间的距离较短，且多具有一定的血缘、亲缘、地缘等关系，组织、指挥、协调、监督的过程较为迅速，费用支出较少。一般来说，多数民营中小企业的内部管理职能没有进行专业分工，往往是所有者身兼多职，生产技术、市场营销、人事财务均需直接过问或亲自承担，因而对所有者的素质具有一定的要求。在所有者精力或能力不足的情况下，也进行一定的职能分化，但相对于大企业的职能分化而言，中小企业的职能分化程度或许只能称为简单的分工。由于企业内部组织结构的简单化，民营中小企业不像大公司那样有健全和规范的规章制度，管理的人格化现象比较突出，管理者尤其是企业的创业者的个人魅力往往就成为维系企业管理稳定性的关键因素。虽然这种现象一直招致许多专家的批评，但从实践的角度来看，作为中小企业来说，这也往往是企业成功的一个重要方面。

5. 大多数中小企业经营风险很大

从中小企业的各种类型看，个人业主制企业是自然人企业，因而不具有法人地位。而合伙企业则因各国的法律规定的差异而各不相同。如法国于 1978 年修订的《法国民法典》中规定，除匿名以外的合伙制企业，自登记之口起享有法人资格。我国《中华人民共和国合伙企业法》没有规定合伙企业的法人资格，规定了合伙人的无限连带清偿责任。无限责任使得企业的经营风险很大，但这也使得企业经营者的决策行为尤其是投资决策行为必须更加谨慎。当前我国的民营中小企业的资产负债率往往较低，这一方面与民营中小企业的融资环境有关，另一方面也是民营中小企业的谨慎的经营态度所致。虽然有限责任公司具有法人资格，可以在一定程度上降低所有者的投资风险，但有限责任公司组建难度大、政府限制多、管理成本高等方面因素，使得多数中小企业在成立之初一般不会选择公司制，因而有限责任公司在中小企业中的比重往往较小。介于合伙制和有限责任公司制之间的股份合作制企业，从我国各地实施的暂行规定来看，是以法人企业的身份出现的，虽然在许多农村地区，股份合作制企业曾经占有较大的比重，但在全国范围内，股份合作制企业比例还是不高，而且如前所述，股份合作制企业正处于制度回归形态，将逐渐退出历史舞台。因而可见，大多数的民营中小企业还是自然人企业，不具有法人地位。

2.1.3 中小企业发展的典型模式及比较

改革开放以来，我国东部地区的中小企业获得了长足发展，并出现了许多发展模式。其中，苏南模式（以上海辐射带动的集体经济）、温州模式（以内部个人奋斗的个私经济）、珠江模式（以香港辐射带动的外向经济）影响最大、争论最多、流传最广。中小企业发展的三大模式都是我国农村工业化过程中依靠乡村中小企业为主要动力，实现地区经济高速增长的经济发展模式。将这三种模式进行比较，对于我们探寻中小企业的发展规律大有裨益。

2.1.3.1 发展的动因

中小企业的“苏南模式”发展动因最为复杂，内因与外因都起到了重要作用。理论界将其概括为五个方面：①苏南位于太湖之滨，自然地理条件优越，历史上就是富足的“鱼米之乡”和著名的“副业大省”，草根工业、市场网络、能工巧匠、务工经商都有良好的基础。苏南是洋务运动的重镇，也是近代民族工业的发源地，商品经济较为发达。②苏南地区濒海靠江，交通便利，靠近上海和苏（州）、（无）锡、常（州）国有工业基地，易于接受城市经济、技术的辐射，“星期天工程师”、“下放工人”、回城知青、同乡、战友、同学等地缘、亲缘因素起到了一定作用。③集体经济的基础比较好。比如，1979 年苏州地区的农村工业总产值就达到了 29 亿元，集体资产 6 亿元。④张炳申（2003）认为，苏南模式最关键的是拥有一批具有企业家精神和政治家眼光的乡镇能人，是典型的能人经济，如华西村的吴仁保。⑤乡村政府对乡镇企业的直接推动作用。经济学家万解秋对苏南模式发展动因有一个经典的概括：政府推动。应当说这一概括是比较准确的。

中小企业的“温州模式”发展动因最具传奇性，内因起到了决定性的作用。位于浙江南部山区温州，远离大中城市和全国性的商品市场，人多地少，资源缺乏，交通不便，农业发展条件恶劣。因此，温州人被迫外出谋生，走出了一条独特的发展道路，徐光明和丁延秋（1999）则把“温州模式”的成功归结为六个方面：人多地少的推力，农民致富的动力，大中城市的辐射力，国家优惠政策的协助力，地方政府的推动力和企业自身的活力。即以“家庭工业加专业市场”的方式来发展非农产业。温州人天然的功利主义倾向诱发的利益冲动使后来的家庭工业就是包产到户得到了复辟和延伸，并利用家庭这个经济细胞来搞农业或务工经商。20 世纪 80 年代，大批温州人背井离乡，从事小商品的生产和贩运，家庭工业、联户企业迅速成长起来，在此基础上，一村一品、一乡一业的大型专业市场迅速崛起。温州既没有政策支持，也缺少集体经济的基础，还没有大中城市的辐射，更没有国际产业转移的机遇，主要靠的是文化素质并不高的农民。

中小企业的“珠江模式”发展动因最为特殊，外因起主要作用。①中央率先在广东创办经济特区和经济开放区，给予其“特殊政策、灵活措施”，为其进行体制创新、市场化改革和相对自主的对外经济活动提供了最好的条件。特别是 1984 年和 1992 年邓小平同志的两次南行极大地消除了人们对市场经济的疑虑，给民营经济的发展注入了新的活力。②珠江三角洲特有的区位条件。珠三角紧邻大海，靠近港澳台，而且侨胞众多，海外联系广泛，对外贸易和交往的历史悠久，使得该地区的经济活动较少受计划经济观念的约束，而改革开放的观念、市场经济的观念和经济发展的意识比较先进。③抓住了国际产业大转移的契机。中国香港、澳门等地区的出口工业急需就近转移加工制造业，以降低成本来增强国际竞争力，珠三角就成了香港加工业的外迁地，通过“三来一补”的形式和“前店后厂”的模式，加快了经济发展。特别是1997年亚洲金融危机之后，世界经济结构面临大调整，东莞抓住了国际IT产业转移的机遇，充分发挥自己的独特优势，发展外向型硬件制造业的配套加工，成功地实现了产业结构升级和转型，使珠江地区成为中国经济发展的排头兵。

2.1.3.2 *发展的阶段*

苏南模式的演化有明显的阶段性。①1953—1978年属于萌芽、起步阶段，农村工业星星点点、断断续续、时隐时现，所谓“五小”“三就地”形式发展起来的“社队企业”，成为后来集体所有制乡镇企业的前身或基础。②1978—1984年为全面发展阶段，由于国家出现严重的短缺经济，政府允许甚至鼓励社队企业发展。在基层政府的强力推动下，苏南地区的乡镇企业获得了极大的发展空间，遍地开花，经济规模呈现出粗放式的快速增长，为后来的发展积累了资本。③1984—1988年为快速扩张的黄金时期，这一阶段乡镇企业受到政策鼓励，抓住了大发展的机遇，乡镇企业出现长达5年的高速增长时期。1988年，全省乡镇工业总产值分别占全省农村社会总产值和全省工业总产值的57.6%和45.6%，分别比1984年上升了16.1%和14.6%。但转轨期间流通秩序紊乱，经营管理机制灵活却难以规范。④1989—1991年年底的困顿时期，国家采取紧缩政策以压抑长期的经济过热，用“关停并转”方式对中小企业的发展进行治理整顿，乡镇企业普遍进入徘徊和受压抑的困难阶段，苏南的乡镇企业发展也受到影响。1989年，全省乡镇工业企业103841家，1991年下降为93903家。这时能够生存并得到发展的企业一般都是在内部管理和技术改造方面过了关的企业。⑤1992—1995年年底的调整和恢复时期，1992年邓小平南行讲话，加快了市场经济发展的步伐，乡镇企业受整个宏观经济形势带动，又跃上新台阶，“三外”总量大大增加，大企业呈现出集团化趋势，社区公共建设和农村面貌极大改观。⑥1996年至今的转型创新时期，这一阶段也可以称为整合阶段或再生阶段，经济“软着陆”及“亚洲经济危机”使乡镇企业发展速度放慢，1998年之后的产权改革，乡镇企业剧烈分化，泡沫消失，一批“官营企业”破产倒闭，一批民营性的名牌企业脱颖而出，改制也为多数乡镇企业发展重新注入活力。最突出的是江阴市，作为一个县级市，竟有10家上市公司和150多家企业集团，在证券市场上形成独特的“江阴板块”，而华西村、双良集团、阳光集团等也是闻名遐迩。目前，国际大企业在苏南经济舞台上占据着日益重要的角色，苏南的外向型经济发展迅速，外贸外资依存度不断提高。以苏州为例，世界500强企业已有81家落户这座古城。外资对苏州GDP的拉动已达60%，对财政的贡献则在50%以上。

温州模式的发展大致经历了三个阶段。①从20世纪70年代末到20世纪80年代中期的初始阶段。1978年，温州国有工业总产值只占35.7%，社队企业基础更为薄弱，家庭工业是这一阶段温州民营企业最普遍的组织形式。到1985年，全市个体工商户130437户，家庭企业的工业总产值在80年代前期占到全市农村工业总产值的70%以上。温州企业走的是一条独特的发展道路，即以家庭企业为基础，以专业市场和小城镇为依托，形成了一种“小商品、大市场”的格局，这就是温州模式初期发展的基本特征。②从20世纪80年代中期到20世纪90年代初的改制阶段。在这一阶段，出于企业规模扩张的需要，他们开始尝试企业制度的改革，出现了多个业主共同投资经营的股份合作制企业，成为温州模式最典型的组织形式。但温州的股份合作制起源于家庭企业，股权基本上集中于自然人手中，国家股、法人股、集体股很少。③从20世纪90年代特别是1992年邓小平南行以来的第三阶段，也是温州模式全面进入创新的阶段。1994年温州人摆脱了姓资姓社的羁绊，提出了“二次创业”的口号，进一步理顺了企业的产权关系，企业的质量和规模有了进一步提高，以德力西集团为代表的温州民营企业创造着“新温州模式”。2000年，股份合作制企业下降到24373家，有限责任公司达到20812家，股份有限公司52家，基本上都是民营企业。2001年，民营经济在温州国内生产总值中所占比重达到85%左右，在工业总产值和社会消费品零售总额中均占98%左右。现在，温州商品已成为中国在国际市场上最有竞争力的商品之一。

珠江模式的发展大致经历了四个阶段。①第一阶段从1979年7月党中央确定广东、福建实行“特殊政策、灵活措施”到1984年5月邓小平的第一次南行。1980年，国务院正式批准在深圳、珠海、汕头和厦门试办经济特区，使珠江三角洲成为经济发展的前沿。这一阶段珠三角的中小企业发展以乡镇集体企业为主，加上“三来一补”的企业，启动了珠三角的农村工业化。②第二阶段从1984—1992年的发展阶段。这期间邓小平的两次南行，中央把珠三角列为对外开放区，以东莞、宝安等地为代表的珠江三角洲东部地区成了香港加工业的外迁地，“三来一补”成为农村工业的主要发展形式。同时，顺德、中山等地的家电工业粗具规模。1992 年，广东经济总量超越了江苏、山东等省，成为全国翘楚。③第三阶段从 1992 年 3 月邓小平南行到 1999 年 7 月亚洲金融危机的爆发。这一阶段珠三角企业民营化、外向化更加明显，外资经济成为珠三角经济的主体。以 1993 年顺德率先进行的乡镇企业产权改革为标志，珠三角的国有企业和集体企业的改革开始向纵深发展，民营经济发展展现出新的活力。④第四阶段从 1997 年 7 月到现在。1997 年爆发的亚洲金融风暴对与珠江比邻的香港经济冲击不轻，受此影响，珠三角地区的引资、出口、内销遭遇了巨大挑战，顺德、中山等的家电业进入微利时代，珠三角企业也进入了竞争性发展和面临转型的艰难时期。幸运的是，世界经济结构也面临着大调整，东莞抓住了国际 IT 产业转移的契机，大力吸引台湾 IT 企业投资建厂，发展外向型的 IT 硬件制造业的配套加工，加入了新经济的外围层。目前，“珠三角”高新技术产品产值达到 3255 亿元，列全国第一，高新技术产品出口额 1283 亿元，占全国比重高达 40%，已经发展成为全国规模最大、产品出口最高、发展速度最快的高新技术产业带。

2.1.3.3 基础条件的比较

乡镇企业能首先在苏南地区异军突起，并形成“苏南模式”是因为这里有得天独厚的区位环境和历史传统。苏南地区位于太湖之滨、长江三角洲中部，农业生产条件得天独厚。苏南农村紧靠中国最大的经济中心上海和苏州、无锡、常州等发达的大中工业城市和市场，水陆交通便利。苏南地区的农民与这些大中城市的产业工人有密切的联系，接受经济、技术辐射能力较强。同时，因为距市场中心较近，运输成本较低，中小企业发展的区域差异性和产品选择范围较大。这为苏南农村发展非农产业，特别是乡镇工业的发展创造了良好条件。苏南地区还是近代中国民族资本主义工商业的发祥地。早在计划经济时期苏南地区就有搞集体经济的传统和基础，为发展乡镇企业积累了宝贵的经验和必要的资金。

而温州的区位条件远逊于苏南地区。温州位于浙江东南山区，远离大中型工业城市和全国性市场中心，运输成本和信息成本较高；人多地少，人均耕地不到半亩，而且土壤质量和灌溉条件远不能与苏南农村相比，农业发展水平较低，农村集体经济薄弱。在计划经济体制下，尽管温州农村的社队工业也有所发展，但它最终不能走上以发展农村集体工业为主的道路。但温州有从事家庭手工业的历史传统，在计划经济时期，受生活压力所逼，出身于农民的小商贩走南闯北寻找生机，在改革开放之后，温州农民迅速走上了以家庭工业和专业市场的方式发展非农产业的道路。由于外部环境的限制，温州乡镇企业在发展非农产业中，选择了较早放开并实行市场调节的日用小商品为主导产业，小商品的产值大约占了乡镇企业产值的七成，从而形成别具特色的“小商品、大市场”的发展格局。

“珠江模式”形成的社会条件与苏南和温州不同。珠江三角洲毗邻港澳，境内铁路、公路、水路交通非常方便。全区有华侨250多万人，港澳同胞278万人，这些独特的优势，为吸收外来信息、技术、资金等提供了十分有利的条件。从乡镇企业引进外资、发展外向型企业来看，港澳资本占绝大部分，小部分是华侨和国际资本。珠江三角洲了解国外信息，引进各种技术设备等也主要通过港澳地区。通过大量的经济往来、联办企业等为三角洲地区的培训技术和管理人才、引进新技术设备起到了很大的作用，这是珠江三角洲乡镇企业发展的重要条件。

苏南、温州和珠三角的民营中小企业都是脱胎于农村乡镇企业，走的是农村工业化的道路。由于基础条件的差异，导致三种模式形成的时间不同。苏南模式的形成时间最早，其雏形产生在计划经济时代，改革开放以后，乡镇企业迅速崛起，确立了“三分天下有其一”的地位，形成了集体所有制的乡镇企业发展模式。温州模式是改革开放的产物，温州农民在缺乏国家投资、没有城市辐射、集体经济薄弱的条件下，以农村家庭企业的发展和扩张，一举打破了“政府本位”的经济格局，率先以市场经济的方式推进了农村的工业化和城镇化，形成了以个私经济为基础的“小商品、大市场”的发展格局。珠江模式的形成得益于国家的开放政策，以东莞、宝安等地为代表的珠三角东部地区成了香港加工业的外迁地，“三来一补”成为其乡镇企业发展的重要形式，凭借毗邻港澳、华侨众多及国家优惠政策倾斜的优势，很快就形成了举世瞩目的珠江模式。

2.1.3.4 所有制形式的比较

苏南模式是典型的乡镇集体企业发展模式，苏南的大部分乡镇企业的创业资本源自农村社区范围内的集体投入。而且，当时的中小企业相当部分是村办企业，因此，与城镇集体企业不同的是，苏南很多镇村两级党政组织及其代理人，既是乡镇企业的行政领导，又是集体资产的代表，其结果往往导致产权不明、政企不分、“内部人控制”等一系列问题。而温州的民营企业是从个私经济发展起来的，私人独资企业是主要的制度形式，不仅个体企业、私营企业是独资企业，很多股份合作制企业和有限责任公司实质上也是私人或家庭独资的，另外一部分企业则为私人共同出资的合伙企业、股份合作制企业以及有限责任公司。因此，温州的民营企业制度的最大特点就是产权清晰、机制灵活。珠江三角洲地区的乡镇企业是通过对外开放而获得迅速发展的，因此，“珠三角”的乡镇企业的外向度很高，从最初的“三来一补”企业到大规模利用港澳资本建立“三资”企业，在引进外部资本的同时，也引进了国外先进的管理制度和经营方式。因此，20 世纪 80 年代的“珠三角”乡镇企业的企业管理制度要比苏南乡镇企业和温州个私企业规范得多。到了 80 年代中后期，“珠三角”的许多乡镇企业大量吸收国内外资金、技术、人才，以组建企业集团的方式，走规模经济的道路。而温州民营企业大规模的集团化直到 20 世纪 90 年代中期才掀起高潮。

就所有制的特点而言，苏南模式是以集体经济为主体，温州模式和珠江模式都是以非公有制为主体。苏南模式是在传统的社队基础上发展起来的，乡村两级集体所有比重占有绝对优势。温州经济是以家庭经营起步的，公有制经济所占比重非常低，非公有制经济比重很高。珠三角的非公有制中小企业也比较突出，其非公有制以外资经济为主。

总体而言，广东和浙江的非公有制中小企业发展比较突出，只是广东的非公有制济以外资经济为主，浙江以个体私营经济为主。江苏的非公有制经济发展迅速，外经济发展很快，但很难超过广东，个体私营经济发展也很快，但很难超过浙江。但公有制经济仍是广东、浙江、江苏三省中小企业发展的主流和共同追求，模式差异越来越淡化。

2.1.3.5 企业集群的比较

在苏南模式、温州模式和珠江模式中，中小企业均是以集群的方式普遍存在着。虽然这三大模式的中小企业都具有区域空间聚集的行为特征，但存在着不同的集群生成方式和组织方式。苏南、温州的中小企业集群主要是“原生型”或传统的劳动密集型企业集群，主要以本土企业为主，自 2000 年开始“苏南模式”成功地实现了二次转型，变革成为以外资和个私经济为双核心的经济发展模式，以外资为主导的高科技产业集群也日益重要。而珠江三角洲的中小企业集群大多属于“嵌入型”或新兴的高科技产业集群，主要以外资企业为主。

温州模式及其扩展的江浙模式，专业化的中小企业集群现象十分普遍，浙江学者称之为“块状经济”。其中，以“一村一品、一乡一业”最为典型，产品多为传统产业生产农副产品、轻纺产品，如杭州、绍兴、宁波、嘉兴、湖州、桐乡的轻纺和茧丝绸小企业群；乐清、欧海、瑞安、苍南、黄岩、天台、三门为主产地的塑料制品工业；以鹿城为产地的打火机工业；以鹿城、欧海为主产地的灯具产业；以永嘉为主产地的纽扣产业；义乌的小商品企业群；永康的五金企业群；云和的木制玩具产业群；诸暨大唐镇的袜业企业群；苍南县金乡镇的徽章企业群，等等。这些地区形成了明显区域特色的专业化加工产业区。从内涵上看，浙江的小企业集群多属于“原生型”的小企业集群，其形成与发展较好的结合了本地要素禀赋优势和历史文化因素，经历了一个自然选择与演化的历史过程，换句话说，温州乃至浙江的小企业集群，基本上是历史演进的结果，主要是民间传统手工业和繁荣的商业历史、古典东方式的人文环境、以血缘亲缘地缘为纽带的人文网络和“宁做鸡头不做凤尾”的传统习惯使得相互依存的中小企业得以集群的形式组织在一起。苏南和珠江模式也有一些传统的产业集群。在广东，有佛山纺织企业群，石湾、南庄的陶瓷企业群，南海西樵的布匹企业群，顺德乐从、龙江的家具企业群和陈村的花卉企业群，东莞虎门的服装及小商品产业群，中山古镇的灯饰和灯具产业群，小榄镇的五金产业群，阳江的刀具产业群等。在江苏，传统的毛纺织、丝绸、水产品、陶瓷、漆器、轻纺等产业群比较普遍。这些产业群类似于扎堆，企业之间的联系较为松散，专业化分工和协作程度较低，集群效应不甚明显。

实际上，与浙江的“原生型”企业集群相比，苏南和珠江模式的企业集群最突出的特点是“嵌入型”的新兴产业集群，主要是在改革开放后依靠区位优势、政策优势和低成本优势吸引外来企业投资，企业主体是外资企业。在广东，顺德素有“家电王国”的美称，其家电企业群是全国最大的家用电器生产基地，有一定规模的家电生产企业及配件类企业就超过 2000 家。珠三角的东莞，则成为 IT 产品企业集群的典型代表。昔日以服装、鞋类、玩具等“三来一补”加工闻名的东莞，抓住世界信息技术产业结构调整的机遇，凭借其区位优势和特殊政策，率先在国内发展起了 IT 制造业，并形成了相当规模，成为全球首屈一指的信息产品生产基地。目前，仅在东莞的台资企业 2000 年就超过了 800 家。东莞生产的电脑磁头、鼠标、键盘、扫描仪等电脑配件占全球产量的 70% 以上，且大部分出口，融入了全球市场。在江苏，最具竞争力的产业群是靠招商引资发展起来的新兴产业集群，且有直逼广东之势。在 20 世纪 90 年代，苏南各地政府把乡镇企业进行了破产、兼并、改制，走上了招商引资的道路，这就是苏南经济的新模式。从 20 世纪 90 年代中期开始，大量的内、外资企业涌入苏南，其中以苏州的新加坡工业园区、昆山的台湾工业区、吴江的经济技术开发区最为著名，这三个地区已经形成了 IT 产品制造产业群。苏州新区引进外资的重点集中在电子信息、精密机械、精细化工三大产业，特别是电子信息产业产出占区域总产值的70%以上，资企业产值占85%。昆山只是一个县级市，却成为闻名的台商投资密集区，台湾地区10大笔记本电脑生产企业中的6家进驻，带动形成了“笔记本电脑基地”，吸引台湾地区上百家电脑下游的零部件产业和上游的光电产业企业纷纷而来。在苏南地区，除了江阴市走的是资本运作的道路，其他的县市基本以引进外资为主。

珠江模式的广东、苏南模式的江苏借助外资形成的新兴产业集群，温州模式的浙江借助本地个体私营企业崛起的一批传统产业群，虽然途径各异，但都活跃了区域经济。而且，虽然两种产业群有传统、新兴之别，但都主要靠发展劳动密集型的加工制造环节，值得深思。

2.1.3.6 政府作用的比较

三种模式的形成及发展过程都与地方政府有着一定的关系。从政府与企业的关系密切程度来看，从政府的地位和作用来看，最强的是苏南模式，其次是珠江模式，最弱的则是温州模式。

苏南模式是典型的政府主导型发展模式，走的是一条政企不分之路。乡村政府对乡镇企业的直接推动作用，主要表现在四个方面：一是乡镇企业发展所需的资金是由乡村政府筹措的。二是土地和劳动力等生产要素的筹措也是以乡村政府部门为中心进行的。三是无论是在乡镇企业大发展时期，还是在现在的“招商引资”发展企业时期，政府都是主要角色，乡村政府掌握着企业的决策权利。企业的发展规模、经营方向、企业管理者的任命等都是由政府来决定的，政府依然是企业和经济发展的主导。四是企业领导与政府官员有着极为密切的人际关系，往往互相兼任，企业与政府的职能基本重叠，当地形成了一种集体经济的文化环境和思维观念，政企不分已经成为当地经济发展观念的内核，致使家长制、裙带关系日益普遍和严重。虽然政府的干预使得苏南乡镇企业存在着政企不分的问题，但改革初期大量经济空隙的存在为包括苏南地区在内的乡镇企业的异军突起提供了历史机遇，致使在很长一段时间里，苏南地区政府超强干预模式取得了辉煌的成果。

温州模式的特点是内源性民间力量推动型的经济发展模式，从而政府作用空间远较珠江和苏南小，政府作用是最弱的。这是因为，温州的经济发展是自下而上的，温州的民营企业都是由个体私有经济发展起来的，从属于私有制范畴。在温州模式的形成中，市场机制发挥着广泛的作用，政府的作用主要表现在提供制度环境和公共产品上，管理职能相应地弱化了。温州模式不但不能得到首肯，政府开始基本以“无为”管理的方式对待这一经济形态，政府早期的“无为”管理主要是既缺乏扶植能力、又无市场经济经验导致，而后来的“无为”则是温州市政府自觉形成的无为状态，政府的职责是搞好投资环境建设，尽量少干预经济，为中小企业发展创造良好的发展空间。而实际上，投资环境所需资金仍然靠开放民间资金的投入，政府根本不可能成为经济发展的主体。珠江模式走的是一条政企逐渐分开的道路，但政府的行政力量依然强大。珠三角的乡镇企业从一开始也是由乡镇政府参与或支持创办的，但在市场经济取向的体制改革过程中，就开始推行“厂长经理负责制”“利润承包责任制”等，对中小企业进行了产权改革，尽量弱化对乡镇企业的直接干预，理顺政企之间的关系，而将主要的精力用于发展交通、能源、通信、教育等基础产业上，创造良好的经济发展环境。实际上，珠江模式是以政府为主导的引资发展和改革推进的模式，政府在经济发展中始终起着重要的引导作用，与此同时，政府还要与自办企业脱钩，坚持民营化的发展方向，甩掉政府沉重的包袱。因此，从政府对民营企业的影响和作用来看，苏南模式是“强政府”，而温州模式是“弱政府”，珠江模式则介于两者之间。

2.1.4 中小企业发展面临的问题

中小企业在我国国民经济中发挥着重要的作用，然而由于种种原因，目前我国中小企业还面临着许多问题和挑战，这些都阻碍了中小企业的发展。

1. 缺乏良好的中小企业经营环境

中小企业是改革开放以后从个体工商户发展起来的，经济的发展推动了政府外部规则对其本身的放宽。但在某些方面得不到社会、法律法规的平等待遇仍然是阻碍中小企业发展的主要问题。如中小企业扶持政策体系不完善、政策保障机制不到位、政策服务配套设施不完善、管理体制条块分割、政策反馈不及时等问题，使中小企业在企业集群发展、行业准入、政府采购、土地使用、办照、税费负担、工商检查、银行贷款等问题上存在不公平待遇。主要表现为：①中小企业开办难，手续繁杂，表格既多又相互重复，需要跑很多政府职能部门，费时费力，加大了开办成本。创办企业程序繁、门槛高、行业准入标准杂乱，创业成本过高。②社会负担重，国家正式税收虽然不高，但各种税费和摊派远远超过了税收，使中小企业不堪重负。③国家行政管理部门对中小企业的歧视。在实践中，一些部门的个别单位对非国有中小企业采取歧视态度，同时有的地方还对其吃拿卡要，中小企业与这些国家行政管理部门的关系紧张。④缺乏公平竞争的环境。从本质上讲，中小企业主要有两类：一类是为大企业配套的中小企业，一类是拾遗补阙地生产大企业不适宜生产的最终产品的中小企业。前一类中小企业易受协作的大企业不公正对待，特别是我国产业组织结构“大而全、小而全”严重，正常的大中小企业之间的分工协作尚未建立起来时，这种“以大欺小”的不规范行为还难以有效地消除。后一类中小企业则因数量多、规模小，容易产生过度竞争，若无有效的管理，将会出现欺行霸市和地方保护主义，破坏了统一市场的形成。

2. 中小企业资金严重不足

融资难是制约中小企业发展的最大障碍。一般来说，中小企业资本有机构成比较低，例如，我国国有大型工业企业的资本有机构成大约是 20 万元/人，中型企业是 10 万元/人，小型工业企业为 5 万元/人，而乡镇企业仅为 2 万元/人左右。资本有机构成低，意味着资本的边际收益率较高，但是中小企业们的筹资非常困难，原因主要在于：①中小企业规模小，易受宏观经济周期波动的影响，因此经营不稳定风险大；②中小企业数量多、规模小，单个中小企业对资金的需求量不大，因而其筹资成本比较高。无论是银行还是直接的资本市场都不愿为单个资金需求量太小的中小企业融资。

近年来，国家着力解决中小企业的融资难题，但是政策实施的结果却不尽如人意。根据美国快递巨头 UPS2007 年对中国地区的民营企业的调查报告显示，有超过 1200 家民营企业的决策者认为无论是向银行贷款还是在资本市场上市筹资都面临困难，可以说融资困难重重。据统计，民营企业对国民经济发展的贡献率与其获得的金融资源极不相称。截至 2006 年年底，国有企业创造了 30% 的新增工业产值，获得了 68% 的银行信贷资金；非国有企业创造了 70% 的新增工业产值，却只获得了 32% 的银行信贷资金。全部金融机构贷款余额为 20 多万亿元，同比增长 13.5%，而非公企业短期贷款较上年少增 216 亿元，在短贷构成中，非公企业仅占 14.4%。即在新的政策环境下，民营企业、尤其是中小企业融资难的问题仍比较突出。

3. 中小企业技术和管理落后

中小企业技术和管理落后是一种普遍现象，我国企业整体管理和技术水平都不高，中小企业技术和管理水平更低。我国的中小企业主要有两个群体构成，一是脱胎于高等院校、科研机构、国有大型企业的一些集体企业；二是从家庭经济的基础上发展起来的家族式或合伙制企业。在企业中，企业管理的有效性多半取决于企业领导的个人素质与偏好，在企业创业和发展之初由于管理灵活、决策速度快而有一定的合理性。但是随着经济发展，这种企业组织形式已不符合现代企业制度的要求，缺少公平有效的激励和用人制度，企业文化建设落后，产业结构升级缓慢等，影响企业可持续发展。

目前，我国的大部分中小企业在管理上还处于家族管理、经验管理阶段，一些中小企业连基本的会计记账方法都不全，更不用谈如何节约成本、控制支出了。中小企业技术和管理落后突出地表现在产品技术含量低、质量差、缺乏售后服务等问题上，在竞争方面大都仅采取竞相压价的手段。几乎所有的假冒伪劣产品都与中小企业有关，许多产品责任事故都是中小企业所为。要提高中小企业的技术和管理水平，光靠企业自身是不行的，需要社会、政府大力帮助。

4. 人才竞争处于劣势，自主创新能力弱

中小企业的所有问题最终都可以归结为人才的问题，因为有了各种真才实学的人才，企业面临的各种困难都可以靠他们去解决了。中小企业由于规模小，不可能大量培养人才，中小企业在吸引人才方面有以下几个方面的问题：①人们的观念问题。许多有技术的人才看不起中小企业，特别是乡镇企业和私营企业，待遇再好也不去，怕“掉价”。②国家的户籍制度限制了人才向中小企业的流动，特别是向乡镇企业的流动，由于户籍关系，使中小企业对外地人的使用不放心，而外地人员工作起来也不安心，人为制造人才与用人单位之间的隔阂。③社会保障体制不健全，覆盖面小，使一些人难以向中小企业流动。

技术创新能力是企业成功的重要因素，中小企业具有组织适应力强，决策灵活等优点，在高技术产业的导入期，技术来自企业和生产经营领域之外，市场竞争的垄断性较小，更利于中小企业抓住机遇，开展技术创新，但是现阶段中小企业在自主创新能力上与大企业存在差距，影响企业可持续发展。一是人才问题。受企业规模、成长前景、成本因素等制约，在争夺人才时，中小企业很难与大型企业、外资企业抗衡。长期下来，中小企业最缺乏较高素质的综合型人才和专业人才，影响创新水平。二是中小企业缺乏创新意识。大多数中小企业在稍稍做大后便开始多元化经营或转行生产，而不是沿着老产品的思路继续进行新产品的推出，难以形成品牌效应，难以形成企业核心竞争力。

2.1.5 中小企业发展的国家政策体系

扶持中小企业发展，是推动我国经济保持稳定、快速增长，构建和谐社会的需要。虽然近年来，我国中小企业的发展取得显著成果，对中小企业发展问题研究也成为多方关注的重点，但是从整体来看，尚存在许多制约因素急需解决。在众多制约中小企业成长的因素中，国家扶持政策比其他因素具有更强的可调性，在目前全球金融危机时期，对中小企业的影响也更为显著，具有重要的研究价值。

改革开放以来，在“公有制为主体、多种所有制并存”的方针指导下，国有、民营、独资、合资等各种所有制形式的中小企业迅速、大量地涌现，成为国民经济发展的重要力量。经过30年的建设，我国已经基本建立一整套适合国情的中小企业扶持政策体系，并不断发展完善，如下表所示。

中小企业制度国家政策支持体系

政策制度内容	政策体系	
法律法规制度	《中华人民共和国中小企业促进法》	
	《国务院关于鼓励支持和引导个体私营等非公有制经济发展的若干意见》	
融资政策制度	金融服务	人民银行，科技部，经贸委都颁发了关于改善中小企业融资环境方面的文件
	财税政策	目前存在三级财税优惠政策：国家级财税优惠政策、省市级财税优惠政策、县区（高新技术开发区）级优惠政策，以减轻企业负担，加快企业创新和促进中小企业发展
	直接资金支持	为充分挖掘中小企业的科研潜力、提高企业经营效率，中央各部委成立了包括创新基金在内的多种专项基金，专门支持中小企业的发展
公共服务制度	技术创新	科学进步政策、科技共享机制、技术转移及贸易政策
	创业扶持	简化企业开办手续、创业辅导及中小企业孵化器
	政府采购	为中小企业产品开辟新的市场
	其他社会化服务	中介服务体系、知识产权服务体系、信息服务体系等

2.1.5.1　法律法规制度

1. 立法支持

中国于2002年6月29日出台了具有中小企业基本法地位的《中小企业促进法》，于2003年1月1日实施，其具体内容包括资金支持、创业支持、技术创新、市场开拓、社会支持体系五大部分，初步建立了中国中小企业基本法律体系，此后，陆续颁布了《企业所得税法》《物权法》《劳动合同法》等。

2. 行政支持

1998年7月，在国务院所属部门机构改革中，国家经贸委设立了中小企业司，系我国“指导各类中小企业改革、研究制定中小企业扶持政策、推动建立中小企业服务体系、协调中小企业对外合作”的政府职能部门；2000年以来，为建立中国特色的全国中小企业发展政策和发展促进体系，国务院及有关部委陆续出台了若干促进中小企业发展的政策措施。2000年国务院转发了《国家经贸委关于鼓励和促进中小企业发展的若干政策意见》；2000—2001年，国家经贸委中小企业司相继出台了《关于培育中小企业社会服务体系若干问题的意见》《中小企业服务体系建设工作方案》《关于加强中小企业信用管理工作若干意见》等；2002年7月，国家经贸委、财政部、科技部和税务总局联合颁布《国家产业技术政策》；内容涉及中小企业技术创新、财税政策、融资渠道、信用担保体系、社会化服务体系、公平竞争的外部环境等，标志着我国中小企业促进与扶持基础已具雏形。

2002年之后在原国家经委中小企业司基础上设立了国家发改委中小企业司，2008年起在新成立的工业与信息化部下设立了中小企业司，农业部设有乡镇企业局，各省市设立中小企业厅局，成立了半官方的中小企业服务中心等机构，从事行政管理、扶植、监督中小企业的发展和建设。科技部、财政部联合发布的《关于科技型中小企业技术创新基金的暂行规定》《关于加强中小企业技术创新服务体系建设的意见》等鼓励和培育中小企业的发展；为了增强科技型中小企业自主创新能力，特设立用于支持科技型中小企业技术创新项目的政府专项基金；发布《工业和信息化部关于支持引导中小企业信用担保机构加大服务力度缓解中小企业生产经营困难的通知》（工信部企业〔2008〕345号），自2009年1月1日起实施，以缓解金融危机对中小企业的影响。

2.1.5.2 融资政策制度

1. 金融支持政策

国有银行工、农、中、建和12家股份制商业银行等专业银行负责商业业务和贷款业务，1990年，建立了上海和深圳两个股票交易市场，设立中小板市场；还建立了一些信托投资公司、租赁公司、保险公司等，初步建立金融服务体系。在政策上，中央有关部委和金融机构颁布了《关于进一步改善对中小企业金融服务的意见》（银发〔1998〕278号）、《关于加强和改进对小企业金融服务的指导意见》（银发〔1999〕379号）、《关于建立中小企业信用担保体系试点的指导意见》（国经贸中小企业〔1999〕540号）、《国家开发银行、科学技术部联合推动科技型中小企业融资工作》（2005－04－28）、《银行开展小企业贷款业务指导意见》（2005－07－28）、《中国人民银行、财政部、劳动和社会保障部关于改进和改善小额担保贷款政策额通知》（银发〔2006〕5号）、《银行开展小企业授信工作指导意见》（银监发〔2007〕53号）、《关于深化中小企业贷款与信用担保体系建设工作的指导意见》（发改企业〔2007〕581号）、《中国银监会关于认真落实“有保有压”政策进一步改进小企业金融服务的通知》（银监发〔2008〕62号）、《中国银监会关于银行建立小企业金融服务专营机构的指导意见》（银监发〔2008〕82号）等对中小企业的融资政策，设法改善融资环境，改进信贷工作方法，完善信贷管理体制，为中小企业贷款提供方便，以促进中小企业的发展。

2. 财税政策

1994年税制改革在企业所得税中包含：对乡镇企业的税收优惠、微利企业的税收优惠、校办产业的税收优惠、对第三产业中的咨询业、信息化、技术服务业的“减一免一”优惠、两档临时性优惠税率的规定等，保护了中小企业的生存与发展。

财政部制定《政府采购促进中小企业发展的实施办法》鼓励中小企业积极参与政府采购。七部委联合下发《关于促进科技成果转化的若干规定》，并设计科技型中小企业创新基金，支持中小企业创新发展。

国家级财税扶持政策主要有《国务院关于批准国家高新技术产业开发区和有关政策规定的通知》（国发〔1991〕12号）、国家税务局《技术产业开发区税收政策的规定》（国税函发〔1991〕663号）、财政部、国家税务总局《关于进一步鼓励软件产业和集成电路产业发展税收政策的通知》（财税〔2002〕70号）、财政部、国家税务总局《关于技术创新有关企业技术创新有关企业所得税优惠政策的通知》（财税〔2006〕88号）、财政部、国家税务总局《关于调整企业所得税工资支出税前扣除政策的通知》（财税〔2006〕126号）、国家税务总局《关于小型微利企业所得税预缴问题的通知》（国税函〔2008〕251号）等，地方政府并据此制定了一些地方性的实施细则。

现行税收优惠政策，虽然有些不是专为中小企业制定的，但从受益主体来看，基本上是中小企业和非公有制经济。①根据新《企业所得税法》及《企业所得税法实施条例》，内外资企业统一实行25%的所得税税率。②小企业所得税优惠。从2008年1月1日起，小企业所得税率由25%，降低到20%，以减轻小型企业税收负担。③高新技术企业所得税政策。经国家认定的高新技术企业，从投产年度起免征2年所得税，以后3年按15%征收。企事业单位进行技术转让及技术转让发生的相关技术咨询、服务、培训所得，年净收入在30万元以下的，免征所得税。④中小企业信用担保机构免税政策。对符合条件的信用担保机构为中小企业提供的担保业务收入给予3年免征营业税的优惠政策。

在支持方式上，支持方式比较单一，主要是以税收、税额的减免为主，尚没有采取发达国家普遍的加速折旧、投资减免以及延期纳税等方式。

3. 直接资金支持政策

国家对中小企业的直接资金支持主要集中在创新基金、重点新产品补助、技改项目贷款贴息、产业基金等，覆盖面比较广泛。形式主要是无偿资助和贷款贴息等方式。近年来中央和有关部委成立了多种专项资金（基金），如电子信息产业发展基金、集成电路产业研究与开发专项资金、中小企业发展专项资金等，目的是为了挖掘中小企业科研潜力，提高企业经营效率，鼓励企业创新发展。

在直接资金支持政策中，对于中小企业技术创新影响最大的是创新基金，创新基金中可以有两种资助方式比较偏向创业初期的企业：创业项目资助和无偿资助部分中的小额资助。对于创业初期的中小企业来说具有独占性的资源是《大学生创业基金》和《留学人员创业基金》，这两项基金具有明确的支持对象，支持的目的也很明确，对于支持大学生创业和鼓励留学生归国具有正面的作用。但是从整个中小企业资助体系来看，这两个政策的受益群体过于狭小。

2.1.5.3 公共服务制度

建立有利于中小企业、风险企业的养老金制度，确保公积金免税额度。政府出资设立的专项基金，主要用于中小企业创业辅导和服务、支持建立中小企业信用担保体系、支持技术创新、鼓励专业化发展以及与大企业的协作配套、支持中小企业服务机构开展人员培训和信息咨询等工作、支持中小企业开拓国际市场各项业务。

1. 创业支持服务

孵化器是提高中小企业成活率的重要手段，科技部于2001年制定并发布了《中国科技企业孵化器“十五”期间发展纲要》和《关于“十五”期间大力推进科技企业孵化器发展的意见》，提出了孵化器发展的指导思想、目标和推进措施；2002年6月，全国人大通过了《中华人民共和国中小企业促进法》，进一步确立了孵化器的法律地位。2007年12月，科技部发布了《科技企业孵化器（高新技术创业服务中心）认定和管理办法》的通知，对国家级创业服务中心条件以及优惠政策进行了规定。目前，孵化器向在孵企业提供的服务主要有以下几方面：提供创业孵化场地，协助办理工商注册登记、变更手续，协助办理高新技术企业申报、各级各类科技项目申报、新产品投产鉴定申报，提供财务管理咨询、法律咨询、专利咨询、创业培训、网上技术交易平台、人才招聘服务、投融资服务，以及物业管理、商务服务、会务服务等。

2. 政府采购

自2002年6月全国人大通过《中华人民共和国政府采购法》开始，我国正式推行政府采购制度。政府采购的规模和范围不断扩大，政府采购作为财政政策的有机组成部分，具有丰富的政策功能内涵，在节约财政资金方面发挥了积极的作用。政府采购，包括财政性资金强制采购自主创新产品制度，给予自主创新产品优先采购待遇的政策，政府部门采购首次进入市场的自主创新产品的政策，对购买国外进口产品进行审核的制度等，实施细则有《国家自主创新产品认定管理办法（试行）》《自主创新产品政府首购和订购管理办法》。《政府采购法》第九条规定：政府采购应当有助于实现国家的经济和社会发展政策目标，包括保护环境，扶持不发达地区和少数民族地区，促进中小企业发展等。《政府采购法》第十条规定：政府采购应当采购本国货物、工程和服务。随着政府采购工作不断向纵深推进，政府采购的政策功能已经逐步在实际工作中得以体现。

与国外相比，目前我国对中小企业的公共服务政策非常单一。从发达国家来看，政府对中小企业服务政策还包括：管理、法律、技术指导、信息化、知识产权保护、国际化、人才培训等各方面的支持。国内孵化器的服务对种子期、初创期的企业的管理方面有很大的帮助，但是，在这一阶段的在孵企业还面临诸如法律咨询、技术服务、信息化、人才培训与招聘等方面需要提供服务。另外国内毕业企业的服务性政策还远远不够。政府采购政策对于中小企业的初创期、成长期的帮助很大，但是目前政府采购力度不够，政府采购总额的大部分还属于建设工程项目，更不用说处于发展初期的中小企业的产品采购。

2.2 我国中小企业发展对国民经济的影响

要使中国经济迅速恢复活力，要创造一个繁荣的经济，创造一个中产阶级，用他们的消费拉动中国经济未来30年的健康发展，中小企业的发展是关键。自改革开放以来，我国企业所有制结构发生了很大的变化，中国中小企业发展迅速，成为支撑我国经济增长的重要力量，且在国民经济中发挥着不可替代的作用，其在经济发展中的地位和作用通过以下几个方面显现。

2.2.1 中小企业决定国家命运

中小企业决定一国的经济活力和实力，进而决定国家命运，这是很多国家发展经验反复证明的一个规律。可惜，当今中国，公众、媒体和一些经济部门，倾心于“世界500强”之排名，着力于“航空母舰”之打造，事事优惠和大力扶持大型企业，对中小企业的发展，却漠不关心，甚至设置重重困难，这实在是一个经济政策上、发展战略上的方向性错误。

数字很能说明中小企业在各国经济中不可替代的绝对重要性。在OECD（经济合作与发展组织）国家中，中小型企业占企业总数的95%，它们创造了这些国家60%～70%的总就业和55%以上的GDP。有意思的是，这些数字和发展中国家的相应数字大体相当，这说明，中小型企业的重要性，在发达国家并不亚于发展中国家。对于中小企业的重要性，OECD是这么评价的：“中小企业在所有国家的经济中，都发挥着重要作用，……在就业，经济增长，提高生产率，创新，减少贫困和增加社会机会等领域，中小企业都做出了重大的贡献。”亚太经济合作组织（APEC）也指出：“中小企业创造了本地区大多数的就业，是本地区经济发展的脊梁骨。”

美国经济发展的历史说明，正是中小企业的创新和成长活力，使美国经济中的任何一家企业，无论它资格多老，过去多辉煌，名气多高，规模多大，都很难故步自封、止步不前，坐享垄断带来的超额利润。中小企业不但自身是创新主力，它们的存在和造成的竞争威胁，也迫使大企业不得不通过创新，来保持自身优势，这就形成了美国企业中的创新文化。美国企业中一个广为人知的流行说法："唯一不变的，是一切都永远在变"，正是这种创新文化精练的总结。中小企业的存在，由此形成的竞争和创新文化，帮助美国避免了垄断带来腐朽、进而导致灭亡的逻辑。在这个意义上，说中小企业挽救了美国，使美国得以保持强大，丝毫也不过分。

当前，我国中小企业数量和规模种类较多，在市场大环境中较活跃，适应能力强，大大促进了国民经济的发展。依据《中国统计年鉴 2008》统计显示，中小型企业年产品销售额在 500 万元以上的工业企业中竟占到99. 14% ，其工业总产值占到了 65. 24% 。因此，中小企业是我国国民经济增长的柱石。

可以毫不夸张地说，没有充满活力、蓬勃发展的中小企业，一国的经济会充满麻烦，未来是没有希望的。因此，中国的发展战略，应该改变严重的好大喜大、唯大是图倾向。舆论、工商、税务、财政、证券、银行、保险、劳动、监管和政府主管部门，都应该从中小企业决定国家命运的认识出发，废除和改变诸多不利于甚至歧视和压制中小企业发展的做法，改变中小企业税负重、收费多、罚款多、贷款难、用人难、受歧视的现状，为中小企业的健康和蓬勃发展，作出应有贡献。

2. 2. 2　建立创新型经济应以中小企业为主体

科技创新是一个民族进步的灵魂，是国家兴旺发达的不竭动力，也是企业的生命之源。没有科技创新，企业的产业结构就不会升级换代，那么该企业就会每况愈下，最后导致生命枯竭。在科技创新中，中小企业发挥着举足轻重的作用；科技创新也是中小企业本身可持续发展的原动力。

我国中小企业发展迅速，目前已成为我国科技创新和经济发展的一支重大有生力量，是一支效益高、经济运行质量好的新型企业群体，在我国经济发展中正发挥着越来越大的作用。中小企业的迅速崛起与科技创新有着十分密切的关系。科学的管理机制和科技创新措施是使中小企业得以迅速发展的核心因素，并且中小企业对所有制的包容性形成了一种优势互补、扬长避短、共同发展的良性"生态经济"循环。在美国，中小企业对科技创新总量的贡献率为70%左右，中小企业人均科技创新率为大企业的两倍左右。我国的情况也类似，中小企业比大型企业有着更为强烈的科技创新意识，而且科技创新的成功率越来越高，份额逐步变大，水平显涨，并且与大型企业相比，中小企业科技创新更有自己独特的优势。2007年，中小企业尤其是科技型中小企业完成了全国近80%的新产品。

中小企业之所以会成为科技创新的重要力量，且科技创新意识在某种程度上比大型企业强，是基于多种原因促成的。其一是由于竞争。中小企业大多处于竞争性很强的行业，但同时没有规模经济和资金雄厚的优势，激烈的市场竞争迫使它们必须不断进行科技创新，以维持其生存和发展。其二是由于专业化。专业化分工使中小企业在投入远低于大企业的情况下，可以专精于某一方面的科技创新。其三是由于业主的科研背景。我国很多中小企业是由来自于科研院所的人或由拥有科技成果的人员创办，他们十分重视科技成果的产业化和科技创新工作。其四是由于贴近市场。中小企业更贴近市场，比较了解用户需求，并容易根据市场需求的变化进行科技创新。

2.2.3 促就业关键在中小企业

中国是一个有着巨大的劳动力人口和巨大过剩劳动力的国家，这个事实在短期内是不会改变的。中国有巨大的城市劳动力，还有巨大的过剩农村劳动人口，其中1.3亿已经进城打工，但还有1.3亿闲置农村，每年以600万~800万的速度向城市转移。在这个巨大的存量基础上，中国每年还要新增加1200万劳动力，2013年大学生就业压力将近1000万，其中包括应届毕业生699万以及300万左右毕业未就业的大学生。根据国家统计局数据，2013年年末全国就业人员76977万人，比上年年末增加273万人，其中城镇就业人员38240万人，比上年年末增加1138万人。与巨大的供给形成鲜明对照的是，中国经济高速发展多年，近年来，即使是正常年份，每年新创造工作岗位也不过600万~800万。这些数字说明，在当前和可预见的相当长未来，中国的就业形势都会非常严峻。

中小企业占中国企业总数的99%以上，中小企业使用的是中国经济中20%的金融资源，却提供了中国75%左右的城市就业。这意味着，如果中小企业裁员10%，全国就会新增3000万城镇失业人口。除了就业，中小企业还创造了中国60%的GDP，60%的出口，贡献了60%的税收，拥有6%的专利。以上数字告诉我们，每一元资金的投入，中小企业创造的就业是大型企业的8~10倍以上，即同样一元投入在大型企业只能创造一个就业岗位，在中小企业却可以创造8~10个就业岗位。同样一元钱的投入，中小企业新创造的GDP，是大型企业的4~6倍。

中小企业是改革开放30年中国奇迹的创造者。但是，在过去几年，中小企业受到了不公正的待遇，成为了地方政府的钱袋子，成为了一些腐败政府官员的私人银行。在讨论、通过与实施《劳动合同法》时，很多人没有看到中小企业提供的75%的城市就业，为社会和政治稳定作出的巨大贡献，而是把中小企业视为劳动关系紧张的罪魁祸首。近年来，中小企业的税赋也在不断加重。每每有宏观调控，中小企业也成为以项目、数额管理的宏观调控方法的主要牺牲品。中小企业的融资，历来都是困难的，一旦宏观调控，首当其冲的就是中小企业，再加上这次国际金融危机，中小企业更加举步维艰。值得注意的是，在中小企业面临的六大问题中（腐败、苛捐杂税、舆论、立法、融资、金融危机），除了最后一条，其他问题的根子都在国内。

因为长期以来一些问题的积累和金融危机的爆发，中小企业开始大面积倒闭，没有倒闭的也困难重重。总体来说，作为中国经济脊梁骨和原动力的中小企业，现在不再是日益壮大，而是在急剧萎缩，几千万原来的低收入者，也因此成为了无收入者，这必然导致全社会消费能力的进一步下降。

因此，在中国，“保增长，保就业”的关键不是钱，而是政策，好的政策才能保住就业。由于中小企业对中国经济和创造就业有着无可替代的关键作用，因而什么是行之有效的好政策，什么是效果不佳的坏政策，归根结底，还是要看一个政策对中小企业的影响。应对危机促进经济发展的最好政策转机，就是恢复中小企业活力。这些政策的着眼点就是应该是帮助中小企业获得更多的资源，减轻各种负担，减少各种歧视，减少行政干预和排除腐败分子的骚扰。

总之，要使中国经济迅速恢复活力，要创造一个繁荣的经济，创造一个中产阶级，用他们的消费拉动中国经济未来30年的健康发展，中小企业的发展是关键。在新中国特别是改革开放30多年的历史上，每当有利于中小企业发展的政策出台，民间创业的积极性就能够调动起来，不需要多少政府的投入，中国经济就能够经历一个大发展和大繁荣的时期，小平同志南行讲话以后经济发展的大好局面，正是我们最成功的历史经验。

此外，中小企业是扩大出口的主力军。据了解，我国430多万中小企业的出口额占全国的68%，上缴的税额就占到了50%。我国中小企业主要出口特色产品、提供零部件和劳务促进大企业的出口，这两方面来参与国际竞争，扩大市场份额。并且，中小企业在增加税源和支援农业等其他方面也起到了推动的作用。

3 创业概述

3.1 创业概述

中国人从长年的短缺经济中走过来，许多生产者坐惯了朝南的席位，过惯了“皇帝女儿不愁嫁”的“舒心”日子，等到猛然发现这个经济已经变成了“过剩经济”，就不知道市场在哪里。同样，许多劳动者吃惯了“大锅饭”，过惯了没有压力的“轻松”日子，一旦下岗，就茫茫然不知所措。

在中国，企业家是非常稀缺的资源。在中国，能够承受风险并成功创业的企业家更是凤毛麟角。

大洋彼岸，地球的另一边，美国经济已经持续十来年强劲增长。

据《华盛顿邮报》报道，在美国，人们创办企业的势头还从来没有像现在这样强劲过，它已经成为美国经济增长的强大推动力。美国“考夫曼企业家领袖中心”在1999年6月间发表了一份研究报告。该研究报告显示，每12个美国人中就有1个人期望开办自己的企业。在该项研究所涉及的10个发达国家中，美国的这一比例最高。调查结果显示，有91%的美国人认为，创办自己的企业是“一项令人尊敬的工作”，而持相同看法的日本人仅占8%。考夫曼中心的研究人员认为，这一现象与日本近年来的经济下滑陷入困境并不是一种巧合。

分析家们认为，美国人的创业热是由多种因素造成的。美国强劲的经济增长为新企业创造了机会，而新技术不仅推动了经济增长，也使得一系列的新型企业，如与因特网有关的企业应运而生。与此相应的是，在美国，向人们传授如何开办公司的公共和私人机构也越来越多，促使许多人跃跃欲试，而许多白手起家的人的成功故事，更激励其他美国人仿而效之。

又据普赖斯－沃特豪斯－库帕斯会计事务所说，在1999年第二季度，新兴公司所获得的创业资本投资达到创纪录的77亿美元，几乎是第一季度的43亿美元的两倍。以1999年上半年的数据来计算，创业资本投资额达到120亿美元，比上年同期增长了62%。

多种因素导致了目前各方面对创业越来越浓厚的兴趣。

（1）过去的观念一直是大企业创造整个社会中绝大多数的就业机会、产品和服务，是经济发展的主导力量和社会福利的主要来源。但是现有的研究表明，1980年以来，在美国和世界的其他一些地区，小企业和创业者每年创造了70%以上的新就业机会和70%以上的新产品和服务。

（2）教育界对创业教育的兴趣也越来越浓厚。现在全世界有600多所大学（大多数在美国和欧洲）至少开设有一门创业学方面的课程。美国的创业学教育已经形成了一个完备的体系，涵盖了从初中、高中、大学本科直到研究生的正规教育。在许多一流商学院，创业学已经成为工商管理硕士的主修或辅修专业，而哈佛大学、宾州大学、凯斯西部保留地大学（Case Western Reserve University）等大学的商学院从20世纪90年代中期就已经开始培养创业学方向的工商管理博士。特别的是，不仅商学院开始创业学课程，其他的如经济学院、工程学院、护士学院甚至艺术学院等都开始开设创业学课程。创业教育的普及也推动了美国的强劲创业势头。

（3）伴随着创业教育普及的是日益增强的创业学研究。美国许多大学设立了创业学首席教授职位和创业活动中心等研究机构。1980年以后，在美国的大学中，捐助设立的创业学首席教授职位数目已增加到100个以上，最近德国政府也刚刚在全国的12所大学中设立了相应的教授席位。在西方，首席教授职位的设立意味着一个相对完备的教学研究单位的成立。在中国，复旦大学也在2000年年初成立了创业中心。自从1980年美国创刊了两种有关创业学和新创企业的专业期刊以后，现在全世界创业学的专业期刊已经增加到了30多种，而且正在以每隔一个月创刊一种的速度增加。另外，主要提供短期培训课程、协助技术转让和新创企业孵化的创业活动中心的数目也大大地增加了。例如，凯斯西部保留地大学的卫斯海德管理学院（Weatherhead School of Management）宣布投资600万美元成立米勒创业中心（Miller Center for Entrepreneurship），同时用企业捐助的150万美元设立了家族企业方向的首席教职。家族企业是创业学的一个研究方向。

（4）各国政府除了积极支持创业教育，还积极宣传鼓励创业。创立企业的个人能够从政府得到税收减免、建筑物、道路、人员雇用、原材料和能源等资源供应方面的优惠条件。政府还设立各种基金以向创业者提供技术开发和创立企业所需的资金。美国、匈牙利、波兰和俄罗斯等国家的许多州政府和市政府都为创业者提供成立企业所需的资金。我国的中央政府和许多地方政府也从20世纪90年代中期开始系统地出台一批政策以鼓励个人创业。

（5）同时最重要的是，大多数国家的社会各阶层都对创业越来越感兴趣，并乐于支持创业。创业者从来没有像现在这样受到社会的鼓励和得到人们的尊重。现在在许多国家，人们崇尚创业的努力，报纸、杂志、电视和电台等各种媒体都开始大量报道各种与创业有关的事件，如《华尔街邮报》《商业周刊》《伦敦泰晤士报》等有影响力的报刊都不时用头版头条大幅面报道有关创业者及其新创企业的消息。这些描述创业对社会的贡献的报道大大提升了创业者的形象和创造了有利于创业的氛围，许多白手起家的成功故事激励着其他人群起仿效。

（6）就企业界本身来看，我们看到，企业的战略在过去十年中较多地集中在创新上，而创新是与创业紧密联系在一起的。特别是对那些大公司来说，创新则是与企业内创业更为紧密地联系在一起的。著名管理学家彼得·德鲁克在1984年所发表的论文“我们的企业家经济”为这种大趋势的出现提供了大背景。德鲁克提出，这一新型经济的出现主要表现为四个方面的发展。

①知识与技术的快速演进促进了高科技领域创业的风行；

②双薪家庭、青年人的后续教育、人口老龄化等趋势加速了新创企业的产生和发展；

③创业资本市场成为企业创业的一种有效的融资机制；

④美国的产业开始学会如何管理创业。

正是这些有利因素，促进了创业在20世纪80年代的美国获得了极大的发展。如果就创业本身的含义来说，创业活动在我国也有着悠久的历史，但创业作为一个独立的领域在中国受到重视却只是最近的事。

一方面，从邓小平提出“科技是第一生产力”的科学论断以来，我国又确立了科教兴国的基本战略。这些年来，我国各级政府已经采取各种措施来推动科技创新和科技成果的产业化。

但值得强调的是，创业不等于科技创新，大量的新创企业也并不属于高新技术领域。因此，尽管推动自主创业对于科教兴国战略的实施和我国科技创新能力的提高都具有十分重要的意义，这也是我们目前十分注重创业的一个主要原因，但创业对于经济发展的作用远不止于此。创业可以推动科技创新，可以推动新发明、新产品的出现，从而推动经济的发展，这是其主要作用。除此之外，创业对于市场体系的完善，对于市场竞争主体结构的合理化，对于企业创新能力的提高，对于企业核心竞争力的获得和强化，从而提高企业乃至整个经济的国际竞争力都有着非常重要的作用。中国经济目前正经历着需求不足的困扰，需求固然是主要原因，但从供给方面来看，有效供给不足应该也是一大动因，这特别体现在市场空隙的大量存在和新产品开发的不足。另一方面，就中国的国情来说，推动个人自主创业对于缓解就业压力，解决就业矛盾也是一个重要的途径。再从社会层面来看，创业活动的展开，也有利于自主自强和敢于承担风险等创业精神的培养和社会氛围的形成。

有关创业的概念可以追溯到几个世纪以前，但是对于创业对经济发展的作用的认识，以及由此激发的对创业研究和创业教育的广泛的兴趣却是近十几年才有的现象。从历史上看，创业的研究主要有四种角度：管理学、经济学、社会学和心理学。虽然，出于不同角度的研究方法各有优势，但是这些研究所关注的焦点基本上都围绕着创业的两个基本要素：创业者，创业者开创和发展起来的企业。

考虑到创业活动的综合性和创业研究的学科交叉特性，再加上创业者实际上可以在任何一种行业中成功地开创新企业，我们可以认为：创业是一个发现和捕获机会并由此创造出新颖的产品或服务和实现其潜在价值的过程。创业的两个最核心的概念是“新颖”和“价值”。

在中国国内的学术界和教育界，“entrepreneur”在大多数英汉词典上一直被翻译成企业家，而“entrepreneurship”也相应地被翻译为“企业家精神”或者“企业家身份”。但我们通常在谈及“企业家”的时候其含义多少更接近于“实业家”，显然不同于现在美国用“entrepreneur”专指的在没有拥有多少资源的情况下，锐意创新，发掘并实现潜在机会的价值的创业者。相应地，“企业家精神”的内涵和创业的内涵也并不完全一致。创业可分为企业内创业（Intrapreneurship）和开创一个新企业两种形式。

创业是一个复杂的综合性很强的过程，涉及管理学科的各个方面，但创业并不等同于一般的企业管理，创业过程中有着各种特殊的问题需要解决。因为创业过程中在资源相对匮乏的状况下更要强调因地制宜的灵活性和适应性。

我们生活在一个企业家时代，创业是这个时代中一个十分重要的现象，是经济增长的推动力，创业者和创业的未来也从来没有像现在这样充满希望。

中国的发展需要创业，中国的教育应该为中国的创业学和创业实践的发展发挥其应有的作用。

3.2 创业的性质与地位

3.2.1 企业家与创业

谁是企业家？什么是创业？什么是企业家创业的成功道路？企业家的创业又如何对一个经济的增长产生影响？这些问题近年来越来越频繁地被提出并加以讨论，这反映出创业问题已经受到越来越多的人的重视，越来越成为经济学家、政府部门和企业界的热门论题。[①]

尽管如此，迄今为止，我们仍没有一个被普遍接受的关于创业的严格定义。事实上，关于创业的理论在很大程度上是与“企业家”这一概念同步发展起来的。

1. 最早的企业家概念

就词语的发展而言“企业家”（Entrepreneur）这一名词来源于法语中的entreprendre一词，按字面翻译，其含义是所谓“中介人”。因此，或许最早的可以被称为企业家的人就是马可·波罗。马可·波罗试图建立起西方与远东之间的通商之路，他通过与一个有钱人（今天被称为一个风险投资者）签订合同来销售他的商品。在那些年代里，贷款给甘愿冒险的商人，其利率可高达22.5%（包括保险费用在内）。事实上，风险投资人只是一个被动的风险承担者，而商人则是在贸易中主动承担风险的人，他们需承担由经商贸易所带来的所有物质上和精神上的风险。当商人成功完成了他们的冒险旅行，将他们的货物销售出去之后，风险投资人将获得利润中的大部分（往往高达75%），而冒险的商人只获得利润中剩余的25%。

2. 中世纪的概念

在中世纪，企业家主要是指那些管理重大生产项目的人。在这样的生产项目中，所谓“企业家”并不承担任何风险，他们仅仅是那些通常由政府提供资源的生产项目的管理者。一个典型的中世纪的“企业家”是一个教士，负责掌管那些大型建筑工程，如城堡及其防御工事、公共建筑、修道院和大教堂等。

① 本研究观点认为创业家是一个综合体，它包含科学家、政治家和企业家，三者有机融合才可称为创业家。

3. 17 世纪的概念

将创业与风险联系起来是 17 世纪的事。在 17 世纪，所谓企业家是指那些与政府签订合同的人，这些合同通常涉及一些服务或指定产品的供给。由于合同价格是固定的，因而任何由此产生的利润或亏损全都由企业家承担。

17 世纪的著名企业家之一是一个名为约翰·劳的法国人。劳获得政府的许可，建立起一个皇家银行——劳氏银行。这家银行后来逐渐卷入与特许经营有关的一家美国贸易公司——密西西比公司的业务中。遗憾的是，这家公司与法国之间的贸易并不成功，并最终导致公司的破产，继而导致劳氏银行体系的崩溃。

17 世纪的一位著名经济学家理查德·康替龙（（Richard Cantillon）建立起了一套早期的企业家理论，他被认为是企业家理论的重要奠基者之一。康替龙观察到那些商人、农民、手工艺者与其他个人业主“按一个确定的价格买入，再按一个不确定的价格卖出，他们的经营充满风险”，因此把企业家视为“风险承担者”。有趣的是，康替龙于 1716—1720 年间曾在巴黎从事银行业。他精明地预感到劳氏银行体系的崩溃，但仍敢于冒险去从中获取暴利。据另一著名经济学家杰文斯查阅到的资料，康替龙在几天内就赚到了几百万美元。

4. 18 世纪的概念

到了 18 世纪，资本的持有人与需要资本的人终于被明确地区别开来。换言之，企业家与风险投资者被明确地加以区分。原因之一是，工业革命发生并在整个世界扩展，在这一大背景下，出现了许多新的发明，这是对变化中的世界的一种反应。当时的许多发明者都没有足够的财力来支持他们的创新活动，如著名的发明家爱迪生就是如此。爱迪生从私人手中筹集资金以支撑他在电和化学方面的实验。爱迪生是一个资本的使用者，而不是一个风险资本的供给者。

5. 19 世纪与 20 世纪

在 19 世纪末期和 20 世纪早期，对企业家概念的理解大多从经济学观点出发，并不与经理人员相区别。如埃利与海斯就曾如此描述企业家：“简要地说，企业家为个人的获利来组织并运作一个企业。企业家以现行价格支付其经营所需原材料的费用、土地的租金、其雇员的费用以及其所需资本的费用。企业家贡献出他的积极性、技能及其在计划、组织和管理企业方面的才能。企业家承担因其不可预见和不可控制的环境变化所带来的亏损或赢利。企业家把年收益在扣除了所有企业运作成本之后的净剩余留给自己。”

到 20 世纪中期，一个新的关于企业家的概念建立起来。企业家被认为是一个创新者。著名经济学家熊彼特认为，企业家是创新者、经济变革和发展的行动者。熊彼特甚至把“企业”一词的含义也仅限于创造“新结合”，从而把“企业家”一词的含义限于引进“新结合”的经济人物。这里的“新结合”在很广泛的意义上使用，它包括新产品、新生产方法、开拓新市场、利用新原料以及经济部门的重新组合。因此，在资本主义的发展中，实施生产要素新结合的企业家起着中心作用。为数不多的有天赋的企业家率先开拓新技术、新产品和新市场，从事创新活动，而其他的大多数则是模仿者和追随者。

在熊彼特的定义中，创新与新结合是其核心含义。事实上，对企业家来说，创新是其最困难的任务。要实现上述“新结合”的各项具体创新，不仅要具有创新思维的能力，而且要具有把握经济环境的各种力量的能力。在企业层面，还必须具有建立新的组织结构来生产新产品、销售新产品的能力。在一定意义上，这种组织上的创新同传统的技术创新一样具有相当大的难度，而组织创新对企业家来说则是一种更为基本的职能。

在人类历史中，我们处处可以看到创新的作用。古埃及的金字塔由重达数吨的石块建造起来，其设计与建筑均是伟大的创新。现代的激光技术与航空航天技术的发展，阿波罗登月等也都是伟大的创新。可以说，创新是人类文明发展至今的最基本的推动力。

3.2.2　企业家与创业的定义

在经历了几个世纪的发展与演变之后，特别是经历了20世纪社会、经济的极大发展之后，关于企业家的定义有了更丰富的内涵。我们可比较以下几种较新的定义。

夏皮罗认为：“在几乎所有关于企业家的定义中，存在一种共识，即我们所讨论的是某种行为，这种行为包括：①首创精神；②组织或重组社会的或经济的机制以将资源转化为可获得的利益；③承受风险或失败。”

范思珀指出：“对一个经济学家来说，企业家是一个将资源、劳动、原材料和其他资产组合起来并创造比原先更大价值的人，也是引入变革、创新与新秩序的人；对心理学家来说，企业家是典型的被某种动力驱使的人，为了获得某种利益、为了进行某种实验、为实现某种目标或为了避免听命于其他人；对一个生意人来说，企业家的出现是一个威胁，一个敢作敢为的竞争对手，然而对另一个生意人来说，同一个企业家可能是其盟友、资源的供给者、客户或某个为其他人创造财富的人、发现更佳的资源利用方式与减少浪费的人、是创造其他人所愿意获得的工作机会的人。”

荣斯戴特给出企业家与创业的如下定义：“创业是一个创造增长的财富的动态过程。财富是由这样一些人创造的，他们承担资产价值、时间、事业承诺或提供产品或服务的风险。他们的产品或服务未必是新的或唯一的，但其价值是由企业家通过获得必要的技能与资源并进行配置来注入的。”应该说，在这里已经可以看到对企业家创业职能的强调。

到了斯蒂文森，对企业家的定义已经几乎就是对创业者的定义了。斯蒂文森等人的定义强调创业是一个过程“创业是个人——不管是独立的还是在一个组织内部——追踪和捕获机会的过程，这一过程与其当时控制的资源无关”。在此定义基础上，斯蒂文森指出有三个方面对于创业是特别重要的，即察觉机会、追逐机会的意愿及获得成功的信心和可能性。

虽然以上定义从各自略微不同的视角来对企业家进行考察，但它们共同抓住了企业家的一些基本特性，如创新性、对商业机会的把握、组织、创造、财富与风险承担，而其趋势则是越来越注重其作为创业者的一面。每一个定义当然都有某些局限性，因为事实上，企业家可以在所有行业中找到，如教育、医药、科研、法律、建筑、工程、社会工作和销售等。为了将所有类型的企业家创业行为包含在内，可以对创业作如下定义：创业是一个发现和捕获机会并由此创造出新颖的产品或服务和实现其潜在价值的过程。创业必须要贡献时间和付出努力，承担相应的财务的、精神的和社会的风险，并获得金钱的回报、个人的满足和独立自主。

上述定义强调了作为一个企业家或创业者的四个基本的方面，而与其所处领域无关。

（1）创业包括一个创造的过程——它创造出某种有价值的新事物。这种新事物必须是有价值的，不仅对企业家本身有价值，而且对其开发的某些目标对象也是有价值的。这里的目标对象可因企业家所处行业的不同或其创造事物的不同而不同。例如：

①当企业家从事的是商务方面的创业的时候，其目标对象就是市场上的购买者，就是企业的客户；

②当企业家创造的是一个新的网站及相应的功能（新闻提供或搜索引擎）的时候，其目标对象就是大量的网民；

③当创造的是一门新的课程或甚至是一个新的创业学院的时候，其目标

对象就是那些前途无量的学生；

④当创造的是由非营利机构提供的某种新的服务的时候，其目标对象就是全体公民。

（2）创业需要贡献必要的时间，付出极大的努力。要完成整个的创业过程，要创造新的有价值的事物，就需要大量的时间，而要获得成功，没有极大的努力是不可想象的。

（3）承担必然存在的风险。创业的风险可能有各种不同的形式，依赖于创业的领域，但通常的风险不外乎财务风险、精神方面的风险和社会领域的风险等几个方面。

（4）给予企业家创业的报酬。作为一个企业家，最重要的回报可能是其由此获得的独立自主及随之而来的个人的满足。对于追求利润的企业家，金钱的回报无疑也是重要的，对其中的许多人来说，货币成为衡量成功的一种尺度。

从以上的讨论及定义来看，我们需再次指出，现代的定义越来越强调企业家的创新性，越来越将企业家与创业紧密地联系起来。在此意义上，企业家就是一个创业者。

3.3 创业决策

对一个真正开始其自己的事业的人来说，创业过程将充满着激情、挫折、忧虑和艰难的工作。由于销售疲软、竞争激烈、资本匮乏、管理才能低下等各种原因，创业失败的比率相当高。财务上的和精神上的风险也可能非常高。

3.3.1 创业：影响一生的决策

对任何个人来说，自主创业是一项关系重大的决策，因为它将对个人的一生产生极其重大的影响。同时，许多人感到要创立一份自己的事业是一件非常困难的事。但在这个世界上，仍有千千万万的个人建立起他们自己的企业。虽然没有人知道确切的数字，但据估计，在近几年中，美国每年诞生的新公司达1100万~1900万家。

尽管经常出现经济衰退、通货膨胀、高利率、基础设施缺乏、经济环境的不确定性，以及相当高的失败的比率，但是仍有成千上万的新企业建立起来。每个新生企业的创立都有其特点，都有其独特性，但创业者作出这一重大决策总有着一些共同的性质，总受到一些共同因素的激励。

3.3.1.1 现行生活方式的改变

要作出离开自己原先的职位、改变自己原先的生活方式的决策是相当困难的，它需要相当大的勇气。虽然可能每个人都会选择自己比较熟悉的领域去建立其新的事业，但相对而言，有两个领域的工作环境对于新建企业是特别适合的，即研究与开发和市场营销。在研究与开发活动中，主要工作与技术有关，当创业者产生某种新产品的创意或发现了某种新的服务需求，这往往就给他们带来创业的空间，特别是如果这种新的想法不能被其雇主所接受的时候。类似地，如果某个人熟悉某个市场，当他或她发现了某些顾客未能满足的需求的时候，这也就给新企业的创立带来机会，其新建的企业就可能以满足顾客的这类需求为其经营的目标。

在现实中，或许导致新企业建立的更强烈的激励来自负面的推动力，即生活中的各种挫折。事实上，大量的新企业是由那些在国有企业或政府中找不到工作岗位的农民、已经退休的人、被原先的企业辞退的人以及刚刚迁移的家庭中的人所建立起来的。一项研究表明，在美国的一个大城市中，在大量辞退雇员的一个阶段中，电话黄页上新建企业的名录以12%的速度增长。在中国，近年来随着国有企业改革的深化，大量人员下岗，他们不得不寻找新的工作岗位。在下岗人员中不乏富于创新精神和创业能力的人，他们或者经过培训掌握了新的技能，或者充分发挥原有的特长，纷纷开创自己的新事业。此外，无论在发达国家还是在发展中国家，在美国还是在中国，许多学生毕业之后也开始创立自己的企业。特别是MBA学生，当他们获得学位但又不能在原公司中得到更好的职位而无法施展才能的时候，往往作出自主创业的决策。对中国学生来说，从“找饭碗”到“造饭碗”，这是一个具有十分重大意义的划时代转变。

3.3.1.2 自主创业的意愿

自主创业意愿的强弱取决于人们的观念，而人们的观念又与其文化背景、亚文化群、家庭、教育及其接触的人群有密切的联系。文化背景决定了价值观，特别是决定了人们对自主创业成功价值的评价。相对而言，在美国，一个人成为他或她自己的老板、成功地抓住机会、成功地赚钱，就会得到很高的评价，这是美国文化的特征之一，而这些都是创业的基本方面和人文环境。因此，美国有着相当高的新创企业的比率就并不令人惊奇。另外，在某些国家，自主创业并没有得到很高的评价，而一旦失败了则受人耻笑，在这些国家，自主创业的比率显然不会太高。因此，对于创业来说，一个有利的文化背景是一个十分重要的因素。

当然，没有任何一种文化是专门为创业准备的，也没有任何一种文化是专门反对创业的。许多亚文化群在大文化的背景之下形成了具有自己特色的价值体系。在美国，已经出现一群创业的“亚文化群”。最著名的如波士顿的128号公路、加利福尼亚的硅谷与北卡罗来纳三角，而并不很知名但同样重要的创业中心还有洛杉矶、丹佛、克利夫兰，以及奥斯汀等。这些“亚文化群”支持甚至可以说推进了创业，许多人积极地计划在这些具有良好环境的地方去创业。

此外，在这些“亚文化群”中也存在着因家庭背景的不同而带来的多样性。对于不同产业中的大量公司进行研究的结果表明，在公司创立者中其父母具有很强的独立价值观的占有很高的比例。成功的公司业主、艺术家、教授、工程师和农场主将独立性渗透在他们整个的家庭生活中，因此就激励了他们的子女去从事创办公司的活动。

创办公司的行为还受到教师的激励，教师往往可以对其学生准备从事的毕生事业的选择产生重大的影响。因此，一所大学、一个管理学院开出令人兴奋的创业学课程，将对企业家阶层的产生起到重要的推动作用，也将推动一个区域的创业环境的改善。当一个学生在大学中学习了许多创业方面的课程之后，他或她选择自主创业道路的可能性就会大大提高。麻省理工学院（MIT）与哈佛大学均坐落在128号公路附近；斯坦福大学位于硅谷；北卡罗来纳大学与杜克大学是北卡罗来纳三角中的亮点；而凯斯西部保留地大学则对克利夫兰地区的创业起了促进作用。在北京，中关村已经成为重要的创业中心，而周围的北京大学、清华大学等都将对其产生积极的推动作用。一个强大的教育基地对于地区的创业活动是一个十分有力的支撑因素。当然，中国台湾的新竹科学园区也是基于同样的原因发展壮大的。

其他环境因素也对创业产生影响。例如，经常性的创业论坛为企业家或潜在的企业家提供一个讨论与交流的场所，这对新企业的创立无疑也是一个有利因素。

3.3.2 创立新企业的可行性

上述种种因素对个人创业意愿的强弱产生重大影响，但当一个人作出创业的决策的时候，必然还需要慎重考虑的问题是，创立一个新企业的可行性究竟如何？

对于创立新企业的可行性，有几项因素十分重要。这些因素包括：政府政策、个人背景、市场营销、创业的榜样、财务条件等。

(1) 政府政策对于创业的可能性有重要影响。政府对创业的帮助与支持主要表现在为新创企业提供基础设施，如道路、通信、运输系统、电力、燃气、水、稳定的宏观经济环境等。美国的新建企业数量大大超过其他国家，完善的基础设施是一个重要因素。即使是税收制度，美国也比其他国家如爱尔兰、英格兰、德国等对创业更为有利。一个压制性的税收制度将抑制新企业的诞生，因为创业者可能无法从创业中获得足够的报酬，也就没有足够的动力，没有足够的进一步发展企业的财力。

(2) 创业者的个人背景也是主要因素之一。即使政府提供了十分有利的创业环境，创业的财务风险、精神方面的风险和社会方面的风险仍然存在，因此，创业者仍需要有一定的背景条件。一般来说，正规的教育与从事商务活动的经历使得潜在的企业家拥有创立和管理一个新企业的技能。另外，虽然教育对于管理与商务知识的传授是十分重要的，但在一个自己较为熟悉的或工作过的领域中去创业，其成功的可能性要大得多。企业家不是天生的，企业家是后天成长起来的。

(3) 市场营销同样在新企业的形成中扮演着关键角色。除了足够的市场容量之外，在将新产品推向市场的时候，将产品、价格、销售和促销活动有效组合起来的市场营销技能是其成功的关键。在公司建立的驱动力来自市场需求的情况下，其成功的可能性比那种驱动力来自技术方面的公司更大。

(4) 在一个经济中是否已经有一家或一些成功创业的实例，对于潜在的创业者具有重要的示范作用。一般而言，当人们准备创业的时候，其他人的成功经验可提供他们借鉴，并且是鼓励他们选择同一条个人发展道路的一个重大因素。具有足够自信心的人往往会说："他们能做的，我为什么不能?"

(5) 资金来源对于创业的可能性无疑具有十分关键的影响。尽管大多数新公司的起步资金来自于个人储蓄、信贷、朋友或亲属等，但这些资金的数量往往并不足以创立起一个新的企业，因此创业者往往仍需要寻找其他的资金。对创业来说，风险基金就是一个非常重要的资金来源，风险基金的存在对于创业来说是一个必不可少的外部条件。

因种种原因，在世界各地，新企业形成的比例相差很大。即使在美国国内，不同地区之间也存在较大的差异。

3.4 创业在经济发展中的作用

3.4.1 创业与经济增长

创业对于经济发展的作用绝不仅仅局限于提高人均产出与人均收入水平，更重要的是，创业还促进新的社会结构和经济结构的形成，让更多的人来参与经济发展的过程和获得相应的回报。一种经济增长理论将创新视为关键因素，因为创新不仅可以促进新的产品和服务的出现来满足市场需求，而且可以刺激新的投资。显然，这就将从需求和供给两方面来促进经济的增长。在需求方面，新产品和新的服务往往会创造出新的市场需求，从而成为促进经济增长的需求因素；在供给方面，新资本的形成将导致新的生产能力，扩大整个经济的供给能力。

创业还改变了人们对于小企业在经济发展中的地位的认识。传统的观念或经济学中的主流观点一直是，大企业创造了整个社会中绝大多数的就业机会、产品和服务，是经济发展的主导力量和社会福利的主要来源。但是现有的研究表明，1980 年以来，在美国和世界的其他一些地区，小企业和创业者每年创造了 70% 以上的新就业机会和 70% 以上的新产品和服务。

事实上，在美国，一代新的创业者已经被称为“美国的新英雄”。这一代创业者在美国的就业、创新和劳动生产率方面取得的成就是惊人的。据统计，在 20 世纪 50 年代，美国每年大约产生 93000 个新企业，而到 20 世纪 80 年代，新企业的产生速度上升到每周大约 12000 个。从 1977—1980 年期间，列入《财富》杂志 500 强的企业削减了 300 万个职位，但从 1970—1980 年，新企业在美国则提供了大约 2000 万个新的工作岗位。根据美国小企业管理局的统计，新公司创造的新产品数比大企业多 250%，而美国国家科学基金会的一项研究认为，新公司每一美元研究与开发费用所获得的创新大约是大公司的 4 倍。而且，新公司可以在较短时间内使创新进入市场，平均大约 2.2 年，而大公司却要花 3.1 年。

3.4.2 创业与创新能力

在微观层面，对创业的重大作用可以从创业对产品创新和科技进步的意义更深入地来理解。在大多数情况下，创业过程包含着一种新的产品或新的服务的诞生，这对于创业是否成功具有关键作用，而从整个经济社会的角度来看，这无疑是产品和服务不断更新与演进的重要的推动力。人类的科技进步不仅依赖于基础科学的发展，而且依赖于科技成果不断地进入经济社会领域，形成新产品与新服务的生产能力，这又反过来推动基础科学的发展。在这样一个过程中，科技成果的产业化与新发明、新产品的出现是极其重要的一环。可以说，创业活动是科技成果实现产业化和新发明、新产品孕育与产生的主要形式之一。

值得强调的是，创业并不仅仅指完全自主的创业，在创业活动中，还有一个重要的领域——企业内创业。企业内创业对于大公司的创新活动具有十分重要的意义。企业内创业并不等同于企业的研究与开发，企业内创业要求高层管理者通过对新的创意的激励和保护、企业内部环境的改善、对科层式官僚体制的改革、组织结构的调整、直到直接的资金支持来加以推动，从一定意义上，它要求公司的再造。在当今这样一个巨变时代，在日趋激烈的竞争环境中，一个企业的创新能力和核心竞争力将决定企业能否继续生存和发展，能否保持其市场地位。大企业甚至巨型企业在短期内即衰落、崩溃甚至倒闭的例子我们已屡见不鲜，其创新能力不足、核心竞争力孱弱不能不是主要原因之一。而企业内创业正是帮助企业获得并强化创新能力和核心竞争力的重要途径。

3.4.3 创业与中国经济发展

应该说，创业在中国并不新鲜，但创业在中国受到重视却是最近的事。

从邓小平提出“科技是第一生产力”的科学论断之后，我国又确立了科教兴国的基本战略。1999 年 8 月 23 日，中共中央、国务院召开全国技术创新大会，江泽民主席再次强调，全党同志和全国各族人民都要牢记，全面实施科教兴国战略，大力推动科技进步，加强科技创新，是事关祖国富强和民族振兴的大事。事实上，这些年来，我国各级政府已经采取各种措施来推动科技创新和科技成果的产业化，这就为创业活动的发展创造了一个十分有利的大环境。

中国的创业法律环境也在不断完善。1999 年 8 月 30 日，中华人民共和国个人独资企业法出台。这是我国继制定公司法、合伙企业法之后所制定的第三部涉及规范私营企业市场主体的法律，至此，我国关于私营经济的三种主要形式——独资企业、合伙企业和有限责任公司的主体法律已经基本完备。个人独资企业法最引人注目之处，是在第八条明确规定，只要有必要的从业人员以及有出资、有合法的企业名称、有固定的生产场所等，就可以申请注册为个人独资企业，这就废除了原先不规范的按照雇工人数来划分个人独资企业（雇工 8

人以上）和个体工商户（雇工7人以下）的规定。此外，个人独资企业法还依据宪法明确规定“国家依法保护个人独资企业的财产和其他合法权益”。在本章中，规定任何单位和个人不得以任何方式强制个人独资企业提供财力、物力、人力；个人独资企业可以依法申请贷款、取得土地使用权等。这预示着中国的个人自主创业将有一个更为宽松的法律和政策环境。

但值得强调的是，创业不等于科技创新，大量的新创企业也并不属于高新技术领域。因此，尽管推动自主创业对于科教兴国战略的实施和我国科技创新能力的提高都具有十分重要的意义，这也是我们目前十分注重创业的一个主要原因，但创业对于经济发展的作用远不止于此。创业可以推动科技创新，可以推动新发明、新产品的出现，从而推动经济的发展，这是其主要作用。除此之外，创业对于市场体系的完善，对于市场竞争主体结构的合理化，对于企业创新能力的提高，对于企业核心竞争力的获得和强化，从而提高企业乃至整个经济的国际竞争力都有着非常重要的作用。中国经济目前正经历着“过剩经济”的困扰，需求不足固然是主要原因，但从供给方面来看，有效供给不足应该也是一大动因，这特别体现在市场空隙的大量存在和新产品开发的不足。另外，就中国的国情来说，推动个人自主创业对于缓解就业压力，解决就业矛盾也是一个重要的途径。从社会层面来看，创业活动的展开也有利于自主自强和敢于承担风险等创业精神的培养和社会氛围的形成。

以上种种，都可以从创业在美国形成潮流以及创业对美国经济增长的作用中得到反映。相比之下，我们对创业的认识还很不充分，还有着很大的局限性。这种局限性不仅仅反映在中国的创业实践还相当地不足，更反映在我们的经济学家、管理学家和其他如社会学、心理学专家等对创业学的研究还刚刚起步或者还没有起步。事实上，从理论与学术研究的角度来看，创业学也应该是一个十分重要的领域，而且是一个学科交叉的领域。这个领域正等待着中国的学者们去开发。

我们必须要充分认识创业对中国经济发展的重要作用，通过对创业活动的各方面的支持和推动，来推动中国经济的长期持续稳定的发展。

3.5 创业的一般过程

作为一个创业者，要创建自己的企业，通常要经历几个基本的步骤，而在创业过程中所涉及的知识与技能，与一般的管理职能并不完全相同。一个创业者必须能够发现、评估新的市场机会，并进一步将其发展为一个新创企业，在这一过程中确实有着许多对现存企业进行管理时所未予重视或不那么重要的知识与技能。一般地，创业过程包含着四个阶段：识别与评估市场机会→准备并撰写经营计划→确定并获取创业所需资源→管理新创企业。

但值得强调的是，这种划分并不是绝对的。事实上，尽管这四个阶段是有着明确的次序的，但各个阶段相互之间并不是完全隔绝的，也就是说，并不是说一定要在前一阶段全部完成之后才进入下一个阶段。例如，即使是在第一个阶段中，也就是当一个创业者在识别与评估市场机会的时候，他就可能必须对最终创立的企业的性质有所考虑，而在形式上，后者是属于第四阶段的任务。

1. 识别与评估市场机会

识别与评估市场机会是创业过程的起点，也是创业过程中一个具有关键意义的阶段。许多很好的商业机会并不是突然出现的，而是对于“一个有准备的头脑”的一种“回报”，或是当一个识别市场机会的机制建立起来之后才会出现。例如，一个创业者可以在每一个公众活动场合都询问与会者，是否在使用某种产品的时候发现有什么不够令人满意之处；另一个创业者则可能时时关注着他的外甥和侄女正在玩什么玩具，他们是否对玩具感到满意。

虽然大多数情况下并不存在正式的识别市场机会的机制，但通过某些来源往往可以有意外的收获，这些来源包括消费者、营销人员、专业协会成员或技术人员等。无论市场机会的设想来源于何处，都需要经过认真细致的评估，对于市场机会的评估或许是整个创业过程的关键步骤。

2. 准备并撰写经营计划

一个好的经营计划对于创业者来说是非常重要的。经营计划不仅是对市场机会作进一步分析的必要步骤，同时还是真正开始创业的基础，是说服自己更是说服创业投资者投资的重要文件。经营计划对于确定创业资源状况、获得所需资源和管理新创企业是必不可少的。

3. 确定并获取创业资源

这一步骤从确定创业者现有资源开始。事实上，对于资源状况还需进行分析，特别是，要把对于创业十分关键的资源与其他不是那么重要的资源加以区分。需要注意的是，创业者不应低估其所需创业资源的数量及其多样性，创业者还应对于缺乏资源或资源不适合对于创业风险所带来的影响作出清醒的估计。

紧接着的问题是，如何在适当的时机获得适当的所需资源，并在整个过程中尽可能地对创业进行控制。一个创业者应尽量保持对所有权的最大限度地控制，特别在起步阶段更是如此。随着企业的成长，就可能需要更多的新资金的投入，但对于创业者来说，只有在其他方法均已无效而万不得已的时候，才应考虑放弃一部分股权来换取新的投资。创业者应有效地组织交易，以最低的成本和最少的控制来获取所需的资源。

4. 管理新创企业

在获取所需资源之后，创业者就需按照经营计划建立起新创企业，此时就需考虑企业的运营问题。这里既包括企业管理的方式问题，也包括确定企业成功的关键因素并加以把握的问题，同时创业者还应建立起一个控制系统，以对企业运作的各个环节进行有效的监控。从企业发展的生命周期来说，新创企业一般都要经过初创期、早期成长期、快速成长期和成熟期几个阶段。创业者所面临的管理问题因其发展阶段的不同而有所不同，因此，创业者就需要根据每一阶段的特点，来考虑和采取不同的管理措施与对策，以有效地控制企业成长的节奏，保证企业的健康发展。

创业是一个发现和捕获机会并由此创造出某些有价值的新事物的过程。创业的两个最核心的概念是“新颖”和“价值”。创业必须要贡献时间和付出努力，承担相应的财务的、精神的和社会的风险，并获得金钱的回报、个人的满足和独立自主。

创业是一个影响个人一生的决策。大多数创业者的自主创业主要受到现行生活方式的改变、自主创业的意愿、创立新企业的可能性等各种因素的影响。

创业对于经济发展的作用绝不仅仅局限于提高人均产出与人均收入水平。创业对于科技创新能力的培养和强化，对于企业核心竞争能力的获得和提高都具有十分重要的意义。对于中国的经济发展来说，创业有利于科教兴国战略的有效实施，也有利于解除“过剩经济”的困扰，有利于缓解就业压力。

教育对于创业者个人事业的发展具有重要的作用，在有些情况下甚至是决定性的。创业教育在管理教育和整个教育体系中的地位都在不断强化，创业学已经成为许多世界一流大学的主修专业，创业学研究也成为一个重要的研究领域。中国的创业教育还刚刚起步，正规的创业教育还几乎是空白。创业教育应该成为中国管理教育的新增长点。

创业过程一般包括四个阶段，这四个阶段所面临的管理问题都有所不同。因此，创业者需要适时把握各个阶段企业发展中的问题，并采取相应的措施和对策，以保证创业的成功。

4 创业辅导基地的内涵、定位与功能

4.1 创业辅导基地的内涵

4.1.1 创业辅导基地的定义

创业辅导基地，又称为创业基地或创业园，目前，国内对于创业基地的研究尚不多见，创业辅导基地的定义散见于政府文件之中（如表4－1所示）。

表4－1 我国各地关于创业基地的含义

地区	名称	含义
河北	中小企业创业辅导基地	能够为一定数量的创业者提供生产经营场所、公共服务设施和创业辅导服务，经省中小企业局备案的创业基地
浙江	小企业创业基地	为初创型和微小型企业提供创业空间和创业服务，以实现小企业孵化为重点，促进小企业健康成长为目标的实体组织
广东	小企业创业基地	能够为一定数量的创业者提供生产经营场所、公共服务设施和创业辅导服务，经省中小企业局认定，并纳入备案管理的具有独立法人资格的主体
江苏	小企业创业基地	由政府或社会投资兴建，市场化运作，为创业者或初创企业提供经营场所、配套公共设施和相关服务，具备孵化与培育企业功能的特定区域
江苏镇江	创业孵化基地	经确认的、可为创业者提供管理经营所需的场地以及免费提供相关创业后续服务的实体
江西	小企业创业基地	由具有独立法人资格的实体创立和经营，能够为创业项目和初创企业提供研发、生产、经营场地、公共设施与配套服务，具备孵化与培育企业功能的创业场所

续 表

地区	名称	含义
天津	小企业创业基地	依托闲置厂房、楼宇、都市工业园区、乡镇工业园区或其他场所，统筹规划，合理布局，为创业企业提供功能齐全的生产经营场地和综合性服务，配套设施较为完善的区域等
云南	小企业创业基地	由政府、企业、自然人或社团组织出资，进行统筹规划，合理布局，设施配套，功能齐全，为初创型和微小型企业提供创业空间和创业服务的公共服务平台
山东招远	小企业创业辅导基地	可为创业者提供经营场所、为创业人员提供创业培训、开业指导、项目推荐、融资担保、经营咨询、法律援助、技术支持、人才引进等公益性服务的实体
四川	小企业创业基地	以培育处于初创阶段的小企业或创业项目为宗旨，具有独立法人资格的实体

根据对创业环境、创业过程及中小企业发展的研究，可以将创业辅导基地定义：创业辅导基地是引导潜在创业者发现创业机会，集聚并帮助创业者整合各类创业资源，为创业者提供创业空间和创业服务，促进成功创业，并促进创业企业持续成长的综合平台系统。创业辅导基地可以引导全民创业、推动中小企业发展、减少环境污染和资源浪费、促进企业集约化经营和产业结构升级，从而有着重大的经济、环境和社会意义，通过创业辅导基地建设，可以促进当地就业、保护耕地，从而更好地实现新农村建设、构建和谐社会，从而有着显著的社会效益。创业辅导基地的服务对象为各类创业者，服务目标是提供创业的成功率和成长率，服务手段是提供场所、技术和服务。

4.1.2 构成要素

要正确理解并合理界定创业辅导基地，需要认识和理解创业辅导基地的组成要素。创业辅导基地的构成要素是其运营发展所必备的条件，一般包括以下四大要素。

（1）空间与设施。它是创业辅导基地生存与发展的最基本条件之一。包括基础设施、办公场所、生产场地和共享的服务空间等硬件设施。创业初期的功能主要是为创业企业提供低价位的孵化场地以降低创业企业的创业成本；随着企业的发展，其功能逐步拓展和延伸。

（2）创业服务。作为服务型的经济组织，创业服务是评价创业基地的关键因素，为创业企业提供的服务类型、质量与效率直接关系到自身的收益。它包括基本服务和个性服务，前者包括创办新企业的申报、注册、登记服务，创业技能培训，物业服务，政策咨询服务、市场信息等，后者包括投融资服务、担保服务、技术服务、项目申报、成果鉴定、人才推荐、法律援助、市场开拓、国际合作等。

（3）创业企业。它是创业基地的服务对象。新创企业在基地成立以后，一直到毕业离开基地之前，都是该基地的在孵企业。创业企业的选择至关重要，不仅关系到基地的定位和功能发挥，而且直接影响基地运营的最终绩效。创业基地选择入驻企业一般都有自身一套标准和程序。同样毕业企业从创业基地毕业也有一定的标准和程序，一般从毕业企业的财务独立生存能力、管理能力、技术创新能力和竞争能力四个角度进行考察。

（4）创业基地的管理团队。它对创业基地的发展起着指导和服务作用，创业管理能力、企业管理能力和创业基地运营能力是评价创业基地管理团队能力的重要指标。

4.1.3 基本类别

根据各地的实践情况看，我国创业辅导基地从不同的角度可以分成几种不同的类别。

从产业选择看，创业辅导基地主要包括两大类，即以服务业为主的都市创业园和以工业为主的创业基地。服务业创业园包括文化产业创意园、软件园等，主要位于城市，且占地面积较小，没有污染。而工业类创业基地主要位于县域，有相对较大的占地面积，多数企业都存在不同程度的环境问题。

从投资主体看，创业辅导基地可以分为政府投资、民间投资和政府与民间混合投资。从目前我国创业辅导基地的实际发展情况看，以上三种类型在比例上各占1/3左右。由政府投资的创业基地，厂房以出租为主；由企业投资的创业基地厂房以出售为主。

从厂房供应看，创业辅导基地主要分为标准厂房供应和闲置厂房供应两种类型。标准厂房供应需要政府划拨土地或者利用乡镇集体土地，或者直接从工业园区、工业功能区中规划一块土地。闲置厂房供应通常是将国有大型企业的空置厂房，或者其他闲置的国有或集体用房加以改造而成。

4.2 创业辅导基地与孵化器、企业园区的比较

改革开放以来，政府部门在各种背景下，出于各种原因，建立了各种平台和载体扶持企业发展。这些平台和载体一般都具备以下五个要素：共享空间、共享服务、扶持企业、平台或载体的管理人员、扶持企业的优惠政策等。凡符合上述五个要素的又都可统称为企业支撑平台。经过多年的发展，这些平台和载体其功能和发展方向逐渐演变，互相渗透，已经渐渐失去了原来的样子，改变了建立时的初衷。我们对这些平台和载体进行了初步的梳理，并根据它们主要的服务对象进行了简单的归纳整理。从扶持对象看，所有的企业支撑平台大致可以分为三类：一是主要针对初创企业的孵化器；二是主要针对成长发展企业的各类企业园区；三是介于两者之间的创业辅导基地。企业孵化器又可以根据创业主体和创业对象的不同分为创业园区和科技孵化器等类型，企业园区根据扶持对象的不同也可以分为开发区、工业园区和高新技术园区等。创业辅导基地主要可以分为服务业中小企业创业辅导基地和工业中小企业创业基地。其中创业辅导基地以工业中小企业创业辅导基地为主。

4.2.1 企业孵化器的发展态势

1. 企业孵化器内涵

关于企业孵化器的概念，美国孵化器协会（NBIA）主席、著名学者罗斯顿·拉卡卡（Rustam Laikaka）对企业孵化器下的定义具有代表性，他认为“企业孵化器是一种为培育新生企业而设计的受控环境（Lalkaka 和 Abetti，1999）。Oyeyemi Adebite 认为：孵化器是通过提供一系列综合和一体化服务而创造成功的中小企业的过程。他把这些服务分为 5 个方面。第一，在弹性的和可负担的情况下提供足够的生产空间。第二，提供范围综合的服务：企业咨询和培训；共享秘书服务；种子融资；产品发展和市场营销援助等。第三，严格的准入和退出规则。设计这些规则以确保孵化器将其努力集中在那些高成长和创新的项目上并尽可能对地区经济发展产生重大影响。退出规则通常将企业的在孵时间限定为 3 ~ 5 年，以确保项目有合理的周转期。第四，专业化管理，包括对孵化项目商业计划的严密监控和确保孵化器像企业一样运营并能实现财务自给。第五，通过外部资源网络为在孵企业提供 R&D 咨询和风险资本。美国国家企业孵化器协会（NBIA）认为：企业孵化是一个企业发展的动态过程，其目的是鼓励

人们开展新的事业和支持新创企业发展创新型的产品和服务。因而，一个真正意义上的企业孵化器不仅为在孵企业提供共享的基础设施和办公服务，它还应该提供的服务包括：内行管理；融资服务（主要通过建立与种子基金和“天使”基金的联系）；法律咨询；经营诀窍和新市场的进入等方面。联合国开发计划署在题为《企业孵化器在发展中国家的初步评价》一文中将孵化器诠释为：“孵化器是一种受控制的工作环境，这种环境是专为培育新生企业而设计的。在这个环境中试图创造一些条件来训练、支持和发展一些成功的小企业家和赢利的企业”。我国科技部编写的《科技企业孵化器（高新技术创业服务中心）认定和管理办法》（以下简称《办法》）中认为“科技企业孵化器在我国也称高新技术创业服务中心，它通过为新创办的科技型中小企业提供物理空间和基础设施，提供一系列的服务支持，进而降低创业者的创业风险和创业成本，提高创业成功率，促进科技成果转化，培养成功的企业和企业家”。《办法》中概括的企业孵化器是以促进科技成果转化、培养高新技术企业和企业家为宗旨的科技创业服务机构。

综上所述，企业孵化器是一种培育新生企业发展的创新型人工环境。其目的是通过提高新创企业的成活率和成功率来鼓励创新和创业，并以此促进地区经济的发展、科技成果的转化和产业结构的调整。其服务主要包括：廉价的租金和物业管理、共享的基础设施和秘书服务、政策和法律咨询、融资和研发渠道、管理咨询和培训以及新市场进入等。其经营一般采取企业化方式，但孵化器经营初期都离不开政府政策的支持和公共财政资金的注入，直到它能够实现财务自立。其运营一般要经过项目选择、孵化服务和企业毕业三个阶段，并有严格的准入和退出机制以确保孵化器资源的合理运用。

2. 企业孵化器的类型

依据不同的分类标准，企业孵化器可分为不同的类型。常见的分类方法主要有两种：一是依据孵化器的资金来源或投资主体不同而进行的分类；二是从创建孵化器的目的出发所进行的分类。另外，从孵化器发展的现实趋势来看，未来虚拟孵化器必将作为一种新型的重要类型而存在。

（1）依据投资主体不同的划分。

一是政府投资创办的事业型孵化器。无论是西方还是中国，最早创办的孵化器大多属于这种类型。不管是中央政府还是地方政府投资，也不管是政府的哪一个部门投资，这种类型的孵化器都具有一些共同的特征：第一，孵化器运作所需资金的绝大部分来源于政府的财政资金安排；第二，政府投资创办这些孵化器的目的都与政府一定时期的政治目标紧密相连，并且政府后续资金的投入也遵循政治目标优先的原则；第三，这种类型的孵化器通常是政府经济管理职能的自然延伸，因而都具有明显的事业化特征，即非营利性。

二是由国有企业投资创办的企业孵化器。在中国，国有企业拥有大量的廉价资源（主要源于政府资源的无偿划拨），随着宏观经济的周期性波动，加之国有企业固有的一些问题，这些资源被大量闲置，鉴于此，有些国企将其中诸如厂房、办公大楼等资源出租给那些无力或无意建设这些固定资产的中小企业以获取一些租金和物业管理收入，这是国企创办孵化器的早期模式。它不仅可以将闲置资源转化为生产资源，而且可以安排部分国企员工就业，在政府的大力推动下，相当一部分国企进入这一领域。应该说国企早期建设的孵化器具有明显的写字楼功能，但它为国企解决闲置资源提供了一条新的思路。

三是高等院校或科研机构创办的高新技术园区。高校或科研机构拥有大量的科技资源，但长期以来科技成果向生产的转化速度极其缓慢，大量的科技资源被闲置浪费，这是这些机构创办孵化器的主要原因之一。政府的科技产业振兴规划和当代大学生就业观念的转变为这种类型孵化器的发展提供了政策空间和市场空间。

四是私人投资主体创办的科技企业孵化器。私人投资进入孵化器领域是孵化器发展的重要趋势之一，也是孵化器市场化改革的重要标志。尽管直到今天科技企业孵化器的发展仍然离不开政府政策的大力支持，但私人资本愿意进入这一领域本身是市场需求诱致性的结果。大量的新创企业面临资金、技术、管理、市场等多重风险，为降低这些风险而提供一个可控制的环境是孵化器产生的主要原因，而私人投资进入这一领域则完全是新创企业高成长性所带来的结果，也是孵化器市场逐渐走向成熟的主要标志。

（2）依据创建的目的不同的划分。

一是综合孵化器或混合孵化器。孵化器的不同类型反映了这个概念的不同历史。综合孵化器产生于孵化器建设的初期，并且主要产生于那些制造业出现衰退的领域。它们作为经济复苏的工具而存在，为各种类型的企业提供服务，包括大量低技术或无技术的企业。美国是最早建立企业孵化器的国家，从 20 世纪 50 年代到 70 年代大部分孵化器都是综合孵化器。直到 20 世纪 80 年代，才有一小部分孵化器被作为孵化产业对待。

二是经济发展孵化器。企业孵化器开始作为一种工具为地区经济的发展提供更广泛的基础，而后，通过培育一些有技术含量的企业而提升地区经济的竞争力。这种类型的孵化器开始寻求与高等院校和公共研究机构的紧密合作，培养的企业也开始关注技术基础，但由于其首要目标仍然是地区经济的发展，我们仍将其归类为经济发展孵化器。

三是技术孵化器。当经济发展到20世纪80年代，孵化器关注的焦点逐渐转向技术导向型的企业，技术孵化器应运而生，其首要目的是促进技术成果产业化。如德国在1983年建立的柏林大学孵化器和法国于1985年建立的Sophia Antipolis技术园区等均属此类。到了20世纪90年代，技术孵化器的发展逐渐关注于技术密集型的专业领域，如生物科技、IT、环境技术等。

四是社会孵化器。这是近期发展起来的一种新型的孵化器类型，其目的是刺激企业雇用那些低就业能力的劳动者。通过为那些低就业能力的劳动者：残疾人、政治难民、低技能者、长期失业者、低收入家庭、移民等增加就业机会，社会孵化器可以有效地弥补社会鸿沟，维持社会稳定。由于具有明显的政治目的，所以这种类型的孵化器一般不以赢利为目标，社会效益优先于经济效益。它通常的做法是为那些初创和年轻的企业提供商业服务、物流服务、市场支持等来换取这些企业为弱势群体提供就业机会。

五是基础研究孵化器。基础研究孵化器的发生和发展通常与国家的科技创新战略联系在一起。由于基础研究所需资金量大，并且短期内很难见到经济效益，因此私人资本并不会轻易介入，公共财政就形成其早期资金的主要来源。基础研究孵化器的运作一般要经历以下过程：首先，思想在实验室产生，而后逐渐形成比较稳定的可应用的技术，完成孵化过程以后，这些技术可以作为智力资本与商业伙伴合作从而获得股权投资收益。正因为有了智力资本这样的赢利模式，现在基础研究孵化器也吸引了大量的私人资本。这种类型的孵化器通常关注基础研究的前沿，如基因技术、原子技术等。

六是虚拟孵化器。虚拟孵化器的出现是企业孵化支持日益系统化的一个主要标志。这类孵化器没有有形的孵化场地和服务设施，而是通过互联网在线支持的方式为新创企业提供政策咨询、企业管理、市场信息和法律援助等中介服务。它能够像有形孵化器一样将创业支持网络中的资源引导到新创企业中，并能有效地降低孵化器自身的运营成本，因而成为孵化器未来发展的重要趋势之一。

各种企业孵化器组织形态的比较，如表4-2所示。

表 4-2　各种企业孵化器组织形态的比较

类型	要处理的问题	主要目的	次要目的	设计领域
综合孵化器	商业鸿沟	经济发展	创造就业机会	所有领域
经济发展孵化器	区域发展鸿沟	区域发展	商业创造	所有领域
技术孵化器	创业鸿沟	创造新企业	刺激创新	高技术领域
社会孵化器	社会鸿沟	社会一体化	创造就业机会	非营利领域
基础研究孵化器	发现与发明鸿沟	技术发现与发明	附加效应	高技术领域
虚拟孵化器	商业鸿沟	经济发展	创造就业机会	所有领域

（3）国外企业孵化器的发展。

① 国外企业孵化器的发展。全世界第一家企业孵化器于 1959 年由美国人乔·曼库索在纽约贝特维亚成立。20 世纪 70 年代，企业孵化器作为一种产业在西欧和北美开始兴起。20 世纪 80 年代以后，孵化器作为一种新型社会经济组织开始向欧洲、亚洲迅速扩展，一些发展中国家如中国和巴西等开始企业孵化器的建设。20 世纪 90 年代企业孵化器得到了快速的发展，这时期美欧企业孵化器走向繁荣，并向专业企业孵化器发展，出现技术改造中心、无墙孵化器和行业孵化器等不同形式的企业孵化器。同时，苏联、东欧国家开始把企业孵化器作为其重要的政策工具。由于企业孵化器在推动高新技术产业的发展、扶持中小科技型企业以及振兴区域经济等方面发挥了巨大作用，在全球范围内受到各界的高度重视。目前企业孵化器已经从第一代演变到现在的第三代。

第一代：20 世纪 80 年代，为孵化器发展初期阶段，此时的孵化器功能只限于提供孵化场地和公用设施。80 年代初，美国的企业孵化器开始发展，1980 年有 12 家。大多数孵化器由政府直接资助成立，且基本上是非营利性机构和混合型孵化器，主要功能集中在提供场所、基本设施，配备基本的管理职能并代理政府的部分职能。高等院校、公共研究机构的参与加快了企业孵化运作的发展。在这一时期，日本、加拿大等国家也开始创办企业孵化器。80 年代中后期，美国企业孵化器快速发展，涌现出大量的孵化项目，大多数州通过了有关建立企业孵化项目的立法；欧洲委员会也为各成员国创立孵化器提供支持。与此同时，企业孵化器概念也推广到了中国、巴西和尼日利亚等发展中国家，这些国家也开始建立企业孵化器，为在孵企业提供创业培训、种子资金和启动资金。

第二代：20 世纪 90 年代，除了第一代功能外，还提供商业咨询和专业化服务。进入 90 年代以后，企业孵化器进一步推广到波兰、以色列、韩国等国家。在这一时期，孵化器运作企业化，出现了虚拟孵化器、围绕专门技术领域和技术集群的专业孵化器，如生物技术、信息技术、环境技术孵化器等。企业孵化器网络化特征也进一步明显。

第三代：2000 年至今，企业孵化器又增加了提供资金和赢利及风险投资的支持和帮助。2000 年以来，企业孵化器以惊人的速度高速发展，并进一步推广到经济比较落后的发展中国家。孵化器与风险投资的结合越来越密切，营利性孵化器也发展很快，孵化器产业化特征日趋明显。

从企业孵化器的发展演变可以看出，营利性组织在企业孵化器发展中的重要性日益突出，这也意味着，孵化器发展的目标和方向出现了一些变化，这些变化与各个国家的经济发展环境和背景变化是一致的。企业孵化器最初受到关注是在经济衰退时期，主要目的是为了扶持创业和解决就业问题。但是，随着世界经济逐渐走出低谷，以及非营利组织不断加入到企业孵化器的发展中来，使得孵化器在解决就业的功能下降了，而扶持新兴产业、高科技产业等优势项目日益成为营利性组织所追逐的目标，因为这些产业通常具有较高的回报率。而政府作为调整本国经济结构的一种产业引导，也希望孵化器能起到类似的作用。

② 国内企业孵化器的发展。从 1987 年武汉东湖创业服务中心诞生至今，我国的企业孵化器从无到有、从小到大，走过了一条引进、复制和不断学习、创新的发展道路。我国孵化器发展经历了四个阶段。

第一阶段，试验初创阶段（1987—1990 年）。1987 年 6 月武汉东湖创业中心成立，标志着我国企业孵化器事业进入试验初创阶段。这一阶段投资主体是政府；组织模式属于综合性孵化器，孵化服务主要体现在提供共享的孵化场地等硬件设施。在这一阶段上海、北京等各地共有 22 家企业孵化器相继建立。

第二阶段，经典发展阶段（1991—1995 年）。这一阶段企业孵化器的投资主体也是大多以政府投资为主，并且政府还为在孵企业提供特殊的扶植政策，提供基本的孵化服务；主要属于以综合性孵化器为主组织模式；创业发展中心发展到 73 家。

第三阶段，多元化发展阶段（1996—2000 年）。这一阶段我国企业孵化器的组织模式上体现在由综合性企业孵化器发展到综合性和专业企业孵化器相结合的发展。投资主体趋向多元化，政府、企业和社会团体成为企业孵化器的投资主体。企业孵化器由公益性孵化器向公益性孵化器和赢利性孵化器并存方向发展。科技企业孵化器既注重社会效益又关注经济效益。

第四阶段，孵化器大国初步确立阶段（2001 年至今）。这一阶段我国科技企业孵化器的性质由事业型向企业型转变，注重企业孵化器的产业化发展。经过多年的实践发展，我国企业孵化器的数量仅次于美国，排名世界第二；孵化场地面积和在孵企业数量已经位居世界第一。中国已经成为名副其实的“孵化器”大国。

③ 企业孵化器组织形态的演变。随着经济环境的变化和人们对企业孵化器认识的不断深入，企业孵化器的特征、目标、功能和表现形式等都在不断发展、变化，它正逐步向着多样化、多元化的方向发展。当前企业孵化器组织形态经历了多种组织形态的演变（如表 4 – 3 所示）。

表 4 – 3　　各种企业孵化器组织形态的比较

类型	投资主体	目的	服务对象	服务功能	本质特征
经典综合型企业孵化器	政府或社区投资	降低创业成本	创业者	提供低租金设施，落实优惠政策，代理政府部分职能并提供一般性管理咨询	初级形态
现代综合型企业孵化器	官、产、学、研和社团等共同投资	追求孵化企业的快速发展	新创和高速发展的中小企业	提供中介服务、种子资金、技术和创业培训等	企业、大学
专业技术企业孵化器	产、学、研和综合孵化器联合投资	促进专业技术的商品化	某一专业技术领域的企业	提供专业技术平台、通用专业技术设备和商务服务	大多数综合孵化器参与投资
专业人才企业孵化器	一般由政府投资	扶持专门人才创业	某一类专门人才	提供专业化服务和特殊优惠政策	一般出现在发展中国家和地区
国际企业孵化器	政府、孵化器和企业都可能参与投资	促进外国企业成长，繁荣本地经济	外国企业	提供共性和个性化服务	孵化对象国际化
虚拟企业孵化器	政府、孵化器、中介机构和企业等都可能参与投资	按市场机制配置创新资源	社会企业	通过互联网，提供企业管理、技术信息、市场信息和法律援助等咨询服务	为企业服务的机构

续　表

类型	投资主体	目的	服务对象	服务功能	本质特征
创业投资集团孵化器	一般由企业集团投资	企业创业和正常运作	新创企业	融合风险投资、多元化控股、专业孵化器的功能，提供企业发展战略、品牌经营和公司治理结构方面的支持	风险投资与孵化器相结合

资料来源：吴寿仁等，世界企业孵化器发展的沿革、现状与趋势分析，《外国经济与管理》，2002，24（12）。

从企业孵化器组织形态的发展演变也可以看出，孵化器的目标和功能也在不断地变化，并朝着多样化和多元化的方向发展，一些特殊的对象（如归国留学人员、高科技人才等）、特殊的产业（如高科技产业、文化创意产业、软件业等）、特殊的企业（如高速发展的企业、成长型企业等）受到了越来越多的重视。但同时，主要目标在于培育新企业和扶持小企业的综合性孵化器仍然受到政府的较多关注，其生存和发展仍然是企业孵化器中比较重要的一个方面。

3. 发展现状和趋势

（1）发展现状。半个世纪以来，企业孵化器在推动欧美国家高新技术产业的发展、扶持中小企业成长以振兴经济等方面发挥了巨大作用。据统计，目前世界范围内的孵化器有5000多家，美国大概有3000个，中国有372个，德国有200多个。从孵化器的总数来说，中国在世界上排第二。但是，从企业孵化器来说，美国有165家，中国的372家大部分都是企业孵化器，中国在数量上是世界第一的。由此可见，我国在企业孵化器的建设上更加重视科技的发展，而对鼓励新办企业和扶持小企业方面重视不够（如表4－4所示）。

表4－4　　　　主要国家和地区企业孵化器发展状况一览

欧盟	2001年911家	始建于20世纪70年代末。从80年代中期以来，欧盟委员会对发展中地区和工业衰退地区建立孵化器提供资助。平均孵化场地面积5860平方米，平均在孵企业2417家，77%是非营利机构
美国	2006年3000家	重点帮助企业主创建企业。许多孵化器为在孵企业提供种子资金、中间融资或风险资金。税法允许投资者从某项投资中撤资转投于另一家公司，可免交资本利得税，从而促进对孵化器初创阶段和早期阶段的投资。86.15%是非营利机构，平均在孵企业1415家，扶持公司2万多家，为25万人提供就业机会

续 表

巴西	2001 年 162 家	始建于 1986 年。1987 年成立全国孵化器和技术园区协会，1992 年开始迅猛发展。平均在孵企业 10 家，每家企业有 10 个雇员。孵化器大部分坐落在大学、研究所中，创业人员也主要是来自大学和研究所的教授、学生和研究人员。孵化器靠政府和半私营赞助机构的扶持
波兰	2001 年 63 家	始建于 1990 年。1992 年成立波兰企业孵化器协会，孵化 1500 家企业，创造就业岗位超过 6000 个。平均孵化场地面积 2500 平方米，平均在孵企业 18 家。孵化器的启动与国际资助有很大关系，场地是利用破产企业的旧厂房改造而成的
以色列	2002 年 23 家	始建于 1991 年。尽管已有人提出建立半私营、私营和生物技术等新型孵化器，但目前仍全部是非营利性机构，政府不仅资助孵化器的运作，而且还向孵化项目提供 85% 的预算资金。平均孵化 8 个项目
捷克	1999 年 45 家	孵化器被称为“创业中心”或“科技园区”。职能分为孵化、企业创新和科学研究；创办资金来源于自筹、贷款和各类资助人的支持；由国家科技园区创新协会进行认定，目的是创造新的就业机会
日本	2002 年 203 家	始建于 1980 年。私立孵化器始建于 1982—1983 年。严格意义上的孵化器共计 203 家，其中公立孵化器 159 家，占 7813%；私营的 44 家，占 2117%。在孵企业 1723 家，出孵企业 554 家。1999 年成立日本企业孵化器协会，有 54 家核心成员，600 多家支持单位
加拿大	2000 年 38 家	始建于 20 世纪 80 年代初，主要由大学或所在地城市政府资助建立。16 家以技术为导向，6 家以农业、餐饮等特殊目的为导向。魁北克等几个主要大省大力支持孵化器计划，安大略等其他省则根本不参与。1995 年成立了“加拿大企业孵化器联合会”。平均每 8412 万人就有 1 家孵化器
韩国	2003 年 289 家	始建于 1994 年。到 2000 年 12 月非营利性孵化器有 241 家。大学和研究所办的孵化器能得到政府提供的 70% 的预算支持，几乎每所大学和研究所都有自己的孵化计划。“培育风险企业特别法”是孵化器运作的法律依据
中国	2002 年 372 家	始建于 1987 年。起步阶段由国家科技部推动，以地方科技管理部门和高新技术区为主组建，并纳入国家火炬计划，以非营利机构为主。经历了经典、多元发展两个时期，现进入国际化发展阶段
俄罗斯	2000 年 60 家	1997 年通过科技创新政策特别计划，建有 70 个科学园区、18 个国家级科技创新中心、18 家地方科技创业中心和 50 万家小型高科技企业。设有专项资金资助创新项目并为投资高科技项目的个人提供担保

续　表

印度	2001年 20家	1984年国家科技创业发展委员会实施科技创业园（STEP）计划和企业孵化器（TBI）计划。其目的是建立产、学、研之间的联系，促进科技人员创业，并为小企业研发提供支持。TBI服务于创业初期的企业。目前有18家STEP，2家TBI
澳大利亚	1997年 63家	1988年建有17家企业孵化器，1994年后每年以6家的速度增加。政府每年拨款近800万澳元以加快创建孵化器
墨西哥	1995年 13家	始建于1990年。有9家技术集群型孵化器，主要由国家科委资助，大学和科研机构是主要发起人，大多数采用托管形式，委托大学和研究中心管理
尼日利亚	1996年 3家	始建于1989年。1993年成立孵化器基金会，1995年收归国有，州政府给予实际的财政支持。孵化器发展较快，95%的资金来自联邦和州政府
土耳其	1996年 11家	始建于1989年，孵化器常被称为技术园或孵化技术公司，租金率可低到市场费率的10%。政府给予技术园特殊免税区地位，孵化技术公司不需缴纳公司税、增值税和企业所得税，还可以获得大量扶持资金，职工也可免交个人所得税
中国台湾	2002年 60家	始建于20世纪70年代末。1995年，中国台湾推行中小企业创新育成（企业孵化器）政策，设有当局主导、当局与财团法人研究单位合作、大学投入和私人企业投资的4种育成中心。50%孵化器位于台北以北地区

资料来源：吴寿仁等，世界企业孵化器发展的沿革、现状与趋势分析，《外国经济与管理》，2002，24（12）。

多数国家和地区创办企业孵化器的目标总体上是创造就业机会，发展地方经济，促进技术商业化，但各国和地区特定的目标又有所不同，企业孵化器发展的特征也各不相同（如表4－5所示）。从该表中也可以看出，发展中国家的企业孵化器更注重科技创新与科技转化，如中国和印度，而发达国家和地区则较注重创造就业机会和支持小企业发展。

表4－5　　　　部分国家企业孵化器目标和特征比较

	主要宗旨	主要特点	备注
波兰	支持中小企业发展，创造新的就业机会，发展当地经济	国际资助（欧盟PHARE计划、美国FAB2RYKAT2000、世行贷款），孵化场地由旧厂房改造，技术含量不高	

续 表

	主要宗旨	主要特点	备注
印度	建立产、学、研联系，促进科技人员创业，为小企业研发提供支持，促进科技成果转化	联合金融机构创办、自主运行的法人单位，较强的技术支持	科技创业园、科技孵化器
德国	支持初创企业、新技术开发与推广、大学与企业间的技术转移	非正式的支持服务，出租场地，必要的基础设施与服务，全职管理或地方政府兼职管理，产、学、研合作	包括技术中心、技术（科学）园区
中国	孵化高新技术企业，培育科技企业家和专门人才，促进科技成果转化	由国家火炬计划推动，由地方科委和高新技术园区资助或组建而启动，提供优惠政策	全部是科技型孵化器
美国	创建新企业，创造就业机会，培养企业家	孵化器类型多，最初由政府和社区主导，然后转为多元化，较高的成活率和成长率，是非常有效的区域经济发展工具	
法国	以创造就业机会为主	绝大多数由市政当局或与其他机构合伙创办，由社团（非营利机构）管理，为孵化器的服务和活动制订详细的标准。苗圃是具有孵化功能的机构	公立、私立、半私立孵化器
加拿大	促进地区经济发展，促进大学的科研技术转化，减缓人才流向美国的速度	联邦政府作用有限，主要由一些地方政府支持，孵化器行业规模小，但发展速度快	
以色列	支持技术为基础的创业公司	非营利性机构，政府资金资助与孵化器的服务相结合，良好的激励与约束机制，孵化器管理与服务具有系统性	
日本		所有权与经营权有时分离，导致无效率；全职孵化器经理占36%；孵化器与孵化器经理的概念与美国有所不同	

目前美欧等国政府的有关部门和企业孵化器机构都很重视对企业孵化器的绩效研究，企业孵化器的理论研究者和实践者通过标杆管理（Benchmarking）来加强对企业孵化器的管理，提高企业孵化效率，并总结出了一系列的最佳实践，得出了“企业孵化器是一种帮助新企业创立与成长的政策工具和经济发展手段”这一重要结论。表4－6对即将接受孵化器孵化与未经孵化器孵化的公司进行比较。从表中数据可以看出，孵化器对新创办企业的成活率起到了非常重

要的作用，而我国仍然未将提高企业的成活率作为企业孵化器的重要目标之一，这也是我们提出需要大力支持小企业创业基地建设的意义所在。

表 4－6　　　　孵化器孵化效果对比

	经孵化器孵化	未经孵化器孵化
美国	入驻孵化器不到 2 年，出孵 5 年后公司成活率约为 80%（NBIA，1995）；公共机构支持的孵化器创造就业岗位的单位成本是 1100 美元	新建公司 4 年后还在经营的为 47%；6 年后还在经营为 38%（美国小企业署）；其他公共机构创造就业岗位的单位成本是 10000 美元
澳大利亚	1986 年出孵的公司到 1994 年仍在经营的占 50%	没有入驻孵化器的公司存活率为 5%
法国	出孵公司 2 年后倒闭的占 8% ~20%	一般公司倒闭率为 31%
欧盟	出孵 3 ~5 年后公司平均存活率近 85%	新建公司 5 年后生存率只有 50%

资料来源：吴寿仁等，世界企业孵化器发展的沿革、现状与趋势分析，《外国经济与管理》，2002 年第 24 卷第 12 期。

（2）发展趋势。随着全球经济环境的变化和社会对企业孵化器认识的不断深入，企业孵化器的特征、目标、功能和表现形式等都在不断地发展、变化，它正逐步向着多样化、多元化、纵深化的方向发展。世界企业孵化器发展呈现以下趋势。

一是每个国家的企业孵化器发展都有其特定的目标，而且其特定的发展目标决定了企业孵化器的发展方向和支持力度，以及孵化器的类型。

二是绝大多数国家在起步阶段都是由政府出资创办企业孵化器，并逐步实现投资主体从政府单一主体向大学、研究机构、企业共同参与的多元化主体转变。目前一些大型企业已经认识到企业孵化器是实现其发展战略的有效工具，正在逐步建设自办或者参办企业孵化器。

三是非营利孵化器一般占 75% 以上。美、欧、日等西方发达国家非营利孵化器的比例在 80% 左右。以色列则全部是非营利机构，政府对孵化器的支持力度很大，而且政府的大力支持是企业孵化器成功的关键因素。

四是企业孵化器正朝着专业化、专门化、网络化、企业化的方向进一步发展。专业化是指孵化器朝着相对宽泛的专业方向发展，不是限制在一个狭小的专业领域，以便在孵化器内形成一定的集群效应；专门化是为特定的对象服务，如为专门人才创业服务的妇女创业孵化器、为国外企业服务的国际企业孵化器和无墙孵化器等；同时，地区性、全国性、区域性、全球性孵化器网络正在快速形成和发展，并相当活跃；在沟通信息、交流经验、培训等方面发挥的作用越来越重要。此外，企业孵化器本身也是新创企业，也存在自我孵化的问题，各国正努力推进企业孵化器的企业化运作。

五是帮助企业成长和获得成功是企业孵化器的中心任务。为帮助企业成长和获得成功，企业孵化器认识到与风险投资、大学、社区、企业和社会中介机构密切结合的重要意义，并加紧形成一个规模庞大、覆盖面广的社会资源网络，为在孵企业提供全面的支持和服务。

4. 各国扶持企业孵化器的共性政策

（1）通过立法启动发展计划。政府的职责是通过加强立法，建立合理的游戏规则，鼓励孵化器提高开放度，吸引企业入驻。

美国孵化器最大的特点是通过立法来启动孵化器发展计划，在立法的基础上确保政府对孵化器创建和资金投入。美国绝大多数的州政府都先后通过发展企业孵化器的法案，制订企业孵化器的发展计划，拨出专款来支持孵化器的发展。政府在加强孵化器立法的同时，也通过出台各种支持中小企业成长的政策法规，在另一个层面上为入孵企业构筑良好的生存环境。瑞典政府不论从国家政策还是国家战略上，对高科技创新产业发展都给予高度的重视。从战略上调整经济结构和产业结构，鼓励高新技术企业发展、研究和开发；从政策上制定扶持中小科技企业发展的优惠政策，加大资助力度。

（2）加强财税政策引导。政府通过财税政策的调控，营造孵化器运行的良好政策环境，激励社会力量参与孵化器建设。一方面，政府予以项目补贴。加拿大魁北克生物技术创业中30%的运作费用来自于政府，美国马里兰技术开发中心可以从马里兰科技开发公司（政府背景的公司）得到多种形式的项目拨款，圣荷塞市对孵化器创造的就业给予3.5万美元/人的补贴，日本相模原孵化中心受政府委托对初创企业提供免费服务，资金来自政府补贴。以色列孵化器投向在孵企业的资金，主要来自首席科学家办公室对项目的贷款，项目成功，还款付息；项目失败，不予追索。另一方面，政府予以税收优惠。加拿大魁北克生物技术创业中心、美国硅谷国际企业孵化器等孵化器都可以享受当地政府的优惠政策。

（3）加大基本设施建设和投资。政府通过资金支持，推进孵化器的基本设施建设。加拿大多伦多企业发展中心是隶属于市政厅的非营利组织，它拥有政府提供的1万多平方米的孵化大楼，主要承担孵化服务、企业管理培训、公益性社区服务等功能。美国马里兰技术开发中心由马里兰州和蒙哥马利县政府联合创办成立，总投资800万美元，其中县政府提供土地，州政府投资400万美元，另外400万美元通过发行债券来筹集。日本相模原孵化中心是日本国会通过积极支持创业企业法案后最早成立的孵化器，其投资总额中国家占48%，相模原市政府占48%，民间资本占4%。

（4）实施宏观指导和调控。政府通过专业部门，在宏观上指导和调控孵化器建设，使孵化器发展进入良性循环轨道。美国政府按其所肩负的使命，参与孵化器建设，由州经济开发局来统一组织或由相应机构实施管理，目的是促进孵化器建立和确保孵化器运行，早日走上正轨。法国政府成立巴黎发展署，其使命就是促进巴黎商业发展，吸引全世界的投资，培育和帮助创新科技企业的发展来带动巴黎的经济增长，促进大企业间及大小企业间合作，给予小企业初期帮助。在巴黎发展署下，有9个不同领域的孵化器，孵化器接受不同发展时期的企业。以色列的孵化器由首席科学家办公室负责归口管理，新创企业一般要经过其筛选后方能入驻孵化器。新创企业可在孵化器中运作2~3年，享受政府提供的各项优惠政策以及财务、管理和市场方面的支持。

（5）营造创新环境。政府通过营造具有创新氛围的外部环境，促进初创企业的成长。在美国，特别是硅谷地区，由于传统的创新文化和创新精神，加之区域优势（政策、大学、科技等），构成独特的创新环境，从而造就出INTEL、HP这样的跨国科技企业。在以色列，形成了一种重视科技，重视创新的浓郁的社会氛围，这种重视知识，重视创造的社会氛围，为创新型人才的脱颖而出，造就了肥沃的社会土壤。以色列的有些高科技企业家对创新已经到了痴迷的程度，他们常常成功开发完一个产品并出售后，又寻找机会开始第二次、第三次创业。

4.2.2 企业园区的内涵与发展

企业园区是指政府为吸引外资、发展高新技术、促进地区经济快速发展等目的，规划征用一片土地，投资开发完成“七通一平”，具备企业基本发展环境，并给予一定的优惠政策，以吸引资金、技术和人才投资兴办企业的区块。投资企业可以租用开发区的标准厂房，也可以在开发区内自建厂房或一次性征用企业发展场地等。其特点是：区域面积大，入驻企业具有一定规模和自我发展能力，共享会议、培训等空间及设施相对较少。园区一般设管委会，负责园区日常事务。管委会的性质，有政府派出部门、事业机构、企业管理等不同形式。园区对入驻企业一般没有毕业要求。园区如经过妥善的开发，通常会发展成为一个产业集群。

目前，中国的企业园区大致包括 9 个类型。其中，国家级园区 6 个类型，分别是国家级经济技术开发区、国家级高新技术产业开发区、国家级保税区、国家级出口加工区、边境经济合作区、其他类型的国家级开发区（国家旅游度假区、保税物流园区、保税港区、互市贸易区、两岸科技工业园、工业园区、台商投资区、开发区、跨境工业区、经济开发区、金融贸易区等）；省级园区 3 个类型，分别是省级经济开发区、省级高新技术产业园区、省级特色工业园区。

1. 经济开发区

经济开发区是指在城市或其他有发展前景的区域，划出一定范围，经政府科学规划论证和严格审批、实行特殊体制和特殊政策的开放、经济开发区域。经济开发区的类型很多，广义上按照功能可分为高新技术经济开发区、经济技术开发区、旅游度假区、边境经济合作区等；而按照设立的行政级别则可以划分为国家级、省级、市级、县级等。

无论是何种类型的经济开发区都由相关的要素构成，一般包括企业管委会、政府三大主体，有运行机构、产业链、开发区功能定位、使用土地、体制及政策、基础设施等方面的内容。开发区建设是改革开放和市场经济不断发展的产物，是政府指导和干预微观经济的一种制度安排合理的园区规划、准确的功能定位是其首要的任务，发展经济、取得社会效应是其最终目标。企业作为开发区的使用者，按照企业独特的经营内容和方针，考虑各项成本以及外部环境等综合要素，选择适当的区域作为生产基地，租赁开发区的厂房及一系列辅助设施，在国际分工的影响下纳入相关的产业体系，以便取得产业的聚集效应；开发区管委会作为运营者，为企业提供土地、厂房及一系列辅助设施，为企业提供各种便利快捷、舒适清洁的环境。

2. 工业园区

工业园区是在全球化竞争条件下，在城市新型工业化发展中，在城市工业发展布局调整的过程中产生的。能够表达工业园区基本特点的因素主要体现在时空范畴、目标内涵、体制创新等方面。其中时空范畴是工业园区最基本的形式，目标内涵是工业园区最主要的核心，体制创新是工业园区的有利后劲。工业园区既有时空方面的特定性，又有内涵方面的独特性，还应有体制上的新颖性。

中国的工业园区是工业化发展阶段中，多个企业以产业集群为基础，以优化企业布局、促进分工协作、形成产业优势、保护生态环境为发展目标，在经济上获得特殊的经济效益，在空间上形成的新型的微观尺度的工业区域经济体。在我国新型工业化道路上，信息化带动工业化，工业化促进信息化，工业化和信息化的目标是同步的，所以我国的工业园区与科技园区发展是耦合同步的，先进的工业园区同时也应该是科技领先或渗透着科技更新理念的。

改革开放以来，我国的工业布局首先克服了遍地开花的局面，以集中建立工业集聚区为导向，工业产业逐步集中，但这种集中仅仅是地理上的集中，是缺乏产业联系和规模效益的集中，只有当园区企业之间形成分工合作的地方网络，形成有利于技术创新的产业集群时，工业园区才能获得真正意义上的成功。在全球化和知识经济到来的时代，发达国家已经进入了产业集群的良性发展阶段，而我国正处在该阶段之中，大多数的工业园区正在形成之中。随着工业由集中到集群的发展，工业园区的主体也在进行着更替。在集中的过程中，是以政府为主体号召，企业仅仅是在退二进三或土地置换的驱动下企业区位的调换，而集群强调的是企业之间的联系和沟通，企业成为工业园区的主角，企业自然成为工业园区的主体。由此可见，产业集群是工业园区的发展基础和体制创新的核心。

需要说明的一点，由于城市规模差异很大，工业园区产业选择、在城市中发展布局有一定不同，本研究中的城市一般指中心性大城市，即指处于区域中心位置，具有带动区域发展功能的首位城市，是区域经济、政治、文化的中心，具有主导、协调、服务示范等功能。

4.2.3　创业辅导基地与企业孵化器和企业园区的比较

1. 创业辅导基地是介于企业孵化器与企业园区之间的创业载体

为解决初创小企业创业无场地、成本高、风险大等问题，国家中小企业司指导各地新建或利用各类闲置场地、设施改造建立，专门给小企业提供创业空间、共享服务设施及指导服务的创业载体，即创业辅导基地。由此可见，创业辅导基地既包括了孵化小企业的功能，同时也具备了园区提升地方经济发展水平和企业转型升级的功能，因此，它既是一种企业孵化器，同时也可以被认为是一种园区，它的性质介于孵化器与园区之间，兼具孵化器与园区的功能，但以孵化功能为主。

2. 建设目的比较

中小企业创业辅导基地建设的主要目的是为了提高全民创业意识和创业成功率，同时关注创业企业的成长，解决当地的就业，促进产业结构升级。

科技孵化器的建设目的主要以促进科技成果转化、培养高新技术企业和企业家为主。工业园区主要是为了促进同类产业的集聚和整合，实现行业规模经济和区域规模经济，形成产业整体竞争优势。

3. 扶持对象比较

中小企业创业辅导基地扶持对象主要为创业者及其建立的中小企业，尤其是初创微型企业，企业的类型比较倾向于县域优势产业类企业，主要是承载促进就业和初创企业成活和成长。科技孵化器和高新技术产业开发区的扶持对象主要是科技型企业和高新技术企业，主要是承载科技成果转化功能。各类工业园区主要是针对大中型工业企业，促进产业融合和产业升级。

4. 基地性质比较

中小企业创业辅导基地一般位于县域农村境内，立足于县域本地的优势产业或产业集群。科技孵化器和工业园区主要位于城镇工业地域，科技孵化器主要是结合各类科技成果，而工业园区主要是以引进区域外企业为主（如表4－7所示）。

表4－7　创业辅导基地与孵化器、工业园区的比较

	建设目的	扶持对象	基地性质
创业辅导基地	提高全民创业意识和创业成功率，提高就业，促进产业结构升级	创业者及微型企业、中小企业	位于县域，结合县域优势产业或产业集群
孵化器	促进科技成果转化、培养高新技术企业和企业家	科技型企业和高新技术企业	位于城镇工业地带，结合各类科技成果
工业园区	促进同类产业的集聚和整合，实现规模经济，形成产业整体竞争优势	大中型工业企业	位于城镇工业地带，结合区域外大中型企业

4.3　创业辅导基地的定位与服务功能

创业辅导基地本质上是一种创业环境的营造机制，其主要功能是培养创业主体，增强创业主体的持续创业能力。创业辅导基地是新农村建设的有力推手，可以提升县域经济竞争力、促进就业，实现富民强县。

4.3.1　创业辅导基地的基本定位

创业辅导基地的核心定位应当是促进全民创业意识的形成，提高创业行为的成功率，增强创业主体持续创业能力和创新能力。

1. 促进全民创业的意识的形成

创业辅导基地应该通过基地创业成功案例的辐射和带动作用，促使区域内创业意识的形成和强化，使得能创业的人去创业，想创业的人去创业，不能创业的人支持创业的全民创业的氛围。

2. 促使创业行为的成功（如图 4 -1 所示）

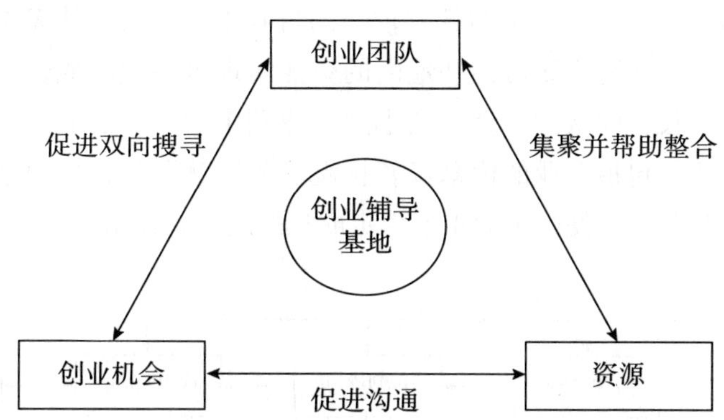

图 4 -1　创业辅导基地促进创业行为的成功

根据 Timmons 的创业模型可以将创业辅导基地的创业行为促进功能分为三个：引导功能、集聚功能和扶持功能。

引导功能即引导潜在创业者发现创业机会。创业辅导基地发现创业机会和潜在创业者并促进两者的双向搜索，并培养创业者的创业意识、信念和创业能力，帮助创业者进行市场分析、管理团队的组建、财务机会、风险分析等。使得想创业的人能够及时发现机会，而潜在的创业机会也能被有效地发掘出来。

集聚功能即帮助创业者整合创业资源。创业辅导基地帮助创业者进行信息资源、人力资源、资金融通等的收集和整合，消除企业在搜寻资源中的信息不对称及不确定性等。

扶持功能即帮助创业者最终实现创业成功的过程中一整套的扶持计划。帮助创业者克服创业过程中的困难，为创业者提供相关的系列服务。

根据 Baron 的创业过程阶段模型，在创业的不同阶段，创业者所关注的主要任务是不同的，因此创业辅导基地需要针对不同阶段的创业者提供不同的支持服务项目，可以认为，从机会识别到收获回报，创业辅导基地所提供的功能应当从引导功能转变为集聚功能，到创业企业创建后，应当着重于对创业企业的扶持，但三个功能并不是截然分开的。如图 4 -2 所示。

图 4-2　创业行为各阶段所需的服务功能

3. 培养创业主体，增强创业主体持续创业能力

创业辅导基地应当能够培育创业主体，增强创业主体的持续创业能力，促进创业企业的成长，使企业能够具有较强的自我生存能力，从而走出基地。具体来说，创业辅导基地应该帮助基地内的企业实现可持续的成长，包括帮助企业实现规模的成长，即从微小企业到小型企业到中型企业的成长，也包括企业成长质量的关注，包括企业的内部经营情况、管理状况等，帮助企业迅速渡过婴儿期这个危险阶段，使得企业走上稳定成长的道路。如图 4-3 所示。

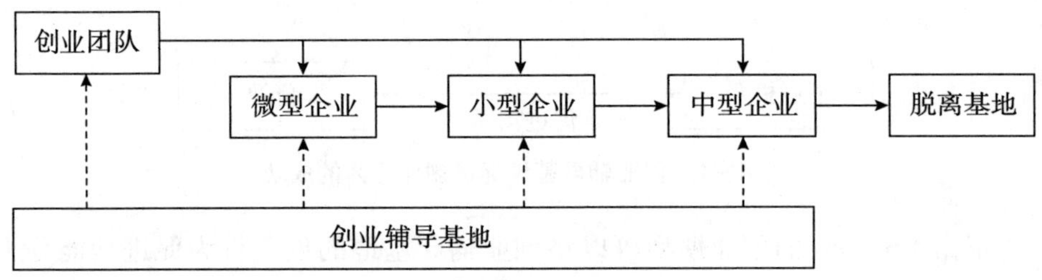

图 4-3　持续创业能力的支持

4. 增强创业企业的技术创新能力

创业辅导基地为中小企业提供共享的各种资源，使中小企业在适宜的环境下发展，提高企业的成活率。在创新平台中，企业、大学、科研机构与政府是主要的创新要素，创业辅导基地通过连接各创新要素，整合人才、资金、技术等各种创新资源形成了创新平台。基地内企业可以共享创新平台，如共享的技术研发设备、技术检测设备、政府创新的政策等。

4.3.2　创业辅导基地的延伸定位

1. 创业辅导基地是推进社会主义新农村建设的有力推手

创业辅导基地通过拓展农民的就业和增收空间，逐步缩小城乡差距，为新农村建设奠定坚实的物质基础。结合新农居工程，建设创业辅导基地可以形成统一规划的基础设施，有效地改善农村的生产生活条件，确保新农村建设取得实效。

2. 创业辅导基地是增强县域经济竞争力的重要驱动力

创业辅导基地在人才和技术的集聚下，提供适宜创业和发展的环境，企业的创业成本最大限度地降低，企业的创业风险减小，有效地促进基地内企业的发展。基地还可以吸引社会资金流入基地内企业，作为区域和创业辅导体系的桥梁和纽带，基地将企业与社会的各种要素链接起来，促进了县域经济健康发展。一系列中小企业的集聚和发展，可以提升区域经济活力、增强县域经济竞争力。

3. 创业辅导基地是促进就业的重要渠道

结合县域的优势产业，通过对创业者的引导和对创业企业的扶持，可以创造出大量的就业岗位，从而成为农村剩余劳动力实现就地转移的渠道。

4. 创业辅导基地是推动农业产业化发展的重要手段

通过构建创业辅导基地，能够带动一大批以农副产品为加工对象的中小企业的发展，促进农业生产向“区域化布局、专业化生产、企业化管理、社会化服务、一体化经营”的产业化运作模式转变，实现农业生产组织方式的革命性变革。

5. 创业辅导基地是富民强县的有效途径

通过创业辅导基地的建设，可以实现富民强县的目标。首先基地创业企业就业人数的增加，当地居民收入可以得到很大提高；其次基地创业企业的集群效应和规模效应使得县域产业的效益得到提升，可持续发展能力大为增强；最后创业辅导基地可以增加区域的税收，从而提高县域财政收入水平。

4.3.3 创业辅导基地的服务功能

创业辅导基地的核心任务是培育创业环境，为创业者提供切实所需的各类服务。核心服务功能就是创业辅导基地为了使创业行为能够成功应当给创业者所提供的各项服务。借鉴国内外在中小企业创业辅导方面的先进经验，按照国际中小企业创业辅导惯例，认为创业辅导基地的服务功能应当包括如下内容。

1. 创业硬件条件支持功能

县域内的创业者由于支配的资源有限，在创业所需要硬件方面存在着先天的弱势，尤其是创业所需要的土地、车间、厂房等严重缺乏，因此创业辅导基地的第一项服务功能应当是为创业者提供所必需的硬件条件支持。

2. 政务代理功能

创业辅导基地的基本服务功能就是通过政务代理为创业人员和企业简化

政务手续，提供政务通道和平台，节约创业人员和企业的时间、人力和资金成本，提高创业成功率。

3. 企业创设服务

创业辅导基地一个最主要的任务就是培育创业主体，即对拟创业人员存在的创建企业的知识不足、能力欠缺等方面的问题进行有针对性的辅导，包括对创业人员的创业技能培训以及创业相关知识的普及工作。

4. 技术支持服务功能

为了不断提高创业企业技术创新能力，鼓励和引导各类投资者对创业企业技术进步投资，帮助创业企业提高技术管理水平，为创业企业的新产品开发和实质、设备检验、生产工艺改造等创造条件，以提高创业企业科技水平和产品技术含量。技术支持服务功能应当包含以下内容：知识产权保护服务、提供产学研合作服务、协助企业进行技术攻关服务、提供技术转移服务、提供技术交流与技术信息传递服务、提供技术顾问服务、提供技术评估服务、提供创业企业技术开发市场等。

5. 人才开发与培训服务功能

为创业企业和小企业引进人才、培养人才和开发人才，人才开发与培训服务功能包括人才开发服务和培训服务。

6. 信息服务功能

向创业者和中小企业提供政策、技术、市场等基本信息的查询；提供政策推荐、科技项目推荐和投融资推荐；定期向创业企业和社会上的中小企业发布有关行业信息；协助企业提升信息获得、信息开发和应用的能力。

7. 资金融通服务功能

融资难是制约中小企业发展的突出难题，建立中小企业资金融通服务体系，可以改善中小企业创业和发展发展的融资环境。包括信用担保、融资协助等方式。

8. 管理咨询服务

管理咨询就是基地组织具有丰富经营理论知识和实践经验的专家，与基地内企业有关人员密切配合，应用科学的方法对企业进行调研、诊断，找出存在的问题，分析产生问题的原因，并提出解决方案，指导方案的推行实施，以达到解决问题、达成企业的经营目标、推动企业健康稳健发展的目的。

5 创业辅导基地运行机制

5.1 创业辅导基地的组织结构与功能分析

5.1.1 基地的组织结构

创业辅导基地的组织结构是基地内进行日常管理的组织基础，是基地内各组成部分相互作用的表达形式，它包括管理幅度和层次、机构设置、职能划分以及各组成部分之间的信息有效沟通等。完善且有效的组织结构是创业辅导基地获得快速发展的基础。

不同的创业辅导基地有不同的组织结构，但是创业辅导基地的组织结构仍遵循的是亚当·斯密的专业化分工原则，即按照创业辅导基地的职能所需来构建创业辅导基地的组织结构并完成创业辅导基地的各项日常管理工作。一般创业辅导基地的组织结构包含以下几个部门：创业辅导部、融资担保部、信息服务部、物业管理部、技术研发中心和职工培训中心（如图 5－1 所示）。

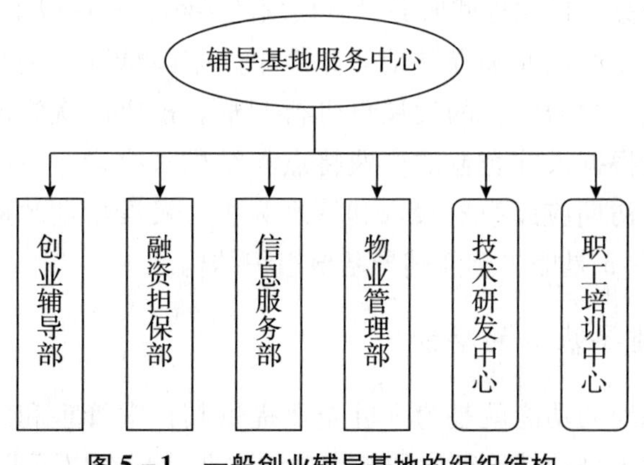

图 5－1　一般创业辅导基地的组织结构

如图5-1所示的组织结构是按照职能分工的原则筹建，而这些职能部门又对入驻企业提供纵向深入式服务。根据基地内各部门以及区域内相关单位的互相协调，共同构建完善的管理网络为入驻企业提供全方位、一体化的创业辅导服务。图5-2是一种全方位、网络化的创业辅导基地组织结构。

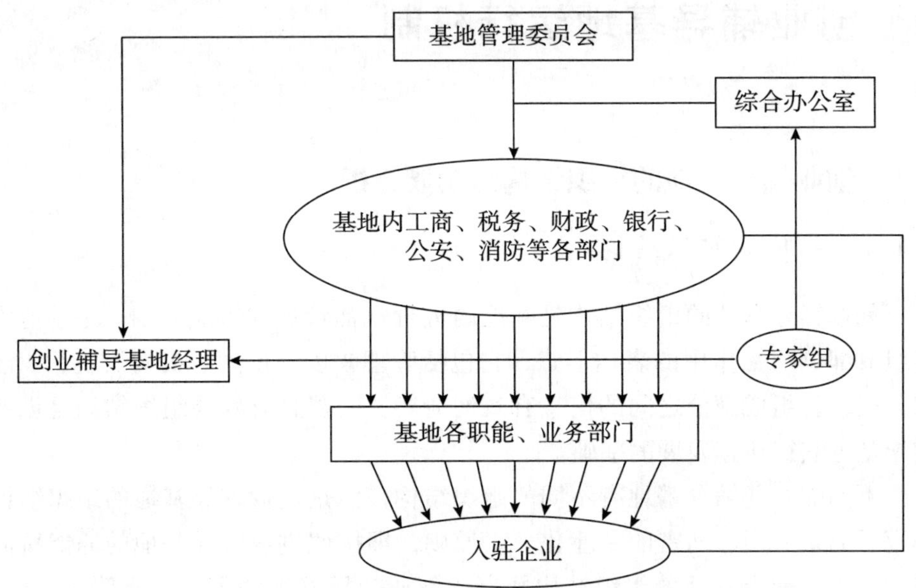

图5-2　一类创业辅导基地组织机构示意

其中专家组相当于智囊组，智囊组可以为各岗位的管理者和入驻企业提供各种所需的服务，提供这些服务没有烦琐的手续，管理成本低。

祝德凯基于专业创业辅导基地业务简单的实际情况，主张设计较为完善的组织结构，然后根据业务的发展再进行调整。杨成勇认为创业辅导基地组织结构的设计应根据入驻企业的产业特点和结构来决定。唐丽艳等认为创业辅导基地的建设初期应以政府投入和管理为主，发展后期政府退出，由基地自主经营。图5-3是顺平创业辅导基地组织结构。

5.1.2　创业辅导基地的功能

创业辅导基地的功能就是为入驻企业提供其日常管理和经营发展所需要的各种服务。我国创业辅导基地的基本功能主要体现在以下两个方面：第一，为入驻企业提供完善的基础设施，确保为入驻企业提供一个良好的生存环境；

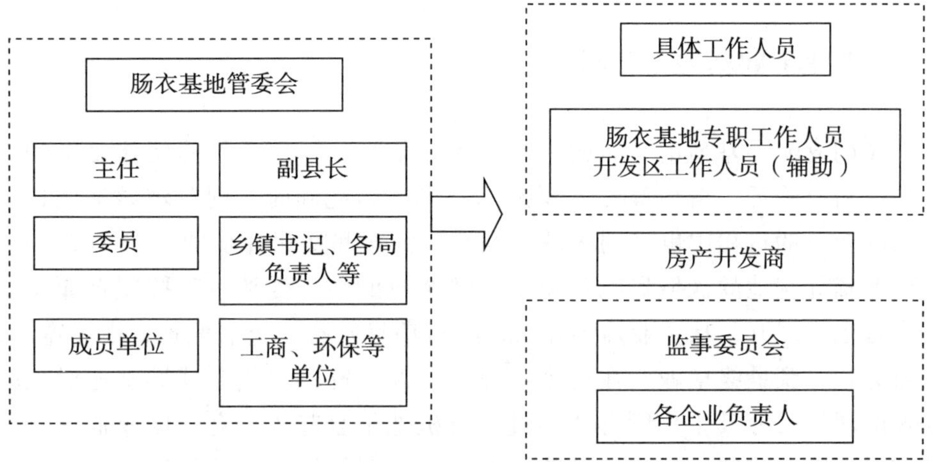

图 5－3　顺平创业辅导基地组织结构

第二，为入驻企业提供其日常经营所需的各种服务，例如职工培训、代办手续以及融资等相关服务，其中最重要的是为入驻企业提供资金服务。创业辅导基地服务类型如图 5－4 所示。

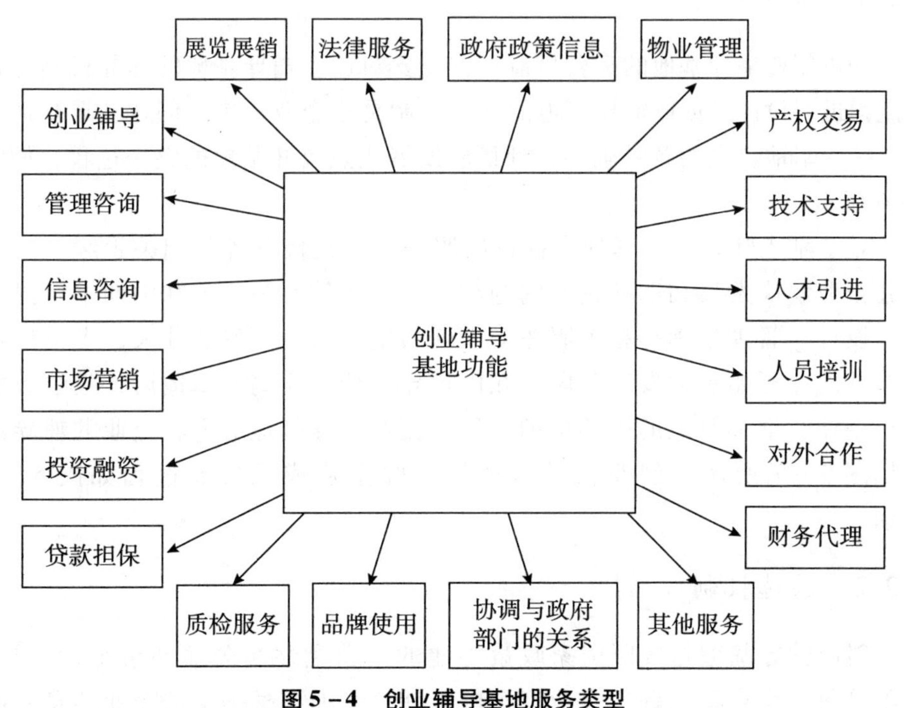

图 5－4　创业辅导基地服务类型

5.2 创业辅导基地运行机制

在创业辅导基地的运营过程中，不仅需要人、财、物等实体要素的支持，还需要管理、信息等虚拟要素的协助，与此同时，创业辅导基地在辅导入驻企业的过程中也受到区域的经济、社会和文化环境的影响。图 5－5 是创业辅导基地的区域影响环境。入驻企业的整个受辅过程按照企业发展的进程依次展开，从企业筹建开始，经过项目筛选，企业融资，市场竞争，收益方式，到最终毕业，在这个过程中，人力资源和创业辅导基地对入驻企业的辅导贯穿其中，所有这些过程有机地组合起来，完成创业辅导基地的辅导功能。按照这个成长思路，本研究将创业辅导基地的运营过程分为以下几个阶段：辅导机制，筛选机制，融资机制，竞争机制，收益机制，人才机制和毕业机制。图 5－6 是创业辅导基地内入驻企业的运营发展流程。

5.2.1 辅导机制

分析创业辅导基地的运营机制，首先要对创业辅导基地的辅导机制即辅导流程进行设计。创业辅导基地的辅导机制是指企业从进入创业辅导基地开始，接受基地提供的各种辅导，到最后发展成熟离开基地的整个过程，如图 5－6 所示。

对于刚入驻企业，基地内提供的服务主要是代办各种相关手续，协助入驻企业解决发展初期的资金问题和生产设备等服务。入驻中期主要提供营销设计、管理培训等相关服务。入驻后期帮助企业发展壮大，走出创业辅导基地，开始新的发展阶段。在已辅导成功企业离开基地后，吸纳新的中小企业，继续基地的循环培训流程。创业辅导基地对入驻企业的辅导流程如图 5－7 所示，创业辅导基地的入驻企业成长发展过程如图 5－8 所示。

5.2.2 筛选机制

创业辅导基地是按照国家政策筹建的半营利性半公益性组织，但是，并不是每一个申请入驻的企业都可以入驻。基地要根据申请企业的发展前景和自身的实际情况和市场化要求对申请入驻的企业进行一定的筛选。最

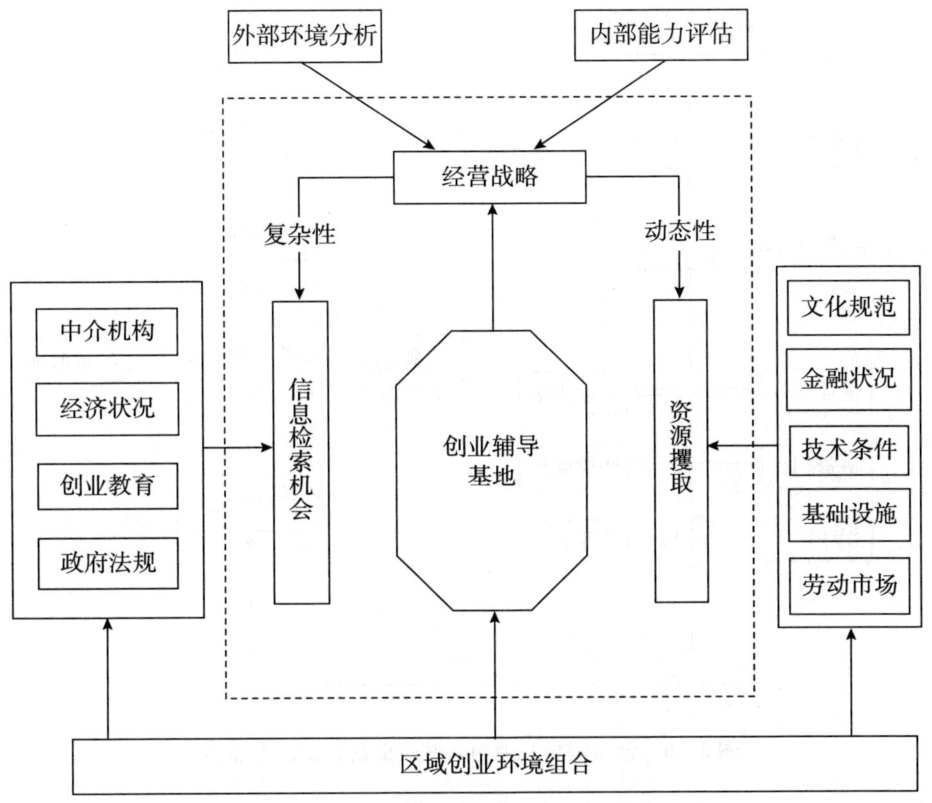

图 5－5 创业辅导基地的区域影响环境

终选择那些具有良好的市场发展前景并能产生良好的社会经济效益的企业入驻。

创业辅导基地的筛选机制，可以从筛选标准和筛选流程两个方面进行分析。具体筛选流程如图 5－9 所示。

1. 筛选标准

创业辅导基地在选择入驻企业时，应该从国家政策和基地客观情况两个角度设立标准。

(1) 国家政策。创业辅导基地的建立是响应国家对促进中小企业的更好更快的发展的政策，所以，基地对入驻企业的筛选应该是以促进帮助中小企业的发展为目的。同时，中小企业的分散存在对区域内环境产生了一定的破坏性影响，例如，污水、污气、噪声等，国家出台“整大限小”的相关政策，基地内的主要入驻企业是那些处于发展初期的中小企业，而不是那些发展规模较大或者发展已成熟的企业。另外，国家设立创业辅导

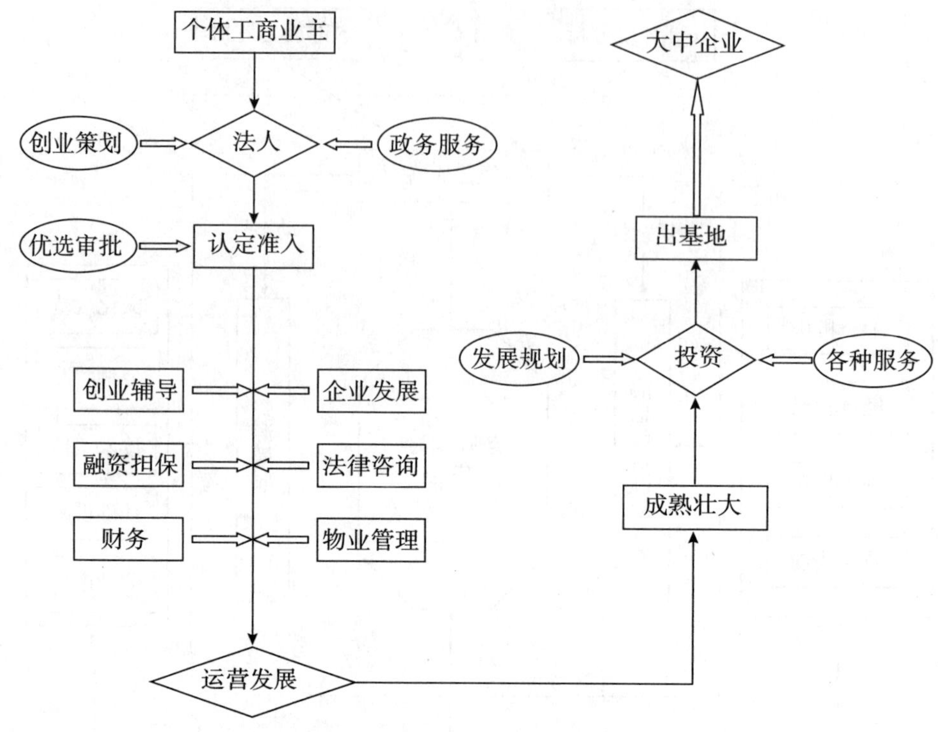

图5-6 创业辅导基地内入驻企业的运营发展流程

基地，对创业辅导基地提供各种政策支持，但又对政策的支持前提做了相关要求，以确保创业辅导基地的发展符合区域的发展方向。因此，创业辅导基地的入驻企业的筛选要以国家政策为标准。

(2) 基地客观情况。创业辅导基地作为一个组织机构，要对自己有一个清晰的认识。明确自身的优势和劣势，了解自身的基础设施情况、实际承载能力和可提供服务的种类及数量，在此基础上选择入驻企业，当两者的供需匹配度高时，创业辅导基地和入驻企业才能取得快速发展。

2. 筛选流程

符合筛选标准的企业，便可以入驻创业辅导基地并接受基地内相关服务。通常，创业辅导基地筛选入驻企业分为以下三个步骤。第一，企业申请。计划入驻企业按照基地的相关要求，备齐相关材料，如入驻申请和入驻基本要求等。第二，基地评估。针对计划入驻企业提交的申请材料，创业辅导基地组织相关人员按照经济、技术和市场三个原则进行评估。符合条件者进入下一环节，不符合条件者退回申请并说明原因。第三，签订协

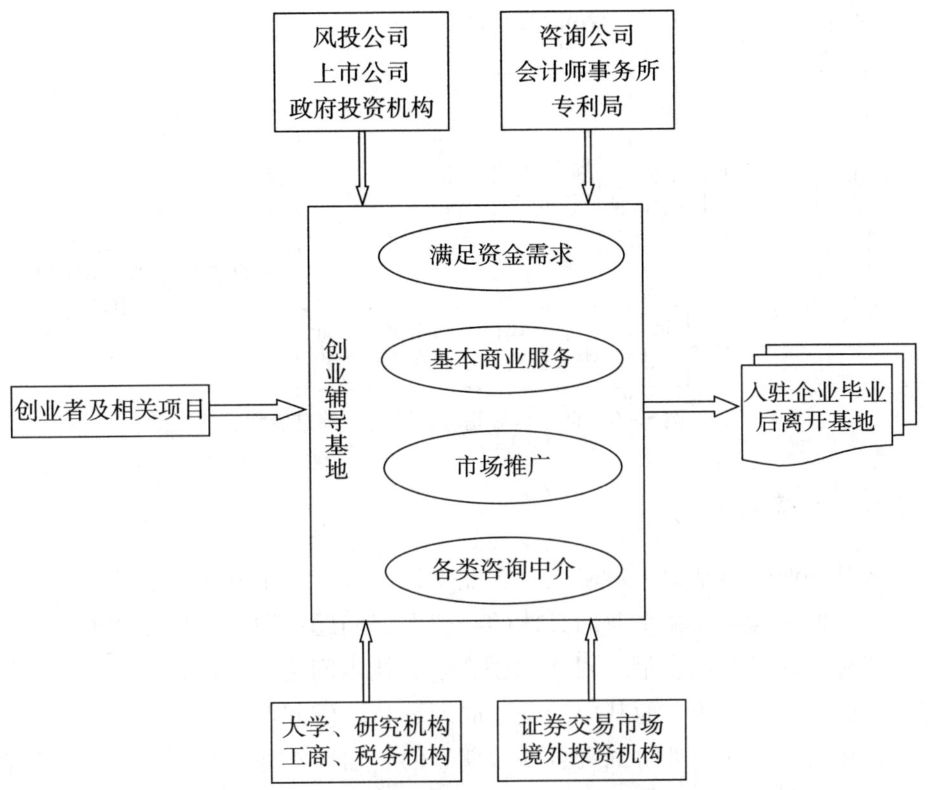

图5-7 创业辅导基地时入驻企业的辅导流程

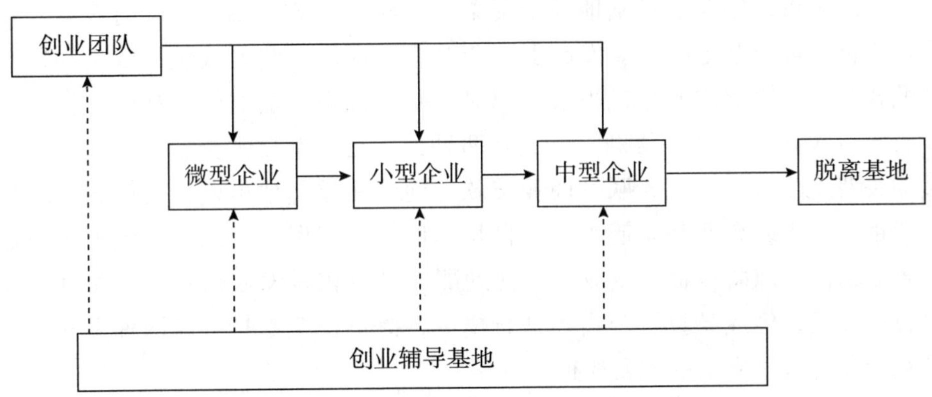

图5-8 创业辅导基地的入驻企业成长发展过程

议。符合入驻条件的企业和基地签订入驻协议，规定双方的权利与义务，入驻企业正式开始经营。

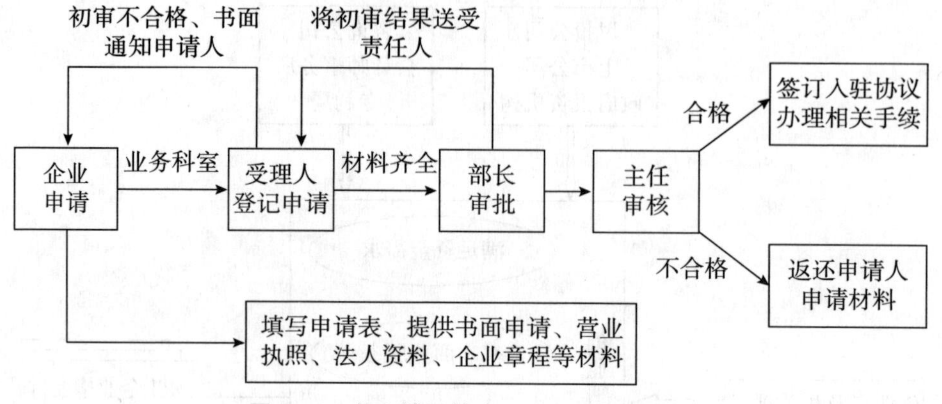

图 5-9　创业辅导基地入驻企业筛选流程

5.2.3　融资机制

入驻创业辅导基地，对于入驻企业来说，只是一个开始。随后入驻企业的经营者便要考虑入驻企业的具体的经营发展问题：即如何借助创业辅导基地的资源实现自身的发展。对于初创企业，技术问题、市场营销、资金问题是其面临的三大问题，而其中最主要的问题是融资问题。处于初创期的企业是最渴望资金但又最难得到资金的时期。创业辅导基地要根据每一个入驻企业的实际情况，为其提供融资帮助。

1. 畅通融资渠道

一般来讲，创业辅导基地的融资渠道有四种方式。第一，政府拨款。政府作为创业辅导基地的主要发起者，会对基地提供一些财政优惠政策和税收补贴政策，用以促进基地的发展。第二，基地投资。基地可以利用自身的经营收入对入驻企业进行帮助。方式有两种：一是直接提供资金支持，二是延缓相关费用收取。第三，联系商业贷款。创业辅导基地可以作为中介方，将商业银行和入驻企业联系起来，用自身的信誉作担保，为入驻企业申请商业贷款。第四，风险投资。企业可以帮助那些具有较好发展情景的公司联系风险投资公司，经风险投资公司评估合格后，提供资金支持。这四种方式是入驻企业获得资金支持的主要途径。

2. 完善融资机制

在创业辅导基地的融资渠道中，基地本身有部分资金，企业可以通过直接向创业辅导基地申请而得到，而来自商业银行和风险基金的资金，则必须借助创业辅导基地的中介力量来完成。同时，应对目前担保机制不完善和风险机制缺失导致新创中小企业融资难的现状，创业辅导基地应做好以下两方面的工作。

（1）建立信用担保机制。创业辅导基地为入驻企业提供融资服务，往往承担着很大的财务风险。这就需要基地建立完善、并且良好的信用担保机制。现在，商业银行贷款一般要求有抵押担保，而入驻企业多处于初创期，且厂房车间多是租用的创业辅导基地的。入驻企业自身所具有的是价值不大的无形财产。同时，入驻企业由于其特殊性，入驻企业间也不具备相互联保的资格。在此情况下，入驻企业很难获得商业银行的贷款。所以，创业辅导基地要构建自身完整的信用担保机制，为入驻企业提供相应担保服务，同时降低银行风险。具体措施有以下几种。一是无形财产抵押。基地帮助那些具有自己知识产权的企业利用知识产权抵押获得贷款。二是股权抵押。基地作为中介，促使银行占有入驻企业的部分股权，获得贷款。三是应收账款担保。对企业运营良好且财务稳定的企业，利用应收账款作担保，获得贷款。四是集体担保。对入驻企业形成担保联盟，一家贷款，多家担保性还款，降低银行贷款风险进而获得贷款。

在获取银行信用担保贷款的过程中，创业辅导基地要做好商业银行和入驻企业之间的工作。首先，创业辅导基地要了解银行贷款业务基本情况和贷款条件要求。其次，了解想贷款企业运营情况，综合分析，看两者之间是否匹配。对于匹配度较高的双方，积极联系，达成贷款意向。对匹配度较低的，积极改善相关情况，提出相关建议，待以后匹配度高了再帮助联系。

（2）加强与其他财务机构的合作。除了商业银行可以提供贷款服务以外，还有典当行、风险投资公司等都可以提供贷款服务，企业要充分利用相关资源，帮助资金富裕方和资金缺乏方在经营项目选择、日常运营管理、资金运作等方面的合作，从而使得创业辅导基地可以为入驻企业提供更好的服务。

5.2.4 竞争机制

每一个组织之间都存在着竞争，创业辅导基地也不例外。创业辅导基地的竞争主要体现在两个方面：一是创业辅导基地间的竞争；二是基地内入驻企业间的竞争。

1. 创业辅导基地间的竞争

创业辅导基地作为一种新型的半公益性质的创业帮扶机构。而创业帮扶机构除了创业辅导基地以外，还有其他各类中介机构，例如管理咨询服务公司、金融支持公司等。创业辅导基地要想获得长远的发展，必须要有自己的核心竞争力。本研究认为，创业辅导基地的核心竞争力是管理费用低、服务质量高。为了尽快获得核心竞争力，企业可以从以下三个方面努力：第一，充分利用自己的政策优势；第二，发挥自己的政府筹建作用，合理选址，配备优势资源；第三，提供全方位优质的服务。

2. 入驻企业之间的竞争

作为一个组织，它的能力是有限的，创业辅导基地也不例外。基地由于自身的局限性，提供的资源和服务是有限的。而入驻企业在获取资源和服务的过程中都想为自己争取最大的利益。面对“僧多粥少”情况，入驻企业经营发展的好坏就成了享受资源多少的一个主要标准。此时入驻企业之间便展开了激烈的竞争。创业辅导基地要充分利用入驻企业之间的竞争，充分利用有效的资源，实现资源利用的最大化，促进创业辅导基地的发展。

5.2.5 收益机制

创业辅导基地是在政府政策指引下的一种新型社会经济组织，它具有半公益性的性质，但是却不是福利机构。作为一个社会经济组织，在日常运营过程中，就会产生各种费用借以维持企业的运营发展。政府支持在一定程度上可以解决基地的前期发展问题，但是作为一个经济组织，后期的运营发展中，单纯的依靠政府拨款远远不够，且不能实现其存在价值。创业辅导基地只有实现社会主义市场经济化，成长发展为一个具有潜力的组织或企业，其存在价值才得以实现。

面对激烈的市场竞争，创业辅导基地要想做强做大，除了必要的支出以外，就需要有稳定的收益来源，即要有足够的收入来源来满足基地的发展。创业辅导基地只有在保证自身生存和发展的前提下，才有可能辅导出更多、更健康的企业，实现其存在的价值与意义。创业辅导基地的主要支出为日常管理费用和其他服务支出，收入来源主要来自以下几个方面。第一，租金收入。基地为入驻企业提供厂房、车间等基础设施，并收取相应的租金，这些收入是创业辅导基地的主要收入来源。第二，服务收入。基地通过为入驻企业提供一些必需的服务，例如政务代理、管理培训等服务收取一定的服务费用。第三，财政拨款收入。基地在创建初期，国家会给予相应的财政拨款，这些是基地前期基础设施建设的主要资金来源。第四，财政返还及税收优惠收入。创业辅导基地作为半公益性质的经济组织，当基地的运营规模达到一定程度，会有相应的财政返还及税收优惠收入，这也是基地的收入来源之一。第五，对外部企业的服务收入。基地拥有充足的服务能力，不仅可以对基地内入驻企业提供服务，也可以为基地外企业提供服务，借此增加基地的收入。第六，其他收入。除了以上这些收入以外，还有一些其他的收入，例如投资收入，即基地对入驻企业进行投资或的股份，从而参与入驻企业的分红。基地的收入来源如图 5－10 所示。

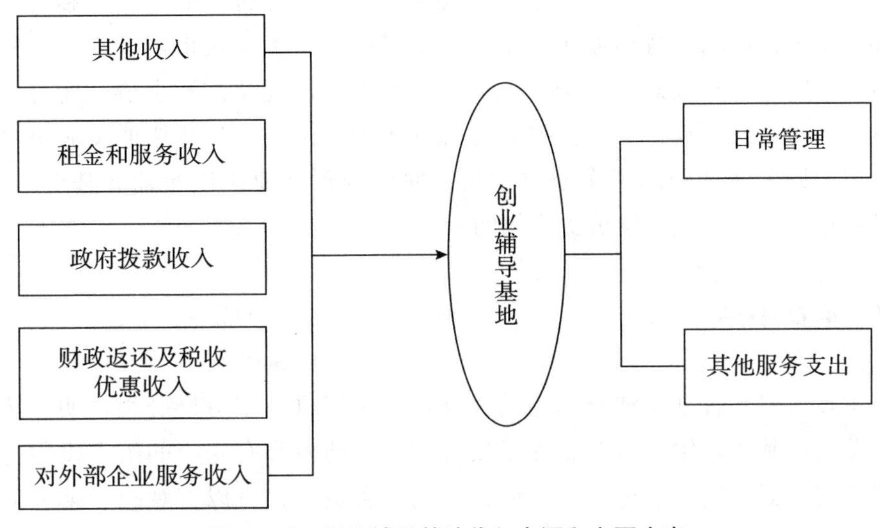

图 5－10 创业辅导基地收入来源和主要支出

5.2.6 人力机制

在社会主义市场经济下，组织之间的竞争实际上是人才的竞争。对于创业辅导基地来说，要想获得长远的发展，就必须招纳高素质的人才和对职工进行有效的培训，以此来吸引和留住优秀人才投身于创业辅导基地的建设中来。第一，员工招聘。招纳具有管理背景的高素质人才进入基地，从事对基地的日常管理工作。招纳专业技术人才，以便更好地对基地提供技术支持。第二，员工培训。通过定期地对基地内员工进行专业知识和服务技能的培训，提高员工的综合素质，以便为企业提供更好的服务。

5.2.7 毕业机制

当入驻企业在基地内经营发展 3～5 年之后，便可以考虑是否可以离开基地。所以，基地要完善其毕业机制，将发展成熟可以毕业的企业推向市场。

这样不仅可以为创业辅导基地留出新的厂房给那些需要的中小企业，也可以使待毕业企业获得更好的发展。如何来衡量入驻企业是否已达到毕业标准，可以设立入驻企业毕业标准。主要包含以下几个方面：第一，入驻年限。当一个企业入驻3~5年后便可以发展成熟离开基地。如果一个企业在5年后还不能离开基地，那么就该考虑这个企业的发展是不是还有存在的必要。第二，产品。待毕业企业是否有了自己完善的产品，是否有能力生产和研发新产品。第三，市场。待毕业企业是否有了自己完善的销售市场，并且是稳中有升的。第四，资金链。待毕业企业是否有了自己完整的资金链，拥有充裕的资金，可以扩大规模，为离开基地做好了资金准备。当待毕业企业至少满足了以上四个条件中的三个条件以后，便可以顺利地从创业辅导基地毕业，离开基地，去寻找企业发展更广阔的天空。

5.3 本章小结

本章对河北省创业辅导基地的日常运营机制进行了分层分级说明，从新创企业入驻基地开始，直至企业发展壮大，基地内都有相应的组织机构与之相匹配的职能部门，通过日常运营机制的完善情况，可以直观感受某一创业辅导基地的发展情况。

6 创业辅导基地评价指标体系与评价方法

加快构建创业辅导基地评价指标体系，不仅有利于掌握创业辅导基地的基本情况，也有利于对创业辅导基地的标准等级进行科学评价。通过对创业辅导基地的评价认定，规范创业基地的运作，树立典型示范，明确政策重点，加大政策引导，促进创业辅导基地的持续健康发展。

6.1 创业辅导基地评价的含义

所谓创业辅导基地的评价，就是对创业辅导基地的功能体系运行情况的评价。就是运用统计及经济管理等方面知识，选取关键指标，采用一定的评价模型，通过各种定性定量分析，基于过程的角度，对基地的功能体系在一定期间的运行和服务情况作出客观、公正和准确的综合评判。创业辅导基地应当具有以下特点。

一是评价必须以过程为导向。创业行为是一个过程，因此创业辅导基地对于创业行为的支持坚持对不同阶段采取不同的方式，因此在评价上也要着重考察基地对于创业过程不同阶段的支持的方式和效果。

二是应当以评价创业环境的考评为重点。创业辅导基地的主要任务就是创业环境的培育和塑造，因此在评价时应当以辅导基地对创业环境的改善措施及效果为考评重点。

三是应当坚持对功能体系的整体考核。创业辅导基地的评价对象应该是一个整体，是一个系统，因此必须要对辅导基地的整个功能体系进行评价，包括辅导基地的资源、服务过程以及效益产出。

四是评价应当立足区域实际。创业辅导基地的评价应当立足区域内基地的总体情况，指标和评价标准的设定应当合理实际，尤其是评价标准既不能太高，超出基地发展实际太多，又不能太低，失去评价的意义。

五是评价应当体现县域特色。创业辅导基地不同于孵化器、工业园区，一般位于农村区域，具有独特的经济社会环境特点，因此在评价中要能够体现出这些县域特色。

创业辅导基地评价是创业辅导基地建设与运行的重要一环，是基地开展服务功能的重要保证，因此进行创业辅导基地评价对建设基地的服务体系、提升基地的服务功能、为不断发展指明方向、全面提高基地的服务产出效益有着重要意义。

6.2 创业辅导基地评价指标体系设置的原则

评价指标体系的设置应该符合一定的原则，这样才能让评价体系具有合理性、科学性和客观性，中小企业创业辅导基地的评价要坚持。

1. 科学性原则

如何在抽象、概括中抓住最重要、最本质、最有代表性的东西，是设计指标体系的关键和难点。对客观实际抽象描述越清楚、越简练、越符合实际，其科学性就越强。另外，各指标的概念要科学、确切，有精确的内涵和外延，指标体系应尽可能全面的、合理的反映评价对象的本质特征，是对客观实际的抽象描述。

2. 系统性原则

中小企业创业辅导基地是一项有多种要素参与、关系复杂的系统工程，要从整体角度来设立评价指标体系，要求多视角多方位进行考察，要求指标体系要统筹兼顾各方面的关系，既要考虑到基地自身特点，也要考虑到基地的外部环境和内部的孵化企业，同时也要考虑到不同地区、不同类型创业基地的特点。

3. 操作性原则

指标体系的设置应该注意指标含义的清晰度和数据的可靠性，尽量避免产生误解和歧义；指标体系应尽量简单明了，易于理解，方法简便易行，便于操作；选择的评价指标尽可能采用量化指标，有可获得的数据资料作为依托，并且指标尽量具体化和可解释化。

4. 目标导向原则

指标体系要全面地反映创业辅导基地的目标定位，指标的选取应当充分反映创业辅导基地在优化创业环境、培养创业主体、增强创业主体持续创业能力的功能，以及在推进新农村建设、促进就业、增强县域经济竞争力、实现富民强县方面的作用和意义。使得指标体系能够帮助主办方及其各级政府正确评价创业辅导基地的营运绩效，纠正运行过程中出现的偏差，实现运行目标定位。

5. 动态与静态相结合原则

创业辅导基地的建设与发展是一个连续动态的过程。创业也是一个时间连续的过程。因此，评价指标体系要注重动态与静态相结合，应当既关注静态投入产出水平，又从连续和发展角度关注创业基地持续性的演变过程和趋势。在评价方案的设计上，应使评价指标能够同时兼顾纵向评价和横向评价两个方面。

6. 定性指标与定量指标相结合的原则

在对基地进行分析评价时常常涉及较多的定性指标，这些因素具有模糊性和复杂性，为了增强评价结果的科学性并对项目进行整体分析评价，应当将定性指标定量化、规范化，最后再对定性结果进行定性分析。

6.3 创业辅导基地评价指标体系的内容

创业辅导基地评价指标体系是指对辅导基地的拥有的资源和产出的评价，也就是对辅导基地的整个功能产出体系的考评。根据创业辅导基地的内涵和定位分析，创业辅导基地的功能产出体系可以分为基础资源、服务功能、服务效率、服务效益（如下图所示）。

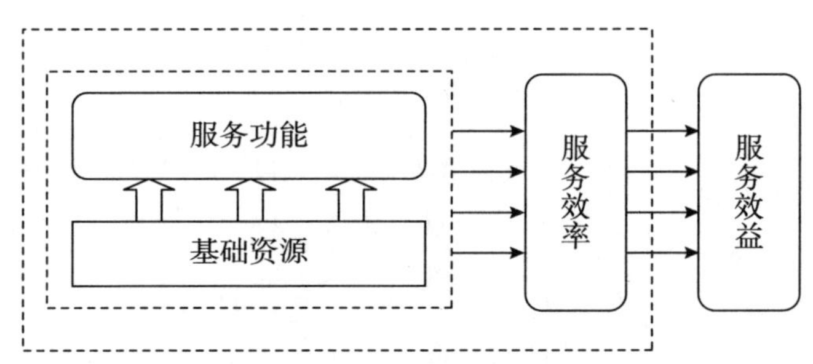

创业辅导基地功能产出体系

创业辅导基地的基础资源是指基地开展创业辅导、关系基地的生存发展的基础性条件等。包括创业辅导基地的硬件设施、管理人员和团队、基地的运营和资金流转情况等的物质性条件，也包括创业辅导基地的管理体系、发展规划、规章制度等软性条件。只有拥有了这些条件，基地才能进行基地管理、落实政策以及协调激励企业行为等活动。

创业辅导基地的服务功能是指创业辅导基地为鼓励和支持创业，使入驻创业基地的中小企业有一个良好的创业环境，创业基地必须做好的相关服务工作。包括了基础服务功能、基本服务功能和个性化服务。基础服务功能就是创业辅导基地为入驻企业开展的政务代理服务，简化了行政审批和收费手续，包括办理工商执照、税务登记证等都有创业辅导基地辅导中心工作人员全程协助。基本服务功能是指企业创设服务、技术支持服务功能、人才开发与培训、信息服务、融资服务、管理咨询等功能，这些服务的开展为基地内中小企业的进一步发展提供了支持和便利，降低了发展成本，提高了企业效益。个性化服务是指基地为企业指定的一些较为有特点和针对性的服务功能。

服务效率是指创业辅导基地能够吸引的和扶持的企业数量及这些企业所创造的销售额。服务效益是指创业辅导基地所产生的经济和社会效益，包括了企业入驻的新增数量、新增销售额以及对当地经济和就业的辐射和带动效应。

根据以上分析，我们将评价指标体系设置如表 6－1 所示。

表 6－1　　创业辅导基地评价指标体系及分数分配

一级指标	二级指标	考核指标	考核说明
基础资源（30 分）	硬件设施（15 分）	基地车间面积（8 分）	基地可以提供的创业空间
		基础及配套设施情况（7 分）	考察基地为创业企业提供的硬件设施情况
	管理团队（5 分）	管理团队人数与基地从业人数的比率（2 分）	基地的管理能力和辅导能力
		管理团队中大学及以上学历人员比重（1 分）	
		辅导人员占管理团队比重（2 分）	
	基地运营与发展（10 分）	基地的赢利情况（5 分）	基地的可持续发展能力
		车间利用率（5 分）	基地的运营状况

续 表

一级指标	二级指标	考核指标	考核说明
服务过程（25分）	服务提供情况（25分）	政务代理	基地为创业企业提供的服务的种类。包括基本服务、个性服务
		企业创设服务	
		技术支持服务功能	
		人才开发与培训	
		信息服务	
		融资服务	
		管理咨询	
		个性服务	
服务效率（20分）	入驻企业总数（10分）	入驻企业总数（10分）	基地企业发展的总体数量指标
	入驻企业销售额（10分）	入驻企业销售额（10分）	基地企业发展的质量指标
服务效果（25分）	新增企业数量（8分）	新增企业数量（8分）	基地对于创业者的吸引力及创业成功的数量
	销售增长率（8分）	销售增长率（8分）	企业的经济效益增长情况
	就业增长率（5分）	就业增长率（5分）	企业的社会效益增长情况
	毕业企业数（4分）	毕业企业数量（4分）	

6.4 创业辅导基地评价指标解释及评分细则

1. 基础资源

（1）硬件设施。基础设施可以分为三个子指标进行评价。

①车间面积。是指辅导基地的可利用的工厂车间面积，是反映基地空间的规模指数。反映了辅导基地所能提供物理空间的能力和潜力。

评分标准：大于等于20000平方米为大型（8分），大于等于15000平方米小于20000平方米为中型（6分），大于等于10000平方米小于15000平方米为小型（4分），大于等于5000平方米小于10000平方米为微型（2分），小于5000平方米得0分。

②基础设施、机器设备完备程度。包括创业基地除办公用房外的网络信息设备、通信设备、消防设备、公共设施等工具的完备程度。反映辅导基地所能提供的资源支持的能力。基础设施是中小企业创业辅导基地发展所必需的。

评分标准：基础设施共分为五通一平、环保、消防、信息设备、通信、公共食堂、公共宿舍 7 项，满足 1 项得 1 分。

（2）管理团队。该指标由三部分组成。

① 管理团队人数占基地从业人数的比重（2 分）。是指基地管理团队的成员数量比上基地内所有从业人员的数量，它反映了每千人从业人员所拥有的管理者人数。相同规模的基地，其获得服务的数量在某种程度上决定于管理团队的成员数量，管理者越多，企业享受服务的次数和机会必然相应增多。

评分标准：大于 1% 得 2 分，大于 0.5% 小于 1% 得 1 分，小于 0.5% 得 0 分。

② 管理团队中大学及以上学历人员比重（1 分）。管理团队的教育水平是指管理团队中大学及大学以上学历者占管理团队总人数的比例，反映了基地管理团队成员的素质。管理团队中大专及以上学历人员的比重越高，则说明管理团队的总体素质越高。

评分标准：大于 40% 得 1 分，大于 20% 小于 40% 得 0.5 分，小于 20% 得 0 分。

③辅导人员占管理团队比重（2 分）。该指标是基地所拥有的辅导人员数量与管理团队人数的比率，其中辅导人员是具有辅导师资格且为基地内专职负责创业辅导的人员。该指标直接反映了基地的创业辅导能力。

评分标准：大于 20% 得 2 分，大于 10% 小于 20% 得 1 分，小于 5% 得 0 分。

（3）基地运营与发展（10 分）。

①基地的赢利情况。基地的赢利情况反映了基地的持续发展能力，该指标主要及评估基地的账目平衡情况。

计算公式：赢利情况 = 基地本年获得的资金 − 基地运转花费资金

评分标准：赢利大于 300 万元，资金充裕，发展优异（5 分）；赢利大于 100 万元小于 300 万元，资金较充裕，发展良好（4 分）；赢利大于 50 万元，小于 100 万元资金能满足，可以维持（3 分）；赢利小于 50 万元，资金困难，难以维持（2 分），赢利小于 0，资金缺乏，亏损严重（0 分）。

②车间利用率。车间利用率指出租和出售车间面积占全部车间面积的比

率。出租出售车间比例高说明基地的吸引力大，如果低则会导致基地内企业的流动性过低，该指标为定量指标。

评分标准：车间出租率大于或等于95%，得6分；大于或等于90%，小于95%，得5分；大于或等于85%，小于90%，得4分。

2. 服务过程

基地的最重要特点是提供创业服务，该指标是反映基地运营质量和效率的重要指标。基地的服务分为基本服务、个性服务。

（1）政务代理服务。反映基地为企业提供的简化政务办理手续的相关服务。

评分标准：提供次数大于60次得4分，大于40次小于60次得3分，大于20次小于40次得2分，大于10次小于20次得1分，小于10次得0.5分，没有该项服务得0分。

（2）企业创设服务。对创业人员的创业技能培训以及创业相关知识的普及工作。

评分标准：提供次数大于40次得4分，大于20次小于40次得3分，大于10次小于20次得2分，小于10次得1分，没有该项服务得0分。

（3）技术支持服务。技术支持服务功能应当包含以下内容：知识产权保护服务、提供产学研合作服务、协助企业进行技术攻关服务、提供技术转移服务、提供技术交流与技术信息传递服务、提供技术顾问服务、提供技术评估服务、提供创业企业技术开发市场等。

评分标准：提供次数大于40次得3分，大于20次小于40次得2分，大于10次小于20次得1分，小于10次得0.5分，没有该项服务得0分。

（4）人才开发与培训服务。反映基地为创业企业和小企业引进人才、培养人才和开发人才，人才开发与培训服务功能包括人才开发服务和培训服务。

评分标准：提供次数大于80次得2分，大于40次小于80次得1.5分，大于10次小于40次得1分，小于10次得0.5分，没有该项服务得0分。

（5）信息服务。反映向创业者和中小企业提供政策、技术、市场等基本信息的查询；提供政策推荐、科技项目推荐和投融资推荐；定期向创业企业和社会上的中小企业发布有关行业信息；协助企业提升信息获得、信息开发和应用的能力。

评分标准：提供次数大于60次得2分，大于30次小于60次得1.5分，大于10次小于30次得1分，小于10次得0.5分，没有该项服务得0分。

（6）资金融通服务。包括信用担保、融资协助等方式。

评分标准：金额大于1000万元得2分，大于500万元小于1000万元得

1.5 分，大于 100 万元小于 500 万元得 1 分，小于 100 万元得 0.5 分，没有该项服务得 0 分。

（7）管理咨询服务。指基地为入驻企业发展中存在的问题提供解决方案的情况。

评分标准：提供次数大于 40 次得 2 分，大于 20 次小于 40 次得 1.5 分，大于 10 次小于 20 次得 1 分，小于 10 次得 0.5 分，没有该项服务得 0 分。

（8）个性服务。指基地提供的独特的增值性服务。选择理由：个性服务是区分基地运营管理水平的重要指标，个性服务是否完善能够直接降低企业运行成本，提高创业成功率。

拥有一项得 1 分，满分为 6 分。

3. 服务效率

（1）入驻企业总数。即考核时期创业辅导基地内现存的企业数目，企业数目的多少反映了基地对于创业者和创业企业的集聚能力和服务能力。企业数目越多，说明基地对于创业者的吸引力越大，集聚力越强，服务能力越高。

计算公式：入驻企业总数 = 考核期内基地企业的数目

大于 40 家企业，得 10 分；界于 20 ~ 40 家企业，得 6 分；小于 20 家企业，得 2 分。

（2）入驻企业销售额。即考核时期内创业辅导基地内现存企业的销售总额，销售额反映了基地内企业的效益情况，反映了基地内企业发展实力，间接上反映了基地对企业提供的各类服务的产出效益。

计算公式：入驻企业销售额 = 考核期内基地企业的销售总额

大于 1000 万元，得 10 分；500 万 ~ 1000 万元，得 8 分；100 万 ~ 500 万元，得 6 分，小于 100 万元，得 2 分。

4. 服务效果

（1）新增企业数量。即考核时期内创业辅导基地新增加的企业数目。反映了这一段时期基地的运营效果，反映了基地对于创业者的吸引力以及对于创业企业的支持情况。

计算公式：新增企业数量 = 考核时期内新增加的企业数目

新增企业数量大于 10 家为 8 分，8 ~ 10 家为 6 分，6 ~ 8 家为 4 分，4 ~ 6 家为 2 分，4 家以下为 1 分。

（2）销售增长率。即考核期内创业辅导基地内企业总体销售增长情况。指标体现了基地内原有企业和新增企业在考核时期内的经营效益增长情况，客观上反映了基地在考核时期内对企业提供的各类服务的产出效益。

计算公式：销售增长率＝（考核期末销售额－考核期初销售额）/考核期初销售额。

销售增长率大于60%，得8分；界于50%～60%，得6分；40%～50%得4分，20%～40%得2分，20%以下得1分，小于0%得0分。

（3）就业增长率。即考核期内创业辅导基地内企业就业人数的增长情况。就业增长率反映了创业辅导基地在产生就业机会、提供就业岗位方面的能力，是衡量辅导基地社会贡献的实力强弱的指标，代表了基地所产生的社会效益。

计算公式：就业增长率＝（考核期末就业人数－考核期初就业人数）/考核期初就业人数。

就业增长率大于60%，得5分；界于50%～60%，得4分；40%～50%得3分，20%～40%得2分，20%以下得1分，小于0%得0分。

（4）毕业企业数。即考核期内创业辅导基地企业由于发展前景好，规模较大，已经具有了独立生存发展能力而由基地内迁出另寻找区域发展。

评价标准：迁出企业10家以上得4分，5～10家得3分，1～5家得2分。

6.5 创业辅导基地的模糊综合评价

1965年，美国加利福尼亚大学的学者查德 L. A. Zadeh 提出了模糊综合评价法（Fuzzy Comprehensive Evaluation，FCE）。模糊综合评价法是借助模糊数学的部分概念，对具体存在的综合评价问题进行科学评价的一种方法。具体到操作层面，模糊综合评价就是将部分难以量化、但却相当重要的评价因素定量化，从而对被评价的组织或企业状况进行综合性评价的一种方法。

模糊综合评价的基本原理包含以下三个层面。第一，根据评价目标科学合理的确定评价指标体系，并且确定评价集。第二，根据德尔菲法或者专家评议法或者调查问卷得出每个指标的数值，并求得其权重以及隶属度向量，构成模糊评判矩阵。第三，进行运算，得出模糊评价的最终结果。

县域创业辅导基地评价指标中的影响因素和评估存在着非量化性、模糊性或不确定性，所以，可以采用模糊综合评价法对其进行评价。模糊综合评价的优点在于考虑到了客观事物内部关系的错综复杂性和价值系统的模糊性。

6.5.1 模糊综合评价的步骤

模糊综合评价步骤如下。

步骤 1：确定评价因素集。

县域创业辅导基地评价体系可以分为以下四个层次：目标层、一级指标层、二级指标层、反映指标层的要素层。由此我们建立各评价因素层的因素集：

$$U = \{u_1, u_2, u_3, \cdots, u_n\}$$

步骤 2：确定评语集。

建立评语集：$V = \{v_1, v_2, v_3, \cdots, v_m\}$，这是指分级评语的集合，一般可视情况分为“优”“良”“中”“可”“差”5 个评语等级。

步骤 3：确定各层次每个评价指标的权重分配向量 $\boldsymbol{A}$。

应用层次分析法可以确定各个层次指标权重 $\boldsymbol{A} = (w_1, w_2, \cdots, w_n)^{\mathrm{T}}$。

步骤 4：建立单因素评判矩阵 $\boldsymbol{R}$。

建立单因素评判矩阵也就是确定各指标因素的隶属度。应用模糊数学的概念，确定因素集中每一个指标隶属于评语集中不同评语分级的程度，称隶属度。其取值在 0 ~ 1 之间，并以 r_{ij} 表示，此值即为指标 u_i 隶属于评语 v_i 的程度，即隶属度。评价因素 U 中全部指标隶属度的合成，即为单因素评价矩阵 $\boldsymbol{R}$。

$$\boldsymbol{R} = \begin{bmatrix} r_{11} & r_{12} & \cdots & r_{1m} \\ r_{21} & r_{22} & \cdots & r_{2m} \\ \vdots & \vdots & & \vdots \\ r_{n1} & r_{n2} & \cdots & r_{nm} \end{bmatrix}$$

式中：r_{ij} ——相对于第 u_i 个评价指标给予 v_j 评语的隶属度（$i = 1,2,\cdots, n$，$j = 1,2,\cdots,m$）即：

$$r_{ij} = \frac{d_{ij}}{N}$$

式中：d_{ij} ——评第 i 个指标，第 j 个等级的人数；

N ——专家的总人数。

步骤 5：初级综合评判。

在确定了 $\boldsymbol{A}$ 与 $\boldsymbol{R}$ 后，通过模糊变换将 U 上的模糊向量 $\boldsymbol{A}$ 变为 V 上的模糊向量 $\boldsymbol{B}$，即 $\boldsymbol{B} = \boldsymbol{A} \circ \boldsymbol{R} = (b_1, b_2, \cdots, b_m)$。

步骤6：多级综合评判。

对上一级指标因素集 $U=\{u_1,u_2,u_3,\cdots,u_n\}$ 而言，其因素重要程度的模糊子集为 $\boldsymbol{A}=(a_1,a_2,a_3,\cdots,a_n)$，其评判矩阵 $\boldsymbol{R}$ 已由初级评判结果给出，即：

$$\boldsymbol{R}=\begin{bmatrix}B_1\\ \vdots\\ B_n\end{bmatrix}=\begin{bmatrix}b_{11} & \cdots & b_{15}\\ \vdots & & \vdots\\ b_{n1} & \cdots & b_{n5}\end{bmatrix}$$

则可得二级综合评判结果：

$$\boldsymbol{B}=\boldsymbol{A}\times\boldsymbol{R}=(b_1\quad b_2\quad b_3\quad b_4\quad b_5)$$

$$=(a_1\quad a_2\quad a_3\quad a_4\quad a_5)\times\begin{bmatrix}b_{11} & \cdots & b_{15}\\ \vdots & & \vdots\\ b_{n1} & \cdots & b_{n5}\end{bmatrix}$$

最后计算 $\boldsymbol{B}$ 的综合评价值：

$$\boldsymbol{W}_1=\boldsymbol{B}\times\boldsymbol{C}^{\mathrm{T}}=(b_1\quad b_2\quad b_3\quad b_4\quad b_5)(9\quad 7\quad 5\quad 3\quad 1)^{\mathrm{T}}$$

分值即是该项目的最后总评分。如果将待评的多个创业辅导基地的总评分全部由大到小排列起来，则很容易得出创业辅导基地的优良程度次序。

6.5.2　模糊综合评价的评分方法

指标体系的评分要转化为对五个分级的隶属度，根据指标类型的不同，评分方法大致可以分为两类。

1. 数值型数据

指标得分为数值型数据可以采用分段线性插值法来求其相对于五个分级的隶属度。即预先设定相对应的分级区间（A：很不好，B：不好，C：一般，D：好，E：很好），然后视数值所在区间的情况为此数值赋予分数。

$$\tilde{A}=\begin{cases}0 & x<a\\ \dfrac{b-x}{b-a} & a\leqslant x\leqslant b\\ 1 & x>b\end{cases}$$

式中：x ——指标的数值型得分；

a 、b ——某一分级的上下限数值。

2. 序列型数据

（1）直接得到的序列型数据可以和五个分级一一对应地给出隶属度来。

（2）通过调查得到的某评价指标的一组序列型数据，可以通过模糊统计来确定该评价指标相对于五个分级的隶属度。

该指标相对于五个分级中第 i 个分级 v_i 的隶属度（$i=1, 2, \cdots, 5$）即：

$$\tilde{A} = \frac{d_i}{n}$$

式中：d_i ——评第 i 个等级的数；

n ——评价对象的总数。

6.5.3 模糊综合评价的权重确定

1. 权重概念

权重是一个相对的概念，是针对某一指标而言。某一指标的权重是指该指标在整体评价中的相对重要程度。权重表示在评价过程中，是被评价对象的不同侧面的重要程度的定量分配，对各评价因子在总体评价中的作用进行区别对待。总之，权重是要从若干评价指标中分出轻重来，一组评价指标体系相对应的权重组成了权重体系。

一组权重指标体系 $A_i(i = 1,2,\cdots,n)$ ，必须满足下述两个条件：

(1) $0 < A_i < 1$; $i = 1,2,\cdots,n$ 。

(2) $\sum_{i=1}^{n} A_j = 1$ ，其中 n 是权重指标的个数。

2. 权重确定方法——AHP 方法

（1）制订评价指标因子判断表（如表 6 - 2 所示）。

表 6 - 2　　评价指标因子判断表

U_i		评价指标			
		U_1	U_2	…	U_n
评价指标	U_1	a_{11}	a_{12}	…	a_{1n}
	U_2	a_{21}	a_{22}	…	a_{2n}
	⋮	⋮	⋮	a_{ij}	⋮
	U_n	a_{n1}	a_{n2}	…	a_{nn}

注：U_i 为评价指标；a_{ij} 为评价指标 U_i 相对于 U_j 的重要程度。

（2）建立重要程度赋值表。所谓重要程度赋值表是对因素 U_i 和 U_j 相比的相对重要程度所赋数值的表（如表 6 - 3 所示）。

表 6－3　重要程度赋值表

判断尺度	因素	重要程度
1	B_i 比 B_j	两因素具有同样的重要程度
3	B_i 比 B_j	一个因素比另一个因素稍微重要
5	B_i 比 B_j	一个因素比另一个因素明显重要
7	B_i 比 B_j	一个因素比另一个因素强烈重要
9	B_i 比 B_j	一个因素比另一个因素极端重要
2，4，6，8	B_i 比 B_j	上述相邻判断的中值

（3）由专家小组依据重要程度赋值表填写评价指标因子判断表，专家小组可以包括具有丰富知识的学校教授、政府管理人员、辅导基地管理人员及基地内企业人员。

（4）根据每位专家填写的因子判断表写出该层次的判断矩阵群。

$$\boldsymbol{A}=\begin{bmatrix} a_{11} & a_{12} & \cdots & a_{1n} \\ a_{21} & a_{22} & \cdots & a_{2n} \\ \vdots & \vdots & & \vdots \\ a_{n1} & a_{n2} & \cdots & a_{nn} \end{bmatrix} \quad i=1,2,\cdots,m$$

式中：m ——参与填写表格的专家人数。

（5）计算单个矩阵的权重向量。记判断矩阵为 $\boldsymbol{A}=[a_{ij}]_{n\times n}$，这里采用求和法来求权重向量，也就是对判断矩阵 $\boldsymbol{A}$ 每行诸元求和，有：

$$\overline{w_i}=\sum_{j=1}^{n} a_{ij} \quad i=1,2,\cdots,n$$

再进行规范化处理，就得到权重向量：

$$\boldsymbol{w}_i=\frac{\sum_{j=1}^{n} a_{ij}}{\sum_{k=1}^{n}\sum_{j=1}^{n} a_{kj}} \quad i=1,2,\cdots,n$$

（6）对每个矩阵进行一致性检验，确定其取舍。检验所得特征向量是否为所求权重，是否合理？需使用下式进行一致性检验。

$$CR=\frac{CI}{RI}$$

式中：CR ——判断矩阵的随机一致性比率；

CI ——判断矩阵的一般一致性指标，$CI = (\lambda_{max} - n)/(n - 1)$；

RI ——判断矩阵的平均一致性指标（如表6-4所示）。

表6-4　平均随机一致性指标

n	1	2	3	4	5	6	7	8	9	10
RI	0	0	0.58	0.90	1.12	1.24	1.32	1.41	1.45	1.49

单个矩阵一致性检验的算法如下：

步骤1：求矩阵的最大特征值 λ_{max}；

步骤2：计算 CI 值；

步骤3：计算 CR 值；

步骤4：如 $CR < 0.1$，检验通过；否则需对判断矩阵进行某些调整，返回步骤1进行计算。

（7）求判断矩阵群的综合权重向量。这里使用权重向量综合法中的加权算术平均法来运算综合权重向量，设判断矩阵 $\boldsymbol{A}_l$ 的权重向量为 $\boldsymbol{w}_l = (w_{l1}, w_{l2}, \cdots, w_{ln})^{\mathrm{T}}$，$l = 1,2,\cdots,m$，则对各权重向量相应分量取加权算数平均。

$$\overline{w_i} = \sum_{l=1}^{m} \lambda_l w_{li} \quad i = 1,2,\cdots,n \quad \lambda \in \Omega$$

然后进行规范化处理：

$$w_i = \frac{\overline{w_i}}{\sum_{j=1}^{n} \overline{w_j}} \qquad i = 1,2,\cdots,n$$

就可以得到综合权重向量 $\boldsymbol{w} = (w_1, w_2, \cdots, w_n)^{\mathrm{T}}$，也就是得到一个子指标层的重要性程度的分布情况。

第二部分

河北省创业环境评价研究

7 创业环境理论综述

创新是经济社会发展的不竭动力，创业正是创新活动最集中的表现。创业环境是决定创业行为、影响创业成功率的关键因素之一，是创业研究的热点，研究创业环境具有重要的理论意义和实际意义。Timmons 提出了著名的 Timmons 创业管理模型，认为创业由机会、资源与创业团队三个要素构成，创业环境是创业资源的重要影响要素。本书主要从创业环境要素、创业环境评价和创业环境优化三个方面对创业环境的相关研究进行分析，了解创业环境研究方面的现状，并对创业环境的研究现状进行评述。

7.1 创业过程理论综述

7.1.1 创业过程的概念

大部分研究中对于创业定义的共同出发点为创业是一个过程，即以过程的观点考察创业的内涵。Gartner（1985）认为创业的本质就是建立新组织的过程，对创业家的研究仅仅是创建新企业这个复杂过程的一部分。一个创业过程包括了与捕捉机会和创建新组织相关的所有动态过程，即机会的识别、商业概念的定义、资源的评估和获取、新组织的创建和对新业务的管理。Stevenson 和 Jarillo（1990）认为创业是个人不考虑当前所控制的资源而去追逐机会的过程。Timmons（1999）强调创业是一种思考、推理和行为过程，这种行为过程是机会驱动、注重方法和与领导相平衡。Bruyat 和 Julien（2000）认为创业是一个充满变化、新生者随时出现、充满创造力的过程，不仅创造新的价值，而且改变和创造了创业个体。

创业过程通常与组织要素紧密相连，例如 Katz 和 Gartner（1988）对组织的创建过程进行了细致分析，提出了四个组织创建的必要条件：为了创建组织而收集的信息、进入壁垒、必要的财务资源、与外部的供应商及消费者的联系。Carter 等（1996）认为创业过程包括一项商业计划成为一个现实中的企业组织这一过程中的所有事件。

创业过程研究中创业机会的相关内容也受到众多学者的关注。Venkataraman（2000）认为研究如何识别和捕捉商机比创业家职能和特征研究更有意义、更有成效，影响机会识别的因素有两个方面：一是识别机会所必须拥有的预先信息；二是评估机会所必需的认知特性。成功地发现并利用创业机会是由机会本身的特性和企业家所拥有的创业信息与认知能力共同决定的。他还提出创业机会转化为市场价值的方式有两种：一种是创建新公司；另一种是把创业机会出售给现有企业。Kirzner（1973）认为创业机会存在于对新产品、新原材料或新管理方法的探索和创造之中，任何时候只有一部分人能发现存在的机会。Shane 和 Venkataraman（2000）认为机会是创业研究的中心问题，创业活动开始于从外部环境中感知相应的信息，识别并且评价特定的创业机会，进而持续开发直至实现机会的预期价值，因此，创业过程是围绕着机会的识别、开发、利用的一系列过程。

7.1.2 创业过程的理论模型

自 20 世纪 80 年代以来，理论界构建了大量的创业过程理论模型，可以将这些模型划分为两类，一类是基于要素的创业过程模型，代表性的有 Gartner（1985）、Timmons（1999）、Zahra - George、Man 和 Tan（2006）等，这些概念模型大多从创业要素或创业行为的发展过程等方面来构建；另一类是基于阶段发展的创业过程模型，包括 Galbraith（1982）、Holt（1992）、Olive（2001）等的研究。

7.1.2.1 基于要素的创业过程模型

1. Gartner 创业过程模型（如图 7 - 1 所示）

Gartner（1985）认为创业一般是新组织的创建过程，并进一步构建了创业过程理论模型。Gartner（1985）创建的创业模型包括四个维度，分别为：个人（Individual）——新企业创立的主体特征，包括个人成就感、控制力、风险承受倾向、工作满意度、工作经历等一系列特征；组织（Organization）——创立的客体，包括企业竞争战略的确立；过程（Proeess）——创业活动实施过程，包括机会识别、利用，资源收集、积累，市场营销等活动；环境（Environlnent）——企业组织的经营环境，包括企业面对的顾客和市场、产业进入壁垒等。其中作为创业者的个人要协调模型中的四个因素，各个因素相互影响，构成了网状结构，阐释了企业创建的基本过程。

该模型的意义在于率先从创业过程复杂性出发解释创业过程，比较全面地概括了创业过程的构成要素，并创造性的提出创业过程的多维概念，为后续的创业过程理论模型的构建奠定了基础，但 Gartner 创业模型没有解释四个维度是如何相互作用的，这是该模型的不足。

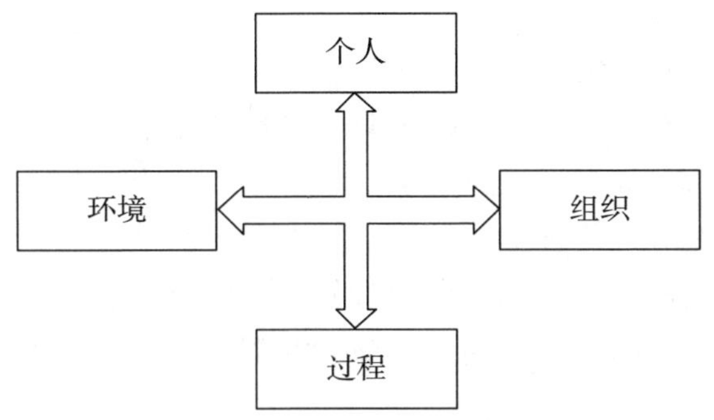

图 7－1　Gartner 创业过程模型

2. Timmons 创业过程模型（如图 7－2 所示）

Timmons 在《新企业创建》（*New Venture Creation*）中提出了一个著名的创业过程模型。Timmons（1999）认为创业是一个高度动态的活动，在这个活动过程中机会、资源、创业团队三者是驱动因素。成功的创业活动必须对机会、创业团队和资源三者进行最适当的匹配，并且还要随着事业的发展而不断进行动态平衡。这个过程的起点是机会，机会的形式和深度决定了资源和创业团队的构成，这三个因素存在一个微妙的平衡，平衡的控制取决于创业团队（如图 7－2 所示）。

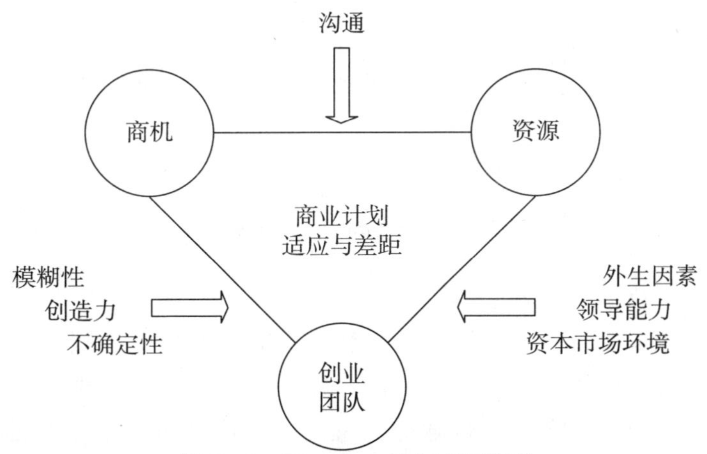

图 7－2　Timmons 创业过程模型

Timmons 认为这一过程需要持续不断的评估，战略和战术的修订以及试验性的方法。这是一个反复的过程，既符合逻辑，又带有“反复试验”的特征，这个过程可能是凭直觉的，也可以是有意识地计划好的。因此，如何在一定的时间内将人力、商机和资源整合到一起，是企业最终成功的决定因素。

3. Christian 创业过程模型（如图 7 – 3 所示）

借鉴 Timmons 模型的思路，Christian（2000）提出了基于创业者和新企业互动的创业过程理论模型，认为创业者与新企业是创业过程的关键构成要素，创业过程实质上是在外部环境作用下的创业者与新企业的紧密互动过程，将新企业创立、随着时间变化的创业流程管理，以及影响创业活动的外部环境网络之间的衔接协调与平衡等视为创业者在创业过程中的主要活动内容，是创业过程研究的核心问题。

对 Timmons 模型与 Christian 模型进行比较，可以发现 Christian 模型所强调的创业者与新企业的互动，其内涵表现为 Timmons 模型中“创业机会、资源和创业团队”三要素的相互作用关系；Timmons 模型强调的创业过程动态平衡问题，在 Christian 模型中表现为重视创业流程管理。同时，这两个模型都强调外部环境的重要性，强调创业者在创业过程中经由协调创业机会与资源的平衡关系或创业者与新企业互动的创业过程管理来实现新企业与外部环境之间的妥协。

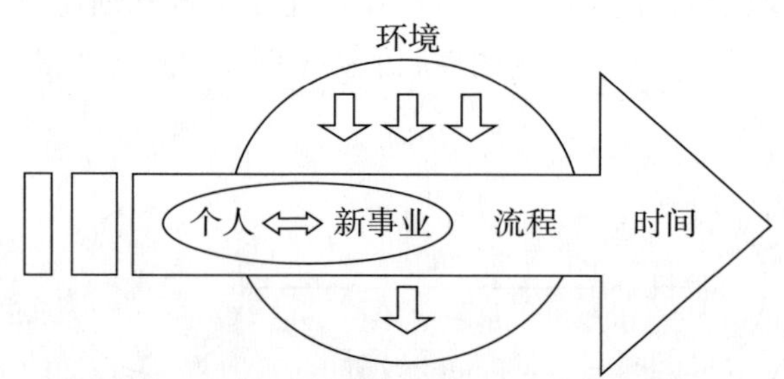

图 7 – 3　Christian 创业过程模型

4. Zahra – George 创业过程模型

Zahra 和 George 在研究分析前人创业模型的基础上，提出了基于国际创业的综合创业模型。Zahra – George 模型的关注点是公司创业研究的一个分支：国际创业。将国际创业分为程度、速度和范围三个维度。国际创业受到环境、组织和战略这三方面因素的影响，这些因素共同作用于国际创业的全过程。此模型主要研究了高层管理团队特征、企业资源和企业一般状况等组织变量；竞争压力、文化、制度等经济变量；能力、进入战略等战略变量。三者共同影响企业国际创业战略的实施，从而影响公司竞争优势的形成。

5. Man 和 Tan 的创业框架（如图 7 –4 所示）

Man 和 Tan（2006）的创业框架是创业领域的最新研究成果，这一框架包括创业主张、创业先行者、创业实践、创业绩效四个维度。其中，创业主张（Perspecive），是创业者对于创新和创造独有的观点，这一维度之下有两个主要变量：创业目的（Purpose）以及创业策略（Policy）。创业先行者（Pioneer）指的是创业的执行者和领导者，这一维度下有两个主要变量：创业者的激情（Passion）以及坚定不移（Perseverance）。创业实践（Practice）指的是创业者的行动模式，该维度之下包括：创业者的说服力（Persuasion）以及对资源的追求（Pursuit）。创业绩效（Performance）指的是创业活动的成果，包括个体层面（People）所实现的个人财富或社会价值以及组织层面的赢利（Profit）。

Man 和 Tan 的创业框架特点在于全面地反映了创业过程的复杂性。其 6 个维度之间存在三种关系，直接效应意味着创业先行者、创业实践、创业主张对于创业绩效具有重要的直接作用。调和效应意味着创业先行者和创业主张对于创业绩效的影响是通过创业实践这一中介变量，而非直接作用于创业绩效。交互效应则意味着创业先行者、创业实践（调节变量）、创业主张这 3 个变量是共同作用于创业绩效。而最终的全效应模型则是对上述 3 类模型的汇总。

7.1.2.2 基于阶段发展的创业过程模型

1. J. Galbraith 基于新企业成长的创业过程模型（如图 7 –5 所示）

J. Galbraith（1982）根据新企业成长把创业过程划分为五个阶段。第一阶段为原理验证阶段（Proof – principle Stage），在这个阶段新的组织还未出现，创业者的主要任务是验证创新技术的可行性。第二阶段为雏形阶段（Prototype Stage），这个阶段产品已经生产出来，形成组织雏形。前两个阶段非常相似，没有太复杂的组织人事关系，尚不必考虑产品的营销问题。第三阶段为模型销售阶段（Model – shop Stage），主要是对产品的市场反应进行测试以改进产品的可行性，组织规模扩大并出现专业分工，出现财务、营销等必要经营活动。第四阶段为启动阶段（Start – up Stage），新创企业已比较成熟，产品赢利进一步提高，并且开始出现第二代产品，组织进一步膨胀，出现了

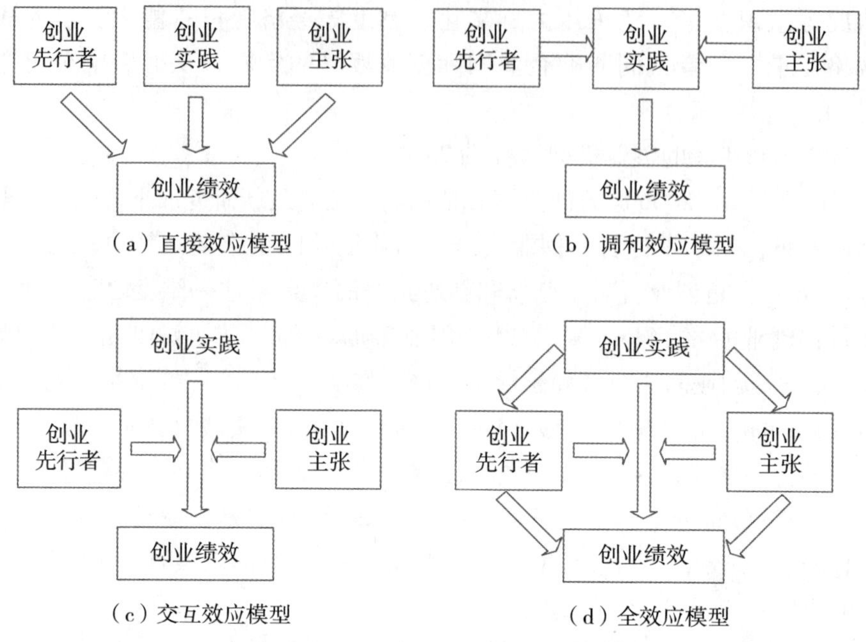

图 7－4 Man 和 Tan 创业过程模型

更多的管理问题，需要管理者投入更多的精力。第五阶段为自然增长阶段（Natural Growth），组织增长率大大低于启动阶段，而且更多由行业的增长率决定。当所有一切都完毕时，创业者开始考虑新的战略调整，守住已有市场份额，或者进入新的创业周期。

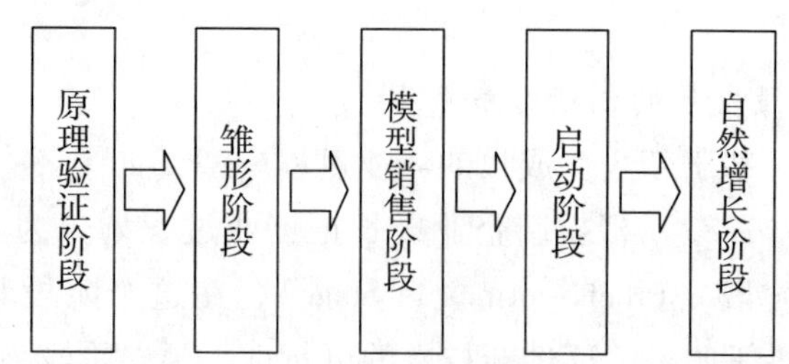

图 7－5 Galbraith 基于新企业成长的创业过程模型

2. Holt 基于企业生命周期的创业过程模型（如图 7－6 所示）

Holt（1992）从企业生命周期出发，认为创业过程会经历四个阶段：创业前阶段、创业阶段、早期成长阶段和晚期成长阶段。他还提出了各阶段不同的活动内容与重点：在创业前阶段，创业者应做好创业计划及前期工作，包括筹集资金与创建企业；在创业阶段，创业者需要确认企业的市场定位，为确保新企业存活而进行适当的调整；在早期成长阶段，创业者必须应对市场、资金与资源使用方面的变化；在晚期成长阶段，创业者应构建专业管理体系，以提高企业的活动效果与效率。

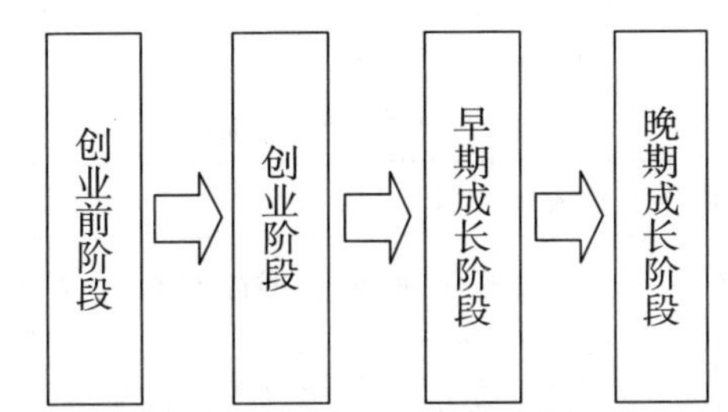

图 7－6　Holt 基于企业生命周期的创业过程模型

3. Olive 基于个人事业发展的创业过程模型（如图 7－7 所示）

Olive（2001）从个人事业发展角度，将创业过程分为八个阶段，即决定成为创业者、精选创业机会、进行初步分析、组建管理团队、制订创业计划、拟订行动计划、早期的运营和成长、取得个人与公司的成功。

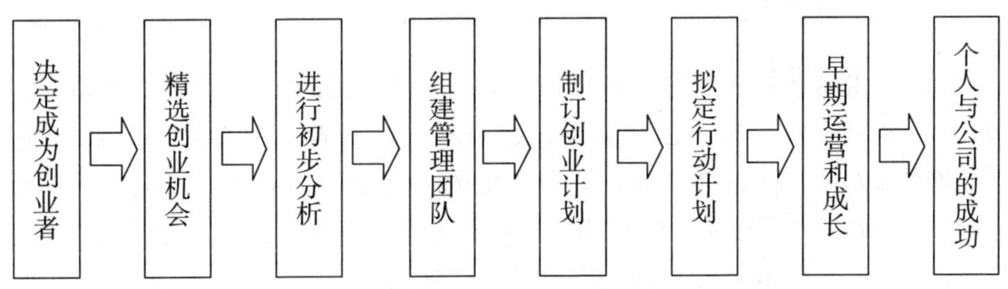

图 7－7　Olive 基于个人事业发展的创业过程模型

以上对于创业过程的研究给我们提供了丰富的理论基础，但是两种研究思路也有其限制之处，只有将要素导向和发展导向相结合，并在创业的发展过程中研究要素的相互联系，才能更为清晰地了解创业过程的内部机制，同样，将创业过程同创业环境相结合，研究不同环境下不同的环境要素对于创业过程的影响效果也是将来的一个趋势。

7.2　创业环境相关概念内涵

Gartner（1985）认为，创业环境是指在创业者创立企业的整个过程中，对其产生影响的一系列外部因素及其所组成的有机整体。Goegrine Fogel

(2001) 把创业环境描述成在创业活动中发挥重要作用的要素组合。Desai Gompers (2003) 则认为创业环境是本质意义上的制度环境。

国内学者也在创业环境的内涵方面进行了研究，可以分为平台论、因素论和系统论三种观点，如表 7 - 1 所示。

表 7 - 1　　创业环境的概念汇总

平台论	把创业环境看成是创业活动的平台
	叶依广认为：创业环境是政府和社会为创业者创办新企业所搭建的一个公共平台
因素论	把创业环境理解为影响创业活动的各种因素的组合
	杨武斌认为：创业环境是围绕创业企业成长而变化，并能够影响创业企业成长的一切外部因素的总和
系统论	把创业环境看作是融入各种创业环境要素的一个复杂系统
	池仁勇认为：创业环境是指创业者周围的境况，由创业文化、政策、经济和技术等要素构成，是多层面的有机系统（国内大部分学者倾向于系统论观点）

张玉利和陈立新（2004）从微观主体中小企业创业活动的核心要素出发，构建了一个创业环境的概念性框架，进而阐明创业者、创业机会与创业环境之间的逻辑关系，推进创业环境如何满足创业者需求、如何激发创业等问题。蔡莉等（2007）以资源依附理论和经济学供需理论为理论基础构建了创业环境研究理论框架，主要包括四部分内容：创业企业战略目标决定创业资源需求；比较现有资源与资源需求之间的差距，从环境中寻找弥补资源缺口的途径；环境主体与环境要素之间的映射关系；创业企业应主动去适应环境。其又从基于网络视角的创业环境相关概念出发探讨了创业环境的网络体系构成，并提出了一个以网络结构为核心的创业环境研究理论分析框架。李华晶 (2008) 认为，创业环境是个体或组织进行创业活动过程中必须面对和能够利用的各种因素的总和，本质上是一种制度环境。陈忠卫（2009）认为当前对创业环境与创业活动间关系的研究分为三大基本视角：创业过程管理、区域创业环境比较和优化创业扶持政策。

众多学者研究了创业环境的特征，并由特征代表的不同纬度将创业环境划分为不同的类型。Emery 等（1965）认为，创业环境具有随机性、扰乱性和动态性三个维度特征。Thompson（1967）则指出异质性和同质性、稳定性和动态性是最主要的维度特征，其中第一个维度描述环境中各要素之间是否存在相似性或者说其中的某些环境要素是否有别于其他的环境要素，后一个维度用来描述每个要素是会产生的不可预知的变化还是稳定不变的。Child（1972）用复杂性和可变性两个维度特征来描述环境，并将环境的复杂性定义为组织活动的异质性和环境变化范围，另外，他还增加了一个维度，即丰裕性用来反映环境中资源的丰裕与稀缺程度。Shortell（1977）研究组织理论中的环境作用时，提出环境的特性包括复杂性、多样性、不稳定性、不确定性、敌对性和依赖性。Dess 和 Beard（1984）指出，创业环境被看作是多维度的，具有动态性、复杂性以及敌对性，除此之外，不确定性也被看作是商务环境中最重要的特性之一。Clarysse 和 AnsHeirman（2002）将创业环境划分为隐性环境、显性环境和支持性环境三种类型。Michael Frese（2002）对确定性、复杂性、敌视三个维度进行了整合，用难易来描述环境。

创业环境特征的研究成果，如表 7－2 所示。

表 7－2　　创业环境特征的研究成果

研究者	年份	创业环境特征
Emery	1965	随机性、扰乱性和动态性
Thompson	1970	异质性和同质性、稳定性和动态性
Child	1972	复杂性和可变性
Shortell	1977	复杂性、多样性、不稳定性、不确定性、敌对性和依赖性
Dess 和 Beard	1977	动态性、复杂性以及敌对性、不确定性
AnsHeirman	2002	隐性环境、显性环境和支持性环境
Michael Frese	2002	对确定性、复杂性、敌视三个维度进行了整合，用难易来描述环境

7.3 创业环境要素研究

GEM 报告（2003）把创业环境划分为金融支持、政府政策、政府项目支持、教育与培训、研究开发转移、商业和专业基础设施、进入壁垒、有形基础设施、文化与社会规范，如图 7－8 所示。

匹兹堡大学戴卫·格耶瓦里和丹尼尔·弗葛尔（1994）提出了一个基于

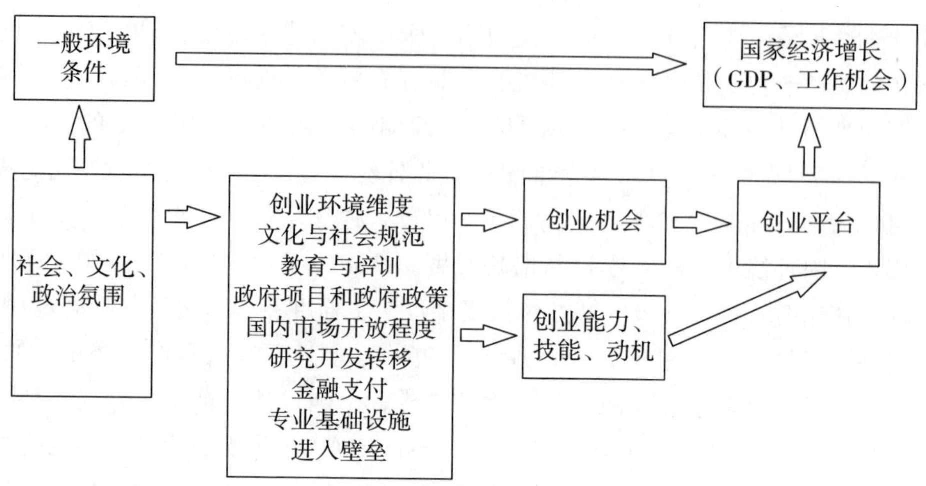

图7－8 GEM（全球创业观察项目）创业环境分析模型

创业核心要素的创业环境分析框架。他们认为创业行为过程的关键要素是创业机会、创业技能和创业意愿，围绕这些关键因素构建了创业环境模型，并把这些因素分为政府政策、社会经济条件、企业家技能、金融方面的支持以及非金融方面的支持，如图7－9所示。

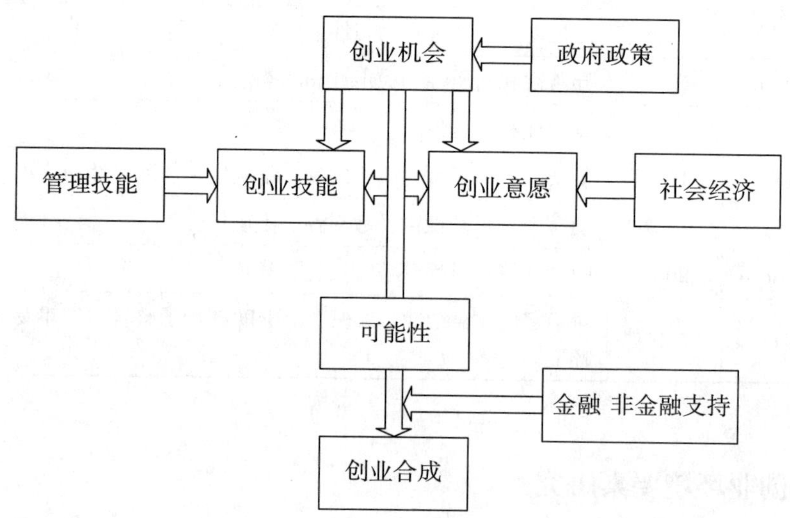

图7－9 戴卫·格耶瓦里和丹尼尔·弗葛尔基于创业核心要素的分析框架

蔡莉（2007）依据资源依附理论及经济学中供给和需求理论，同时结合对创业环境要素、创业环境主体及功能的界定，得出创业环境研究理论框架如图7－10所示。具体地说，创业企业的战略目标决定创业资源需求；比较现有资源与资源需求之间的差距，从环境中寻找弥补资源缺口的途径；环境主体与环境要素之间的映射关系；创业企业应主动去适应创业环境。

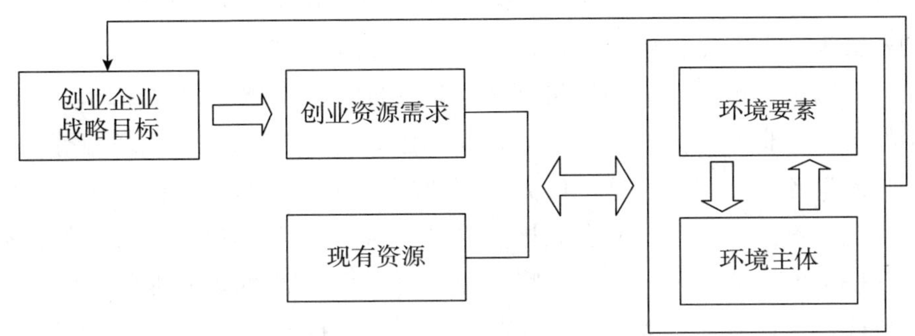

图 7－10 蔡莉基于资源依附理论及供求理论的创业环境研究框架

Anna Lee（2000）认为创业环境主要包含以地区网络为基础的工业体系、密集的社会网络、开放的人才市场、地区的社会文化氛围。Anstin（2006）等将创业环境定义为不受企业家控制，但会影响企业成功或者失败的因素，这些环境包括：宏观经济环境、税收、规则结构和社会政治环境。Baten（2003）认为区域创业环境构成要素包括不同区域的工资水平、个人财富、政策、产业聚集程度和区域专业化程度；Bloodgood（1995）提出创业动机是环境因素和创业者特征的共同作用的结果，认为理解创业必须考虑创业者的社会文化和经济环境，发现影响创业行为的关键因素包括家庭和社会支持系统、财政来源、人才、顾客、当地社区政府机构。Cheil（1985）认为决定创业的环境因素主要有社会、经济、政治、基础设施和市场因素，正是这些环境因素作为创业的外部推动因素，促进了创业行为的产生。Deborah（2002）从社会文化氛围、公共基础设施和政府支持三个方面界定了区域创业环境要素。Dill（1958）认为创业环境是一个多维度的概念，把创业环境分为任务环境要素和一般环境要素。Fred（2000）把创业环境分为政治和经济环境、转型冲突、法律环境、金融环境和文化环境。Gartner（1995）从个体、组织、过程和环境四个维度描述了新企业创建框架，认为创业环境由资源的可获得性、周边的大学及科研机构、政府的干预及人们创业态度等因素组成。Gnyawali和 Fogel（1994）提出的 5 维度模型，认为创业环境应该是创业过程中多种因素的组合，包含 5 个维度，即政府政策和工作程序、社会经济条件、创业和管理技能、创业的资金支持以及对创业的非资金支持。五维度模型经常被国外的创业环境的研究学者采用，是至今为止描述创业环境的权威模型之一。

Henri Grundstén（2004）把创业环境分为感性环境要素、理性环境要素。Korsching 和 Auken（2002）把创业环境分为必要性的环境要素和支持性的环境要素。Litvak 和 Manle（1976）认为风险资本、营销市场、公共政策等环境因素对创业行为产生重要影响。Luthans（2000）等提出在传统经济中影响创业发展的环境因素，包括政治和经济环境、转型冲突、不健全的法律环境、政策的不稳定性、非正式的约束、不发达和不规范的金融环境、文化环境等。

国内学者池仁勇（2002）认为，创业环境应该包括 6 个子系统：创业者培育系统、企业孵化系统、企业培育系统、风险管理系统、成功报酬系统和创业网络系统。朱仁宏（2004）将创业环境分为一般环境和创业环境，前者指一般社会、政治、经济、文化和制度环境以及技术、基础设施条件；后者主要指与创业活动相关的环境，如融资环境、专业技术环境、政府支持、文化与社会专业基础设施以及其他经营环境等。张玉利和陈立新（2004）通过对创业活动核心要素的分析，指出创业环境的四大类要素分别为：政府政策和工作程序、社会经济条件、创业和管理技能以及金融与非金融支持。

国内外创业环境要素研究成果，如表 7－3 所示。

表 7－3　　国内外创业环境要素研究成果

研究者	年份	创业环境要素
Dill	1958	任务环境要素和一般环境要素
Litvak 和 Manle	1976	风险资本、营销市场、公共政策等环境因素
Cheil	1985	社会、经济、政治、基础设施和市场因素
Gnyawali 和 Fogel	1994	政府政策和工作程序、社会经济条件、创业和管理技能、创业的资金支持以及对创业的非资金支持
Bloodgood	1995	家庭和社会支持系统、财政来源、人才、顾客、当地社区政府机构
Gartner	1995	资源的可获得性、周边的大学及科研机构、政府的干预及人们创业态度等因素组成
Anna Lee	2000	以地区网络为基础的工业体系、密集的社会网络、开放的人才市场、地区的社会文化氛围
Fred	2000	政治和经济环境、转型冲突、法律环境、金融环境和文化环境
Luthans	2000	政治和经济环境、转型冲突、不健全的法律环境、政策的不稳定性、非正式的约束、不发达和不规范的金融环境、文化环境等

续 表

研究者	年份	创业环境要素
Deborah	2002	社会文化氛围、公共基础设施和政府支持
Korsching 和 Auken	2002	必要性的环境要素和支持性的环境要素
Baten	2003	工资水平、个人财富、政策、产业聚集程度和区域专业化程度
GEM	2003	金融支持、政府政策、政府项目支持、教育与培训、研究开发转移、商业和专业基础设施、进入壁垒、有形基础设施、文化与社会规范
Henri Grundstén	2004	感性环境要素、理性环境要素
Anstin	2006	宏观经济环境、税收、规则结构和社会政治环境
池仁勇	2002	创业者培育系统、企业孵化系统、企业培育系统、风险管理系统、成功报酬系统和创业网络系统
张玉利	2004	政府政策和工作程序、社会经济条件、创业和管理技能以及金融与非金融支持
朱仁宏	2004	创业环境分为一般环境和创业环境，前者指一般社会、政治、经济、文化和制度环境以及技术、基础设施条件；后者包括融资环境、专业技术环境、政府支持、文化与社会专业基础设施以及其他经营环境等

此外，部分学者也就创业环境的具体要素的作用机理做了相关研究。Wong Soke Yin（1993）通过对新加坡创业者的实证研究发现，外在因素比内在因素对创业者的影响更大，政府制度支持和技术的可获性促进创业者成长；财政和劳动力的副作用限制了新加坡劳动密集型产业的发展；市场机会被相对成熟的经济所限制。Morris 和 Kuratko（2003）对驱动和支持公司创业的组织内部环境变量进行了研究，提出组织内部环境因素包括组织结构、控制体系、人力资源管理和组织文化等。Van Praag 和 Cramer（2001）提到了家庭背景会影响一个人成为企业家，尤其是如果父亲在工作中承担管理责任，其儿子更易成为成功的企业家。因为企业家的儿子更容易经历一些创业过程或管理过程中可能遇到的挑战和困难，从而可以给具体的创业一个很大机会。另外，他们还可以更加容易地获得资本或其他必要的资源，可以获得免费的咨询，更容易进入商业网络，对顾客也可以产生好的名声。Keating 则专门研究了税收与创业的关系，对有益于创业的政策环境作了界定：它应该包括较低的税率、较少的政府干预和对私人生命财产的有力保障。

7.4 创业环境评价研究

付新爽（2004）对高新技术创业企业发展环境评价方法进行了研究。首先设计了一套评价指标体系，依据所确定的指标体系进行抽样统计和专家调查得到有关原始资料后，对于客观指标采用极差标准化（或正规标准化）公式对原始资料进行无量纲标准化处理，用模糊综合评判模型对创业环境进行综合评价。结合抽样统计和专家调查的结果确定权重，最后进行评价。该体系如表7－4所示。

表7－4　　高新技术创业企业发展环境评价体系

目标	要素	基础指标	指标含义及说明
创业环境综合评价	生产要素	人力资源	质、量、性价比、市场化服务水平
		资金供应	量、成本、市场化服务水平
		知识资源	市场调查报告、统计资料、相关信息资源等
		基础设施	专业信息中心、办公设施、交通等性价比
		社会资源	行业组织、社会信用体系、相关文化的完备性、性能
		创造机制	政府、企业、大学及研究机构间的联系密度
	需求条件	规模	国内市场规模是否足以让企业发挥规模效应
		挑剔性	客户要求企业产品和服务的精致或完美程度
		销售渠道	国际国内市场上相关行业销售渠道的完善程度
	支持性产业	支持强度	主要支持环节的竞争力
		支持密度	整个价值链中对于创业企业支持环节的多少
		聚集度	相关与支持性产业和创业企业所在行业的关联密切性
	业内状态	管理模式	更多地注重管理模式对于创业的适应性
		产业组织形式	侧重于产业的组织形式对市场竞争态势的适应性
		竞争强度	业内市场竞争的激烈程度
	政府功能	机制规范化	激励制度的科学性、法规的实效等
		创业服务	政府设立的孵化器等相关机构的功能
		管理运行效能	有关政府管理部门的廉洁性、管理效率等

江虹（2007）基于 GEM 的研究框架研究了省级区域创业环境指标体系（如表 7－5 所示），并以江苏为例进行了论证，着重强调了创业的外部环境。

表 7－5　　省级区域创业环境指标体系

类别指标（L）	衡量指标（H）	计量单位
金融支持指标	1. 城乡居民人民币储蓄存款余额	亿元
	2. 短期贷款数额	万元
政府政策指标	3. 社会消费品零售总额	亿元
	4. 固定资产投资	亿元
政府项目指标	5. 非农人口在总人口中的比重	%
	6. 私企和个企从业人数	万人
教育培训指标	7. 高校（含中专）在校人数	万人
	8. 万人拥有教师人数	人
研发转移指标	9. 科技贡献率得分	分
	10. 专利授权量	件
商务环境指标	11. 各类技术人员数量	万人
	12. 公路客运量	万人
文化社会指标	13. 年新增企业数量	户
	14. 第二、第三产业占 GDP 比重	%
总量经济指标	15. 地区生产总值	万元
	16. 实际利用外资额	万美元

《中国科技企业孵化器问题研究报告》课题组（2006）把创业孵化环境评价指标定为创业文化氛围、孵化服务与网络、业务支持服务、政策支持服务、基础设施服务等几个方面（如表 7－6 所示）。

表 7－6　　创业孵化环境评价指标体系

维度	内容
创业文化氛围	外部环境布置
	内部交流及沟通
	创业精神宣传力度

续 表

维度	内容
孵化服务与网络	技术网络完备程度
	市场网络完备程度
	融资网络完备程度
	服务网络完备程度
业务支持服务	基础代理服务
	各类培训服务评价
	专业咨询服务评价
政策支持服务	优惠政策力度
	收费项目优惠程度
基础设施服务	楼宇整体形象
	孵化场地面积
	内部基础设施完善程度
	周边配套设施

国内学者大多直接利用GEM框架通过问卷数据分析和评价我国各地区的创业环境。周丽（2006）从创业者的角度进行分析，对可能影响中小企业创业的相关环境构成因素进行罗列，并确定其中的主要构成要素的问题，建构了中小企业创业环境评价模型并进行实证研究；叶依广（2004）基于以创业环境是否完成自身功能为判断依据，选择鼓励创业、支持创业、服务创业、保护创业四个维度，增加影响创业水平的宏观经济景气指标和综合体现创业环境水平的指标，建立了一个创业环境评价指标体系。池仁勇（2005）建立城市创业环境的指标体系，并通过模糊综合评价法对部分城市的创业环境进行评价。池仁勇（2010）进一步提出城市创业环境指数的概念，并建立了指数框架体系，运用主成分分析法对长江三角洲部分城市的创业环境作出评价。葛宝山（2006）根据GEM建立的创业环境指标体系，对地区创业环境的要素构成进行分析，并运用聚类分析方法对我国13个主要地区进行实证研究。李晓（2009）构建了区域创业环境评价指标体系，运用主成分分析法对指标体系进行筛选优化，建立了区域创业环境评价指标体系。朱至文（2009）利用2004—2008年的统计数据对江苏省13个省辖市的创业环境进行了综合评价，应用主成分分析法得到各个城市

创业环境的综合指数。杨洪涛（2009）构建了创业环境指标体系，采用模糊分析法对2005年与2008年的珠三角地区创业环境进行比较分析，认为在金融危机的背景下，该地区的创业环境水平有所下降。江虹（2007）借鉴全球创业观察（GEM）的研究框架，建立了省级区域创业环境评价指标体系，并对江苏省各市数据进行了实证分析。陈兴淋（2007）基于GEM模型，使用专家问卷法对南京创业环境现状进行了评价。徐晖（2010）运用GEM专家调查问卷，对2009年深圳创业环境进行调查。万坤扬（2009）构建了创业投资支撑环境指标体系，通过因子分析把支撑环境分为5个主因子：经济发展水平、经济发展模式、企业主导型科技环境、政府主导型科技环境和政府支持政策综合水平，并利用结构方程模型进行了实证研究。周丽（2006）采用专家调查法基于GEM框架的九个维度研究了珠三角欠发达城市——肇庆的创业环境，提出了优化肇庆市创业环境的措施与建议。姚晓芳（2009）利用GEM创业环境模型，采用调查问卷和访谈等实证研究方法比较研究了北京、合肥、广州三地创业环境之间的异同，分析其创业环境的优劣，提出了培育全方位的创新创业中介服务体系等建议。杨晔（2007）利用GEM创业环境模型对长三角区域的创业环境进行了分析，提出了相关政策建议。李文婷（2008）利用GEM模型采用专家访谈何文娟填写的方式，评价了杭州市的创业环境，认为其仍处于初级阶段。郭晓丹（2009）基于GEM模型框架，采用专家调查问卷对辽宁省创业环境进行了解析与评价。杨兔珍（2010）使用数据包络分析法对北京市创业环境进行了评价，针对其存在的问题提出了相关建议。

7.5 创业环境优化研究

7.5.1 创业支持的研究

梅强（2006）分析了我国创业辅导体系建设所存在的主要问题，提出了建设创业辅导体系的思路与措施，构建了区域创业辅导体系的绩效考核指标体系并进行了实证研究。杨洁（2007）讨论了中小企业创业辅导体系建设的功能定位、辅导内容和运行进行了研究。祝江燕（2009）研究了创业孵化环境的评价指标体系，并据此提出了塑造优质创业孵化环境的一些建议。马琳（2009）在分析创业中心内外部环境的基础上研究了高新技术创业服务中心的发展战略问题，并提出了战略的实施和风险控制方案。李春迎（2010）通过对河南省创业辅导现状和存在问题的分析，提出了一系列建设河南省创业辅导体系的对策。曲晨竹（2010）给出了中小企业创业辅导基地的总体设计方案及系统框架，对中小企业创业辅导基地的功能和主要内容进行了设计，并就创业辅导基地建设中的风险投资问题进行了探索。

7.5.2 创业政策的研究

Lundstrom 和 Stevenson（2001）通过对 10 个拥有不同的人口数量、GDP、人口增长和创业活跃程度的国家的研究，认为创业政策体系包括 6 个方面的内容，即促进创业文化，开展创业教育，减少进入障碍，启动资金/金融支持、商务支持，以及刺激目标群体。Anders Lundstrm 和 Lois Stevenson（2002）将创业政策界定为“是关于激励企业家（创业者）及其创业精神的政策措施”。Degadt（2004）认为创业政策包含两层含义：一是激励更多的人创建企业，提高初创企业的存活率；二是营造更好的创业环境，为新企业创造更好的成长机会等。Jock Collins（2003）认为，创业政策就是政府所制定的鼓励小企业创立、成长的政策和支持措施。Jan Degad 指出创业政策面向企业创建前后的各个阶段，包括创业意识的培养、创业机会的创造与企业规模和企业成立时间并无直接关系。Kayne（1999）把创业政策集中在新企业的出现及增长上，认为创业政策应该包括创业共识、税收和规制环境、资金的获取、创业教育和知识资本。创业机会协会（Association for Enterprise Opportunity，AEO，2003）从支持创业者和完善创业环境出发提出 6 项促进地方创业的政策内容：①建立创业社团，主要协助创业者参与决策制定以及通过改善地区制度的政策使人们更易于创建企业；②创造竞争优势；③开展创业教育；④提供金融支持；⑤进行网络建设，主要通过与其他地区建立网络关系来获取新的市场机会；⑥有形基础设施建设。通过建设学校、交通运输、通信设备等措施为顾客提供产品服务，并促进地区经济发展。曾驭然（2007）研究了欧盟中小企业创业投资政府支持体系，认为欧盟主要是帮助中小企业获得间接融资渠道，重视企业本身融资能力的培育，同时对于我国对中小企业创业投资的支持提出了相应建议。王玉帅（2010）在对创业政策体系进行考察和对创业者进行问卷调查分析的基础上分析评价了江西创业政策环境。宁亮（2009）认为政府在改善创业环境上应发挥积极作用，政府行为应通过市场机制进行协调。

7.5.3 创业环境相关研究评价

以上学者对于创业环境的研究给我们提供了丰富研究视角，为我们的研究课题提供了坚实的理论基础。

（1）国内外对创业环境的研究主要集中在创业环境包含的要素上，多为横向研究，缺乏针对整个创业过程的环境因素的纵向研究。另外缺乏对创业环境要素之间关系的研究，一个完整的创业环境系统必须考虑到系统各个要素之间的关联性，才能够更好地认识和评估创业环境，因此将来会加强研究环境各要素之间的联系及对创业过程的影响。

（2）研究地域范围上，多注重宏观的区域环境，缺乏对市、县、镇更为细化的研究，尤其对当前农村创业环境研究的不足。

（3）国内关于创业环境的实证研究主要集中在对不同区域的创业环境的评价上，但是多使用比较简单的评价方法，因此，需要引入多种评价方法，以克服单种评价结果所产生的结果偏差。

（4）创业环境的研究领域将会进一步拓展，即不把创业环境作为唯一主题研究，而是将其与其他主题相结合，研究创业环境与各类主题的关系。

8 创业环境评价指标体系与模型构建

构建河北省创业环境创业评价指标体系对于全面认识河北省的创业环境质量有着重要作用，该体系必须可以全面地反映河北省创业环境的状况，使人们对创业环境有一个全面的系统的认知，并且该体系必须保证评价结果的合理性和客观性。

8.1 创业环境评价指标体系构建的理论框架

8.1.1 关于创业过程理论

基于创业过程理论，总结创业过程为以下四个阶段。

第一，机会的识别，即创业的第一步必须是从寻找和发现创业机会开始的。所以创业初期的核心就是创业机会。若要识别创业机会，首先要有创业的意愿。如果没有创业意愿，即使身边处处都是创业机会也很难发现它们；而如果拥有强烈的创业意愿，即使处于创业机会很少的环境，也很有可能发现它们。其次，社会本身能够创造出越多的创业机会越好。在当今社会，一点创业意愿都没有的人是很少的，但大部分人的意愿都不是很强烈的。所以社会若是能够提供较多的创业机会的话，那么人们发现创业机会的可能性也就越高。

第二，资源的评估和获取，即在发现创业机会后的资源整合阶段。这一阶段的顺利与否直接关系到新企业能否建立起来，是创业活动进入到了实质阶段。资源的评估与获取，首先是对创业者本人所拥有的资源进行评估，然后确定需要从他处借取的资源。所以影响成败的关键有两个方面，一个是创业者本身资源的多少，一个是可以借用到的资源有多少。第一个是创业者本身家庭和经历，第二个则与其所处的社会发达程度有关。

第三，新组织的创建，即筹备足够了资源后的新企业建设阶段。在获得了充足的资源后，这一阶段是相对轻松的阶段，但也有一些需要创业者关心的问题，例如税负问题和环境问题。有的企业是需要拥有良好的周边环境才能够更好地发展。

第四，对新业务的管理，即企业建立起来以后，发展壮大新企业的阶段。这一阶段除了企业内部的产品生产质量要严格把关，符合顾客需求以外，还要视乎地域周边的消费能力，产品质量再好，周边消费能力不足，那对企业的生存也是一大考验。这里的周边相对意义是比较广泛的，主要对应于企业产品所应该销售的范围。例如，一家超市就要考虑超市的周边消费能力；一家食品公司就要考虑县域周边的消费能力；一家钢铁企业就要考虑周边的购买能力。而如果企业周边的消费和购买能力较强，那么对于企业的发展无疑是巨大的拉动力。

8.1.2 关于创业环境要素

环境要素主要基于国际通用的 GEM 报告（2003）中提出的，把创业环境划分为金融支持、政府政策、政府项目支持、教育与培训、研究开发转移、商业和专业基础设施、进入壁垒、有形基础设施、文化与社会规范九个要素。但并不完全照搬这些要素，因为本研究的评价是对于一个省份的创业环境进行评价，需要更加符合河北省的实际情况。

8.2 河北省创业环境评价的目的与原则

8.2.1 河北省创业环境评价的目的

河北省地理位置极其优越，东临渤海湾，西面是产煤大省山西，西北是畜牧大省内蒙古，东北是产钢大省辽宁省，南部是人力资源大省河南，东南部是中国发展最快的省份山东，中间是我国的首都北京和北方经济重镇天津。因此需要详细的阐述河北省创业环境，找出河北省创业环境中存在优势，鼓励人们创业，同时指出河北省创业环境的不足，为其改善提出建议。

8.2.2 河北省创业环境评价指标体系须设置的原则

评价指标体系可以说是整个论文中最为重要的一部分，直接关系着结论的合理性，因此指标体系须遵循以下原则来构建。

1. 科学性原则

指标体系的构建必须能够反映所要评价对象的本质，并且去除评价中的主观因素影响，只有这样才能够合理客观地得出评价结果。此外，指标体系的构建要有内涵有基础，有足够的理论知识能够支撑起指标体系，这样才能增强指标体系的科学性。

2. 系统性原则

构建一个评价体系是要用来评价其对象的，而评价对象往往都拥有各种不同的要素，这就要求构建的评价体系必须将这些不同的要素都要能够包含在其中，并且将这些要素统筹起来，进行系统化，这样才能够更好地进行评价。

3. 操作性原则

指标体系必须要用数据来进行支持，只有这样才能够客观地评价，但是这些数据本身就必须是客观的，这就涉及了指标的可操作性。指标应尽量简洁易懂，也要尽可能可以量化，最好能够减少需要主观判断的指标，以真实的可得性资料为数据来源。

4. 动态与静态相结合原则

创业是一个时间连续的过程。因此，评价指标体系要注重动态与静态结合，既要关注静态创业环境，又要重视动态创业过程的需要。在评价方案的设计上，应使评价指标能够同时兼顾纵向评价和横向评价两个方面。

5. 定性指标与定量指标相结合的原则

在对河北省创业环境进行分析评价时可能会涉及一些定性指标，这些因素具有模糊性和复杂性，为了使得评价更加科学和客观，应当将这些指标定量化、规范化，之后再进行评价。

8.3 创业环境评价指标体系的设计

根据以上原则，我们设计了一个以创业过程为基础，创业环境为要素的创业环境评价指标体系。四个一级指标，分别是机会环境、资源环境、创建环境、销售环境。这四个指标对应了创业过程中的机会识别阶段、资源的评估和获取阶段、新组织的创建阶段以及新企业创建后的生存阶段。具体的评价指标体系如表 8－1 所示。

表 8－1　　创业环境评价指标体系

过程	要素	指标
机会环境	创业创新指标	人均私营企业数量
		申请专利数量
	产业经济指标	产业集群数量
		营业收入亿级企业数量
	政府支持指标	地方财政支出
资源环境	物质资源指标	交通设施
		矿产资源
		商品房平均销售价格
	人力资源指标	非在职人口数量
		大专以上人口数量
		在岗职工平均工资
	融资资源指标	城乡居民人民币储蓄存款余额
		年末金融机构贷款余额
	技术资源指标	大学数量
		全社会研究与试验发展（R&D）经费支出
创建环境	创建过程指标	地方赋税压力
		地理环境
销售环境	预期销售指标	城镇居民人均可支配收入
		农村居民人均纯收入
		人口数量
		经济区位优势

8.4　创业环境评价指标解释

8.4.1　创业创新指标

1. 人均私营企业数量

人均私营企业数量是指平均多少个人拥有一个私营企业，计算公式为：

私营企业数量/人口数量。一个地区，人们的创业热情高不高，最直接的体现就是该地区的人均私营企业数量。人均私营企业数量较多，说明该地区创业氛围较为浓烈，人均私营企业数量较少，说明该地区创业氛围较为平淡。创业氛围浓厚，则人们乐于创业，积极创业，因此便能够发现很多创业机会，反之，则难以发现创业机会。

2. 申请专利数量

申请专利数量是指一个地区发明、实用新型、外观设计三种专利申请受理数。申请专利数量越多，说明该地区的人们勇于创新，创造出一个新的技术或模式，便能够建立一个新的企业。

8.4.2 产业经济指标

1. 产业集群数量

产业集群数量是指一个地区形成产业集群规模的个数。一个产业集群可以带动当地居民的创业热情，因为一旦有了产业集群，当地耳濡目染就可以学会如何创办该产业企业，如何经营该产业企业，如何销售该产业产品，于是创业者很容易发现创业机会。另外，产业集群会吸引大量的相关人士，就可以为当地提供许多服务业的创业机会。

2. 营业收入过亿企业数量

营业收入过亿企业数量是指一个地区营业收入超过一亿元的企业数量。营业收入过亿的企业可以被当作是龙头企业。俗话说大树底下好乘凉，一个龙头企业可以带动当地一大批的配套企业，久而久之，甚至会形成产业集群，所以龙头企业也可以创造创业机会。

8.4.3 政府支持指标

地方财政支出是指各地区政府的财政支出情况。地方财政支出的多少代表着地方政府对当地经济的支持力度，政府对经济的支持力度越高，则创造出来的创业机会就越多，政府对经济的支持力度低，则创造出来的创业机会也少。

8.4.4 物质资源指标

1. 交通设施

交通设施是指一个地区交通发达程度。无论是原材料还是产品都必须通过交通设施来运输，因此交通设施至关重要，既关乎成本又关乎能否将产品及时运送到顾客手中，是创业者尤其是工农业企业的创业者必然考虑的问题。

2. 矿产资源

矿产资源是指各地地下储藏的矿产资源价值。工业企业往往需要大量的能源来加工产品，因此对能源成本十分重视，如果当地矿产资源较多，可以将能源以较低的成本运送到工厂，创业者就会更加乐意在此建厂。

3. 商品房平均销售价格

商品房平均销售价格是指各地商品房销售时的平均价格。厂房和办公间可以说是企业创业时面临的最大问题之一，高房价会大大提升创业成本，所以商品房平均销售价格是创业资源环境的重要组成部分。而且商品房平均销售价格还可以从一个侧面反映出该地区的物价总体水平，物价如果过高的话，也会对创建企业产生影响。

8.4.5 人力资源指标

1. 非在职人口数量

非在职人口数量是指没有在职工作的人口数量。非在职人口数量代表了企业在吸纳员工时的难易程度，非在职人口数量越多，表明企业可以以较低的工资招纳到员工。

2. 大专以上人口数量

大专以上人口数量是指各地大专文化以上的人口数量。非在职人口数量只是表明了企业吸纳员工的难易程度，而大专以上人口数量则表明了企业在招收高素质人才时的难易程度。

3. 在岗职工平均工资

在岗职工工资是指各地在岗工作人员的平均工资。在创建企业时，可以参考其他公司的职工公司来确定自己职工的工资，当地平均工资越高，则自己职工的工资也不能低，如此一来便会增加企业的生产成本，是资源环境的重要因素。

8.4.6 融资资源指标

1. 城乡居民人民币储蓄存款余额

城乡居民人民币储蓄存款余额是指城乡居民在银行的存款总额。城乡居民人民币储蓄存款余额越多，说明创业者可以借到的资金就比较多。

2. 年末金融机构贷款余额

年末金融机构贷款余额是指尚未偿还的贷款总额。年末金融机构贷款余额则代表了当地的金融机构对于经济发展的支持力度。贷款余额多，说明金融机构对当地经济支持力度较大，贷款余额较少，说明金融机构对当地经济支持力度较小。

8.4.7 技术资源指标

1. 高校数量

高校数量是指一个地区高等院校的数量。高校不但可以提升一个地区创新和研发能力，而且可以培养出许多高素质人才，大学数量越多，需要高素质人才的高科技企业就可以更加容易招收到所需员工。

2. 全社会研究与试验发展（R&D）经费支出

全社会研究与试验发展经费支出是指各地进行研究与试验发展的经费支出情况。全社会研究与试验发展经费支出一方面反映了当地对于科学研发的重视程度，另一方面研发经费越多，研究出来的新技术往往也越多，可以为寻求技术的公司提供更多选择。

8.4.8 创建过程指标

1. 地方赋税压力

地方赋税压力是指一个地区企业所要承受的赋税压力。地方赋税压力是人们在考虑是否在某地建立企业的一个重要指标。新企业在刚开始时往往面临诸多困难，如果当地的赋税压力又比较重，那么新建企业往往就难以生存。

2. 地理环境

地理环境是指一个地区的总体环境状况及地质、水质状况。地理环境有两个方面的含义。一方面是地质方面，如果一个地区多是山区，那么建立工厂就会比较困难，而在平原地区建立工厂则没有任何问题；另一方面是人们都喜欢在清新舒适的环境中工作。

8.4.9 预期销售指标

1. 城镇居民人均可支配收入

城镇居民可支配收入是指城镇居民可以自由支配的收入，城镇居民人均可支配收入代表了当地城镇居民的购买力，购买力越高，则新企业在销售时产品更加容易卖出去。

2. 农村居民人均纯收入

农民纯收入是指各地农村百姓的年均纯收入。农村居民人均纯收入代表了当地农村居民的购买力，该指标越高，表明当地的农村市场越发达，可以卖出更多的产品。

3. 人口数量

人口数量是指一个地区拥有人口的数量。购买力的另一个体现，人口数量越多，代表着当地购买力潜力越大，则产品销售预期越好。

4. 经济区位优势

经济区位优势是指一个地区所处地区的周边地区能够为该地区带来的带动效应。最能够反映区位优势的就是销售，换句话说，区位优势是人们考虑创立企业后销售量的一个重要指标。良好的区位优势，可以为销售带来额外的利益。

8.5 创业环境评价的模糊评价法

创业环境的模糊综合评价过程可以分为六个步骤：确定被评价对象的因素论域 U；确定评语等级集 V；在被评价对象的论域 U 与评价等级集 V 之间进行单因素评价，建立模糊关系矩阵 $\boldsymbol{R}$；确定评价因素的权数向量 $\boldsymbol{A}$；选择合成算子，将 $\boldsymbol{A}$ 与 $\boldsymbol{R}$ 合成得到 $\boldsymbol{B}$；对模糊综合评价结果 $\boldsymbol{B}$ 进行分析。

步骤1：确定被评价对象的因素论域。

本研究将创业环境评价体系分为了四个层次，分别是目标层，即各地区创业环境；一级指标，即以创业过程为基础建立的指标；二级指标，即综合性环境要素；三级指标，即具体性要素。据此建立了各评价因素层的因素集：

$$U = \{u_1, u_2, u_3, \cdots, u_n\} \tag{8-1}$$

步骤2：确定评语等级集。

建立评语集：$V = \{v_1, v_2, v_3, \cdots, v_m\}$，依据评语等级集来对评价对象进行等级归属，评语等级集一般在4～9个之间，过多的话会不易判断，过少又不符合模糊综合评价的质量要求。本研究采用的是舍去评语等级集的模糊综合评价方法，所以没有这一步过程。

步骤3：在被评价对象的论域 U 与评价等级集 V 之间进行单因素评价，建立模糊关系矩阵。

确定模糊矩阵 **R** 首先需要确定隶属函数，本研究根据评价的需要，确定隶属函数为：

$$r_{ij} = \frac{d_{ij}}{M} \tag{8-2}$$

式中：r_{ij} ——相对于第 u_i 个评价指标给予 v_j 评语的隶属度（$i = 1,2,\cdots,n, j = 1,2,\cdots,m$）；

d_{ij} ——第 i 个指标的数值，第 j 个地区；

M ——第 i 个指标中的最大数值。

然后，依据此隶属函数建立模糊关系矩阵 **R** 。

$$\boldsymbol{R} = \begin{bmatrix} r_{11} & r_{12} & \cdots & r_{1m} \\ r_{21} & r_{22} & \cdots & r_{2m} \\ \vdots & \vdots & & \vdots \\ r_{n1} & r_{n2} & \cdots & r_{nm} \end{bmatrix} \tag{8-3}$$

步骤 4：确定评价因素的权数向量。

本研究采用层次分析法来对各个指标的权重 $\boldsymbol{A} = (w_1, w_2, \cdots, w_n)^{\mathrm{T}}$ 进行确定。

步骤 5：选择合成算子，将 **A** 与 **R** 合成得到 **B** 。

本研究选用模糊综合评价法的基本模型：

$$\boldsymbol{B} = \boldsymbol{A} \circ \boldsymbol{R} = (b_1, b_2, \cdots, b_m) \tag{8-4}$$

步骤 6：对模糊综合评价结果 **R** 进行分析。

通过对各级指标的依次计算，最终求得的 **R** 即为创业环境的最后总评分。由于本研究将最后的总评分视为一个相对概念，重点还是对各地区的每个指标进行详细分析，所以本模糊评价方法舍去了评语等级集。

8.6 本章小结

本章基于指标体系的设计原则，创业过程理论创建了河北省创业环境的指标体系，并对指标体系的每一个指标进行了详细的说明，然后介绍了本研究所采用的模糊评价法及其权重的确定方法。

9 河北省分地市创业环境评价分析

河北省共有11个地市，分别是承德、张家口、秦皇岛、唐山、廊坊、保定、沧州、石家庄、衡水、邢台和邯郸，这11个地市都有自己不同的特点，本章将以河北省2010年经济年鉴公布的2009年数据为基础，通过对比的方法，来评价河北省内各个地区的创业环境状况，分析各地市创业环境的特点。

9.1 河北省分地市创业环境评价权重的确定

首先要评价体系中各要素之间的权重，其判断矩阵标度及含义，具体如表9-1所示。

表9-1 判断矩阵标度

序号	重要性等级	C_{ij}赋值
1	i，j两元素同等重要	1
2	i元素比j元素稍重要	3
3	i元素比j元素明显重要	5
4	i元素比j元素强烈重要	7
5	i元素比j元素极端重要	9
6	i元素比j元素稍不重要	1/3
7	i元素比j元素明显不重要	1/5
8	i元素比j元素强烈不重要	1/7
9	i元素比j元素极端不重要	1/9

根据上述因素，通过与数十位创业者的交谈和考察后的个人主观评价，

综合分析后构造出判断矩阵，假设如表 9－2 所示。

表 9－2　　一级指标权重判断矩阵

	机会环境 u_1	资源环境 u_2	创建环境 u_3	销售环境 u_4	重要性排序值
机会环境 u_1	1	3	9	3	0.313
资源环境 u_2	1/3	1	5	1	0.257
创建环境 u_3	1/9	1/5	1	1/5	0.173
销售环境 u_4	1/3	1	5	1	0.257

通过对第一层次因素指标的分析，可得个评价指标的权重系数，重要性排序为：机会环境（0.313），资源环境（0.257），创建环境（0.173），销售环境(0.257)。经计算，$\lambda_{max}=4.032$，$CI=0.011$，$RI=0.90$，$CI/RI=0.012<0.1$，故判断矩阵符合满意的一致性。

然后利用同样的方法来计算要素权重和指标权重，得到表 9－3 和表 9－4。

表 9－3　　二级指标权重计算值

要素	重要性排序值	总排序值
创业创新指标 u_{11}	0.430	0.134
产业经济指标 u_{12}	0.357	0.112
政府支持指标 u_{13}	0.213	0.067
物力资源指标 u_{21}	0.227	0.058
人力资源指标 u_{22}	0.227	0.058
融资资源指标 u_{23}	0.339	0.087
技术资源指标 u_{24}	0.227	0.058
创建过程指标 u_{31}	1	0.173
预期销售指标 u_{41}	1	0.257

表 9－4　　三级指标权重计算值

指标	重要性排序值	总排序值
人均私营企业数量 u_{111}	0.5	0.067
申请专利数量 u_{112}	0.5	0.067
产业集群数量 u_{121}	0.5	0.056
营业收入亿级企业数量 u_{122}	0.5	0.056

续 表

指标	重要性排序值	总排序值
财政支出 u_{131}	1	0. 067
交通设施 u_{211}	0. 371	0. 022
矿产资源 u_{212}	0. 371	0. 022
商品房平均销售价格 u_{213}	0. 258	0. 015
非在职人口数量 u_{221}	0. 237	0. 014
在岗职工平均工资 u_{222}	0. 428	0. 025
大专以上人口数量 u_{223}	0. 335	0. 020
城乡居民人民币储蓄存款余额 u_{231}	0. 5	0. 044
年末金融机构贷款余额 u_{232}	0. 5	0. 044
大学数量 u_{241}	0. 5	0. 029
全社会研究与试验发展（R&D）经费支出 u_{242}	0. 5	0. 029
地方赋税压力 u_{312}	0. 726	0. 126
地理环境 u_{313}	0. 274	0. 047
城镇居民人均可支配收入 u_{411}	0. 266	0. 068
农村居民人均纯收入 u_{412}	0. 164	0. 042
人口数量 u_{413}	0. 266	0. 068
区位优势 u_{414}	0. 304	0. 078

综合两张表格，得到创业环境评价指标体系及其各指标权重，如表 9 – 5 所示。

表 9 – 5　　创业环境评价体系及其指标权重

过程	要素	指标
机会环境（0. 313）	创业创新指标（0. 430）	人均私营企业数量（0. 5）
		申请专利数量（0. 5）
	产业经济指标（0. 357）	产业集群数量（0. 5）
		营业收入亿级企业数量（0. 5）
	政府支持指标（0. 213）	地方财政支出（1）

续 表

过程	要素	指标
资源环境（0.257）	物质资源指标（0.227）	交通设施（0.371）
		矿产资源（0.371）
		商品房平均销售价格（0.258）
	人力资源指标（0.227）	非在职人口数量（0.419）
		大专以上人口数量（0.291）
		在岗职工平均工资（0.29）
	融资资源指标（0.339）	城乡居民人民币储蓄存款余额（0.5）
		年末金融机构贷款余额（0.5）
	技术资源指标（0.227）	大学数量（0.5）
		全社会研究与试验发展（R&D）经费支出（0.5）
创建环境（0.173）	创建过程指标（1）	地方赋税压力（0.726）
		地理环境（0.274）
销售环境（0.257）	预期销售指标（1）	城镇居民人均可支配收入（0.266）
		农村居民人均纯收入（0.164）
		人口数量（0.266）
		经济区位优势（0.304）

9.2 河北省分地市创业环境评价综合评价

进一步对河北省 11 个地区的创业环境进行综合评价，令：

$$U = \{u_1, u_2, u_3, u_4,\}$$

式中：u_1——机会的识别；

u_2——商业概念的定义；

u_3——资源评估和获取；

u_4——新组织的创建。

再令：

$u_1 = \{u_{11}, u_{12}, u_{13}\}$ ，$u_2 = \{u_{21}, u_{22}, u_{23}, u_{24}\}$ ，$u_3 = \{u_{31}\}$ ，$u_4 = \{u_{41}\}$

$u_{11} = \{u_{111}, u_{112}\}$ ，$u_{12} = \{u_{121}, u_{122}\}$ ，…，$u_{41} = \{u_{411}, u_{412}, u_{413}\}$

设：A 代表石家庄，B 代表承德，C 代表张家口，D 代表秦皇岛，E 代表唐山，F 代表廊坊，G 代表保定，H 代表沧州，I 代表衡水，J 代表邢台，K 代表邯郸。将数据进行处理后得到诸指标的模糊综合评判如表 9－6 所示。

表 9－6　　综合评价得分

	A	B	C	D	E	F	G	H	I	J	K
u_{111}	0.63	0.87	0.58	0.70	0.91	0.76	0.52	0.59	1.00	0.54	0.70
u_{112}	1.00	0.25	0.25	0.43	0.58	0.44	0.63	0.41	0.25	0.23	0.32
u_{121}	0.78	0.22	0.27	0.24	0.73	0.31	0.57	1.00	0.49	0.57	0.65
u_{122}	1.00	0.20	0.08	0.17	0.58	0.36	0.34	0.33	0.15	0.31	0.31
u_{131}	0.75	0.42	0.43	0.37	1.00	0.41	0.65	0.49	0.26	0.43	0.60
u_{211}	1.00	0.15	0.25	0.93	0.96	0.25	0.47	0.64	0.38	0.35	0.53
u_{212}	0.07	0.15	0.17	0.03	1.00	0.01	0.23	0.63	0.03	0.17	0.25
u_{213}	0.70	0.75	1.00	0.46	0.59	0.46	0.83	0.85	1.00	0.91	0.75
u_{221}	0.74	0.32	0.39	0.25	0.60	0.33	1.00	0.62	0.37	0.66	0.75
u_{222}	0.84	0.82	0.84	0.68	0.68	0.69	0.90	0.78	1.00	0.88	0.84
u_{223}	1.00	0.25	0.31	0.25	0.77	0.35	0.68	0.60	0.30	0.46	0.71
u_{231}	1.00	0.15	0.23	0.32	0.83	0.21	0.38	0.16	0.13	0.21	0.41
u_{232}	1.00	0.16	0.19	0.26	0.57	0.15	0.16	0.13	0.08	0.13	0.29
u_{241}	1.00	0.10	0.07	0.31	0.19	0.33	0.26	0.10	0.10	0.10	0.10
u_{242}	1.00	0.04	0.07	0.13	0.55	0.16	0.42	0.10	0.05	0.11	0.26
u_{311}	0.79	0.56	0.57	0.47	0.75	0.55	0.79	0.93	1.00	0.82	0.77
u_{312}	0.67	0.27	0.20	0.73	0.77	0.67	0.67	1.00	0.67	0.53	0.67
u_{411}	0.92	1.00	0.86	0.88	0.74	0.75	0.74	0.74	0.80	0.98	0.73
u_{412}	0.83	0.55	0.50	0.76	1.00	0.93	0.65	0.68	0.55	0.63	0.73
u_{413}	0.90	0.31	0.39	0.27	0.68	0.38	1.00	0.64	0.39	0.63	0.81
u_{414}	0.75	0.50	0.50	0.50	1.00	1.00	0.75	1.00	0.25	0.25	0.25
u_{414}	0.63	0.87	0.58	0.70	0.91	0.76	0.52	0.59	1.00	0.54	0.70

（1）$u_{11} = \{u_{111}, u_{112}\}$ ，权重 $\boldsymbol{A}_{11} = \{0.5, 0.5\}$，由表 9－6 对 u_{111} 的模糊评价构成的单因素评判矩阵：

$$R_{11}=\begin{bmatrix}0.63 & 0.87 & 0.58 & 0.70 & 0.91 & 0.76 & 0.52 & 0.59 & 1.00 & 0.54 & 0.70\\ 1.00 & 0.25 & 0.25 & 0.43 & 0.58 & 0.44 & 0.63 & 0.41 & 0.25 & 0.23 & 0.32\end{bmatrix}$$

用创业环境评价模糊综合评价模型计算得：

$$\boldsymbol{B}_{11}=\boldsymbol{A}_{11}\circ\boldsymbol{R}_{11}=(0.82,0.56,0.42,0.57,0.74,0.60,0.57,0.50,0.62,0.39,0.51)$$

类似地：

$$\boldsymbol{B}_{12}=\boldsymbol{A}_{12}\circ\boldsymbol{R}_{12}=(0.89,0.21,0.18,0.21,0.65,0.34,0.45,0.66,0.32,0.44,0.48)$$

$$\boldsymbol{B}_{13}=\boldsymbol{A}_{13}\circ\boldsymbol{R}_{13}=(0.75,0.42,0.43,0.37,1.00,0.41,0.65,0.49,0.26,0.43,0.60)$$

$$\boldsymbol{B}_{21}=\boldsymbol{A}_{21}\circ\boldsymbol{R}_{21}=(0.58,0.31,0.41,0.47,0.88,0.22,0.47,0.69,0.41,0.43,0.48)$$

$$\boldsymbol{B}_{22}=\boldsymbol{A}_{22}\circ\boldsymbol{R}_{22}=(0.85,0.44,0.50,0.38,0.67,0.44,0.88,0.66,0.53,0.67,0.76)$$

$$\boldsymbol{B}_{23}=\boldsymbol{A}_{23}\circ\boldsymbol{R}_{23}=(1.00,0.15,0.21,0.29,0.70,0.18,0.27,0.15,0.10,0.17,0.35)$$

$$\boldsymbol{B}_{24}=\boldsymbol{A}_{24}\circ\boldsymbol{R}_{24}=(1.00,0.07,0.07,0.22,0.37,0.25,0.34,0.10,0.07,0.10,0.18)$$

$$\boldsymbol{B}_{31}=\boldsymbol{A}_{31}\circ\boldsymbol{R}_{31}=(0.76,0.48,0.47,0.55,0.75,0.58,0.75,0.95,0.91,0.74,0.74)$$

$$\boldsymbol{B}_{41}=\boldsymbol{A}_{41}\circ\boldsymbol{R}_{41}=(0.85,0.59,0.56,0.58,0.85,0.76,0.80,0.78,0.48,0.61,0.60)$$

$$\boldsymbol{B}_{1}=\boldsymbol{A}_{1}\circ\boldsymbol{R}_{1}=(0.83,0.40,0.34,0.40,0.77,0.47,0.55,0.56,0.44,0.41,0.52)$$

同理：

$$\boldsymbol{B}_{2}=\boldsymbol{A}_{2}\circ\boldsymbol{R}_{2}=(0.89,0.24,0.27,0.34,0.67,0.27,0.47,0.38,0.26,0.33,0.44)$$

$$\boldsymbol{B}_{3}=\boldsymbol{A}_{3}\circ\boldsymbol{R}_{3}=(0.76,0.48,0.47,0.55,0.75,0.58,0.75,0.95,0.91,0.74,0.74)$$

$$\boldsymbol{B}_{4}=\boldsymbol{A}_{4}\circ\boldsymbol{R}_{4}=(0.85,0.59,0.56,0.58,0.85,0.76,0.80,0.78,0.48,0.61,0.60)$$

（2）$U=\{u_1, u_2, u_3, u_4\}$，权重 $\boldsymbol{A}=(0.227, 0.123, 0.423, 0.227)$，则综合评判

$$\boldsymbol{B}=\boldsymbol{A}\circ\boldsymbol{R}=(0.84, 0.42, 0.41, 0.46, 0.76, 0.51, 0.63, 0.64, 0.49, 0.50, 0.56)$$

由此得出最后总排名，如表9－7所示。

表9－7　　各地区得分情况综合评价得分

总排名	得分	机会环境	得分	资源环境	得分	创建环境	得分	销售环境	得分
石家庄	0.84	石家庄	0.83	石家庄	0.89	沧州	0.95	石家庄	0.85
唐山	0.76	唐山	0.77	唐山	0.67	衡水	0.91	唐山	0.85
沧州	0.64	沧州	0.56	保定	0.47	石家庄	0.76	保定	0.80
保定	0.63	保定	0.55	邯郸	0.44	保定	0.75	沧州	0.78
邯郸	0.56	邯郸	0.52	沧州	0.38	唐山	0.75	廊坊	0.76
廊坊	0.51	廊坊	0.47	秦皇岛	0.34	邯郸	0.74	邢台	0.61
邢台	0.50	衡水	0.44	邢台	0.33	邢台	0.74	邯郸	0.60
衡水	0.49	邢台	0.41	张家口	0.29	廊坊	0.58	承德	0.59
秦皇岛	0.46	承德	0.40	廊坊	0.27	秦皇岛	0.55	秦皇岛	0.58
承德	0.42	秦皇岛	0.40	衡水	0.26	承德	0.48	张家口	0.56
张家口	0.41	张家口	0.34	承德	0.24	张家口	0.47	衡水	0.48

9.3　河北省分地市创业环境评价综合分析

9.3.1　分地方讨论

1. 石家庄

石家庄在机会环境、资源环境和销售环境上都处于第一位，只在创建环境上稍微靠后，总体上是河北省最适合创业的地方。

在机会环境上，石家庄拥有最多的营业收入过亿企业，产业集群数量也仅比沧州少，可以提供出大量的创业机会。财政支出仅次于唐山，表明政府有足够的能力对创业进行支持。石家庄的人均私营企数量得分仅为0.63，排在全省第七位，说明人们创业热情有待提高。

在资源环境上，石家庄的除了物质资源指标稍微落后外，融资资源和技

术资源都居于全省首位，在人力资源上也仅仅落后于保定 3 个百分点，为想要创业的人提供了丰富的资源。

在创建环境上，石家庄的国内生产总值与税收收入之比只少于衡水和沧州，位居第三位。只有在地理环境上也仅仅应为临海的问题落后于沧州、秦皇岛和唐山，石家庄全境几乎都是平原，这便为建立企业提供了良好的地址基础。

在销售环境上，石家庄的城镇居民可支配收入，农村居民纯收入和人口数量都处于全省最高水平，拥有全省最强大的购买力，是全省销售产品的最佳地点。石家庄唯一略显不足的地方就是区位优势。石家庄既不比邻京津，又不具备沿海优势。

2. 唐山

唐山的创业环境仅次于石家庄，也比较适合新企业的创建。

在机会环境上，唐山的人均私企数量在河北省仅次于衡水，排在河北省第二位，说明这里的创业文化较好。产业经济指标和政府支持指标上比石家庄稍差些，不过在政府支持指标上得分超过了石家庄。

在资源环境上，唐山是河北省物质资源最丰富的地区，丰富的铁矿资源、植物资源、水养殖资源和发达的交通为创业提供各种便利。其不足之处在于技术资源上和石家庄与保定差距较大。

在创建环境上，唐山拥有很多的山区，虽然这些山提供了丰富的矿产资源和植物资源，但并不利于建立工厂，所以唐山在平原一项得分上不是满分，但唐山临海，可以为一些工业企业提供便利，也可以为人们提供休闲好去处。

在销售环境上，唐山的工资水平虽然最高，但由于物价也高，导致城镇居民可支配收入并不如石家庄，再加上人口数量上的不足，其总体购买力不如石家庄。不过唐山比邻天津，而且是沿海开放城市，可以为企业提供更多的销售地区。

3. 沧州和保定

沧州和保定的创业环境得分分列第三和第四位。沧州在机会环境和创建环境上要优于保定，保定在资源环境和销售环境上优于沧州。

具体来说，在机会环境中，沧州的优势在于人们的产业经济上。沧州的人均私企数量虽然较少，但产业集群的数量上高居河北省榜首。保定的优势则在于人们的创新能力，保定的专利申请数量在全省位居第二。

在资源环境上，沧州的物质资源仅次于唐山，位居第二。保定的人力资源仅次于石家庄，位居第二。沧州与保定差距较大的是技术资源。保定的技术资源排在居全省第二，而沧州则属于全省最低水平。

在创建环境上，沧州和保定都是以平原为主，沧州的优势在于其临海，可以为工业企业提供一些方便，也可以提供更加舒适的环境。

在销售环境上，两者的城镇居民可支配收入和农民纯收入相差不多，有差别的是人口数量和区位优势。保定是河北省人口数量最多的地区，沧州是河北省经济区位优势最好的三个地区之一，作为沿海开放城市而比邻天津，是河北省两大战略的交汇地。

4. 邯郸和廊坊

邯郸和廊坊并列创业环境得分分列河北省第五和第六位，邯郸的创业环境得分略高于廊坊。

在机会环境上，邯郸的创业文化不如廊坊，廊坊的人均私企数量指标得分为0.84，在河北省次于衡水、唐山和承德，位居第四位。邯郸在专利申请数量上与廊坊也存在较大差距。邯郸的产业经济指标优于廊坊，产业集群数量相比廊坊要多一些。

在资源环境上，邯郸遥遥领先于廊坊，邯郸是河北省资源最丰富的地区之一，处于四省交界处，交通也十分便利。廊坊的物质资源水平是全省最后一位，资源相比于其他地区比较少，而且由于比邻京津，商品房销售价格是河北省最高的地区，拉低了它的资源得分。此外，廊坊的融资水平也处于全省最低的行列。

在创建环境方面，邯郸的赋税压力要较好于廊坊，两者都处于平原地区，较为适合建立企业。

在销售环境上，两者的人均购买力水平差距不大。廊坊的人口相较于邯郸差很多，优势在于其经济区位优势，同时接壤北方两大中心城市北京和天津，可以提供额外的购买力。

5. 邢台和秦皇岛

邢台和秦皇岛已经属于河北省创业环境较差的地区，不过原因各不相同。之所以将这两个地区放在一起，是因为这两地的创业环境是几乎完全相反的两个极端。

在机会环境上，秦皇岛的优势是创业创新文化，这两方面秦皇岛都比较发达。秦皇岛的劣势在于产业经济，无论是产业集群还是营业收入过亿的企业数量都是属于全省最低的行列。而邢台的情况刚好相反，邢台的产业经济比较发达，几乎属于全省最发达地区的行列，而创业创新文化则是全省最差的地区之一。

在资源环境方面，两个地区都是资源不突出的地区，不过相较于秦皇岛，邢台还是有一定的优势。秦皇岛在融资资源和技术资源方面优于邢台，邢台在物质资源和人力资源方面优于秦皇岛。尤其是在人力资源方面，秦皇岛人口较少，工资较高，邢台则是人口较多，工资较低，差距明显。

在创建环境方面，两地又是表现出明显的差异。在地理环境方面，秦皇岛是沿海地区，环境优美，是河北省有名的度假和旅游胜地。邢台属于标准的内陆地区，不过境内几乎全是平原，并不影响厂房的建设。

在销售环境方面，两个地区相差不大，邢台的优势在于其人口优势以及全省最高的城镇居民可支配收入。秦皇岛的优势则在于农民纯收入以及经济区位优势。

6. 衡水、承德、张家口

承德、张家口是河北省创业环境得分最低的两个地区，而衡水的得分也不是很高。

在机会环境上，衡水和承德的在人均私企数量的得分都很高，分列全省第一和第三位。三个地区与其他地区相差较多的主要是创新方面以及产业经济方面。无论是专利申请数量、产业集群数量还是营业收入过亿的企业数量几乎都是全省后三位。

在资源环境上，承德和张家口虽具有一定的矿产资源优势，却无法帮助当地形成较好的产业规模，两地由于地质原因，交通也不发达。在人力资源和技术资源上，三个地区都不是很突出。

在创建环境上，衡水的创建环境极为突出，平原较多，适合建立企业。承德、张家口多是山区，严重影响了企业的创建。

在销售环境上，这三个地区都属于人口较少的地区，城镇居民的可支配收入也不是很多。比较有优势的是承德和张家口的经济区位优势，两个地区都是环京津地区，处于河北省的“两环”战略地带。

9.3.2 分产业讨论

1. 农业创业环境

农业创业是指以农产品种植和销售，以及牲畜的养殖和销售为主要业务所进行的创业，包括种植创业、畜牧创业、农产品销售创业。农业创业的本质都是对农产品和畜牧产品的销售，所不同的只是种植或养殖之后再销售，还是先采购之后再直接销售。所以农业创业最重视的环境是创建环境、资源环境中的物质环境以及销售环境。

创建环境包括地方赋税压力以及地理环境。地理环境是农业创业必须关心的问题，如果所种植或养殖的产品与地理环境不相适应，那么种植创业和畜牧创业便无从谈起。进行农业创业的大多数是农民，农民手中的资金不充裕，因此赋税压力较轻的话有利于企业的周转。

物质环境包括交通设施、矿产资源和商品房平均销售价格。农产品往往都有保鲜期，保鲜期一旦过去，口感就会变差甚至发霉，价格随之降低。因此交通设施对于农产品而言至关重要，只有具有良好的交通设施，农产品才能够及时的送到市场当中。矿产资源对农业创业没有什么影响，在这里可以理解为农业创业者购买种子或者种崽，以及在种植或养殖过程当中购买肥料或饲料。种子和种崽、肥料和饲料，它们的价格随市场波动比较大，并且直接关系到将来的赢利预期，所以会对农业企业产生巨大影响。农产品的种植和畜牧产品的养殖都需要较大的空间，这就要求创业企业拥有较多的土地，所以土地成本是农业创业初期的一个较大的障碍。

农业创业的本质就是对农产品或畜牧产品的销售，不同于工业企业，农业企业的销售对象更多的是本地区或地区附近的居民，所以该地区的城镇居民可支配收入、农村居民人均纯收入、人口数量和经济区位优势都至关重要。

综上，可以分析得出，河北省最适合种植创业的地区是石家庄、唐山、沧州和保定。首先，这四个地区都处于平原地区，唐山虽然也有些山，但该地区由于离海较近，空气中水分较多，因此这些山中适于种植水果作物。其次，这四个地区是河北省交通设施最好的地区，运输产品不成问题。最后，这些地区的销售环境也是河北省最好的，更有利于创业企业的生存。

河北省最适合畜牧创业的地区是张家口和承德。在创业环境方面，它们都属于地广人稀的地区，可以大大降低土地成本，虽然山地比较多，但对畜牧业而言反而是一个优势。在物力环境方面，随着河北省公路交通设施建设的大力推进，两个地区的交通环境已经得到许多改善。销售环境方面，虽然两个地区的在农村居民纯收入、人口数量上不具备优势，不过在城镇居民可支配收入以及区位优势上还是具备相当的优势。由于当地物价较低，所以城镇居民可支配收入较高，农业创业企业可以在当地实现薄利多销。此外，两地分别比邻北京和天津，距离河北人均最富有的唐山和秦皇岛也比较近，可以把畜牧产品输入到这些地区。

2. 工业创业环境

工业创业是指以生产工业产品为主要业务所进行的创业，包括钢铁生产、板材生产等。工业创业主要重视的是资源创业环境中的物质资源环境以及人力资源环境。

良好的交通设施可以将产品较为方便地运输出去。矿产资源是工业企业成本中的重中之重，许多企业中矿产资源不仅是原材料，还要购买其他矿产资源来对前一种能源进行加工或锻造。所以当地矿产资源丰富的话有利于降低企业的购买成本以及运输成本。工业企业一般都需要一个较大的厂房和库存，这些都会占用不少土地，而且工业企业大多是在城市或城市郊区建厂，土地成本压力较大。

工业企业中的另一大成本就是人力成本。工业生产需要招收数量适当的工人，这就涉及了当地的非在职人口和在岗职工平均工资。非在职人口越多，越容易招到工人；在岗职工平均工资较低，那么新创企业的人力成本也就可以降低。另外，虽然工业企业不像高科技企业那样需要大量的专业人才，但也需要一些人才来进行管理以及技术的改造和传播，所以大专以上人口数量对于工业企业也有影响。

河北省物质环境最好的地区是唐山、沧州、石家庄、邯郸。唐山的优势在于其丰富的矿产和发达的交通，劣势在于随着人民生活水平的提高商品房平均销售价格和人均工资较高，这里适合建设与煤矿、铁矿相关的企业。石家庄的优势在于它的全面，交通发达，作为全省中枢，资源获得成本也不高，而且商品房销售价格和人均工资在全省只处于中游，适合于建立各种工业企业。沧州的工业创业环境与石家庄不相上下，只有在交通发达程度上略次于石家庄，在能源获得以及商品房销售价格上更具优势。沧州是河北省产石油最多的地区，再结合其廉价的土地，人均工资水平也不是很高，适合于建立大型化工企业。邯郸的情况与唐山基本类似，邯郸的优势在于其地处四省交界处，可以把目光放在更为广阔的地区。

3. 高科技创业环境

高科技创业是指以技术含量高的业务作为核心的创业，尤其是信息化相关行业，例如软件开发等。高科技创业最重视的两个环境分别是融资环境、人力资源环境和技术环境。

对于融资环境来讲，高科技创业的创业者一般是高学历者，大多是本科毕业生、硕士甚至是博士。他们相对于较早进入社会的其他人较为明显的劣势，一是经验，二是资金的积累。由于一直在进行学业，工作较少，资金相对匮乏，缺少创业所需的启动资金，所以高科技创业最需要的就是良好的融资环境。高科技创业开始时往往只有掌握核心技术的两三个人，一旦创业成功，就需要有更多的人来参与到其中，进行人才招聘，因此高科技创业也需要重视当地的人力资源环境。而技术环境则表明了当地高科技创业所产生的概率，技术环境越好，产生的概率越高。

综上，河北省高科技创业环境最好的地区是石家庄、保定和唐山。石家庄在上述三个方面都高居全省首位，是河北省高科技创业的最佳地区。保定和唐山各具优势。保定优势在于其人力资源环境和技术环境，唐山的优势在于其融资环境。

4. 商业创业环境

商业创业是指以销售业务为核心的创业，例如超市、商场等。商业创业最为重视的就是销售环境。城镇居民人均可支配收入和农村人均纯收入代表了当地人均购买力，再结合人口数量，反映了当地的总体购买力，区位优势则说明了周边地区的购买力，对于商业创业来讲，经济区位优势的作用并不明显，因为很少有单个商业企业的顾客人群能够超出一个地区。

所以，在销售环境得分中去掉经济区位优势以后，河北省商业创业环境最好的地区是石家庄、保定、唐山、邯郸和邢台。石家庄是河北省的政治经济文化中心，在各个方面都处于全省前列，适合于各种销售企业的创立。保定在城镇居民可支配收入和农村居民纯收入方面都不突出，但人口数量是全省最多的，适合于建立日用品的销售企业。唐山人均工资高，农民纯收入也位居全省第一，但物价水平也高，城镇居民人均可支配收入较低，适合于生活必需品的销售。邢台的城镇居民人均纯收入仅次于承德，位居全省第二，但人口数量比承德要多很多。因此适合建立较为高档的销售企业。邯郸与保定类似，优势在于人口数量较多，所以适合建立日用品的销售企业。

9.4　本章小结

本章根据创业环境的评价体系，对河北省的 11 个地市的创业环境进行了评价，并且对评价结果首先分地市的进行了讨论分析，然后从各产业的情况分析了河北省的创业环境状况。

10 河北省与其他省份创业环境的比较分析

本章将在全国的视角下，利用由国家统计局在网站上公布的数据对河北省创业环境的状况在全国范围内进行比较和分析。

10.1 指标体系的微调

对全国创业环境的评价基本沿用了河北省的创业环境评价指标体系，只是由于数据的采取有所不同，在不影响评价效果的基础上进行了略微改动：人均私营企业数量调整为人均私营工业企业数量；产业集群数量和营业收入过亿企业调整为规模以上工业企业个数和过亿交易市场数量；高校数量更改为属国家211工程高校数量。交通设施的计算公式改为各地水陆空交通里程之和；经济区位优势的计算公式改为属沿海省份得分为10分，自身为直辖市或经济中心区域得分为10分（长三角、珠三角、重庆、北京、天津），与国外接壤得分为5分，根据周边省份的经济能力和资源状况由专家给予0~10分，具体指标及其权重如表10-1所示。

表10-1　全国创业环境评价指标体系

过程	要素	指标
机会环境（0.313）	创业创新指标（0.430）	人均私营工业企业数量（0.5）
		申请专利数量（0.5）
	产业经济指标（0.357）	规模以上工业企业数量（0.7）
		交易过亿市场个数（0.5）
	政府支持指标（0.213）	地方财政支出（1）

续　表

过程	要素	指标
资源环境（0.257）	物质资源指标（0.227）	交通设施（0.371）
		矿产资源（0.371）
		商品房平均销售价格（0.258）
	人力资源指标（0.227）	非在职人口数量（0.419）
		大专以上人口数量（0.291）
		在岗职工平均工资（0.29）
	融资资源指标（0.339）	城乡居民人民币储蓄存款余额（0.5）
		年末金融机构贷款余额（0.5）
	技术资源指标（0.227）	211 高校数量（0.5）
		全社会研究与试验发展（R&D）经费支出（0.5）
创建环境（0.173）	创建过程指标（1）	地方赋税压力（0.726）
		地理环境（0.274）
销售环境（0.257）	预期销售指标（1）	城镇居民人均可支配收入（0.266）
		农村居民人均纯收入（0.164）
		人口数量（0.266）
		区位优势（0.304）

10.2　创业环境的评价结果及其分析

将全国各省的数据进行归一化处理，然后依据模糊评价方法进行计算后，最终得分如表 10－2 所示。

表 10－2　　全国各省创业环境得分

	GDP		u		u_1		u_2		u_3		u_4
广东	394	江苏	0.72	江苏	0.89	广东	0.71	宁夏	0.90	广东	0.81
江苏	344	广东	0.70	浙江	0.83	江苏	0.67	河南	0.87	上海	0.74

续 表

	GDP		u		u_1		u_2		u_3		u_4
山东	338	山东	0.64	广东	0.70	山东	0.62	广西	0.78	山东	0.68
浙江	229	浙江	0.63	山东	0.60	北京	0.51	湖南	0.78	江苏	0.65
河南	194	上海	0.50	上海	0.44	浙江	0.49	西藏	0.73	北京	0.60
河北	172	河南	0.48	辽宁	0.39	四川	0.49	湖北	0.71	浙江	0.59
辽宁	152	四川	0.47	四川	0.31	河南	0.48	山东	0.70	河北	0.56
上海	150	河北	0.45	河南	0.30	湖北	0.43	四川	0.70	天津	0.53
四川	141	辽宁	0.44	湖南	0.26	河北	0.43	重庆	0.69	四川	0.50
湖南	130	湖南	0.43	北京	0.26	湖南	0.41	江西	0.69	安徽	0.48
湖北	129	湖北	0.41	河北	0.26	山西	0.40	河北	0.68	广西	0.45
福建	122	北京	0.41	福建	0.26	辽宁	0.40	吉林	0.67	河南	0.45
北京	121	安徽	0.40	湖北	0.25	陕西	0.39	青海	0.66	福建	0.43
安徽	100	福建	0.37	安徽	0.25	上海	0.38	黑龙江	0.64	辽宁	0.43
内蒙古	97	广西	0.37	天津	0.21	安徽	0.36	辽宁	0.63	湖南	0.42
黑龙江	85	黑龙江	0.34	重庆	0.17	黑龙江	0.34	安徽	0.60	湖北	0.40
陕西	81	天津	0.34	江西	0.15	江西	0.33	江苏	0.59	黑龙江	0.37
广西	77	江西	0.34	黑龙江	0.15	内蒙古	0.33	福建	0.56	内蒙古	0.37
江西	76	重庆	0.34	内蒙古	0.15	云南	0.33	内蒙古	0.53	重庆	0.36
天津	75	吉林	0.32	吉林	0.15	福建	0.30	广东	0.51	云南	0.35
山西	73	内蒙古	0.32	陕西	0.15	吉林	0.29	浙江	0.51	江西	0.33
吉林	72	陕西	0.31	广西	0.14	广西	0.28	天津	0.48	陕西	0.33
重庆	65	云南	0.28	云南	0.14	重庆	0.28	陕西	0.48	贵州	0.32
云南	61	山西	0.27	山西	0.12	新疆	0.27	甘肃	0.45	吉林	0.31
新疆	42	宁夏	0.27	新疆	0.10	贵州	0.27	海南	0.43	海南	0.28
贵州	39	贵州	0.25	贵州	0.10	甘肃	0.26	贵州	0.42	山西	0.27
甘肃	33	新疆	0.24	甘肃	0.09	天津	0.22	新疆	0.40	新疆	0.27
海南	16	甘肃	0.23	宁夏	0.06	青海	0.17	上海	0.40	甘肃	0.24
宁夏	13	青海	0.22	青海	0.04	宁夏	0.15	山西	0.37	宁夏	0.21
青海	10	西藏	0.21	海南	0.03	海南	0.15	云南	0.35	青海	0.19
西藏	4	海南	0.20	西藏	0.03	西藏	0.14	北京	0.25	西藏	0.16

总得分的结果显示，河北省的创业环境在所有省份当中排名第八，与在国内生产总值中排名第六相比有所下降。说明河北省的创业环境还有待改进。在国内生产总值方面超过河北省的五个省份分别是广东省、江苏省、山东省、浙江省和河南省五个省份，在创业环境方面增加了上海、四川两个省份。

图 10－1 是由地理信息系统 GIS 软件做出的全国创业环境得分分布。从图中可以清晰地看出各个省份的创业环境在全国范围的地位。创业环境最好的四个地区：江苏省、广东省、山东省和浙江省都是沿海省份，说明我国的沿海开放战略取得了非常好的效果。河北省也属于沿海省份，只是处于胶东半岛和辽东半岛的包围之内。

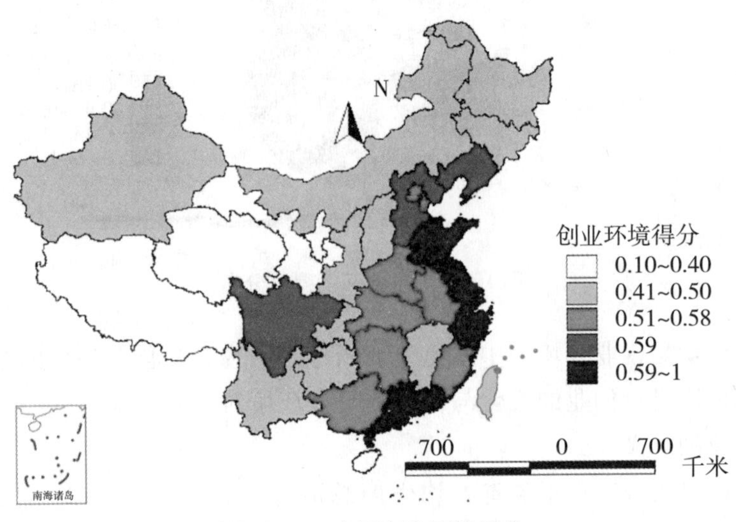

图 10－1　全国创业环境得分

10.2.1　河北省机会环境评价

在创业过程的理论当中，创业机会是其最核心的部分，整个创业过程理论都是围绕创业机会来展开的。由此可见，机会对于创业的重要性，也由此可以预见机会环境对于创业环境的重要性。在这里，本研究将机会环境定义为某一地区适合人们创造创业机会以及发现创业机会的程度。创造创业机会更多的是指凭借新技术、新方法，将创业机会发展出来。发现创业机会则是指寻找已经存在但尚未被人发现的创业机会。创造机会最重要的是当地百姓的创新精神，发现创业机会主要的是依靠当地的创业文化。

这是因为如果当地的创业文化较为发达，创业氛围较为浓厚，人们就会千方百计进行创业。

图 10－2 是各省机会环境的得分分布。从图中可以看到河北省与北京市、河南省、安徽省、四川省同为 0.45 分，排名第九位。与国内生产总值排名第六位有些差距。

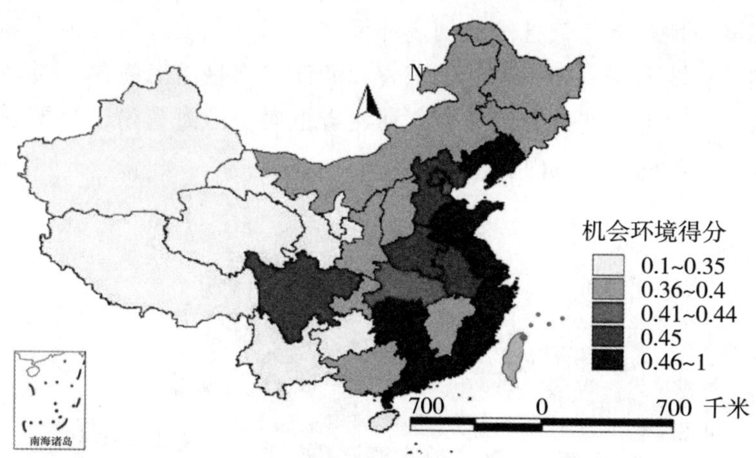

图 10－2 机会环境得分分布

机会环境是创业环境当中最重要的指标，因为它是创业环境的基础，反映了一个地区进行创业的文化与传统。机会环境对于一个地区的经济发展有着至关重要的意义。

图 10－3 是 2009 年各省人均生产总值分布，与图 10－2 相比会发现两者十分相似，都是沿海省份的深颜色将内陆地区团团围住，都是东部地区强于西部地区，说明了机会环境对于社会经济的重要意义。而在河北省这个点上，两张图也存在着相同的一点，那就是在沿海的大省份当中，河北省既是机会环境得分最低的地区，也是人均国内生产总值最低的地区。在机会环境上排在河北省之上的八个省份分别是辽宁、山东、江苏、浙江、福建、湖南、广东。这些地区的人们相比于河北人拥有更多的创业激情和创业热情。

图 10－4 为各省创业创新文化指标得分曲线，u_{11} 为创业文化指标总得分，u_{111} 为私人企业数量得分，u_{112} 为申请专利数量。从图中可以看到河北省的创业创新文化指标得分排名极低，仅仅处于中下游位置。具体来说，河北省的

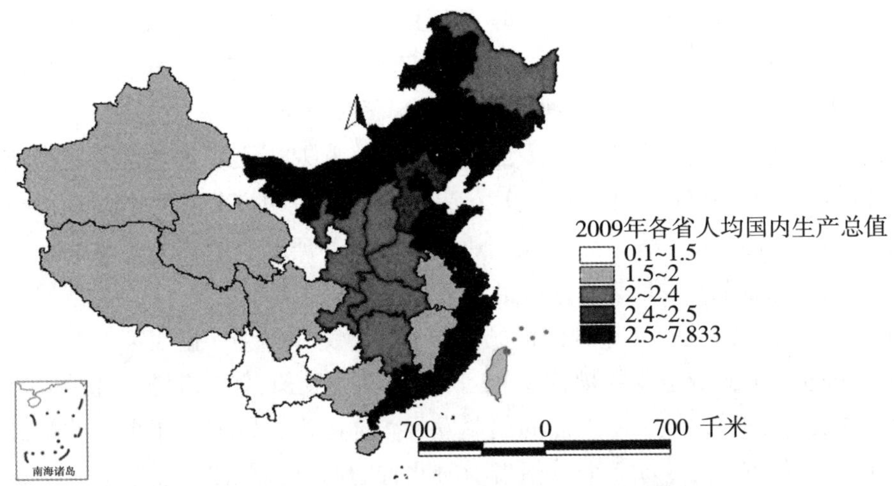

图 10－3　2009 年各省人均国内生产总值分布

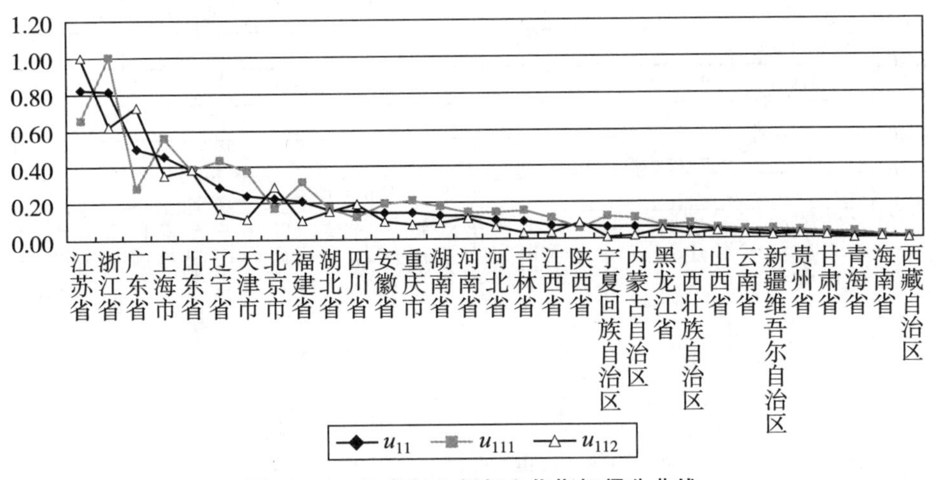

图 10－4　各省创业创新文化指标得分曲线

人均私企数量为每万人 1. 16 个，在全国排名第十六位，说明河北省选择创业的人员比例不高，创业热情不足，创业热情不足就很难发现已经存在的创业机会。河北省申请国内三种专利受理的数量为 11361 个，在全国排名第十七位，说明河北的人们创新的能力和动力不足，无法从创新的角度提供更多的创业机会。在人均私企方面，全国最高的是浙江省，平均为每万人 8. 10 个，几乎相当于河北省的八倍。申请专利数量方面，全国最多的是江苏省，为 174329 个，几乎十七倍于河北。

图 10－5 是各省产业经济指标得分曲线，u_{12}为产业经济指标总得分，u_{121}为规模以上工业企业数量得分，u_{122}为交易过亿市场数量。河北省产业经济指标得分为 0.28，虽然得分较低，但排名并不是很低，继浙江、江苏、山东、辽宁、上海和福建之后排名第七。这一方面说明河北省相对于大多数地区，其产业经济可以对于创业环境提供更好的支持；另一方面也说明河北省的产业经济与发达地区相比，还存在较大差距。在产业经济方面，河北省的较为不足的地方在于规模以上工业企业数量较少，数量为 13096 个，全国排名第 13 位，依然排在全国前十之外。河北省交易过亿市场个数较多，为 281 个，排在第五位，虽然弥补了规模以上工业企业数量较少的问题，但是相比于交易市场，规模以上工业企业能够更加普遍地带动地区的创业发展。全国规模以上工业企业数量最多的地区为江苏省，为 60817 个，相当于河北省的四倍多。交易过亿市场个数最多的是浙江省，为 672 个，几乎相当于河北省的三倍。

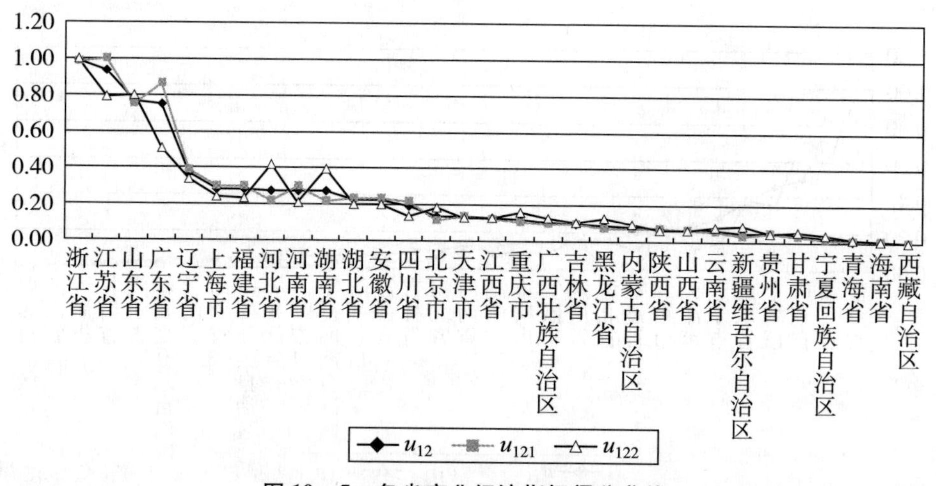

图 10－5 各省产业经济指标得分曲线

图 10－6 为各省政府支持指标得分曲线，u_{13}为财政支出得分。河北省的财政支出为 2347 亿元，全国排名第九位，排名相对低。财政支出最高的地区是广东省，为 4334 亿元，约是河北省的两倍。创业政策和宣传得分最高的浙江省，得分为 1，河北省的得分为 0.89。知识产权保护力度得分最高的地区是上海市，得分为 1，河北省得分为 0.95。

10.2.2 河北省资源环境评价

资源环境对于创业环境的意义在于有创业想法的人只有通过占有资源和

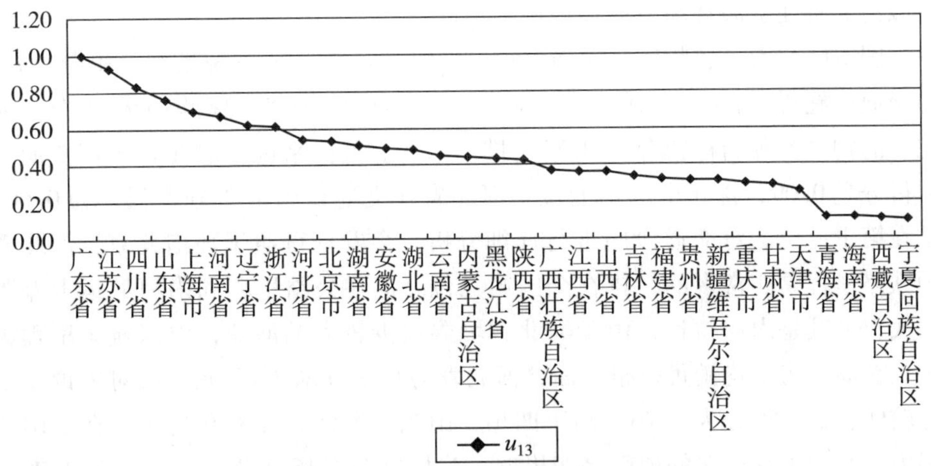

图 10－6　各省政府支持指标得分曲线

配置资源才能够实现创业。所以如果某一地区资源丰富的话，就可以更快更好地帮助发现创业机会的人将创业机会转化为真正的创业实践。

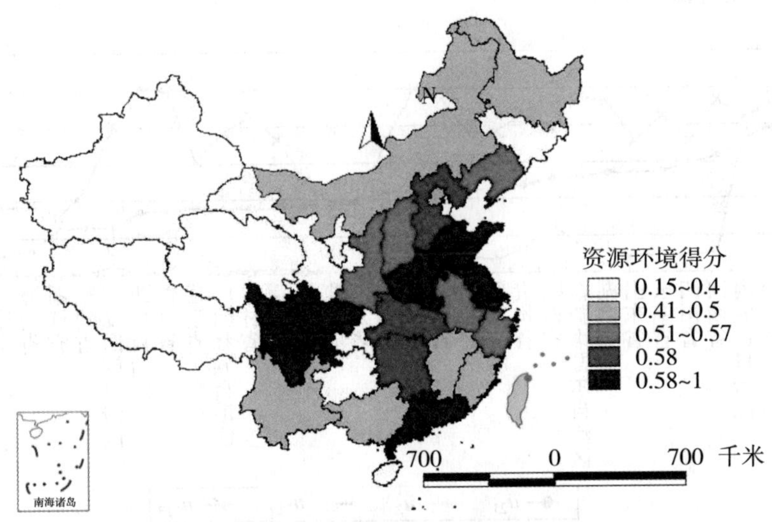

图 10－7　各省资源环境得分分布

图 10－7 为各省资源环境得分分布，从图中可以看到河北省的资源环境得分为 0.658，位列全国第六，说明河北省的资源是比较丰富的。而且河北省资源丰富不仅仅体现于此，从图中可以发现，在河北省的周边，河南和山东都是全国资源最丰富的地区之一，辽宁、内蒙古和山西也都是矿产资源大省，

所以河北省在资源环境方面拥有便利条件。

图 10 - 8 为各省物质资源指标得分曲线，u_{21}为物质资源指标总得分，u_{211}为交通设施得分，u_{212}为矿产资源得分，u_{213}为商品房平均销售价格得分。河北省的物质资源指标得分为 0.77，排名第八。具体来说，河北省矿产资源成本得分是 0.09，排在全国第七位。河北省在交通设施上得分较低，为 0.60，排在第十一位。对交通设施进行详细分析，会发现得益于环抱北京，河北省的铁路里程是非常多的，排在全国第三位。但在公路里程和内河航运上差距较大，尤其是内河航运，由于河北省境内缺少较大的河流，内河航运里程为零。在商品房平均销售价格方面，河北省为每平方米 3263 元，相对来说还是比较便宜的，得分为 0.76，高于四川、山东、浙江、江苏和辽宁。在全国范围内，交通里程最多的地区是四川省，总共为 263146 千米，河北省为 157015 千米，比河北省多出 106131 千米，相当于辽宁省全省的里程。矿产资源最多的是山西省，总共有各种资源 10635917 万吨，河北省为 971366 万吨，是河北省的十倍多。商品房平均价格最低的地区是西藏，平均价格为每平方米 2452 元，比河北省低 811 元。

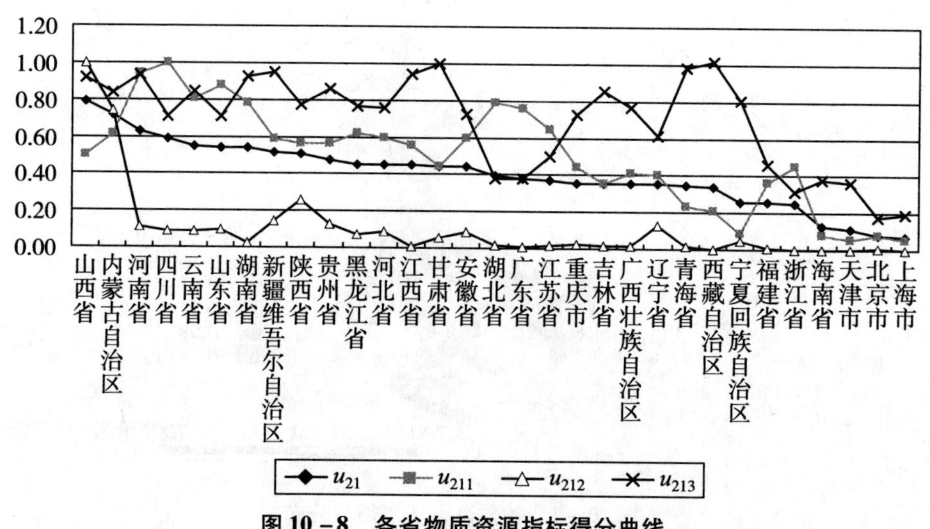

图 10 - 8　各省物质资源指标得分曲线

图 10 - 9 是人力资源指标的得分曲线，u_{22}为人力资源指标总得分，u_{221}为非在职人口数量得分，u_{222}为在岗职工平均工资得分，u_{223}为大专以上人口数量得分。河北省人力资源指标的得分为 0.78，排在第六位，基本与河北省的经济地位相符。

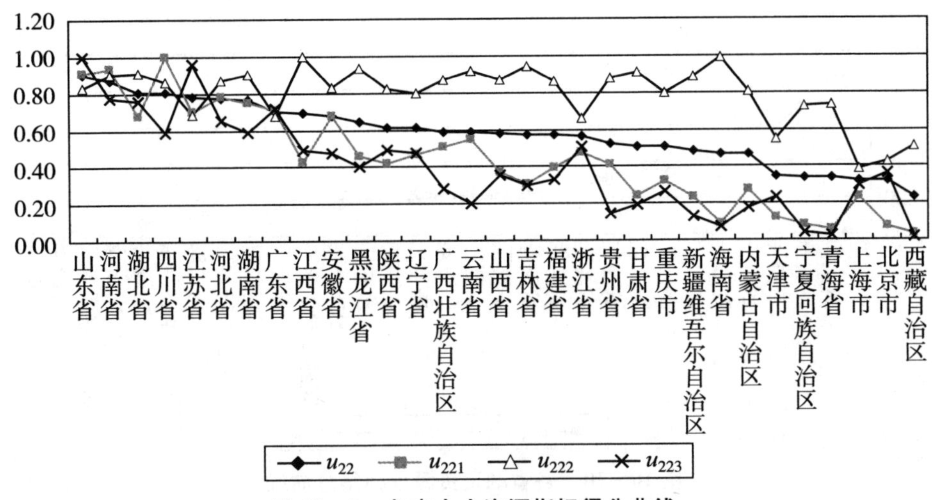

图 10－9　各省人力资源指标得分曲线

具体来看，在非在职人口数量上，河北省高居全国第四。非在职人口数量较多，对于当地经济的发展未必是好事。但不可否认的是，非在职人口数量多对于想要创业的人招收工人存在很大的便利。河北省工人的人均工资为 28383 元，在全国仅仅排在第十九位，人均工资比较低，但对于创业来说可以帮助创业者节省人力成本。大专以上年毕业人数河北省为 282705 人，排在第六位，可以较好地满足河北省创业人才的需求。全国范围内，非在职人数最多的是四川，人数为 35523 人，比河北省多出七千多人。在岗职工平均工资最低的是江西，为 24696 元，比河北省少三百多元。大专以上年毕业人数最多的是山东省，为 431598 人，比河北多出一万四千多人。

图 10－10 是融资资源指标的得分曲线，u_{23} 为融资资源指标总得分，u_{231} 为城乡居民人民币储蓄存款余额得分，u_{232} 为在年末金融机构贷款余额得分。从图中可以看到河北省在融资资源上还是存在一定的差距的，得分为 0.36，排在第八位。城乡居民人民币储蓄存款余额和年末金融机构贷款余额排名都比较低，其中城乡人民币储蓄存款余额稍好一些。在全国范围内，城乡居民人民币储蓄存款余额和年末金融机构最多的都是广东省，分别为 32136 万元和 44510 万元，分别比河北省多出 18585 万元和 31386 万元。

图 10－11 是技术资源指标的得分曲线，u_{24} 为技术资源指标总得分，u_{241} 为大学数量得分，u_{242} 为全社会研究与试验发展经费支出。在资源环境当中，河北省在技术资源指标排名得分也不是很高，得分为 0.12，仅仅排在第十八

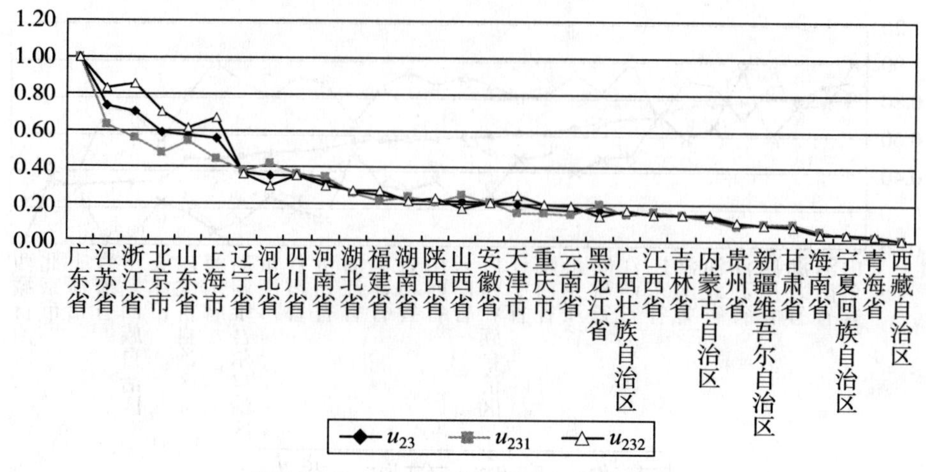

图 10-10 各省融资资源指标得分曲线

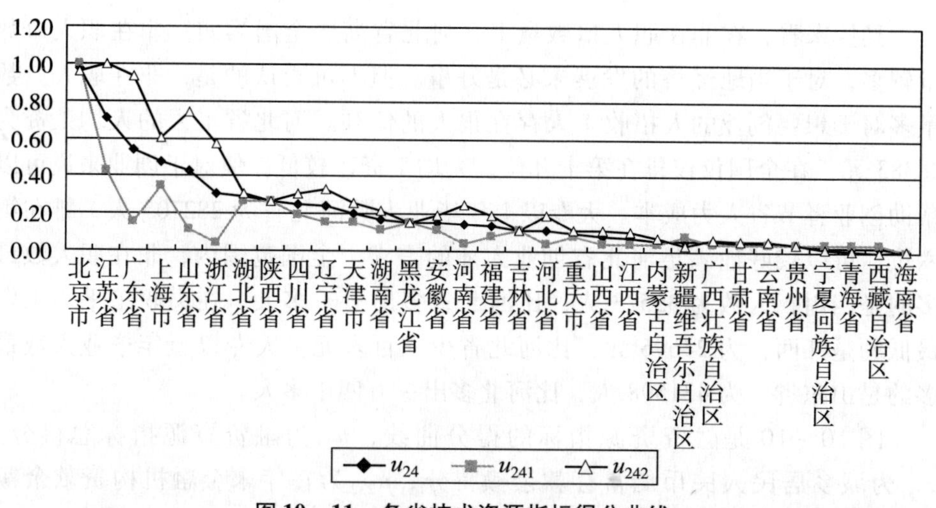

图 10-11 各省技术资源指标得分曲线

位，远远落后于其他地区。尤其优秀高校数量上，河北省仅仅有一个 211 大学，属于全国最低水平。在全社会研究与试验发展经费支出上，河北省的该项经费支出为 135 亿元，也仅仅排在全国第十四位。河北省在技术资源上缺乏大大制约了河北省工业企业向高技术企业转变的历程，也影响了河北省现代化的进程，努力增加技术资源已经成为河北省刻不容缓的问题。在全国范围内，高校数量和全社会研究与试验发展经费支出最多的地区都是江苏，分别为 148 个和 700 亿元，比河北省分别多出 39 个和 565 亿元。

10.2.3 河北省创建环境评价

创建环境主要是指在发现了良好的机会，掌握了足够的资源之后，在实际建设企业时所要考虑的问题，主要包括两个方面：地方赋税压力及当地的地理环境。

如图 10-12 所示，在创建环境当中，河北省的赋税压力得分为 0.70，在全国排名第十位。地理环境得分按如下方式来计算：底分为零分，首先按省内平原面积给分，分数在 0~20 分，其次境内有较大的河流加 10 分，沿海加 10 分。河北省的境内平原较多，所以平原一项得到满分 20 分；境内没有较大的河流，这一项得分为 0 分；河北省是沿海省份，但所处海域为海岸线太短，且处于内海，得分为 5 分，总分为 25 分。

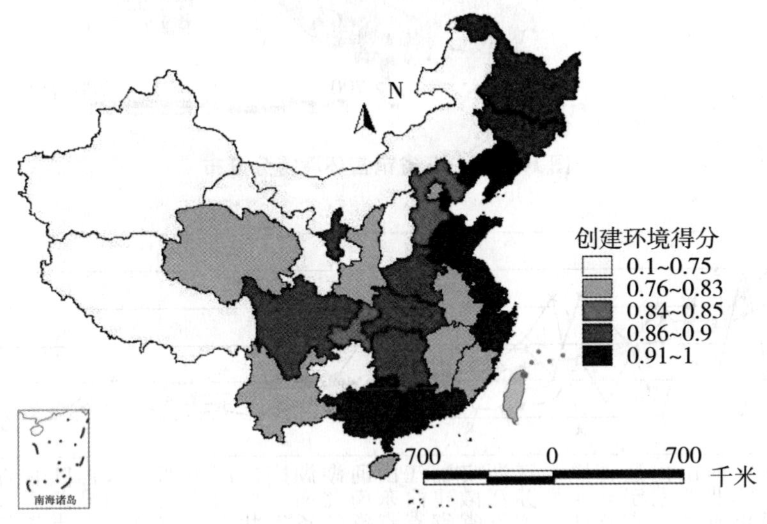

图 10-12 各省创建环境得分分布

10.2.4 河北省销售环境评价

销售环境是指在企业创建后，本地对于企业产品的销售所能够起到的促进作用的程度。一个地区对于企业销售能够起到作用的主要包括四个方面：城镇居民可支配收入、农民纯收入、人口数量，以及区位优势。商业企业更加关注的是城镇居民可支配收入、农民纯收入及人口数量，工业企业还要考虑一下区位优势，以便将产品销往临近的地区。

从图 10－13 中可以发现，河北省的销售环境落后于北京、山东、江苏、上海、浙江以及广东六个地区，除去北京和上海两个直辖市，河北省在大省当中排在第五位。

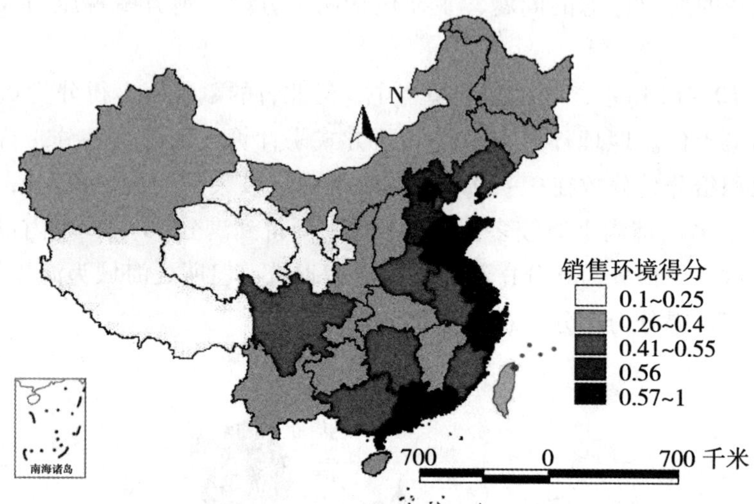

图 10－13　各省销售环境得分分布

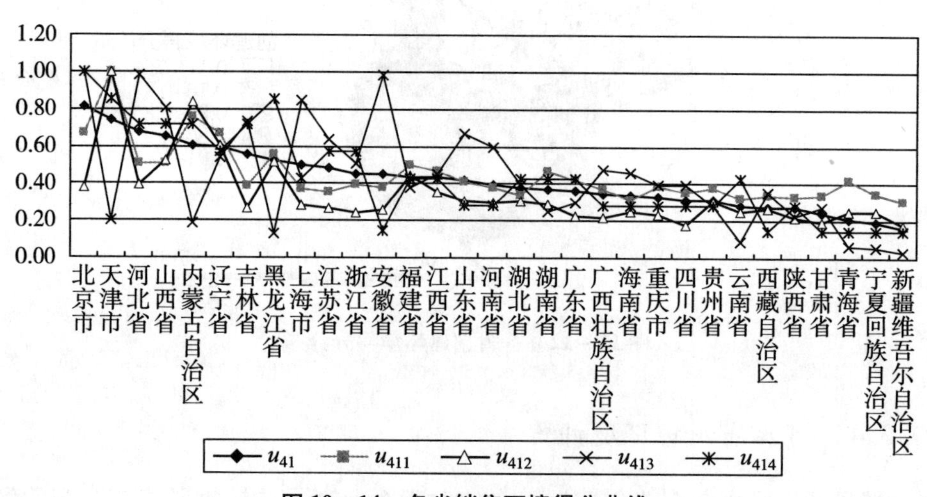

图 10－14　各省销售环境得分曲线

图 10－14 是销售环境指标的得分曲线，u_{41} 为销售环境指标总得分，u_{411} 为城镇居民人均可支配收入得分，u_{412} 为农村居民纯收入得分，u_{413} 为人口数量得分，u_{414} 为区位优势得分。从图中可以看到，河北省的城镇居民人均可支配收入和农民纯收入得分并不是很高，河北省的优势在于其较多人口数量和

良好的区位优势。河北省的人口数量为7034万人，在全国排在第六位，可以提供较为庞大的群众购买力。而在区位优势上，河北省同时比邻京津，而且属于沿海省份，区位优势得分为0.71，排在第四位。

10.3　河北省与典型省份创业环境的比较分析

10.3.1　河北省创业环境与江苏创业环境的比较分析

江苏省是创业环境评价得分之中得分最高的，所以，有必要将河北省与之比较一下，以便知道河北省与全国最佳水准之间的差距。

图10－15为河北省与江苏省一级指标得分曲线，从图中可以看到，河北省在机会环境、资源环境、销售环境三个方面都落后于江苏省。其中，落后最多的是机会环境，说明河北省与全国最高水准的差距主要体现创造机会和发现机会上。落后较少的是销售环境，说明河北省的销售环境还是不错的。

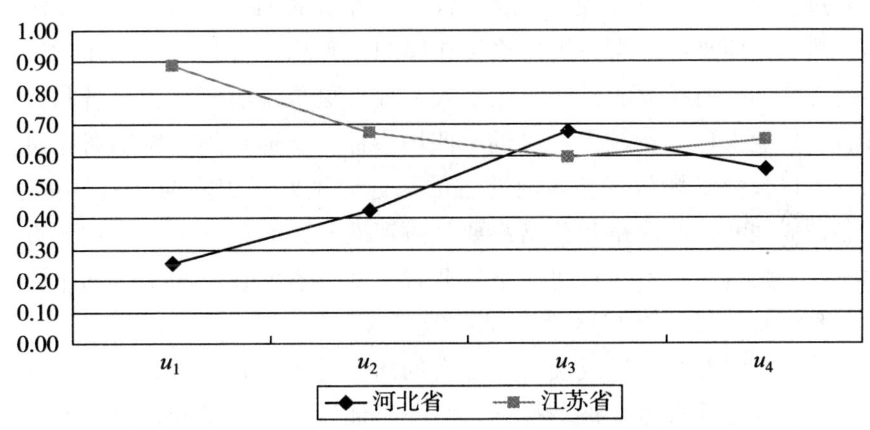

图10－15　河北省与江苏省一级指标得分曲线

图10－16为河北省与江苏省三级指标得分曲线，对其进行细分，可以形成以下三个点。

（1）河北省优于江苏省：u_{212}矿产资源、u_{213}商品房平均销售价格、u_{221}非在职人口数量、u_{222}在岗职工平均工资、u_{312}税收压力。

（2）河北省接近于江苏省：u_{211}交通设施、u_{411}城镇居民可支配收入、u_{413}人口数量、u_{414}区位优势。

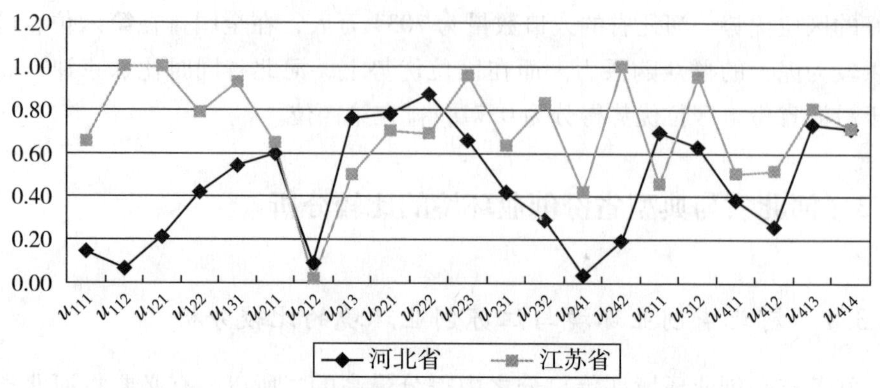

图 10－16　河北省与江苏省三级指标得分曲线

（3）河北省远远落后于江苏省：u_{111}人均私企数量、u_{112}申请专利数量、u_{121}规模以上工业企业数量、u_{122}交易过亿市场个数、u_{131}财政支出、u_{223}大专以上人口数量、u_{231}城乡居民人民币储蓄余额、u_{232}年末金融机构贷款余额、u_{241}大学数量、u_{242}全社会研究与试验发展经费指出、u_{313}地理环境、u_{412}农村居民人均纯收入。

经过上述总结可以发现，河北省优于江苏省的四个指标当中，能源储藏量是天然的，商品房平均销售价格和在岗职工平均工资是由于河北省经济发展落后于江苏省所导致的，而非在职人口数量更是说明河北省经济状况不如江苏省，失业人口数量较多。接近的四项指标是交通设施、城镇居民可支配收入、人口数量和区位优势。河北省的交通设施好是因为河北省环抱京津，全国各地通往北京的铁路和公路都要经过河北省，而城镇可支配收入方面也是由于江苏物价高。不妨对比一下河北省与江苏省的在岗职工平均工资，江苏为 35890 元，河北省 28383 元，相差七千多元。

由此可见河北省超过或接近江苏省的指标几乎都是自然或被动指标，但是换句话说，这些自然或被动指标都是一个地区的创业基础，说明河北省在基础上与全国最高水准是比较接近的。河北省的创业环境之所以落后较多，是由于河北省的创业文化和现代经济的发展没有跟得上时代的潮流。如人均私企数量和申请专利数量，它们直接反映了一个地区的创业创新文化；规模以上工业企业数量和交易过亿市场个数是一个地区经济现状的直观体现；财政支出、城乡居民人民币储蓄余额和年末金融机构贷款余额，也都间接地反映了一个地区经济发展水平。在以上这些方面，河北省都是落后较多的。

河北省的所有指标当中，唯一能够令人欣慰的是高校年均毕业人数，有利于河北省经济的发展和转型。

10.3.2　河北省创业环境与浙江创业环境的比较分析

浙江省的创业环境与江苏省的创业环境是有些类似的，之所以将河北省与浙江省再对比一次，是因为与浙江比较可以挖掘出一些更具代表性的东西。

图10－17是河北省与浙江省一级指标得分曲线。首先，可以看到两地在机会环境上的巨大差距。然后观察资源环境、创建环境和销售环境，可以发现两地都是比较接近的。在资源环境和销售环境上两个地区差距都不是很大，在创建环境上，河北省的得分还超过了浙江省许多。所以，河北省与浙江省之间巨大的经济代沟可以说几乎全是由于机会环境的差距造成的。由此便体现了机会环境对于一个地区经济发展的重要意义。

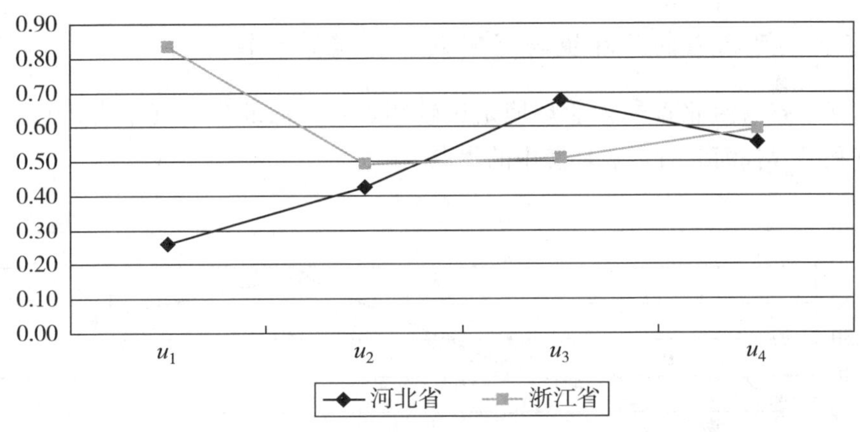

图10－17　河北省与浙江省一级指标得分曲线

图10－18是河北省与浙江省三级指标得分曲线，可以看到河北省与浙江省差距最大的部分就在于机会环境这一部分。尤其在人均企业数方面，浙江省高达每万人8.10个，刚好相当于河北省的七倍。说明了河北省与浙江省在创业文化上的巨大差异。在创新文化上，浙江省申请专利数量为108482个，河北省为11361个，浙江省是河北省的九倍多，说明河北省的创新文化也远远落后于浙江。至于在规模以上工业企业数量和交易过亿市场数量这两项指标上的差距，更多的也是由于创业创新文化上的差异造成的。在资源环境方面，河北省的物质资源和人力资源优于浙江省，浙江省的融资资源和技术资源优于河北省。在创建环境上，浙江省则在地理环境上优于河北省。在销售环境上，浙江省的城镇居民可支配收入以及农民纯收入要多于河北省，河北省的人口数量以及经济区位优势好于浙江省。

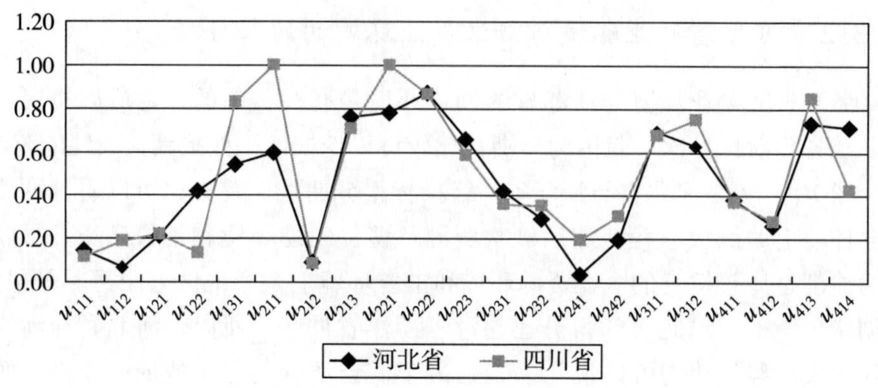

图 10－18　河北省与浙江省三级指标得分曲线

10.3.3　河北省创业环境与辽宁创业环境的比较分析

辽宁省与河北省的创业环境是比较相近，将河北省与辽宁省进行对比，更有利于寻找河北省创业环境中的优点。

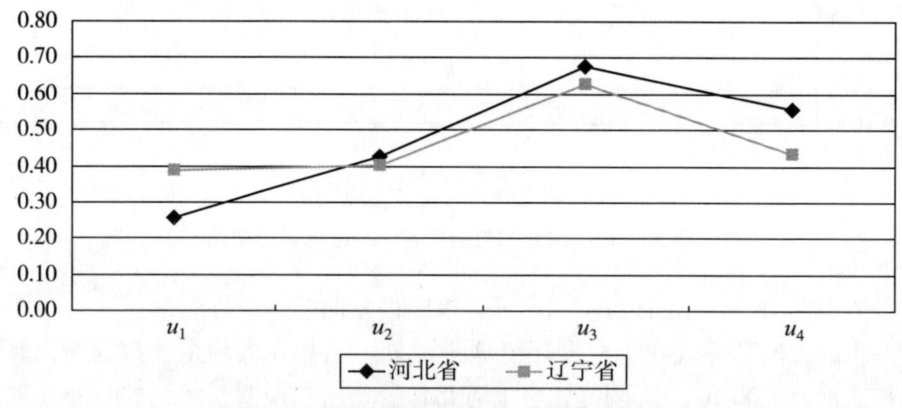

图 10－19　河北省与辽宁省一级指标得分曲线

图 10－19 是河北省与辽宁省一级指标得分曲线，从图中可以看到，河北省资源环境、创建环境以及销售环境方面都要优于辽宁省，只是在机会环境方面落后于辽宁省。

图 10－20 为河北省与辽宁省三级指标得分曲线，对该图进行详细分析，河北省明显优于辽宁省的指标包括：u_{211} 交通设施、u_{213} 商品房平均销售价格、u_{221} 非在职人口数量、u_{223} 年均高校毕业人数、u_{311} 税收压力、u_{414} 经济区位优势。

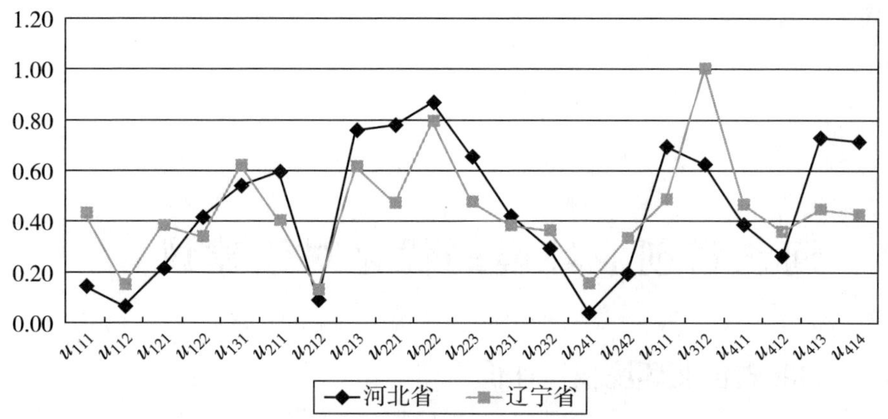

图 10－20 河北省与四川省三级指标得分曲线

从上述描述可以看到河北省在物质资源和人力资源方面都具有非常好的优势，再加上压力不大的税收以及良好的经济区位优势，河北省是创办大型工业企业的理想地区。较低的商品房价格保证了企业的创建成本不会太高，非在职人口数量以及高校毕业人数较多保证较低的人力成本，良好的交通设施和经济区位优势可以保证企业的产品不仅可以在本地销售还可以快速地销往周边地区。

在这里不得不强调一下河北省的经济区位优势，周边既有山西、内蒙古这样的矿产资源大省，又有山东、河南这样的人力资源大省，还有北京、天津这样的国际化大都市，也是东北三省东进的陆地门户。但河北省没有利用好这样的优势，河北省应该加强与周边省份的交流与沟通，更好地利用周边的资源，只有这样，河北省才可以实现更好的发展。

10.4 本章小结

本章首先由于数据来源的变更，对指标体系进行了微调，然后对全国所有省份进行了创业环境评价和排序。从全国的角度分析了河北省的创业环境，并且将河北省与江苏、浙江、辽宁等典型省份进行了个别比较。

11 河北省创业环境的优化对策建议

11.1 河北省创业环境整体评价

通过上一章对河北省在全国创业环境中的地位和省内各地区的创业环境比较，我们已经对河北省的创业环境有了一个全面的了解，具体总结如下。

（1）在全国范围而言，河北省的创业环境地位不及其国内生产总值的地位。河北省的国内生产总值在全国名列第六，是全国重要的能源生产基地，煤铁产能都位居全国前列。河北省也是全国重要的建材生产基地——唐山和邯郸的钢、石家庄和唐山的水泥、邢台和秦皇岛的平板玻璃。河北省在创业环境的改进上需要做出更多的努力。

（2）在机会环境方面，河北省既没有识别机会的积极性，也缺乏创造机会的机制，这就从根本上阻碍了河北省创业环境的发展。虽然河北省拥有丰富煤铁资源，但私营工业企业数量也仅为8162家，不仅远远落后于广东、浙江等发达地区，甚至不及湖南、福建等地。说明人们的创业热情不足，怠于去寻找那些创业的机会。另外河北省申请专利数量为11361件，十倍落后于广东、浙江，同时落后于福建、陕西等地，人们的创新积极性亦是不足；河北省规模以上工业企业个数为13096家，排在福建之后，大型企业带动能力不足，这些都说明河北省创造机会的机制有待完善。由于创业机会是创业过程的开始和核心，换句话说，河北省的潜在创业者因为没有激情或难以发现机会而很难迈出创业过程的第一步，因此机会环境就是河北省在创业环境发展中的瓶颈问题。

（3）在资源环境方面，河北省排名第九。河北省交通发达，矿产资源丰富，人才储备方面也不落后于其他地区，这些都说明河北省的创业基础不比其他任何地区差。但河北省在融资资源和技术资源上与其他省份差距较大，尤其是技术资源，集中体现在没有高水平的高等院校，全社会研究与试验发展经费也远远落后于发达地区。这两个指标抑制了河北省创业环境的发展。

河北省在资源环境方面的代表是唐山，是全国最大的铁矿产地之一，紧邻天津，作为中国较早对外开放的沿海城市，陆路运输和水路运输都很便利。

（4）在创建环境方面，河北省境内各种地理环境都有，可以为农业企业创造较好的环境。平原占绝大多数，保证了一般企业有较好的空间发展。河北省在这方面的代表是沧州，境内都是平原，紧邻天津，沿海地区，是建立企业的绝佳场所。

（5）在销售环境方面，河北省拥有足够的人口优势和经济区位优势。人口方面，河北省 7034 万人，全国排名第六；区位方面，比邻的北京、天津、山东、辽宁都是发达地区，山西和内蒙古是能源大省，河南是人口大省，能够为在河北建立的企业提供足够的销售空间。河北省在销售环境方面不足的地方在于本地区人口虽多，但人均消费能力却比较小。河北省这方面的代表是保定，拥有河北省最多的人口，比邻北京，都能够为企业提供销售保障。

（6）就省内而言，河北省的创业环境大致可分为五个等级，第一等级为石家庄，几乎在各个方面都是一马当先，遥遥领先于其他地区；第二等级为唐山，除了拥有丰富的资源外，其他方面与石家庄之外的地区相比也能够体现出较大的优势；第三等级为沧州和保定，这两个地区都拥有各自的优势——保定的人才和人口，沧州的能源和区位；第四等级为邯郸和廊坊，它们在各方面都处于中等水平，也拥有各地独特的优势——廊坊的区位和邯郸的能源；第五等级为邢台、秦皇岛、衡水、承德、张家口，除了秦皇岛因为在海边拥有海港优势和衡水因为税收压力小而拥有的创建优势外，这五个地区在各个方面几乎都是排在河北省的最后面。

（7）总体而言，河北省拥有良好的发展创业环境的基础。如果创建企业，河北省广袤的平原提供最基本的条件。如果创建农业企业，北面有山，南面有平原，东面有海，适合建立种植业、养殖业、渔业等各种企业。如果创建工业企业，河北省拥有大量的铁矿资源；如果工业企业需要燃料，河北省本身就是产煤大省，邻居山西更是全国煤炭基地。如果创建销售企业，销往本地，河北省虽不是中国人口最多的地区，但亦是人口大省；销往外地，河北比邻北京、天津、山东、辽宁等发达地区，南面是全国人口最多的省份河南；销往国外，河北省拥有三个对外港口。如果创办高科技企业，虽然高水平大学较少，但高校数量是全国最多的省份之一，可以为企业提供坚实的人才基础。所以河北省的创业基础优良，创业环境之所以不够好，只是因为缺乏足够创业文化和创业传统。

11.2　河北省创业环境中存在的问题

在上一节的河北省创业环境整体评价中，本研究已经提到了河北省创业环境中的一个问题，即没有发现创业机会的传积极性和创造创业机会的机制。没有发现创业机会的积极性，归根结底就是缺乏创业文化和创业传统。河北省缺乏创业文化和创业传统是有原因的，首先中国历来的传统都是重农轻商，河北省长期作为京畿重地，商业文化被压抑地尤其严重。其次作为京畿重地，商业文化又被压抑，形成了官本位文化，官本位的形成严重抑制了河北省的创业文化发展。最后河北省地处温带，气候宜人，平原广阔，农业发达，物产丰富，只要不出现大的天灾，充裕的粮食产量便足够人们生活，久而久之，河北人便养成了追求稳定，眷恋家乡的习惯，因此缺乏挑战和冒险精神，而挑战和冒险精神正是创业文化的重要组成部分。创造创业机会的机制匮乏，归根结底就是缺乏创新精神，这也与河北人长久以来形成的求稳、守旧的观念有关，而缺少积极进取的锐利。

河北省创业环境中存在的第二个问题就是各个地区之间的创业环境不平衡，在各地区的创业环境评价得分当中，得分最高的石家庄与得分最低的张家口相差了37个百分点。研究证明，工业化发展的过程中，各个区域之间的经济发展差距会出现“倒U形”的特点，也就是发达地区与欠发达之间的差距会经历一个先减少，然后开始拉大，最后又减少的过程。创业环境的发展也是如此，资源的集中会导致各地创业环境出现较大差距。河北省现在还处于各地之间差距扩大阶段，创业环境不平衡的问题会日益突出。石家庄一地就占据了全省高校数量的37%。

河北省创业环境当中存在的第三个问题就是产业结构不够合理，影响了创业环境的进一步改进。河北省各地的产业结构存在趋同化现象。20世纪90年代后，河北省开始对各地产业结构进行调整，并产生了一定的效果，但由于受到产业存量和发展思路的局限，产业的趋同现象依然大范围存在。大多数地区将建材、机械、冶金、化工和电子产业作为支柱产业或主导产业。这种现象如果出现在单一的县域当中或许会产生较好的协同作用，对同一县域的人产生示范作用，从而带动创业，改善创业环境。但如果出现在省级的范围，由于各地之间出现相互竞争，发达地区就会在资源和市场等各方面对不发达地区产生压制，这样就会对不发达地区的创业环境造成严重破坏。不发达地区的创业后来者进行创业，如果进行相同产业的创业会由于资源和市场不足将面临发展困难；而如果进行不同产业的创业，首先会由于缺少示范而面临经验问题，其次由于其他人都在做同一种产业，而会出现缺少配套企业的问题。以上只是产业趋同化对创业环境所造成的影响，河北产业结构对创业环境另一个不利的方面就是，河北的经济发展仍然是农业占较大比重，而工业方面是以初级加工、自然资源开采为主的工业主导型。这些产业对土地资源和矿产资源十分的依赖，而土地资源和矿产资源正是现在整个中国社会最为紧缺的资源，具有垄断性，普通百姓很难依托这些资源进行创业。

11.3 改善河北省创业环境的对策建议

11.3.1 努力培养社会的创业风气和百姓的创业精神

经过前面的叙述和讨论，我们已经发现河北省在创业文化上的不足。所以若要改善河北省的创业环境，首要的一点就是要加强创业文化的培养，使得社会上形成良好的创业风气，百姓也更加乐于创业。

1. 政府政策

要想培养整个社会的创业文化，单凭个人的力量是远远不够的，所以政府一定要在其中发挥重要的作用。首先应当制定出一整套的创业政策体系，包括注册资金、注册流程、税收政策等各个方面，给予创业者以支持。其次政府应当努力建立并维持当地的良性竞争性市场，扫除不利于市场竞争的因素。最后就是要改革公务员制度。河北是一个“官本位”文化很浓的地区，人们现在对于成为公务员趋之若鹜。应当对现有公务员制度进行一定的改革，以便改变这种现象，促进创业文化的发展。公务员制度的改革可以从精减现有人员开始。精减人员之后去除终身制。这样，人们对于公务员的偏爱才会出现根本性改变。

2. 创业宣传

要充分调动媒体资源，广泛宣传创业文化。创业文化的宣传是多方面的，首先是对创业政策的宣传。许多人不熟悉怎样去申请建立一个企业，所以不会产生创业的念头。而一旦了解了创业的流程，便会不自觉地产生创业的想法，有了创业想法便容易发现创业机会进行创业。除了对创业流程进行宣传以外，还要对创业的优惠政策体系进行宣传，从而刺激人们进行创业。然后是对创业精神的宣传。在电视或报纸等媒体上，通过叙述成功创业者的故事，鼓励人们进行创业投资。还可以在城市街道上挂上条幅，条幅上写有各种鼓励创业的口号，这种方式或许短时间内不会收到效果，但时间久了就会深入人心。对创业政策和创业投资的宣传之外，非常重要的一点就是要提醒创业者创业风险。创业有风险，许多创业者往往会把自己的全部积蓄投入到创业当中，一旦创业失败，就会血本无归。所以不能只是不负责任的宣扬创业，鼓励创业，还应当在宣扬这些的同时，为广大创业者指出创业时可能会遇到的问题，如何避免这些问题，以及如果遇到这些问题应当如何解决。这样才能够做到正确而全面地宣扬创业文化。

3. 创业培训

在本人参与的另外一个课题当中，曾经对河北省的一百多位创业者进行过创业调查，在创业培训对于创业是否重要的选项当中，来自河北省相对不发达地区的创业者有90%以上选择了重要，来自相对发达地区的创业者也有50%以上的人选择了重要。这充分说明了创业培训对于创业的重要性。创业培训在关于鼓励创业方面有许多优点。第一点，可以起到宣扬创业文化的作用，因为创业培训本身就是一种宣传。第二点，可以面对面地告诉人们如何进行创业，以及在创业遇到困难时如何解决，这种面对面的讲述相比于媒体宣传更能够深入人心。第三点，在接受创业培训的时候，人们满脑子里所想的必然都是与创业有关的信息，也许便能够因此发现创业机会，从此开启创业之门。

11.3.2 优化产业结构

在前面叙述河北省创业环境当中所存在的问题的时候，本研究已经提到了河北省在产业结构方面存在的问题，在这里将提出针对性的解决方法，本研究给出了四条建议，具体如下。

1. 优化教育体系，培养创新人才

优化产业结构很难，这是毋庸置疑的，其根本性难点在于各地产业结构当中巨大的历史存量。各地如今的产业结构都是经过许多年的发展而积累起来的，想要改变要有一个过程。在没有大资金投入的情况下，最为可行的方案就是优化本地的教育体系，教育出新型人才。新型人才与优化产业结构之间的关系在于：只有新型人才的出现才能够创建出新型企业，只有新型企业的出现才能够对产业结构作出根本性调整。所谓新型人才就是指懂得新型技术，了解时代潮流发展的人才。与新型人才相对的是传统人才，他们拥有非常良好的传统技术，包括科学技术和管理技术。

新型人才的出现有两种方法，第一种方法是从外地引进人才。这种方法最为简捷，但是却需要花费大量的资金，并且只能少量引进。第二种方法就是通过改进本地的高校教育，将所需的人才培养出来。这种方法较慢，但可以培养出更多的人才，而且可以长久持续地培养出来。

这种高校改进不应当仅仅是增加几门新专业，而应当对整个教育体系作出改进，提高本地高校的办学水平。

2. 政府政策推动

产业结构的优化离不开政府的推动作用，因为只有政府才能够从大局上调控整个市场的方向。政府可以先制定出大局的规划，再依据规划制定政策，引导企业的行动。对于需要大力发展的产业，那么对该产业的创业可以给予比普通创业更加优惠的政策。

另外，对于大力推进的产业，可以多组建一些协会或者商会，这些协会或者商会为相关行业中的企业提供各种咨询和交流服务，构建起产业发展的服务体系。

3. 缩小各地差距

河北省创业环境各地存在发展差异较大的现状，对于创业环境落后的地区应当给予扶持。对于硬性条件如地理环境、经济区位优势是很难改变的，所以可以扶持当地的软性环境，如交通条件、人才数量等。具体的改善可以分步骤进行，详细如下。

第一步，修公路。“要想富，先修路”这句话虽然很朴实，但却是非常正确的。所以改善创业环境的第一步就是改善交通条件。铁路运输是由国家调控的，某一地区很难主观的让自己成为铁路枢纽，尤其是相对落后的地区；航空运输需要客流量的支持，相对落后地区也很难建立起来；水路运输需要客观的地理条件，也较难改变。所以改善交通就必须从修公路开始，至少可以让当地的公路交通通到每一个地方，形成发达的公路交通体系。

第二步，减赋税。公路交通体系建立起来以后，就是通过减赋税的方式来繁华当地的商业贸易，吸引当地和外地的资金投资建厂，企业多了之后便能够起到模范和带头作用，从而激起人们的创业热情，这就是从改善创建环境加强到了创业文化的建设上。

第三步，强高校。高校的建设有多方面的好处，可以为当地的经济提供人才支持。

4. 因地制宜

因地制宜不是一个口号，也不是一个行动方针，因为即使不提“因地制宜”，几乎所有地区也是依照这个方针来进行的。本研究所认为的因地制宜不应当仅仅是一个方针，而是一个体系，这个体系能够把当地的人口、平均工资、地理环境等各方面都能够融入其中，由此来得出当地最适合发展的产业。接下来本研究将提出经过前面的总结和分析所得出的河北省各地适合发展的一些产业。

张家口和承德：畜牧业。张家口和承德地广人稀，山地较多，可以学习情形类似的澳大利亚，大力发展畜牧业，从而带动当地人们走出一条致富的道路。

秦皇岛和廊坊：高科技产业。秦皇岛是河北省环境最好的地区之一，也是人均财富最多、人均工资最高、政府较为富裕的地区之一。人均工资最高确定了秦皇岛不适合发展人力密集型企业，面积和人口较少说明秦皇岛不适合畜牧业和种植业。若要保护其良好的环境，那么高污染的产业也就不适合秦皇岛。所以综上，秦皇岛最适合的产业就是高科技产业。秦皇岛在河北省是高校数量较多的地区，可以保证足够的人才支持；高科技产业需要较多的资金投入，秦皇岛作为河北省最富裕的地区之一，资金方面也不会遇到很大的问题；高科技产业作为利润较高，所需员工较少的产业，也正好可以容纳秦皇岛人均工资高和人口较少的问题；高科技产业还可以较好地保护秦皇岛良好的环境。廊坊的情形与秦皇岛基本类似，工资高、人口少，高校数量多，应当充分利用地处京津之间的优势，大力发展高科技产业。

保定、邢台和衡水：人力密集型企业。现阶段的保定、邢台和衡水人口较多，平均工资低，适合发展人力密集型产业。但人力密集型企业也应该是有选择的，应当选择那些低污染、有前途的人力密集型企业，如汽车行业等。

邯郸：文化产业。邯郸作为历史文化名城，战国时期就是一国之都，可以大力发展一些文化产业。

石家庄、唐山和沧州：它们具备各方面的优势，适合发展各种产业，应当以发展为北方经济大城市的前景为目标，形成河北省的大城市金三角。

11.3.3 培育龙头企业

在河北省与其他省份创业环境的数据对比中，规模以上工业企业数量是比较少的，仅仅排在全国第三位。所以河北省可以在培育一些大型的龙头企业上下功夫。龙头企业的存在，不仅可以带动周边的创业，而且可以提升本地的声望，吸引更多的外地资金。

1. 推动不良资产合并与重组

培育龙头企业首先可以通过对不良资产进行合并和重组的方式来进行，这样不仅可以培育出新的龙头企业，也有利于经济的良性发展。

2. 引入竞争机制，取消贸易保护

若要使企业成为真正的龙头企业和强大的企业，与其他企业的竞争是不可少的。只有在竞争当中，才能显现一个企业的真正成色，一味地贸易保护只会使企业越来越脆弱。在对外开放的理论当中有一个“U”形理论，原本封闭的相对落后地区刚刚对外开放时，原本的高科技企业或者大型企业是承受压力最大的，原因是由于长期的贸易保护，这些企业懈怠于技术的改进和成本的降低，一旦对外开放，与其他地区的大型企业竞争，就会落于下风，最后走向倒闭。这个理论告诉我们，对于培育强大的龙头企业，引入竞争机制，取消贸易保护是很有必要的。

11.3.4 促进民营企业发展

1. 创建中小企业创业辅导基地

中小企业创业辅导基地是指专门对小企业创业进行辅导和帮助的基地，例如可以提供政务代理、员工培训等服务，还可以提供场地等物质帮助。它兼具孵化园和工业园的功能，还可以为现有企业提供各种帮助，如技术支持。中小企业创业辅导基地能够有效地帮助解决私人在进行创业时所遇到的各种困难，从而提高私人创业的成功率，也可以提高私人创业的积极性。

不仅如此，中小企业创业辅导基地还具有区域辐射效应。当中小企业孵化出当地的几家成功的创业企业后，就可以对当地的人们起到很好的示范作用和带头作用。这样就提高了当地人们的整体创业热情，民营企业的发展就会更加迅速。

2. 推动县域产业集群，加强龙头企业作用

据资料统计，每年倒闭的企业当中，有90%以上的企业是中小企业。这充分体现了中小企业的脆弱性。若要弥补这种脆弱性，将中小企业牵连起来，形成网状结构，彼此之间互相协作，产生聚集效应是一种很好的解决途径。

形成的网状结构可以是多种形式的，例如，许多同类型的小企业聚集在一起，形成紧密相连的网格状结构，这样就可以很好地提升小企业在进行采

购时的议价能力，在销售时也可以形成集团效应。还可以形成蜘蛛网式的结构，即一些小企业在共同进退的同时，还有一些小企业是这些小企业上游企业，上游小企业和下游小企业都彼此相连，形成巨大的网络。

在推动民营企业发展的时候，龙头企业也应当能够起到良好的带头作用。龙头企业将一些不方便打理或者无关紧要的环节剥离出来，交由周边的小企业进行生产，这样既可以简化龙头企业的工作流程，也能够有效地减少不必要的管理费用。而周边的小企业也能够依赖龙头企业生存下去。一些具有锐利眼光的小企业主甚至可以依此带领他的企业发展成为新的龙头企业，这样龙头企业的聚集可以形成更大聚集效应，带动周边创业环境的整体进步。

3. 强化民营企业融资机制

民营企业创业的一大瓶颈就是融资问题，所以若要推动民营企业的进一步发展，就必须优化民营企业的融资机制，保障民营企业创业和发展时拥有的足够资金。

强化民营企业融资机制的方法很多，但其中其最主要作用的还是政府的政策倾斜。第一，对新创企业提供一到两年的无息贷款，这样就可以保证民营企业在创业初期不会背负过重的经济负担。第二，对于中小企业的融资再发展提供适当的低息贷款，促进中小企业向大型企业发展，而这些大型企业发展起来以后将能够为银行带来更多的利益。第三，对于相对落后，缺乏资金的地区，可以为县域的创业者提供更多的补贴。

11.3.5 合理利用周边省份的资源

就中国现在经济而言，一直以来的说法，就是南方的经济强于北方。但是通过全国人均国内生产总值分布图我们可以发现，其实北方的人均国内生产总值总体是要高于南方。

从图 11－1 可以看到，北方各省的人均国内生产总值整体是要好于南方的。

图 11－2 是各省城镇居民可支配收入分布，可以看到以河北省为中心的山东、山西、内蒙古以及东北三省共七个省份当中，仅有山东省进入了最高层的区间，进入第二层区间的也只有内蒙古和辽宁。

以上是北方经济与南方经济的对比，北方经济还有其他一些特点。例如，北方没有经济中心，北京作为全国首都已经负累很重，很难再承担起北方经济中心的任务。天津历来是作为北方经济中心来定位的，但至今没有形成上海和广州那样的周边辐射能力。所以导致各个省份之间独立发展，缺乏必要

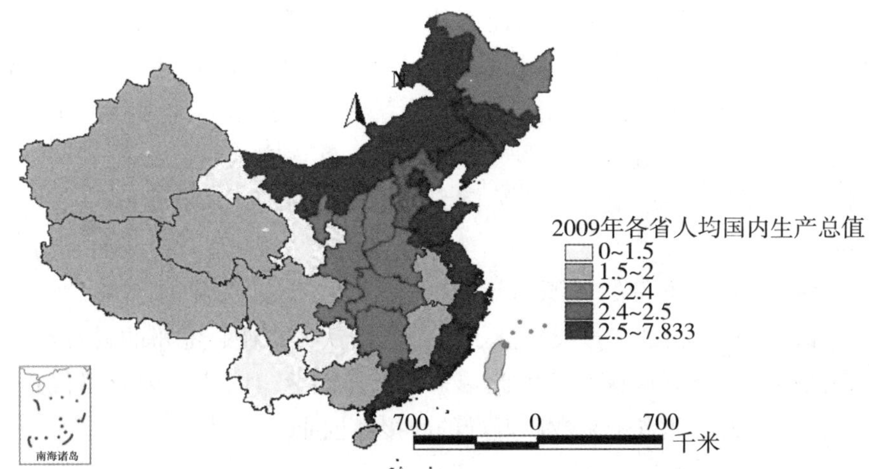

图 11－1　2009 年各省人均国内生产总值

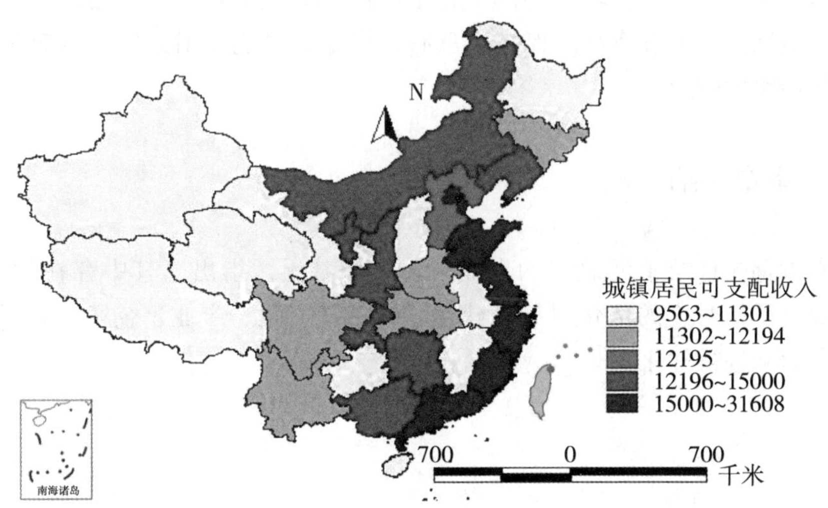

图 11－2　各省城镇居民可支配收入分布

联系，无法形成优势互补共同发展的局面。这种情况是由于历史、政治和人文等多方面原因造成的，这里就不再赘述。

经过前面全国创业环境的评价，我们可以发现，其实河北省周边地区的环境是非常好的，资源、交通、工业基础、文教科卫样样不缺，包括河北省在内，这里汇集了全国最丰富的资源。山西和内蒙古是全国矿产资源最为丰富的两个地区，河南和山东是全国人力资源最为丰富的地区，辽宁是全国创建环境最好的地区，资源同样丰富，同时也是中国的老工业基地。河北是全国铁矿资源最为丰富的地区。除此以外，该地区还有另外东北二省以及京津的支持。如此适合经济发展的地区，却没有预想中的发达，整体实力远远落后于广东领衔的东南地区，以及上海领衔的长三角地区。原因就在于彼此之间缺乏必要的互动联络，无法形成优势互补。在南方经济已经得到较好发展的前提下，北方经济还蕴藏着十分巨大的潜能，对河北省来说也是一个发展的机会。

合理吸引周边省份的资源对于河北省的创业环境是不言而喻的。首先，保定、张家口和承德的矿产类企业、邯郸的钢铁类企业、沧州的科技类企业、秦皇岛的船舶类企业本身就是由此带来的直接创业。而这些创业仅仅是个开始，他们还将为河北省带来数以万计的间接性创业。

11.3.6 保护生态环境

河北省在改善创业环境的同时，也应该注意保护自己的生态环境。从一开始就应该注意生态环境的保护，只有这样才有可能吸引来能够提升河北经济结构档次的企业。

11.4 本章小结

本章首先总结了河北省的创业环境整体状况，指出了其中存在的问题，然后提出了相对应的优化对策和建议，包括从文化、产业、企业、视野和生态等方面来进行优化。

第三部分

河北省经济发展水平和创业需求研究

12 河北省县域经济竞争力评价及分析

依据《2008 年河北经济年鉴》，采用多元统计分析中的因子分析方法，应用社会经济大型统计软件包 SPSS17.0，对河北省 136 个县的县域经济竞争力进行测度，根据测度结果对河北省县域经济竞争力进行综合评价及分析研究。

12.1 河北省县域经济竞争力总体评价

截至 2007 年，河北省现有县和县级市共 136 个，全省总人口 6944.35 万人，而县域总人口为 5965.2 万人，占全省的 85.9%；全省县域 2007 年实现生产总值达 10487.9 亿元，比上年增加 1739.8 亿元，占全省的 75.7%；平均每个县级单位实现生产总值达 74.9 亿元，突破 100 亿元的县级单位有 32 个；实现地方财政一般预算收入 271.4 亿元，比上年增长 29.5%，超过 10 亿元的县域单位有 4 个，比上年增加 2 个。但是河北省县和县级市人均 GDP 约为 9063 元，只相当于全省平均值的 86% 左右；全省消费品零售额为 2177.9 亿元，而县域的消费品零售额却只有 1369.2 亿元；县域人口占全省人口的 80%，而消费品零售额仅占全省消费品零售额的 60%。这说明县域农村还是一个潜力巨大的市场，县域经济的稳定增长对整个河北省经济的稳定发展具有举足轻重的作用。2007 年河北省 11 个地区经济总体运行情况比较，如图 12 - 1 所示。

通过《第八届全国县域经济基本竞争力与科学发展评价报告》（2008 年）可以看出全国县域经济发展的总体水平，2007 年全国人均 GDP 为 19746 元，全国百强县人均 GDP 为 42120 元，而河北省人均 GDP 为 19363 元，河北省县域人均 GDP 只有 9063 元。由全国 31 个省市区县域经济基本竞争力评价表可

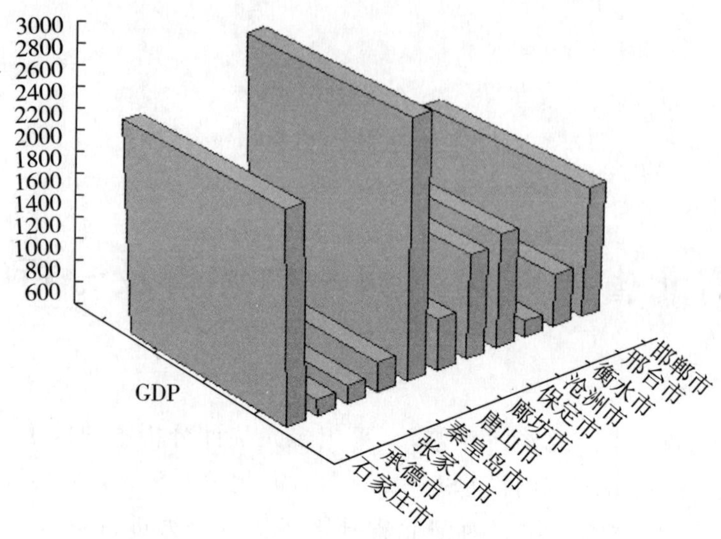

图 12－1　2007 年河北省各地区 GDP 比较

以看出河北省县域经济发展水平处于中游，排名全国第 15 位。2007 年全国县域经济百强县（市），在各省（市、区）的分布是：河北省 6 个，浙江省 26 个，山东省 26 个，江苏省 25 个，福建省 8 个，河南省 7 个，辽宁省 5 个，湖南省 3 个，山西省、内蒙古、广东省各 2 个，黑龙江省、上海市、江西省、四川省、陕西省和新疆维吾尔自治区各 1 个。全国百强县中河北省县域有迁安市（国第 25 位）、任丘市（国第 42 位）、遵化市（国第 53 位）、武安市（国第 56 位）、迁西市（国第 84 位）、三河市（国第 98 位）6 个县域。河北省与县域经济发达的省份地区相比，如浙江省、山东省和江苏省，其百强县比例分别占到 45%、29% 和 48%，而河北省百强县虽有 6 个县域入围，但只占河北省县域的 4.4%，比例很低，说明我省只有极少数县域进入了全国发达县域的行列，绝大部分县域在全国范围来看仍属于发展中或经济发展水平相对落后的县域地区。

12.2　河北省县域经济竞争力因子分析

12.2.1　因子分析步骤

因子分析有以下几个步骤。

设有 n 个样本，p 项指标，则原始数据矩阵为：

$$X = \begin{bmatrix} X_{11} & X_{12} & \cdots & X_{1p} \\ X_{21} & X_{22} & \cdots & X_{2p} \\ \vdots & \vdots & & \vdots \\ X_{n1} & X_{n1} & \cdots & X_{np} \end{bmatrix} \tag{12-1}$$

第一步：将原始数据进行标准化处理，即将同一变量减去其均值再除以标准差，以消除量纲的影响。

标准化后的 $X_{ij}^{'}$ 满足：

$$\bar{X}_{ij}^{'} = 0 \text{ , var}(X_{ij}^{'}) = 1 \tag{12-2}$$

第二步：计算样本相关矩阵 $\boldsymbol{R}$。

$$\boldsymbol{R} = \begin{bmatrix} r_{11} & r_{12} & \cdots & r_{1p} \\ r_{21} & r_{22} & \cdots & r_{2p} \\ \vdots & \vdots & & \vdots \\ r_{n1} & r_{n1} & \cdots & r_{np} \end{bmatrix} \tag{12-3}$$

其中，r_{ij} 为相关系数，其计算公式为：

$$r_{ij} = \sum_{k=1}^{n} X_{ki}^{'} X_{kj}^{'} /(n-1) \ (i,j = 1,2,3,\cdots,p) \tag{12-4}$$

第三步：求相关矩阵 $\boldsymbol{R}$ 的特征向量 $\boldsymbol{U} = (u_{ij})_{p \times p}$ 和特征值 $\lambda_1 \geqslant \lambda_2 \geqslant \lambda_3 \geqslant \cdots \geqslant \lambda_p \geqslant 0$。

第四步：确定公共因子的个数，设为 k 个，按累计贡献率 $\frac{1}{p}\sum_{i=1}^{k}\lambda_i \geqslant 85\%$ 来确定。

第五步：计算 k 个因子的综合得分。

将因子变量表示为原有变量的线性组合，即：

$$F_{mi} = \sum_{j=1}^{p} U_m \cdot X_{ij}^{'} \quad (i = 1,2,3,\cdots,n;j,m = 1,2,3,\cdots,p) \tag{12-5}$$

用每个主因子的贡献率作权重，进行加权求和即得综合值。

12.2.2 县域经济竞争力因子分析

将选择的各指标数据进行无量纲化，通过因子分析的 KMO 和 Bartlett 的检验结果可以看出，Bartlett 的球形度检验的 p 值为 0.000，表明拒绝原假设，表示相关矩阵与单位矩阵有显著性差异。取样足够度的 Kaiser - Meyer - Olkin

度量值为0.875，由此可知，原变量适合做因子分析。KMO和Bartlett的检验结果如表12－1所示。

表12－1　　KMO和Bartlett检验

<table>
<tr><td colspan="2">取样足够度的 Kaiser－Meyer－Olkin 度量</td><td>0.875</td></tr>
<tr><td rowspan="3">Bartlett 的球形度检验</td><td>近似卡方</td><td>6499.056</td></tr>
<tr><td>df</td><td>528</td></tr>
<tr><td>Sig.</td><td>0.000</td></tr>
</table>

采用主成分分析方法、Kaiser标准化的正交旋转法对指标体系的主成分进行提取，得出的提取结果如表12－1所示。因子分析的主旨是利用少数几个公共因子来解释较多个变量存在的复杂关系，利用主成分分析法选择公共因子时，一般要求因子的特征值大于或等于1，由表12－1可以看出选取前三个公共因子是比较合适的。

利用因子分析的碎石图与旋转空间中的成分图，可以帮助确定最优的因子数量。在碎石图中，横坐标表示因子数目，纵坐标表示特征根。河北省县域经济竞争力因子分析碎石图与旋转空间中的成分图如图12－2和图12－3所示。

从图12－2和图12－3也可以看出，前3个因子的特征值都很大，从第4个开始特征值很小，因子特征值的连线也变得很平缓，即前3个因子对解释变量的贡献最大，所以因子分析中提取3个因子最合适。采取方差最大法，对得到的公共因子进行旋转，结果如表12－2所示。

表12－2　　各因子的特征值及方差累计贡献率

<table>
<tr><th rowspan="2">成分</th><th colspan="3">初始特征值</th><th colspan="3">提取平方和载入</th><th colspan="3">旋转平方和载入</th></tr>
<tr><th>合计</th><th>方差的%</th><th>累积%</th><th>合计</th><th>方差的%</th><th>累积%</th><th>合计</th><th>方差的%</th><th>累积%</th></tr>
<tr><td>1</td><td>13.877</td><td>42.052</td><td>42.052</td><td>13.877</td><td>42.052</td><td>42.052</td><td>10.742</td><td>32.552</td><td>32.552</td></tr>
<tr><td>2</td><td>6.080</td><td>18.424</td><td>60.476</td><td>6.080</td><td>18.424</td><td>60.476</td><td>8.153</td><td>24.705</td><td>57.257</td></tr>
<tr><td>3</td><td>2.167</td><td>6.565</td><td>67.041</td><td>2.167</td><td>6.565</td><td>67.041</td><td>2.674</td><td>8.102</td><td>65.358</td></tr>
<tr><td>4</td><td>1.335</td><td>4.046</td><td>71.087</td><td>1.335</td><td>4.046</td><td>71.087</td><td>1.502</td><td>4.551</td><td>69.909</td></tr>
<tr><td>5</td><td>1.118</td><td>3.387</td><td>74.474</td><td>1.118</td><td>3.387</td><td>74.474</td><td>1.354</td><td>4.102</td><td>74.011</td></tr>
<tr><td>6</td><td>1.093</td><td>3.311</td><td>77.785</td><td>1.093</td><td>3.311</td><td>77.785</td><td>1.246</td><td>3.775</td><td>77.785</td></tr>
<tr><td colspan="10">提取方法：主成分分析</td></tr>
</table>

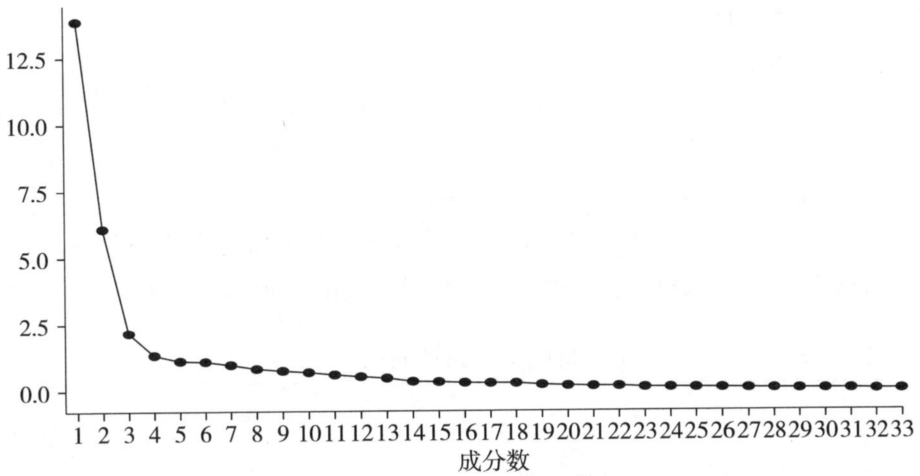

图 12－2　因子分析碎石图

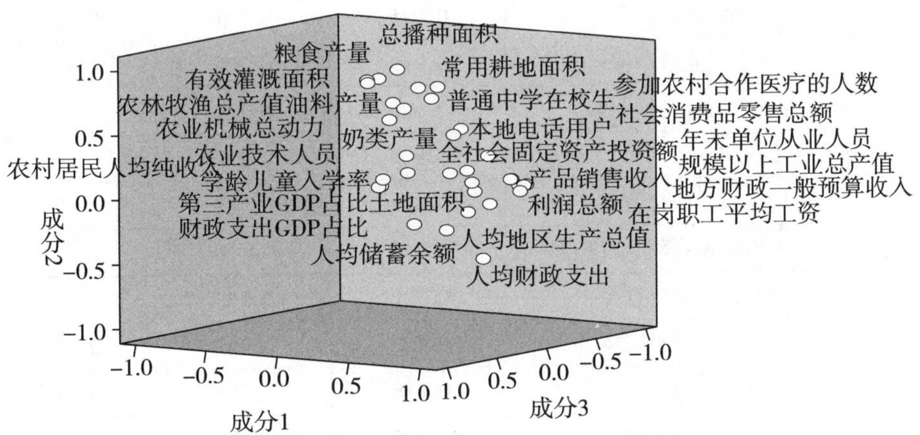

图 12－3　旋转空间中的成分图

表 12－3 显示的是采用方差最大正交旋转法旋转后的因子载荷矩阵，表中空白表格表示相应载荷小于 0.3。与未旋转的载荷矩阵相比，旋转后的因子载荷矩阵的因子含义要清楚得多。因子载荷矩阵中给出每一个变量在这三个因子中的载荷。

从表中可以看出，第一个因子主要解释了河北省县域经济的产业竞争力，第一个因子对指标如地方财政一般预算收入、流动资产年平均额、销售收入、规模以上工业总产值、固定资产净值年平均余额、利润总额、人均地区生产总值、人均储蓄余额、民用汽车拥有量、全社会固定资产投资额、农村用电量、年末单位从业人员、社会消费品零售总额、人均财政支出、在岗职工平均工资和本地电话用户的因子载荷较大。

第二个因子主要解释了河北省县域经济的农业竞争力，第二个因子对指标如总播种面积、猪牛羊肉产量、有效灌溉面积、粮食产量、参加农村合作医疗的人数、普通中学在校生、常用耕地面积、农林牧渔总产值、农业机械总动力、油料产量的因子载荷较大。

第三个因子主要解释了河北省县域经济的区位资源竞争力。第三因子对指标如土地面积、农村居民人均纯收入和财政支出GDP占比的因子载荷较大。

表12-3　旋转后的因子载荷矩阵

指标名称	因子		
	1	2	3
地方财政一般预算收入	0.959		
流动资产年平均额	0.947	0.134	
产品销售收入	0.945	0.201	0.102
规模以上工业总产值	0.943	0.200	0.113
固定资产净值年平均余额	0.926	0.131	
利润总额	0.908	0.129	
人均地区生产总值	0.825		0.374
人均储蓄余额	0.712	-0.166	0.428
民用汽车拥有量	0.702	0.160	0.156
全社会固定资产投资额	0.687	0.261	0.355
农村用电量	0.686	0.256	0.183
年末单位从业人员	0.683	0.339	
社会消费品零售总额	0.659	0.546	0.278
人均财政支出	0.654	-0.460	
在岗职工平均工资	0.638		-0.114
本地电话用户	0.550	0.547	
总播种面积		0.935	
猪牛羊肉产量		0.906	0.253
有效灌溉面积		0.899	0.127
粮食产量		0.887	0.260

续 表

指标名称	因子		
	1	2	3
参加农村合作医疗的人数	0.354	0.846	
普通中学在校生	0.397	0.778	0.120
常用耕地面积		0.758	−0.323
农林牧渔总产值	0.162	0.730	0.172
农业机械总动力	0.331	0.721	0.303
油料产量		0.572	
土地面积		−0.109	−0.776
农村居民人均纯收入	0.466	0.244	0.709
财政支出 GDP 占比	−0.307	−0.387	−0.705
奶类产量		0.273	
农业技术人员	0.190	0.175	
学龄儿童入学率			0.117
第三产业 GDP 占比	−0.126		−0.117
提取方法：主成分分析法；旋转法：具有 Kaiser 标准化的正交旋转法			
a. 旋转在 7 次迭代后收敛			

由此可以对构成河北省县域竞争力的三个因子进行命名，三个因子的名称分别为县域经济产业竞争力因子、农业竞争力因子以及区位资源竞争力因子。得出因子的得分系数矩阵表，计算每一个因子的得分和因子的综合得分，如表 12－4 所示。

表 12－4　　因子得分系数矩阵

指标名称	因子		
	1	2	3
人均地区生产总值	0.057	−0.061	0.121
社会消费品零售总额	0.032	0.037	0.066
地方财政一般预算收入	0.115	−0.012	−0.048
年末单位从业人员	0.050	0.019	−0.079

续 表

指标名称	因子		
	1	2	3
全社会固定资产投资额	0.033	-0.013	0.104
规模以上工业总产值	0.112	0.005	-0.037
第三产业 GDP 占比	0.009	0.023	0.070
在岗职工平均工资	0.040	-0.049	-0.092
农村居民人均纯收入	-0.023	-0.035	0.292
产品销售收入	0.113	0.005	-0.042
利润总额	0.118	0.003	-0.100
流动资产年平均额	0.121	0.001	-0.095
固定资产净值年平均余额	0.124	0.006	-0.124
土地面积	0.043	0.011	-0.364
常用耕地面积	-0.016	0.120	-0.180
有效灌溉面积	-0.038	0.120	0.012
总播种面积	-0.027	0.138	-0.101
农村用电量	0.093	0.029	0.047
农业机械总动力	0.015	0.089	0.076
民用汽车拥有量	0.050	-0.016	0.013
本地电话用户	0.042	0.060	-0.050
农林牧渔总产值	-0.035	0.075	0.030
粮食产量	-0.033	0.118	0.056
油料产量	-0.007	0.080	0.000
猪牛羊肉产量	-0.033	0.121	0.053
奶类产量	-0.035	0.009	-0.070
人均财政支出	0.082	-0.094	-0.008
财政支出 GDP 占比	0.035	0.001	-0.266
学龄儿童入学率	-0.061	-0.035	-0.006
农业技术人员	-0.040	-0.013	-0.023

续 表

指标名称	因子		
	1	2	3
普通中学在校生	0.028	0.104	-0.024
人均储蓄余额	0.044	-0.080	0.185
参加农村合作医疗的人数	0.022	0.117	-0.074
提取方法：主成分分析法；旋转法：具有 Kaiser 标准化的正交旋转法；构成得分			

采用因子分析对河北省县域经济竞争力水平进行综合评价，求出每一因子的得分与综合得分，并根据得分的高低进行排名，得分及排名结果如表12-5所示。

表 12-5　因子分析排名结果

县名	F_1 得分	F_1 排名	F_2 得分	F_2 排名	F_3 得分	F_3 排名	综合得分	总排名
迁安市	6.41994	1	0.12516	48	-0.79322	113	88.13	1
任丘市	4.79966	2	0.70096	27	-2.1094	130	66.3	2
武安市	4.49769	3	0.58906	32	-0.43139	105	65.06	3
遵化市	2.67377	4	0.71719	26	0.88011	21	43.37	4
霸州市	2.24255	5	0.0065	59	0.75656	28	32.8	5
藁城市	0.84661	13	2.13636	5	1.10099	14	27.12	6
三河市	2.01948	6	-0.75437	108	1.24048	9	26.13	7
辛集市	0.72584	15	2.06442	6	1.21917	10	25.27	8
定州市	0.1792	32	3.9108	1	-1.2921	123	23.46	9
迁西县	1.75388	7	-1.84091	134	1.21917	11	15.79	10
玉田县	0.27933	24	1.69466	11	0.58142	34	15.44	11
宁晋县	0.21543	28	2.02653	7	-0.39385	104	14.46	12
永年县	-0.02763	47	2.3536	3	0.12879	71	14.21	13
鹿泉市	1.05325	10	-0.69864	103	1.65766	2	13.96	14
涿州市	0.85713	12	0.15264	46	0.46785	43	13.84	15
正定县	0.45892	20	0.46291	35	1.58462	4	12.62	16
滦南县	0.21713	26	1.6166	13	-0.27013	95	12.26	17

续表

县名	F_1 得分	F_1 排名	F_2 得分	F_2 排名	F_3 得分	F_3 排名	综合得分	总排名
赵　县	-0.03959	48	1.78136	9	0.85365	23	12.13	18
河间市	-0.09773	52	2.18348	4	-0.00	81	11.92	19
平山县	1.19331	8	-0.3937	85	-1.17026	122	11.63	20
乐亭县	0.33081	23	0.81984	23	0.73195	29	11.16	21
沧　县	0.10155	39	1.52998	14	0.17829	69	11.1	22
晋州市	0.19954	30	0.79313	25	1.61506	3	11.09	23
抚宁县	0.78358	14	-0.07719	65	-0.34515	99	9.66	24
涉　县	1.09388	9	-1.3533	128	0.61454	33	8.28	25
滦　县	0.21706	27	0.68373	28	0.2443	64	7.7	26
邯郸县	0.72267	16	-0.72298	105	0.85889	22	7.49	27
磁　县	0.18536	31	0.63804	30	0.43718	46	7.4	28
新乐市	-0.0237	46	0.67728	29	1.42449	5	6.88	29
沙河市	0.54567	18	-0.44714	87	0.62019	32	6.2	30
黄骅市	0.33673	22	-0.03806	62	0.69743	31	5.95	31
邢台县	0.62848	17	-0.49473	91	-0.04205	83	5.62	32
文安县	0.25818	25	0.01076	57	0.84685	25	5.48	33
昌黎县	-0.15795	60	0.99888	20	0.34874	55	4.64	34
深州市	-0.51137	105	1.84945	8	0.03687	79	4.23	35
景　县	-0.43509	89	1.69089	12	-0.08951	86	4.05	36
泊头市	-0.18469	62	0.80837	24	0.57997	35	3.61	37
大名县	-0.84358	134	2.71163	2	-0.62055	110	3.44	38
青　县	0.17355	34	0.08396	51	0.0507	78	3.03	39
无极县	-0.23211	67	0.5492	34	1.07731	15	2.45	40
高碑店市	-0.14105	58	0.38255	38	0.72537	30	1.94	41
宽城满族自治县	1.01724	11	-2.03887	136	0.08977	75	1.91	42
隆尧县	-0.48186	101	1.22506	16	0.31324	58	1.44	43
易　县	0.14392	37	0.2551	43	-0.99341	118	1.4	44

续 表

县名	F_1 得分	F_1 排名	F_2 得分	F_2 排名	F_3 得分	F_3 排名	综合得分	总排名
香河县	0. 20049	29	-0. 9167	117	1. 92405	1	1. 38	45
徐水县	-0. 1945	64	0. 57434	33	0. 22214	67	1. 27	46
栾城县	-0. 0099	43	-0. 28085	80	1. 38319	6	1. 15	47
清河县	0. 07306	40	-0. 48906	90	0. 97847	16	0. 16	48
大城县	-0. 13037	55	0. 10414	49	0. 54994	37	0. 02	49
唐海县	0. 47321	19	-1. 623	132	1. 29227	8	-0. 5	50
魏　县	-0. 77794	130	1. 75237	10	-0. 26814	93	-0. 72	51
献　县	-0. 50606	104	1. 16834	17	-0. 37878	103	-0. 74	52
井陉县	0. 17745	33	-1. 00735	122	0. 89201	20	-1. 73	53
冀州市	-0. 26508	70	0. 20271	45	0. 22854	66	-1. 95	54
元氏县	-0. 33437	76	0. 04536	55	0. 96513	17	-2. 27	55
固安县	-0. 38067	81	0. 3099	41	0. 4331	47	-2. 46	56
清苑县	-0. 62778	117	1. 11982	18	-0. 27696	96	-2. 5	57
故城县	-0. 646	119	0. 97157	21	0. 09507	74	-2. 85	58
承德县	0. 16532	36	-0. 41414	86	-1. 2982	125	-3. 04	59
临漳县	-0. 89507	135	1. 4384	15	0. 26523	63	-3. 1	60
滦平县	0. 40921	21	-1. 17189	125	-0. 81499	114	-3. 21	61
盐山县	-0. 21812	65	0. 02225	56	-0. 23521	92	-3. 4	62
肃宁县	-0. 29326	71	-0. 20402	76	0. 84965	24	-3. 47	63
蠡　县	-0. 42835	88	0. 139	47	0. 54156	39	-3. 93	64
定兴县	-0. 72738	128	1. 00478	19	-0. 05355	85	-4. 1	65
枣强县	-0. 4832	102	0. 41628	37	-0. 04693	84	-4. 28	66
行唐县	-0. 4678	97	0. 35963	39	-0. 03893	82	-4. 39	67
永清县	-0. 4226	87	0. 05985	54	0. 49259	42	-4. 43	68
平泉县	-0. 05154	49	-0. 22898	78	-1. 11188	121	-4. 52	69
阳原县	-0. 01415	44	-0. 53028	93	-0. 59601	109	-4. 71	70
东光县	-0. 38657	82	-0. 03245	61	0. 38175	52	-4. 73	71
曲周县	-0. 67245	122	0. 61925	31	0. 34638	56	-4. 82	72

续 表

县名	F_1 得分	F_1 排名	F_2 得分	F_2 排名	F_3 得分	F_3 排名	综合得分	总排名
蔚　县	-0.05842	51	-0.13358	72	-1.48203	126	-4.83	73
成安县	-0.46514	96	0.25995	42	-0.18239	89	-5.27	74
安平县	-0.41754	85	-0.2678	79	0.95809	18	-5.35	75
卢龙县	-0.43626	90	-0.02795	60	0.40118	50	-5.35	76
安国市	-0.48495	103	-0.08855	66	0.84026	26	-5.45	77
内丘县	-0.13979	57	-0.75704	109	0.49449	41	-5.47	78
雄　县	-0.29779	72	-0.4732	88	0.44413	45	-6.05	79
兴隆县	0.16812	35	-1.41641	130	-0.15521	88	-6.62	80
怀来县	-0.11591	53	-0.94077	118	0.29641	62	-6.69	81
南皮县	-0.41859	86	-0.11049	70	-0.20152	90	-6.92	82
南宫市	-0.67674	123	0.42164	36	-0.09999	87	-7.04	83
安新县	-0.41271	83	-0.3313	83	0.30325	60	-7.08	84
广宗县	-0.32275	75	-0.31177	81	-0.33949	98	-7.11	85
唐　县	-0.31124	73	-0.10277	68	-1.02718	119	-7.17	86
灵寿县	-0.22888	66	-0.72354	106	0.16281	70	-7.22	87
隆化县	-0.13526	56	-0.21077	77	-1.94385	128	-7.37	88
高阳县	-0.31406	74	-0.77549	110	0.772	27	-7.4	89
丰宁满族自治县	0.05802	41	-0.1881	75	-3.31985	135	-7.53	90
青龙满族自治县	-0.05761	50	-0.61239	96	-1.48591	127	-7.74	91
巨鹿县	-0.47277	98	-0.13074	71	-0.21003	91	-7.81	92
武邑县	-0.68061	124	0.34239	40	-0.36933	102	-8.16	93
大厂回族自治县	0.04968	42	-1.9388	135	1.32628	7	-8.22	94
深泽县	-0.45857	95	-0.7483	107	1.19735	12	-8.32	95
肥乡县	-0.77912	131	0.2504	44	0.41709	49	-8.39	96
威　县	-0.89538	136	0.96382	22	-0.90091	117	-8.52	97

续 表

县名	F_1 得分	F_1 排名	F_2 得分	F_2 排名	F_3 得分	F_3 排名	综合得分	总排名
万全县	-0.15002	59	-0.90334	116	-0.49159	106	-8.64	98
馆陶县	-0.69207	126	0.0089	58	0.39355	51	-8.7	99
吴桥县	-0.56667	110	-0.31478	82	0.42271	48	-8.86	100
满城县	-0.44704	91	-0.63942	100	0.54873	38	-8.9	101
曲阳县	-0.54885	109	-0.09356	67	-0.35236	100	-8.95	102
围场满蒙自治县	-0.12786	54	0.06217	53	-3.54475	136	-9.08	103
阜城县	-0.64926	120	0.06221	52	-0.26915	94	-9.21	104
容城县	-0.45743	93	-0.84138	114	0.945	19	-9.42	105
赞皇县	-0.343	77	-0.85272	115	0.23435	65	-9.44	106
饶阳县	-0.59144	113	-0.10606	69	-0.27757	97	-9.45	107
涞源县	0.13496	38	-1.4042	129	-1.29412	124	-9.47	108
广平县	-0.51267	107	-0.63895	99	0.57321	36	-9.76	109
孟村回族自治县	-0.23848	68	-1.19139	127	0.36482	53	-9.76	110
任　县	-0.71013	127	-0.06185	63	0.09643	73	-10.02	111
宣化县	-0.36646	79	-0.61804	97	-0.56773	108	-10.07	112
高邑县	-0.47689	99	-1.02189	123	1.17777	13	-10.28	113
涞水县	-0.36399	78	-0.64906	101	-0.69848	111	-10.51	114
临西县	-0.78841	132	-0.06518	64	0.32964	57	-10.62	115
鸡泽县	-0.60715	115	-0.52831	92	0.45823	44	-10.64	116
南和县	-0.73286	129	-0.16192	74	0.05417	77	-11.04	117
顺平县	-0.45787	94	-0.67228	102	-0.35529	101	-11.21	118
平乡县	-0.58878	112	-0.53818	94	0.10356	72	-11.22	119
怀安县	-0.25757	69	-0.98973	121	-0.88396	116	-11.51	120
武强县	-0.57167	111	-0.62134	98	0.05965	76	-11.58	121
临城县	-0.37517	80	-1.16551	124	0.31132	59	-11.62	122
望都县	-0.67057	121	-0.57524	95	0.29803	61	-12.16	123

续 表

县名	F_1 得分	F_1 排名	F_2 得分	F_2 排名	F_3 得分	F_3 排名	综合得分	总排名
赤城县	-0.01561	45	-1.17478	126	-2.40459	131	-12.57	124
涿鹿县	-0.4505	92	-0.77557	111	-0.76646	112	-12.63	125
博野县	-0.63082	118	-0.70729	104	0.18861	68	-12.65	126
邱　县	-0.79036	133	-0.48638	89	0.52567	40	-12.79	127
海兴县	-0.47807	100	-0.83517	113	-0.50142	107	-12.8	128
张北县	-0.53934	108	0.08433	50	-2.76054	133	-12.95	129
阜平县	-0.18531	63	-1.42435	131	-0.88388	115	-13.15	130
柏乡县	-0.68313	125	-0.8272	112	0.35696	54	-13.74	131
康保县	-0.51228	106	-0.13377	73	-2.82508	134	-14.04	132
新河县	-0.6068	114	-0.94742	119	0.02185	80	-14.13	133
崇礼县	-0.18049	61	-1.67725	133	-1.09012	120	-15.06	134
尚义县	-0.41625	84	-0.95479	120	-2.00592	129	-15.93	135
沽源县	-0.60997	116	-0.34721	84	-2.73867	132	-16.51	136

12.3 河北省县域经济竞争力水平分析

12.3.1 县域经济发展类型评价及说明

根据以上因子分析结果，可以按照河北省县域经济的总体竞争力水平，将因子分析表中的河北省136个县域地区进一步划为四种类型地区：河北省县域经济竞争力较强的地区（第一类地区）、河北省县域经济竞争力中等的地区（第二类地区）、河北省县域经济竞争力较弱的地区（第三类地区）、河北省县域经济竞争力弱的地区（第四类地区）。具体分类如表12-6所示。

本研究根据因子分析方法提取因子的特点，从河北省县域经济的产业竞争力因子（第一因子 F_1）角度、河北省县域的农业竞争力因子（第二因子 F_2）角度以及河北省县域的区位资源竞争力因子（第三因子 F_3）角度，分别对河北省四种类型的县域地区的经济竞争力进行综合研究分析。

表 12-6　　按河北省县域经济竞争力水平确定的四大类地区

按竞争力水平分类	县域名称
第一类地区：竞争力较强地区（34 个县）	迁安市、任丘市、武安市、遵化市、霸州市、藁城市、三河市、辛集市、定州市、迁西县、玉田县、宁晋县、永年县、鹿泉市、涿州市、正定县、滦南县、赵县、河间市、平山县、乐亭县、沧县、晋州市、抚宁县、涉县、滦县、邯郸县、磁县、新乐市、沙河市、黄骅市、邢台县、文安县、昌黎县
第二类地区：竞争力中等地区（34 个县）	深州市、景县、泊头市、大名县、青县、无极县、高碑店市、宽城满族自治县、隆尧县、易县、香河县、徐水县、栾城县、清河县、大城县、唐海县、魏县、献县、井陉县、冀州市、元氏县、固安县、清苑县、故城县、承德县、临漳县、滦平县、盐山县、肃宁县、蠡县、定兴县、枣强县、行唐县、永清县
第三类地区：竞争力较弱地区（34 个县）	平泉县、阳原县、东光县、曲周县、蔚县、成安县、安平县、卢龙县、安国市、内丘县、雄县、兴隆县、怀来县、南皮县、南宫市、安新县、广宗县、唐县、灵寿县、隆化县、高阳县、丰宁满族自治县、青龙满族自治县、巨鹿县、武邑县、大厂回族自治县、深泽县、肥乡县、威县、万全县、馆陶县、吴桥县、满城县、曲阳县
第四类地区：竞争力弱的地区（34 个县）	围场满蒙自治县、阜城县、容城县、赞皇县、饶阳县、涞源县、广平县、孟村回族自治县、任县、宣化县、高邑县、涞水县、临西县、鸡泽县、南和县、顺平县、平乡县、怀安县、武强县、临城县、望都县、赤城县、涿鹿县、博野县、邱县、海兴县、张北县、阜平县、柏乡县、康保县、新河县、崇礼县、尚义县、沽源县

12.3.2 竞争力较强地区的县域经济竞争力分析

12.3.2.1 第一类地区产业竞争力分析

县域经济的产业竞争力水平是县域经济竞争力中最重要的因素。县域特色产业在县域经济的发展中有着不可替代的重要作用，只有不断发展和完善支持性生产要素、引进创新性生产要素，才能获得持续的竞争优势。通过人均地区生产总值可以直接反映出县域经济发展的总体水平，通过图 12-4 可以看出，第一类地区人均地区生产总值约为 30000 元，明显高于其他三类地区，其中迁安市、任丘市、武安市、遵化市、迁西县的人均地区生产水平明显高于第一类地区的平均水平；定州市、永年县、赵县和宁晋县在第一类地区经济中则明显低于平均水平。

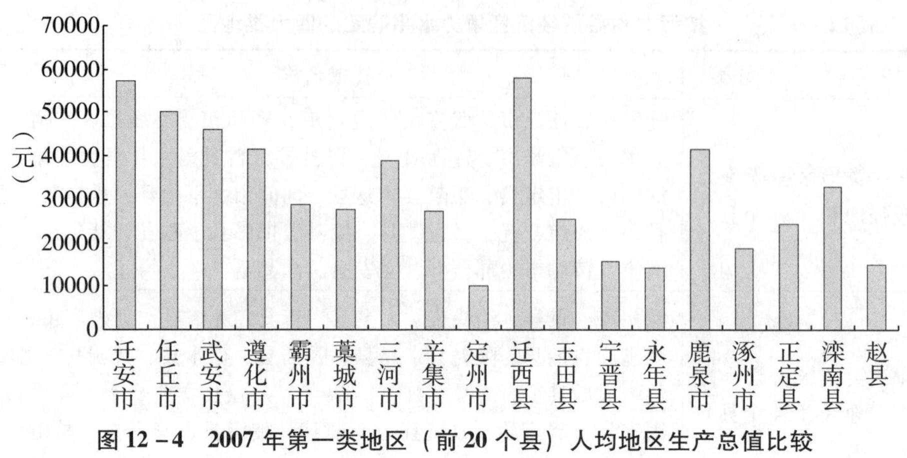

图 12－4　2007 年第一类地区（前 20 个县）人均地区生产总值比较

通过图 12－5 可以看出，第一类地区全社会固定资产投资额平均值约为 100 亿元，各地区差异不明显。规模以上工业总产值相对来说不均衡，平均值约为 400 亿元。其中迁安市、霸州市和三河市的全社会固定资产投资额略高于第一类地区的平均水平；而迁安市、任丘市和武安市的规模以上工业总产值在第一类地区经济中则明显高于其平均水平。

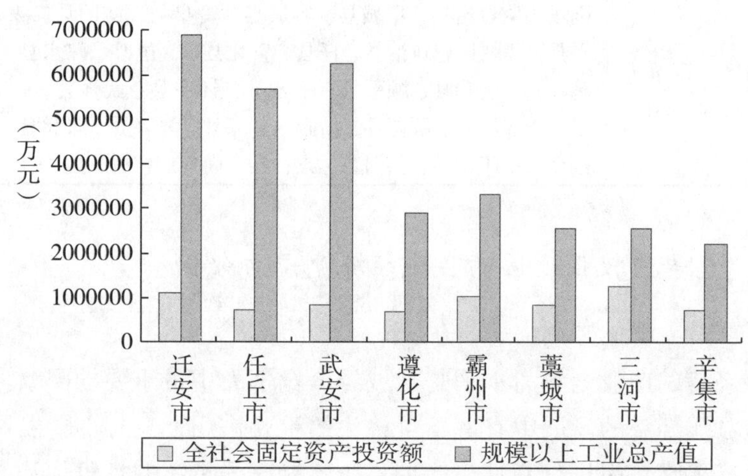

图 12－5　2007 年第一类地区县域固定资产投资与工业发展状况

迁安市在第一因子即县域经济产业竞争力因子的得分为 6.41994 分，位列第一，其各项指标都居全省前列，因子综合得分为 88.13 分，位列全省县域第 1 名。相对于第二、第三名的任丘市和武安市，产业竞争力因子得分高出 2 分，优势明显。迁安市民营经济蓬勃发展迅速，其中唐山钢铁集团经济实力雄厚，全市964家乡村集体企业和205家市属企业已全部完成产权制度改革，所有制结构得到有效调整和优化。迁安市第三产业发达，第三产业占地区GDP的比重为0.32，服务体系健全，已初步形成了餐饮服务、交通运输、金融保险三大支柱产业。2007年，全市完成全社会固定资产投资110.3亿元，同比增长28.1%。在投资总额中，城镇投资80.6亿元，同比增长25.7%；农村投资29.7亿元，同比增长35%。

任丘市在产业竞争力因子的得分为4.79966分，位列全省第2名。任丘经济实力较强，2007年全市生产总值完成406.7亿元，固定资产投资70.1亿元，农民人均纯收入5231元；任丘是华北油田所在地，石油化工产业是该市最大的特色主导产业。该市不断加强与华北油田的合作，启动了总面积为15平方千米的石化基地建设，倾力打造河北省重要的石油化工基地。该市以中国石油华北石化分公司为龙头，引导优势企业向区内聚集，为公司提供上下游配套产品，延伸石化产业链条。任丘市已初步形成石油化工、摩托车制造、铝型材、石油装备制造四大主导产业。

武安市在产业竞争因子的得分为4.49769分，位列全省第三。武安市2007年完成固定资产投资806499万元，固定资产投资迅猛增长，冶金、建材、煤炭工业发达；“国退民进”步伐迅速，2005年即有158家国有集体企业基本完成改制，民营企业总量迅速扩张，总资产达180亿元。对外开放步伐加快，“十五”期间累计利用外资3912万美元、国内资金36.2亿元，出口创汇3575.8万美元。

遵化市在县域经济产业竞争力因子的得分为2.67377分，位列全省第四。遵化市钢铁业为全市第一大支柱产业，占全市GDP总量的一半，2007年全市生产总值完成293.6亿元，占年计划的100.2%，增长10.8%，其中：第一产业完成21.8亿元，同比下降4.8%，第二产业完成167.3亿元，同比增长10.9%，第三产业完成104.5亿元，同比增长14.3%；财政收入完成23.03亿元，增长15%；万元GDP能耗下降4.5%。

12.3.2.2 第一类地区农业竞争力分析

县域经济的农业发展水平是县域经济竞争力中一项很重要的衡量标准。通过农林牧渔总产值可以直接反映出县域经济农业竞争力的水平，通过图12-6可以看出，第一类地区平均农林牧渔总产值约为40亿元，明显高于其他三类地区，其中藁城市、辛集市的农林牧渔总产值水平明显高于这一类地区的平均水平；武安市和霸州市在第一类地区经济中则相对低于平均水平。

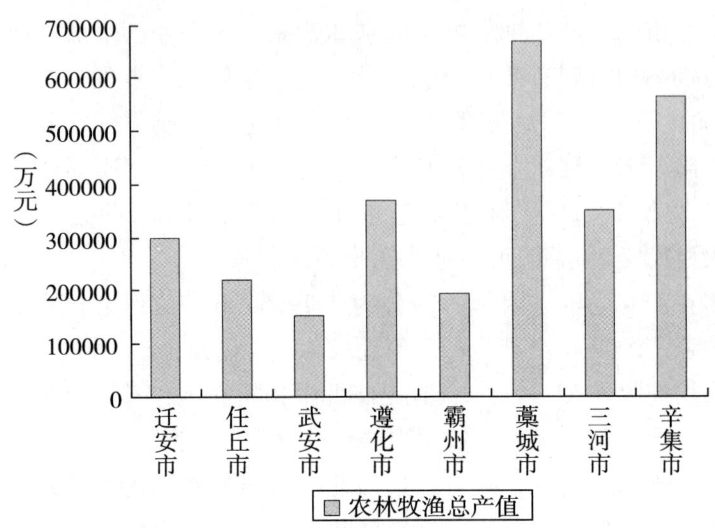

图 12-6　2007 年第一类地区县域农业发展水平

从农业竞争力因子的得分中，可以看到定州市在县域农业竞争力因子得分最高，为 3.9108 分，位列全省第一。近年来，定州市积极引导和鼓励农业龙头企业到特色村建立生产基地，为“一村一品”专业村特色产品提供加工、销售等服务。除蔬菜基地外，还有一批实行“公司+基地+农户”的经营模式的农业产业化龙头项目，先后带动了周围百姓致富。黄家营葡萄酒庄就是一个成功的例子，其完全按照标准化生产、加工、销售，有 5000 余户建起了 15000 亩的高效农业葡萄种植观光园区。

藁城市是全国知名的传统农业大市，农业综合生产能力保持全省、全国领先水平，藁城市在第二因子即县域农业竞争力因子的得分为 2.13636 分，位列全省第 5 名。从图 12-6 可以看出，藁城市 2007 年农林牧渔总产值达到 668148 万元，明显高于第一类地区的其他县域，2004—2006 年连年荣获“全国粮食生产先进县标兵”第一名，藁城市农业产业化水平发展迅速，拥有 5 家省级重点龙头企业、72 家销售收入 500 万元以上龙头企业、5 家超亿元企业。

永年县在农业竞争力因子的得分为 2.3536 分，位列全省第 3 名。2007 年永年县完成农业总产值 59 亿元，农民人均纯收入达到 5021 元，是“全国商品粮基地县”“国家级优质小麦基地县”“全国无公害蔬菜生产示范基地县”“全国标准化农业示范区”“全国蔬菜产业十强县”“河北蔬菜之乡”和“河北大蒜之乡”。永年县逐步形成了公司带基地、基地促加工、加工连农户的农业产业化经营格局。到 2007 年年底，全县拥有各类加工企业 280 多家，年加工各类农产品28万吨，实现销售收入32.9亿元，农业产业化经营总额达到37.65亿元，年增加农民收入3.6亿元。

12.3.2.3 第一类地区区位资源竞争力分析

区位资源状况是县域经济发展的重要依托，因此区位资源竞争力水平也是县域经济竞争力的重要因素。鹿泉市在区位资源竞争力因子中的得分为1.65766分，位列全省第二。在《石家庄城市总体规划》鹿泉市被列为“1＋4”组团之一，定位为省会西花园，以发展商贸旅游业为主。鹿泉市有6个乡镇直接与省会接壤，接受省会带动辐射能力较强；交通方面，石环公路、张石高速、石太客运专线正在建设，与原有的石太、青银高速在该市交汇，形成重要交通枢纽，为加速该市与京津冀都市圈的融合创造了条件，同时，目前该市至少有6条干线直通省会，交通上已与省会融为一体。

正定县在区位资源竞争力因子中的得分为1.58462分，位列全省第4位。在省会四个卫星城中，正定是离省会最近的，也是唯一具备铁路、公路和机场的陆空交通，省内唯一国际机场口岸结成陆空联合运输网络，更是使其具有无可比拟的交通优势。2007—2008年建成的石家庄市外环公路和环城高速路在正定县域有6个立交出口，107国道及规划中的正定至省城旅游路等将有5条路把正定和省城融为一体。石太、石黄、京张、京石等多条高速公路横向连接及100多条通往城乡的汽车客运线路，便捷的交通网络使正定的交通四通八达。

三河市在区位资源竞争力因子中的得分为1.24048分，位列全省第9位。北京和天津是三河紧邻的两个直辖市，是环渤海经济板块中的重要两极。三河市提出了“两线、三点、五大板块”的发展战略新布局：“两线”就是102国道和密涿支线；“三点”就是西部燕郊开发区、中部工业新区、县城和农业园区，东部矿区；“五大板块”就是燕郊和高新技术产业板块、齐心庄和李旗庄机械制造业板块、泃阳和杨庄印刷装订业板块、黄土庄和段甲岭新型建材业板块、皇庄和新集冶金与矿山机械制造业板块。

综上所述，通过表12－5因子分析排名结果可以看出，第一类地区（县域经济竞争力较强的地区）其第一因子：产业竞争力因子的分数均较高，全省产业竞争力因子前15位中第一类地区中占14个县域，说明县域经济竞争力较强的县域其产业竞争力整体较强，产业结构合理。第一类地区的农业竞争力因子的分数也比较高，全省农业竞争力因子前15位中第一类地区中有10个县域，说明第一类地区的县域其农业发展水平较高，而区位资源竞争力因子排名在全省前15位的县域第一类地区有8个县，第一类地区的整体区位资源优势相对其他地区来说较明显。以上说明第一类地区的很多县域有效地依托了县域内各种有比较优势的资源、技术、资金等禀赋和市场条件，培育有县域特点的特色产业，实现了县域内生产要素的合理配置，形成了带有县域特色的产业布局。

12.3.3 竞争力中等地区的县域经济竞争力分析

12.3.3.1 第二类地区产业竞争力分析

第二类地区县域经济的总体发展水平在全省来说处于中等偏上，竞争力中等地区的县域属于发展中的县域。从图12－7可以看出，人均地区生产总值反映出第二类地区县域经济产业竞争力水平是相对较高的。但是第二类地区人均地区生产总值约为20000元，与第一类地区具有一定的差距，其中宽城满族自治县、香河县和栾城县的人均地区生产总值均高于第二类地区的平均水平。而大名县、易县的人均地区生产总值则相对第二类地区平均水平来说较低。

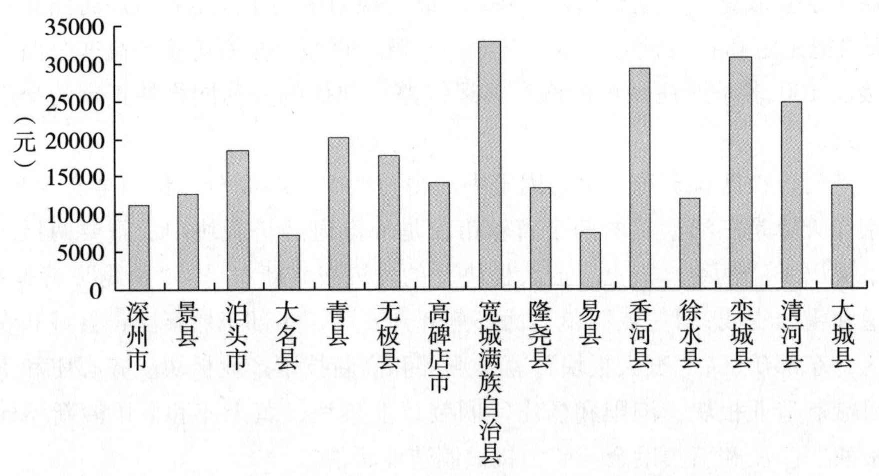

图12－7 2007年第二类地区（前15个县）人均地区生产总值比较

通过图12－8也可以看出，第二类地区全社会固定资产投资额约为40亿元，与第一类地区全社会固定资产投资额100亿元有明显差距。其中香河县的全社会固定资产投资额明显高于第二类地区的平均水平；规模以上工业总产值第二类地区呈现不均衡的趋势，平均值约为70亿元。其中无极县、宽城满族自治县、青县和清河县 4 个地区的规模以上工业总产值在第二类地区经济中明显高于其平均水平。

宽城满族自治县在第一因子即县域经济产业竞争力因子的得分为 1.01724 分，位列全省第 11 名。2007 年宽城满族自治县完成生产总值 81.5 亿元，同比增长15.3%；人均 GDP 达到 4640 美元，超出全省平均水平 1900 美元。固定资产投资 31 亿元，同比增长 28%。全部财政收入 112569 万元，同比增长 36.3%。农民人均纯收入 4036 元，同比增长 11.6%；城镇居民人均可支配收入 10349 元，同比增长 14.4%。经济总量和综合实力继续保持承德市首位。

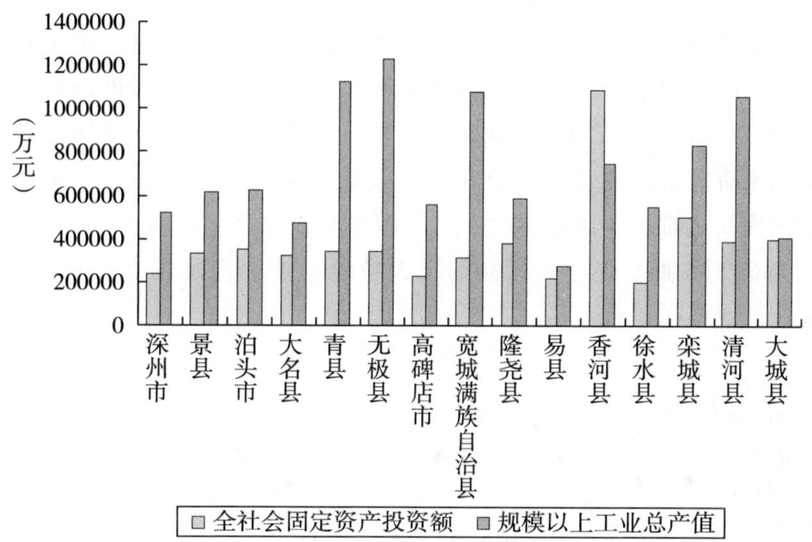

图 12－8　2007 年第二类地区县域固定资产投资与工业发展状况

栾城县在产业竞争力因子的得分为－0.0099 分，位列全省第 43 名。栾城县在第二类地区中属于比较发达的地区。栾城县 2007 年全县生产总值实现 103.6 亿元，同比增长 14%。其中第一产业实现增加值 21.6 亿元，同比增长 4.5%；第二产业实现增加值 52.8 亿元，同比增长 18.8%；第三产业实现增加值 29.2 亿元，同比增长 12.7%。全县民营经济继续呈现良好的发展势头，民营经济实现增加值 782380 万元，比上年增长 18.4%，占全县 GDP 比重达到 75.5%。2007 年全县工业快速增长，全县规模以上工业完成增加值 233316 万元，比上年增长 29.1%，规模以上工业产销率达 97.56%。2007 年全社会固定资产投资完成 52 亿元，比上年增长 19%。

青县在第一因子即县域经济产业竞争力因子的得分为 0.17355 分，位列全省第34名。青县人均地区生产总值达到20079元，形成了韩商工业集中区、电子机箱工业集中区、城东石油器材工业集中区、特种钢材工业集中区和缝纫机工业集中区五大工业集中区，是华北地区最大的石油器材、特种钢材、食品饮料、电子机箱、工业缝纫机和针织服装生产基地。

12.3.3.2　第二类地区农业竞争力分析

第二类地区农业发展水平在县域经济竞争力中具有一定的优势。通过图12－9可以看出，第二类地区平均农林牧渔总产值约为25亿元，明显低于第一类地区，其中大名县、栾城县的农林牧渔总产值水平明显高于这一类地区的平均水平。从农业竞争力因子的得分中，可以看到大名县在农业竞争力因子得分为2.71163分，位列全省第二。大名县是一个传统的农业大县，近年来，该县始终把农业产业化工作放到重要位置，围绕三大特色，大上农产品加工企业，打造农产品加工产业集群，使县域经济焕发出了新的活力，该县先后被国家有关部委授予全国食品工业强县、全国优质面粉加工业示范基地县、中国面粉之都、中国花生之乡、中国小磨香油之乡等称号，面粉、花生、香油三类农产品加工业是大名县的三大特色产业。稳定发展面粉产业规模，重点加快产业链条延伸。

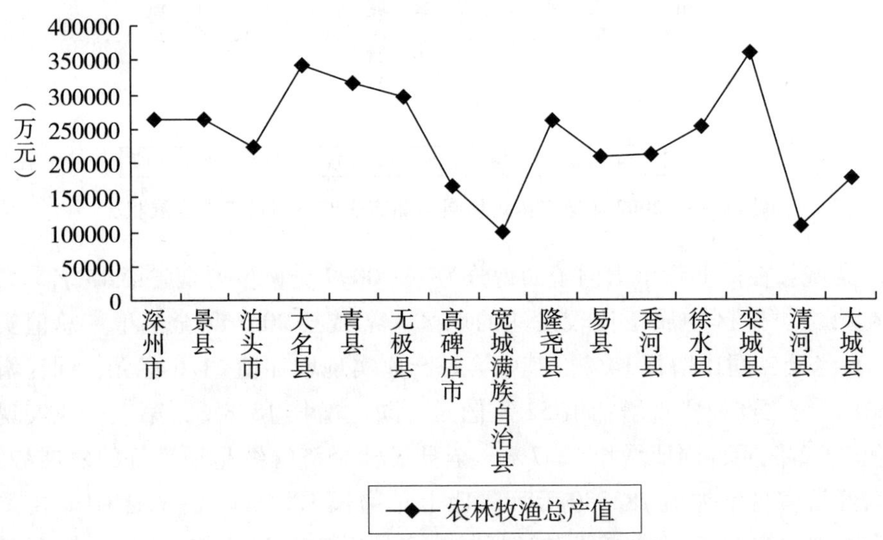

图12－9　2007年第二类地区县域农业发展水平

深州市是全省传统农业大市，农业综合生产能力保持全省领先水平，深州市在第二因子即农业竞争因子的得分为1.84945分，位列全省第8名。深州市2007年农林牧渔总值达到262881万元，被列为全国优质棉、粮食、花生和蜜桃生产基地，黄淮海平原开发试验区。深州蜜桃驰名中外，现有桃园5万多亩，年产150万公斤，远销港澳和东南亚地区。深州市涉农部门对全市467个村的区位特点、土地状况、农技水平及资源优势进行调查梳理，汇总成基础档案。然后，每年年初根据国家产业政策和市场需求导向，选择与基础档案相吻合的种植、养殖项目，把项目的先期收入、投资数额、技术要求、管理要点、产品销售等绘图造表制成档案农业，分发给各农户。农户根据自己的实际，选择一个年收入万元以上的项目为主攻方向。

从农业竞争力因子的得分中，可以看到景县在县域农业发展水平因子得分为1.69089分，位列全省第12名。2007年，全县规模以上工业增加值完成17.1亿元，同比增长8.3%，利税总额完成7.5亿元，同比增长12.8%。农业生产稳定增长，围绕提高粮食综合生产能力，以农业开发项目为载体，加快培育优质粮棉产业基地，粮食产量连续四年突破5亿公斤大关，跨入“全国粮食生产先进县”行列。景县商贸城红红火火，日均向全国各地输送各类橡胶制品价值达5000多万元。

12.3.3.3 第二类地区区位资源竞争力分析

第二类地区中如香河县、栾城县和唐海县在区位资源方面都具有较明显的优势。香河县在区位资源竞争力因子中的得分为1.92405分，位列全省第1名。香河县地理位置得天独厚，距北京市区45千米，距天津新港110千米；距曹妃甸港180千米，素有“京畿明珠”之美誉。多年来，香河县充分利用这一区位优势，大力实施与京津的产业对接，全力打造“环京津产业带”，面向京津求发展。依托京津引项目，取得了丰硕成果，形成了家具制造、纸制品包装、机械钣金、汽车配件等一批与京津有密切联系的优势产业，促进了县域经济健康快速发展。香河县内水系发达，潮白河、北运河“两河”常年水量丰沛。随着北京“两轴两带多中心”城市空间新布局的启动，京东地区发展提速，香河的区位优势和环境优势的更加凸显。

唐海县在区位资源竞争力因子的得分为1.29227分，位列全省第8名。唐海县位于河北省唐山市东南50千米处，为环渤海、环京津交汇地带，农副产品资源丰富，水稻种植面积36万亩，年可供交易优质大米15万吨，海水养殖面积6.3万亩，淡水养殖面积5万亩，年可供交易税产品及其他农副产品10万吨，丰富的产品资源，为市场的形成与发展提供了有力的保障。唐海地处渤海之滨、两环（环渤海、环京津）交汇地带。唐海横连四港（曹妃甸港、秦皇岛港、京唐港、天津港），直通四市（北京、天津、唐山、秦皇岛），形成融海洋、铁路、公路运输于一体的交通网络；是正在开发建设的世界“钻石级”曹妃甸深水大港和曹妃甸工业区的直接腹地。

栾城县在区位因子中的得分为 1.38319 分，位列全省第 6 名。栾城县自古被称为“形胜之地”，自然环境和地理位置具有地势平坦，土沃水丰，种植业、养殖业较为发达。栾城县位于河北省西南部，为石家庄近郊县。总面积 346 平方千米。县境东邻藁城市，南接赵县，西靠元氏县、鹿泉市，北连石家庄市。县城距省会石家庄 15 千米，北距首都北京 320 千米。京广铁路、京深高速、青银高速、107 国道、308 国道、省道衡井线和新赵线纵贯县境，省会南三环公路横穿县境北部，县级和乡村公路四通八达，连接成网，交通便利，区位优越。

综上所述，通过表 12 – 5 因子分析排名结果可以看出，第二类县域地区（县域经济竞争力中等的地区）中的大部分县域的第一因子（产业竞争力因子）、第二因子（农业竞争力因子）或第三因子（区位资源竞争力因子）的分数较高，但与第一类地区有一定差异。第二类县域地区的特色产业已经得到了较好的发展，正逐步有了一定的市场占有率，但是规模还是不大，还需要不断发展才能成为该地区的龙头产业，另外培育县域特色产业的基础条件需要进一步提高。同时第二类地区中的很多县域应该更加充分利用本地区的资源和区位优势，大力发展民营经济，优化地区的产业结构。

12.3.4 竞争力较弱地区的县域经济竞争力分析

12.3.4.1 第三类地区产业竞争力分析

第三类地区的县域经济发展水平在全省县域范围内相对较低。总体来说，第三类地区的县域经济发展水平还比较落后。从图 12 – 10 可以看出，第三类地区 2007 年的人均地区生产总值反映出其县域经济水平总体水平较差。第三类地区人均地区生产总值约为 13000 元，与第二类地区的差距不是太大。其中安平县、内丘县、兴隆县、东光县和怀来县的人均地区生产总值均高于第三类地区的平均水平。而其他县的人均地区生产总值相差不大。

通过图 12 – 11 第三类地区 2007 年县域固定资产投资与工业发展状况可以看出，第三类地区全社会固定资产投资额约为 25 亿元，与第二类地区全社会固定资产投资额几乎持平。而规模以上工业总产值第二类地区呈现出各个县域不均衡的趋势，平均值约为 35 亿元，与第二类地区的规模以上工业总产值的差距非常明显。其中平泉县、曲周县、内丘县和兴隆县 4 个地区的规模

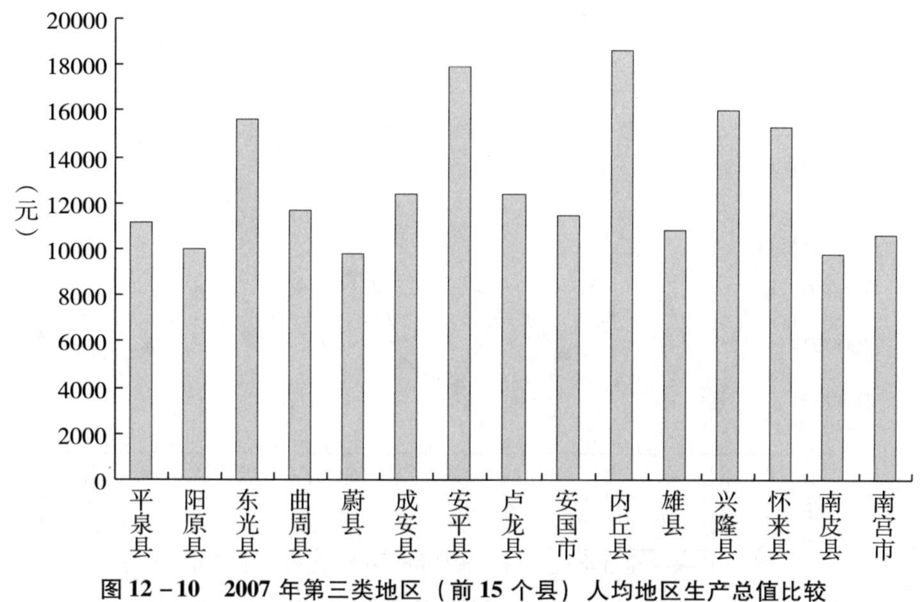

图 12－10　2007 年第三类地区（前 15 个县）人均地区生产总值比较

以上工业总产值在第三类地区经济中明显高于其平均水平。

大厂回族自治县在第一因子即产业竞争力因子的得分为 0. 04968 分，位列全省第 42 名。大厂回族自治县全县地区生产总值预计完成 25. 5 亿元，同比增长 12%。全部财政收入完成 2. 4 亿元，同比增长 32. 6%，其中地方一般预算收入完成 9863 万元，同比增长 54. 4%。财政收入占地区生产总值比重达到9. 4%，比上年提高 0. 1 个百分点。城镇居民人均可支配收入达到 13617 元，同比增长 25%。农民人均纯收入达到 5699 元，同比增长 7. 8%。随着首钢非钢、新型建材、生物医药等项目的引进和建设，工业内部黑色金属冶炼及压延加工业“一枝独秀”的格局正逐步改善，年末规模以上工业增加值完成 6. 2 亿元，实现利税 7736 万元；服务业占地区生产总值的比重逐年提高，年末达到 24. 1%。

丰宁满族自治县在第一因子即县域经济产业竞争力因子的得分为 0. 05802 分，位列全省第 41 名。丰宁县 2007 年全县地区生产总值 472873 万元，比上年增长 14. 6%。分产业看，第一产业增加值 149000 万元，第二产业增加值 202591 万元，第三产业增加值 121282 万元。三次产业比重调整为 31. 5∶42. 8∶25. 7，一产比重下降了 0. 1 个百分点，二产提高了 2. 4 个百分点，三产下降了 2. 3 个百分点。经济运行质量显著提高，全年规模以上工业企业实现增加值 120991 万元，增长 34. 4%。实现利税 73170 万元，

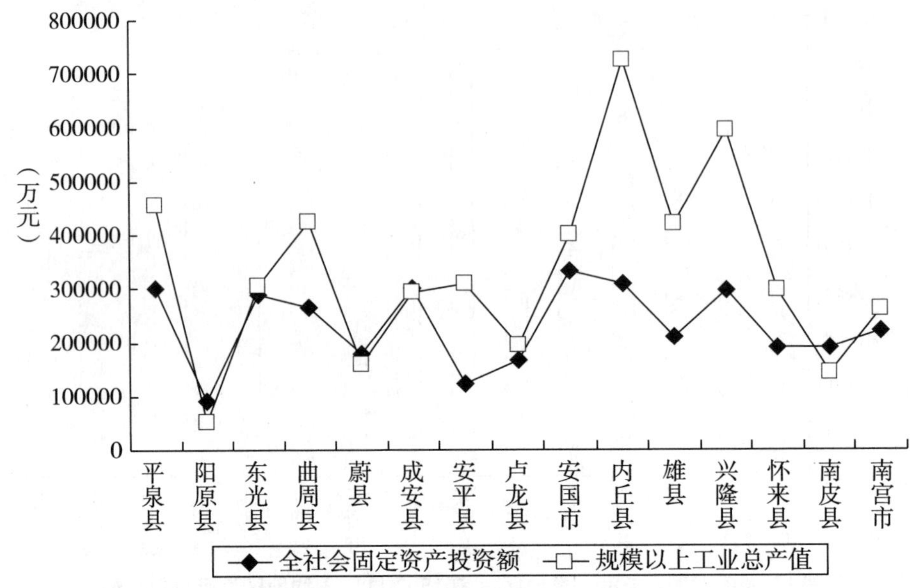

图 12－11　2007 年第三类地区县域固定资产投资与工业发展状况

增长 59.4%。“工业立县”的产业政策取得明显效果。城乡居民收入分别增长 17.5% 和 16.4%。全部财政收入占 GDP 的比重为 12%，比上年提高 2.9 个百分点。

12.3.4.2　第三类地区农业竞争力分析

第三类地区在农业发展方面相对较好，如威县、南宫市、东光县和曲周县，都形成了比较有地方特色的农业产业。通过图 12－12 可以看出，第三类地区平均农林牧渔总产值约为 15 亿元，明显低于第一、第二类地区，其中曲周县、东光县的农林牧渔总产值水平明显高于这一类地区的平均水平。威县在第二因子即县域农业竞争力因子的得分为 0.96382 分，位列全省第 22 名。目前，威县农业产业化经营率达到 40% 以上，参与农业产业化经营的农户达到 2 万户以上。该县通过政策支持、科技推动、园区示范、典型带动等举措，使农业特色产业基地规模实现了较快发展。养殖业形成了邢临路、邢清路两侧养猪项目区和城南大棚养鸡成方连片扶贫开发新格局。蔬菜产业初步形成了 106 国道两侧无公害蔬菜生产示范带的百里“白色长廊”。全县蔬菜种植面积达到 10 万亩，高效设施蔬菜 6 万亩，产值 3 亿多元，成为冀南较大的无公害蔬菜生产基地，被命名为“河北省无公害蔬菜基地”。同时，食用菌、芦笋等产业的发展也已初具规模。

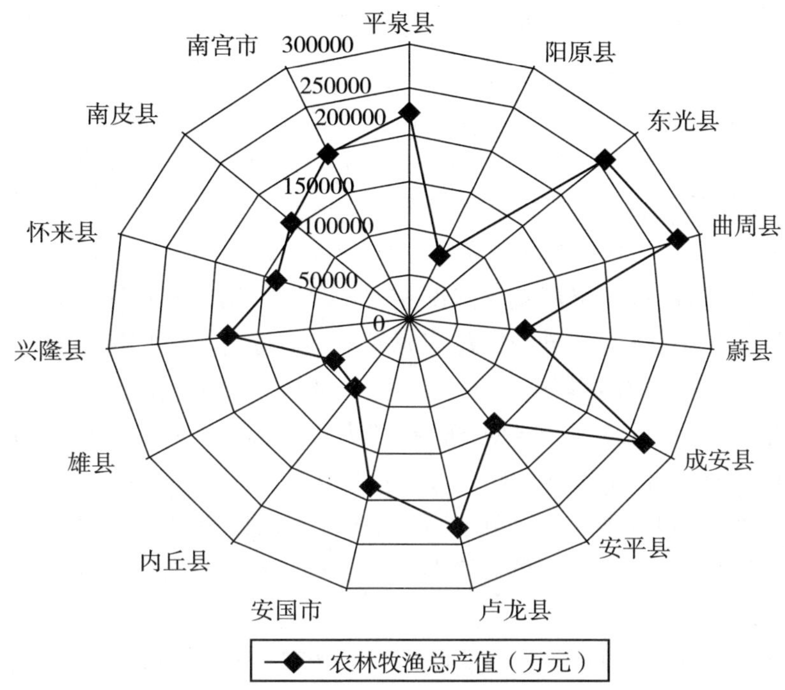

图 12－12　2007 年第三类地区县域农业发展水平

南宫市农业竞争力因子的得分为 0.42164 分，位列全省第 36 名。南宫市进一步优化农业结构，确立了调粮、稳棉、扩瓜菜菌杂，积极发展新兴后备产业和农副产品加工业。粮食生产适当压缩播种面积，靠优质高产实现高效；棉花生产稳定种植面积，确保在 30 万亩以上，全部种植优质抗虫棉，并大力发展棉田立体高效种植，棉田间套土豆、洋葱、西瓜、甜瓜等种植模式；蔬菜生产设施菜和无公害菜，以双孢菇和姬菇、杏鲍菇为主要品种的食用菌生产也渐成规模。在项目建设上，开展了以节水为目的的旱作农业项目；以小麦为重点的优质商品粮基地建设；以抗虫棉和间作套种为主的棉花高产高效项目；以韭菜为重点的无公害蔬菜生产项目；以甘薯、油葵、芦笋、蓖麻为重点的新兴后备产业项目以及农产品市场信息网络和农业科技示范园区项目建设。

曲周县在县域农业竞争力因子的得分为 0.61925 分，位列全省第 31 名。曲周县是国家级商品粮生产基地县、优质棉生产基地县和农作物秸秆综合利用示范县、林业达标县，盛产小麦、玉米、棉花、豆类、蔬菜等，畜牧业及林果业发展迅猛，粮食总产量 39 万吨，棉花总产量 3 万吨，蔬菜种植品种繁多，四季都有新鲜蔬菜，瓜果、辣椒、红枣在国内外享有盛名。农业产业化发展迅速，初步形成了五大基地：银杏、草莓开发基地、蔬菜种植基地、特种养殖基地、甜玉米开发基地和食用菌开发基地。曲周县甜玉米种植发展到10多万亩、4万多农户，形成了种植、加工、销售一条龙产业化格局。2007年3月，曲周县还荣获“中国甜玉米之乡”称号。

12.3.4.3 第三类地区区位资源竞争力分析

第三类地区的区位资源整体状况相对于第一、第二类地区较差。但第三类地区中的一些县域依靠自身区位资源发展县域经济。大厂回族自治县在区位资源竞争力因子中的得分为1.32628分，位列全省第7名。大厂回族自治县毗邻北京，区位优越、交通便捷，在“大北京新规划蓝图”中，处于东发展轴与东部发展带的交汇处，环北京、环渤海经济区的核心层，是我省30个经济强县之一。该县西距北京市区40千米，西北距首都国际机场38千米，东距秦皇岛港250千米，南距天津港120千米，大厂回族自治县地理位置得天独厚，交通条件便利。

深泽县的区位资源竞争力因子得分为1.19735分，位列全省第12名。深泽县位于河北省中南部，地处石家庄、衡水、保定三市交界处，位于京津冀都市圈腹地，北距北京250千米，西距石家庄75千米，离石家庄民航机场45千米，距天津港240千米，距黄骅港200千米，毗邻京广、石德、京九铁路和石黄高速公路；省级公路安新线、正港线贯穿全境，三河（滹沱河、磁河、木刀沟）流经县域，区位优越，交通便利。正饶、安辛两条省级公路贯穿全境，区位优越，交通便利。

安平县在区位资源竞争力因子中的得分为0.95809分，位列全省第18名。安平县拥有良好的区位优势和资源优势。安平县地处北京、天津、石家庄三角中心，位于环京津、环渤海经济圈和“大京九”经济开发带内，物流、人流、信息流十分畅通。安平县北距首都机场238千米，天津港口248千米，西距石家庄机场90千米，南距石黄高速公路25千米，东距京九铁路10千米，全县交通四通八达，极为便利；安平县位于华北平原中部，地势平坦，土层深厚，四季分明，气候宜人；安平县水利资源丰富，尤其是浅层淡水较发育，且水质好。

综上所述，通过表12-5因子分析排名结果可以看出，第三类县域地区（县域经济竞争力较弱的地区）中个别县域的第一因子（产业竞争力因子）、第二因子（农业竞争力因子）或第三因子（区位资源竞争力因子）排名均处于全省上游，该类县域大部分地区县域特色产业不明显或者还没有特色产业，以及一些县市刚刚出现县域特色产业并要培育新的特色产业。虽然这些县域已经有了县域特色产业，但是由于该地区县域经济发展水平较为落后，技术利用水平较为低下，特色产业的总体水平都比较低。

12.3.5 竞争力弱的地区的县域经济竞争力分析

12.3.5.1 第四类地区产业竞争力分析

第四类地区的县域经济整体水平普遍较低，在河北省以及全国处于经济落后地位，经济竞争力很弱。从图 12 – 13 可以看出，第四类地区 2007 年的人均地区生产总值约为 10000 元，整体水平很低且发展不均衡。张家口、承德地区整体上经济发展最为落后，与其他地市的差距较大，其内部条件也存有差异。另外坝上高原是经济极为落后的地区，其中张北高原分布于坝上西部，辖有张家口的张北县、沽源县、康保县和尚义县；围场高原分布于坝上东部，辖有承德的丰宁满族自治县和围场满族自治县，这些县（市、区）的经济发展速度缓慢。

围场满族自治县的产业竞争力因子得分为 – 0.12786 分，位列全省第 54 名。2007 年全县实现地区生产总值 326704 万元，增长 8.2%。全县人均生产总值 6234 元，财政收入占地区生产总值的 5.6%，较上年提高了 0.5 个百分点。工业生产平稳增长。全部工业总产值完成 135002 万元，增长 6.4%。其中规模以上工业总产值完成 73202 万元，增长 19.5%；产品销售率达 94.8%。主营业务收入完成 67717 万元，增长 12.3%，实现利税 8080 万元，增长 11.5%，其中实现利润 4536 万元，增长 18.7%，没有成为促进县域经济发展的主要动力。

涞源县在第一因子即县域经济产业竞争力因子的得分为 0.13496 分，位列全省第 38 名。涞源县 2007 年全县地区生产总值完成 26.5 亿元；财政总收入完成 6.17 亿元，同比增长 29.6%，其中县级收入 2.03 亿元，同比增长 32.1%；农民人均纯收入 1815 元，同比增长 3.66%；城乡居民储蓄存款余额达到 29.4 亿元；社会消费品零售总额达到 4.96 亿元。县工业生产效益不断提高。2007 年全县工业总产值完成 39.97 亿元，增加值完成 9.87 亿元。

12.3.5.2 第四类地区农业竞争力分析

第四类地区中的很多县域基本上都属于贫困县，其中在第二因子中，即

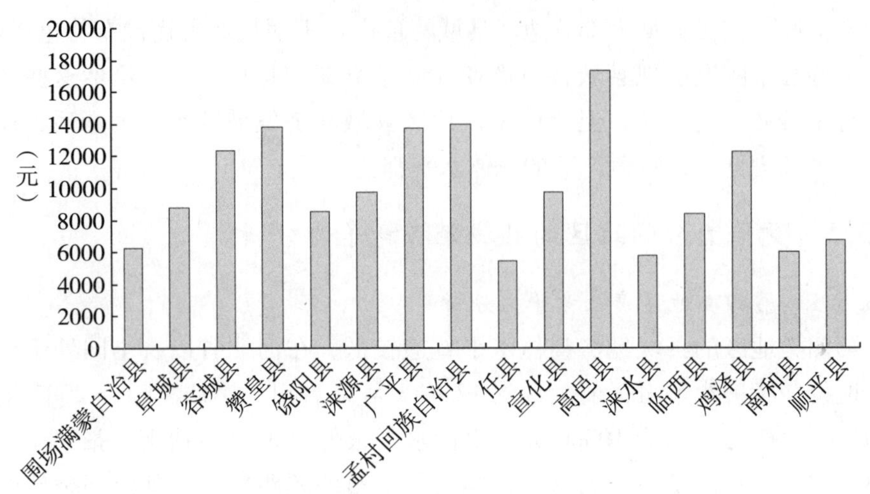

图 12－13　2007 年第四类地区（前 15 个县）人均地区生产总值比较

县域农业竞争力因子，这类地区大部分县域的得分都为负数。但其中有些县域农业发展势头较好，这些县正在大力发展农业，向经济发达的县域学习。阜城县在第二因子即县域农业竞争力因子的得分为 0.06221 分，位列全省第 52 名。阜城县农业形成了瓜菜，林果，畜牧为特色产业的发展格局，是“国家级生态示范县”河北省人民政府命名的“西瓜之乡”。“漫河牌”西瓜、“阜兴牌”杏梅、“伊强牌”樱桃西红柿、“鸿志牌”李子等到被评为河北省名优产品。阜城县重点推广了玉米联合收获、沼气配套一池三改等新技术 20 多项，引进推广农业新品种 46 个（如图 12－14 所示）。

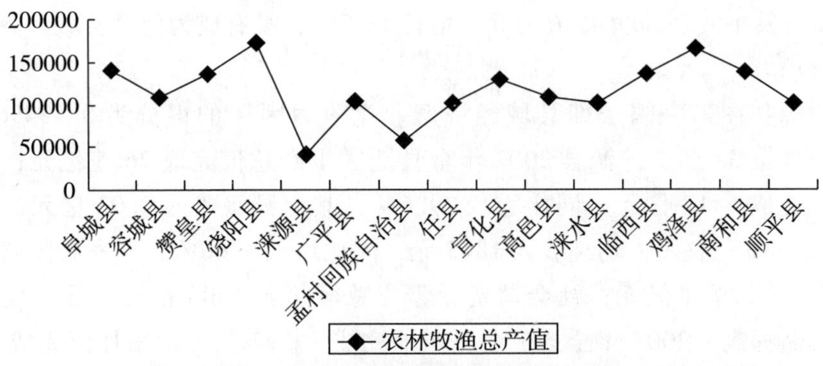

图 12－14　2007 年第四类地区县域农业发展水平

张北县在县域农业竞争力因子的得分为 0.08433 分，位列全省第 52

名。张北县甜菜产业逐步壮大。该产业已经形成了“公司 + 基地 + 农户”的产业化发展格局，并形成了完整的循环经济产业链条。目前，甜菜种植面积发展到10.5万亩，总产量达到21万吨。甜菜种植专业村、重点村达到65个。张北县错季蔬菜快速发展。所产蔬菜产量高，品质好，耐贮藏，深受市场的青睐，产品远销国内20多个省、市和台湾、香港地区，部分细特蔬菜还销往韩国、日本及东南亚地区。张北县称为“河北马铃薯之乡”，马铃薯稳产高产。2005年以来，全县脱毒马铃薯种植面积一直稳定在35万亩，平均单产652.5公斤，平均总产228375吨。

12.3.5.3 第四类地区区位资源竞争力分析

第四类地区区位资源整体状况较差。这类经济地区，基本上都属于贫困地区，其中在区位资源竞争力因子中，这个地区的得分大都为负数，说明这个地区的总体经济实力处于全省的最下游。如张家口地区风大风多，制约了农业发展，海拔较高、气候寒冷是张家口地区区位资源的劣势。石家庄市的赞皇县县市地貌以山地和丘陵构成主体，耕地面积很少，而且水资源缺乏，严重阻碍了该地区农业的发展。邢台的柏乡县主要分布在黑龙岗低平地带，大部分是沙地。这些都是不利于经济的发展。但在第四类地区中也有少数区位资源较丰富的县域，这些地区应充分利用自身的区位优势发展县域经济。

高邑县在区位资源竞争力因子中的得分为1.17777分，位列全省第13名。高邑县地处太行山东麓，位于河北省中南部，地理位置优越，交通四通八达，是石家庄南部重要的交通枢纽。京广铁路、107国道及京深高速公路纵贯南北，连接鲁冀晋的南昔标准化公路横穿全县。高邑县土地肥沃，是华北地区著名的小麦、玉米生产基地和蔬菜、花卉生产基地，境内共有蔬菜、禽蛋、布匹、农资等六个大型专业批发交易市场，是石家庄地区著名的商品、物资集散地。西部丘陵地带蕴藏着十分丰富的长石、石英石、高岭土、电解石、石灰石及建筑用砂等十多种矿产资源，储量丰富、品质优良，对发展建材、陶瓷等产业十分有利。

容城县在区位资源竞争力因子中的得分为0.945分，位列全省第19名。容城县位于冀中平原中部，京、津、保三角地带。自然资源较为丰富。境内地势平坦，土壤肥沃，河渠纵横。拥有耕地2.23万公顷，白洋淀面积389公顷，坑塘218公顷。全县地表水资源年平均为2599万立方米，地下水资源可利用量为7139万立方米。交通便利，西距京广铁路16千米、距京深高速公路8千米、津保公路贯穿全境。

综上所述，通过表12－5因子分析排名结果可以看出，第四类地区（县域经济竞争力弱的地区）其产业竞争力因子、农业竞争力因子和区位资源竞争力因子排名均处于全省最下游地区，只有个别县域在某一因子上的分数较高，这说明这个地区既没有明显的资源优势，民营经济没有成为促进县域经济发展的主要动力；也没有明显的区位优势，这些地区距离省会石家庄、天津和北京都比较远；而且县域特色产业的营业收入等主要经济指标都不高，对县域经济的发展水平所做的贡献也不大，使得这些地区的经济发展水平处于全省县（市、区）的落后位置。

12.4 本章小结

本章依据因子分析与聚类分析方法，利用社会经济大型统计软件包SPSS 17.0，对2007年全省136个县域经济竞争力进行了测度综合评价，根据评价结果对河北省县域经济竞争力进行了评价及分析研究。

13 河北省创业意识创业需求的调查分析

13.1 创业意识理论综述

13.1.1 创业意识的内涵

在社会心理学研究领域中，意识被认为是行为的客观预测指标。为了更好地解释创业行为、预测创业活动的机会及对创业环境的需求，创业领域研究的焦点开始向创业意识转移。Bird（1988）最早提出创业意识对个体的创业行为具有很强的预测作用，是引导创业者追求某一特定目标而投入大量时间、精力和行动的一种心理状态。

个人和社会因素都必须通过形成意识来影响创业行为。Bagozzi（1989）认为创业意识是发生创业行为的先决条件，是个体因素与社会因素影响创业行为的中介变量，是创业个体对于是否从事创业活动的一种主观态度倾向。创业意识的高低决定了实施创业行为的可能性，比较而言，创业意识高的个体更容易从事创业活动。

Krueger 和 Brazeal（1994）认为，无论是地区寻求发展还是组织力图创新，它们在进行创业活动之前要先具有创业的意识，也就是说只有先具有意识才有可能采取行动。从这个角度来讲，研究个体创业意识也更具理论和实践意义。

Krueger（2000）进一步将创业意识阐释为潜在创业者对是否从事创业活动的一种主观态度，是人们具有类似创业者特质的程度以及人们对于创业的态度和能力的一般描述，是最好的创业行为预测指标。

Thom Pson（2009）在归纳总结了以往研究观点，提出应将具有创业意识的个体与那些仅仅拥有创业特质的个体区分开来。具有创业意识的个体应同时符合以下条件：存在创办新企业的可能性并且不排斥这种可能性。因此，创业意识是个体计划创办新企业的信念，并且在将来某个时候会自觉执行这些计划。

基于以上学者的观点，在本研究中将创业意识概括为将创业作为自身职业选择的一种主观态度和期望程度。

13.1.2 创业意识的维度选择

从以往对创业意识的研究成果中，可以看出大部分学者在进行实证研究中都采用了单维度的变量，即不再对创业意识进行维度划分，只是对创业意识的题项描述略有不同。个别学者对创业意识的多维度结构模型进行了探索，但是结果都不理想，没有在后续研究中得以应用和推广。

Bird（1988）将创业意识分为两个维度，一是创业者的意识（内控制点）和其他利益相关者、市场等的意识（外控制点）；二是理性/直觉维度。理性分析和结果导向的心理过程是商业计划、辨别机会、获取资源、设定目标和指导行为的基础。我国学者王重鸣（2006）运用结构方程等统计分析方法，探讨了中国背景下创业愿意的维度结构。实证分析结果表明，中国背景下个体创业意识的维度结构主要包括创业希求性和创业可行性。创业希求性具有三个维度：自我尊重、成就导向和创新导向；创业可行性包括责任意识和个人控制两方面。尽管以上学者探索了创业意识的维度结构，但研究结论并没有得到应用和验证。

13.1.3 创业意识的理论模型

Bird（1988）提出创业意识是理解新企业创业过程的核心要素。从这个角度来讲，有关创业理论的研究主要集中在以下两个方面：创业者个人特质和环境因素在创业过程中的影响作用。根据制度分析方法，一些以认知理论为基础的创业模型涌现出来，借以解释创业现象。其中被广泛应用于创业意识的研究领域以及分析新企业创建的是创业事件模型（Shapero，1982）和计划行为理论（Ajzen，1991）。

1. 创业事件模型

创业事件模型由 Shapero（1982）提出，是迄今为止在创业意识研究领域中最早、也最具有代表性的模型之一。该模型如图 13 - 1 所示，认为假定惯性会引导人们的行为直至被中断或替代。这种替代可以是消极的，也有可能是积极的，例如失业下岗，抑或获得遗产。它促使人们寻求机会做出选择和改变。而这种选择取决于被选行为的可靠性和某些个人行动倾向。可靠性包括希求性和可行性两方面，也就是说被选行为不但可行且要可取。创业事件需要同时满足可靠性和行动倾向两个条件才会发生，而创业可能性（可靠性和行动倾向）存在于替代发生之前。也就是说在形成创业意识到创业行为发生的过程中，替代起到了重要的作用，往往会导致行为发生变化。它是诱发创业行为的关键性事件。

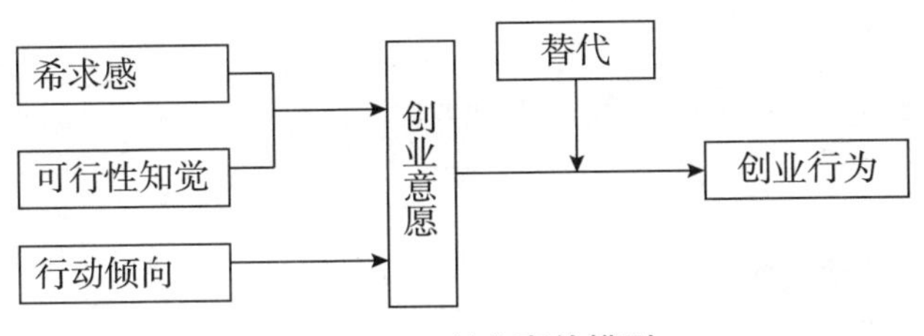

图 13－1　创业事件模型

根据以上分析，个人的创业意识主要取决于三个要素。希求感——创业对个人的吸引程度，在本质上它反映了个体对于创业行为的一种情感倾向。因此希求感受到情感因素的影响，可以在情感因素与创业意识之间起到中介作用，这一点已在以往的实证研究中得到验证。行动倾向——个人根据决策采取行动的一种倾向，反映了个人意志层面。对机会的行动倾向取决于控制知觉，即通过采取行动获得控制权。可行性知觉——个人对自身创业能力的认知评价。

个体通过希求感和可行性知觉判断哪些行为需要仔细考虑并随后采取行动，二者都是社会和文化环境的产物。希求感主要取决于个体所处的社会系统（如家庭、同龄人群体、种族群体、教育环境和专业背景等），通过个人价值体系影响创业行为的发生；可行性知觉主要与资源的可利用性和潜在的合作伙伴有关。潜在的合作伙伴可以在创业初期为创业者提供资金支持，精神鼓励和必需的技能，甚至能共同承担风险。行动倾向对创业意识的影响作用可以是直接的也可以是间接的，如果缺乏采取行动的感知，就不可能对创业行为产生强烈的意识，因此行动倾向对创业意识有直接影响作用，但是这就需要确认一种在不确定条件下，始终坚持以成就需求为导向的测量工具（Krueger，1993）。

2. 计划行为理论

由创业事件模型可知，所有的认知类型都取决于社会和文化等环境要素，这种决定作用是通过影响个人价值体系来实现的。因此，外部环境不会直接导致创业行为的发生。但个体对不同行为的可行性和希求性分析结果会决定创业行为。从这个思路延伸下去，Ajzen（1991）提出了计划行为理论的认知模型，并被广泛地应用于自愿行为的研究领域。

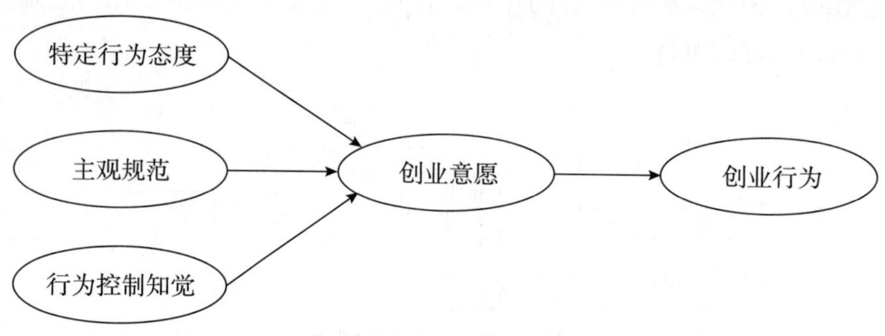

图 13－2　创业事件模型

根据计划行为理论，如图 13－2 所示，意识与行为之间存在非常微妙的关系。即行为由个体意识决定，意识是解释行为的基本元素，其主要取决于三个与态度相关的前因变量，分别是：特定行为态度——一个人对某一特定行为持有的正面或负面评价。主观规范——一个人在决定是否采取某个特定行为时所感受到的社会压力，即影响个体决策的外界因素（如老师、朋友、配偶等）对个体行为决策的期望。行为控制知觉——一个人感知到的采取某一特定行为的难易程度，反映了过去的经验和预期的阻碍和困难。如果某一特定行为对于个体有吸引力，主观规范也赞同个体付诸行动并且容易操作，则会产生较高的创业意识。

研究表明，计划行为理论可以很好地应用于创业研究领域，成为测量创业意识的有效工具。虽然特定行为态度、主观规范和行为控制知觉在概念上都有清晰的界定和内涵，但他们同时拥有共同的认知和情感基础，因此三者之间既彼此独立，又相互影响。其中多次实证分析结果表明，主观规范对创业意识的直接影响不是十分显著，主要是通过与态度和行为控制知觉的相互作用，间接影响创业意识。

Krueger（2000）将创业事件模型和计划行为理论模型进行了比较分析，结果呈现高度的一致性：两者都包含了与自我效能感相关的因素，即创业事件模型中的可行性知觉和行为计划理论中的行为控制知觉。而计划行为理论中的特定行为态度和主观规范等同于创业事件模型的希求感。就特定的创业领域而言，创业实践模型会略有优势，但是计划行为理论也同样有效。两者为更好地解释创业行为的发生过程提供了有价值的研究工具。

13.1.4　创业意识与创业环境的关系综述

在创业意识领域的研究中，早期学者主要研究的是创业者人格特质理论，最早可以追溯到20世纪50年代McClelland（1961）从创业者个性的角度阐释创业意向的形成过程。自此以后，人格特质作为人们创业意识的影响因素受到广泛的关注，如冒险倾向、成就需求、控制点。创业意识是引导创业者追求某一特定目标而投入大量时间、精力和行动的一种心理状态（Bird，1988），是一个复杂的动态变化过程，必然受到主观态、个人特质以及创业环境等各种因素的影响。个人特质仅是促使创业选择的内因，创业作为一个开放的系统，与其所处的环境相互影响、相互作用。创业环境是决定创业意识的外驱力。

Grundst（2004）将创业环境属性分为情感因素和理性因素，探索了创业环境与创业意识之间的关系。其中情感因素性包括社会认同，社会规范和角色示范，三者在创业希求感的调节下对创业意识有显著影响；理性因素包括资金期望，机会认知，资源可获得性（技术、资金、社会资本、市场准入、人力资本），这些环境因素通过可行性知觉对创业意识产生影响。实证研究的数据表明，以科技为基础的创业进程中，可控的创业环境将会通过影响创业态度来影响创业行为的选择，如与技术相关的资源的可获得性。

Raijman（2001）检验了社会网络对个体创业意识的预测作用。研究结果证明，如果亲友中有人创业，会增加个体自主创业的意识。Franke & Luthje（2004）考察了社会、经济和教育背景等环境变量对创业意识的影响作用，结果表明环境支持或阻碍因素会直接影响创业意识，反面论证了开设创业知识的培训，会对创业意识产生消极影响。环境对创业意识的影响远大于个人特质，创业态度。李五如（2008）在研究创业能力和社会价值观念对创业意识的影响机制中指出，如果个体所处的周边环境或更广范围的环境内，对创业行为持有较高的支持态度，则个体更有可能倾向于将创业作为自己的职业选择。

Steven等描述了影响机会识别的4个环境维度：技术、市场、社会价值和政府的政策法规。有的创业专家认为外界环境中情景因素对创业机会识别具有一定的影响，当环境改变时机会将大量地产生，知识和信息缺口将随行业或市场的变化而改变。创业能力可以划分为创业意识和创业技能，它们和创业机会共同组成创业过程的3个关键要素。创业意识指促使潜在创业者创办新企业的个人动机。现有研究已经深入探讨外部环境对创业意识的影响。相关研究说明，经济衰退、失业、维持生活的需要以及职位晋升机会的缺乏等社会因素和经济因素都会对创业意图的形成产生重要影响。Robertson等指出，影响创业意图形成的因素包括对债务和失败的害怕、获得金融支持的难度、法规和税收。关于影响创业技能的因素方面，国外学者认为创业技能源于原有的工作经验、所掌握的管理技能以及所拥有的社会网络等因素。

从以上学者的观点可以看出，创业环境中的某些因素能够影响创业意识的形成，由于对环境维度划分不同，各位学者研究的侧重点不同。深入分析创业环境与创业机会及其创业意识的关系，对促进河北省中小企业创业活动的开展具有深刻的实际意义。

13.2 调查方案设计

由河北省工信厅中小企业局与河北科技大学合作承担的科研项目《河北省创业辅导基地建设模式与统计检测指标体系》经过扎实的理论综述研究后，进入实地调研阶段，调查是针对影响创业者的创业意识及创业环境的各种因素的研究，旨在发掘影响创业者的关键创业意识与创业环境，为政府有关部门科学决策提供依据。具体包括：①全面了解河北省创业基地的最新情况；②调研河北省整体的创业环境与创业舆论氛围；③调研影响创业意识的核心要素；④调研创业者普遍关注的相关创业环境问题。

13.2.1 问卷设计

13.2.1.1 问卷设计原则

问卷调查法是调查者运用统一设计的问卷向被选取的调查对象了解情况或征询意见的调查方法，其最大优点是它能突破时空限制，在广阔范围内，对众多调查对象同时进行调查；同时，它还具有节省人力、时间和经费、匿名性、调查结果容易量化和便于统计处理与分析等优点。

问卷设计的原则要以研究目的为前提，题项要简明，便于理解和回答。问卷设计包括如下四个原则。

（1）问卷题项要根据研究目标设立。问卷设计要紧密围绕研究的问题、测量的变量来进行，尽可能做到所收集的正是所需要的资料，既不能漏掉必需的资料，也不能包揽许多无关的资料。

（2）要依据调查对象的特点设置问题。问卷设计时要考虑被调查者的社会背景、文化程度、心理反应、主观意愿、客观能力等多种因素，尽可能使问卷适合于被调查者。被调查者真诚、有效的合作是问卷调查取得成功的基础。

（3）不能设置得不到诚实回答的问题，对于有可能得不到诚实回答而又必须了解的数据可通过其他方法处理，如变换问题的提法，从而获得相关数据。

（4）问卷设计还要考虑到问卷的使用方式和资料的分析方式，不同的使用和分析方式对问卷有不同的要求。

13.2.1.2　问卷内容设计

问卷的设计要和问卷的调查目的相一致，不同的目的和理论依据决定了问卷项目的总体安排、内容和量表的构成。问卷设计一般包括内容结构设计、题项和指标的选择、提问及回答方式的设计。问卷表设计的过程包含四个层次，即问卷的理论构思与目的、问卷格式、问卷项目的语句和问卷用词。一份好的问卷在进行问卷设计时，问卷的内容和子量表构成要根据问卷设计的目的确定；问卷中应尽量注意避免复杂语句或带有引导性的问题，语句层次上要使项目用语明确、具体，尽可能避免多重含义或隐含某种假设；问卷用词要避免过于抽象以防止反应定势；同时要控制反应偏向。

为了设计出一份较为科学的问卷，本研究在问卷设计中首先通过大量的文献研究，融化吸收前人的知识观点和他们对相关题项分析考查的角度；其次紧密联系实际，就一些相关概念、语言表述等问题，直接和中小企业管理人员、科研人员进行访谈，确保题项表达的准确清晰、便于理解；再次进行问卷的初步设计，通过专家访谈的方法对编制的初始问卷进行修改、调整；随后在小范围内，对问卷进行发放测试；最后根据反馈结果和建议，对初始量表进行修正，调整一些测试题项的表达方式和顺序，删除掉一些意义重复或不能反映被测变量的指标，最终形成用于大范围调查的正式研究问卷。

问卷设计的形式主要有开放式和封闭式两种。开放式问题，是不为回答者提供具体答案，由回答者自由回答；封闭式问题，是在提出问题的同时还给出若干个答案，要求回答者根据自己的情况进行选择填答的问题。封闭式问题的答案要具有穷尽性和互斥性，一方面要包括所有可能的回答，不能有所遗漏；另一方面各种答案互不相容，不能出现重叠。一般来说，在大规模正式调查所用的问卷中，通常以封闭式问题为主，开放式问题常常用在小规模的、探索性调查的问卷中。

本研究在问卷设计时尽量采用封闭性问题，减少开放性问题。为避免问卷设计中可能隐含某种对回答者有诱导性的假设，本研究在问卷设计中，没有说明研究的内容和逻辑，以防止回答者得到可能的因果关系暗示，进而在回答过程中受到这一暗示影响；题项内容尽量不涉及企业和个人隐私，以提高问卷的真实性；同时在正式问卷使用之前先进行预测。在题项的安排上，本研究问卷将同一主题的题项放在一起，让被调查者对各部分的调查内容有一大概了解，尽量减少由于思维的偏差而引起的误差。

在内容结构的设计上，本问卷共分为两大部分，第一部分为背景资料，主要了解被调查者及其公司的基本信息，以便从总体上了解问卷的来源和质量，为进一步研究的有效性提供一定的判断依据；第二部分是有关创业意识与创业需求的调查问卷。

问卷第一部分测量内容为被调查者及公司基本信息，这些信息的收集有利于我们更好地了解所研究样本的特征。个人基本信息包括性别、年龄、学历、户口以及创业前工作。企业基本情况包括企业年龄、员工人数和年销售额。具体题目如下所示。

个人情况：

性别：□男　□女

年龄：□20 岁及以下　□21 ~ 30 岁　□31 ~ 40 岁　□41 ~ 50 岁　□50 岁以上

学历：□初中及以下　□高中　□专科　□本科及以上

户口：□本地　□外地

创业前工作：□公务员　□企业管理人员　□工人　□农民　□私营企业主　□专业技术人员　□个体工商户　□商业服务人员　□待业　□其他

企业情况：

企业年龄：□2 年以下 □2～5 年 □5 年以上

员工人数：□10 人以下 □11～100 人 □101～300 人 □300 人以上

年销售额：□500 万元以下 □500 万～1000 万元 □1000 万～3000 万元 □3000 万元以上

问卷第二部分测量内容为创业意识、创业需求及创业环境对创业意识的影响。内容上分为单项选择题（1～18 题）、多项选择题（19～26 题）、开放性题目（27、28 题）。具体题目如下所示。

单项选择题（1～18 题，每题有三个及以上答案，只能选一个）

1. 您觉得您的性格是？□富于冒险精神 □比较保守 □一般

2. 您的创业资本主要来自？□自筹 □政府投入 □银行贷款 □其他

3. 您选择的创业形式？□合伙创业 □家庭创业 □自主创业 □其他

4. 您认为创业最需要的条件是什么？□研究成果或专利 □个人强烈的创业志向 □政府创业政策支持 □各类创业培训和服务 □其他

5. 您认为创业进程中最大的障碍是什么？□资金压力 □个人能力、经验不够 □风险心理承受能力不足 □政府支持力度不够 □市场环境不景气 □其他

6. 您的创业想法主要来源于：□家庭影响 □朋友影响 □传媒影响 □政府影响 □其他

7. 您选择创业领域时的主要根据是什么？□自己的兴趣 □自己的专业 □市场前景 □对某一行业熟悉 □偶然因素 □政府支持 □其他

8. 如果您在创业中失败，您会如何？□选择相同行业再次创业 □选择其他行业再次创业 □放弃创业的理想 □其他

9. 当您在创业过程中发现资金不足等财务问题时，您会首先：□向政府部门申请资金 □向银行贷款 □吸引风险投资 □向亲朋好友借钱 □自己积累 □其他

10. 您对您的创业前景如何看？□很好，很有前景 □一般，没抱多大希望 □前景惨淡 □没有关注

11. 您对当前创业的社会环境如何看？□很好，有很多平台和政策支持 □一般，但具体操作起来实际困难仍很大 □不好，一些优惠政策名存实亡，想创业还很艰难 □不清楚

12. 您的创业意识产生于哪个阶段？□学生阶段 □初入社会阶段 □长期工作阶段

13. 您对创业前所从事的工作是否满意？□非常满意 □比较满意 □不满意 □不清楚

14. 您认为有必要进行创业技能培训和指导吗？□有 □可有可无 □没有

15. 您认为创业基地能否满足了您的创业需求？□完全可以 □一般 □不可以

16. 您认为创业基地的建立对您做出创业决定的影响有多大？□非常大 □一般 □很小 □没有

17. 相对来说，您对所在的创业基地哪方面最满意？□基地的基本条件 □基地的管理水平 □基地的服务水平

18. 您对所在的创业基地的满意度如何？□非常满意 □一般 □不满意

以下（19～26 题）多选题（有多个答案，可多选）

19. 您在创业过程中，得到过政府哪方面的帮助？□优先的贷款政策 □简化企业设立的审批 □创业补贴 □专门的创业指导和培训机构 □其他

20. 您认为政府在创业方面应该做哪些扶持？□创业基金支持 □专业化管理服务 □政策支持 □宣传鼓励创业意识 □扩大融资渠道 □其他

21. 您对所在的创业基地提供的哪些服务较满意？□创业培训及辅导 □信息咨询 □金融服务 □相关法律服务 □技术创新 □社会保障 □市场拓展服务 □人才培训及推荐服务 □其他

22. 您对所在的创业基地提供的哪些基础设施较满意？□租用场地成本 □道路交通 □水电供应 □信息网络 □食堂餐饮 □会议场所 □银行网点 □邮政快递 □消防环保

23. 您认为以下哪种途径有助于培养创业意识？□创业培训 □政策宣传 □能人示范 □个人经历 □其他

24. 您的创业动机是什么？□获得成就认可 □增加自己的知名度或影响力 □实现创业想法 □控制自己人生 □不满薪酬收入 □提供经济保障 □解决就业 □看到好的创业机会 □其他

25. 您认为影响创业成功的主要因素有哪些：□个人能力 □政府政策 □市场大环境 □创业伙伴 □机遇 □社会舆论 □经济实力及社会资源 □其他

26. 您认为创业者最应具备什么素质：□市场洞察能力 □专业知识 □较好的沟通能力 □良好的心理素质和适应能力 □较好的组织能力 □丰

富的社会资源 □其他

27. 您认为政府应该着重为创业者提供怎样的支持?

28. 您认为创业辅导基地应该在哪方面进行改进与完善?

13.2.2 被调查对象的选择

为使各地区间的调查结果更具可比性和权威性，本次抽样的总体为河北省 67 家省级示范创业辅导基地，如附录所示。调查抽样分割总体的依据为县域发展水平。河北省县域发展水平按竞争力分类可以化为以下四类：竞争力较强地区（34 个县）、竞争力中等地区（34 个县）、竞争力较弱地区（34 个县）和竞争力弱的地区（34 个县）。运用非概率抽样方法中的主观抽样法在每类地区中抽取 5 个县作为样本。再按照选定的样本县的创业辅导基地的建设情况选择 1 ~2 家创业辅导基地进行普查。具体访问对象为所选基地入驻企业的负责人，本次下发的调查问卷的总数为 200 份。

13.2.3 数据收集过程

本研究调查通过河北省中小企业局组织下发，由河北科技大学经济管理学院课题组具体收集。

课题组给被调查者提供了较充裕的时间，这就使问卷的组织人员和填答人员有时间对实际情况进行更加客观地评估，保证问卷数据更接近于真实情况。为了减少问卷误差，在正式问卷发放前，我们先请相关专家学者进行了问卷的预测试。根据专家修改意见，对问卷的用词、题项、结构等进行修改、调整，以尽量排除由于理解偏差而降低获得理想的调查结果的可能性，最后才大规模发放的正式问卷。

正式问卷的收集过程采取多种方式进行。一是通过电子邮件将问卷发送给基地联系人，由他们将问卷以纸质或者电子问卷形式发放给基地内部的被调查者，请被调查者填写问卷并将问卷交给基地联系人，然后基地联系人将问卷交给笔者。这种方式共发放问卷 170 份，回收问卷 145 份，其中有效问卷 108 份，问卷有效回收率为 64%。另一种方式是通过电子邮件将问卷发送给基地联系人，将填写问卷的要求和相应的注意事项在邮件中明确写出，被调查者填写完毕后以电子邮件的形式寄给笔者。这种方式共发放问卷 30 份，回收问卷 15 份，其中有效问卷 12 份，问卷有效回收率为 49%。

13.2.4 调查统计分析

13.2.4.1 数据的编码及统计

收集的样本数据按四级编码，第一级编码是县域竞争力分类；第二级编码是河北省 11 个地市分类；第三级编码是基地名称编码；第四级编码是问卷编码。例如 1010201，即表示本问卷是竞争力强的县域地区，石家庄市，藁城市（增村）卤制食品创业服务中心，第一份问卷。在样本编码后时行试题编号，首先将试题按顺序进行编号，然后为了录入的方便快捷，将试题的选项用阿拉伯数字进行编号。

完成样本编码和试题编码后，进行数据录入工作，将收集上来的数据进行系统录入，在录入的过程中坚持认真负责的态度，确保数据的准确性和完整性。

13.2.4.2 样本描述性分析

本次调查问题的描述性分析主要包括样本性别比例、样本学历情况、样本年龄比例、样本创业前工作、样本户口所在地、样本企业规模、样本企业年龄、样本企业销售额等情况。

1. 访问对象的个人基本资料

（1）性别特征。图 13－3 描述了创业者的性别分布，从数据中我们可以看出，创业者多数为男性，占创业者总人数的 81%。因此可以看出，在河北省中小企业中，男性比重明显高于女性。

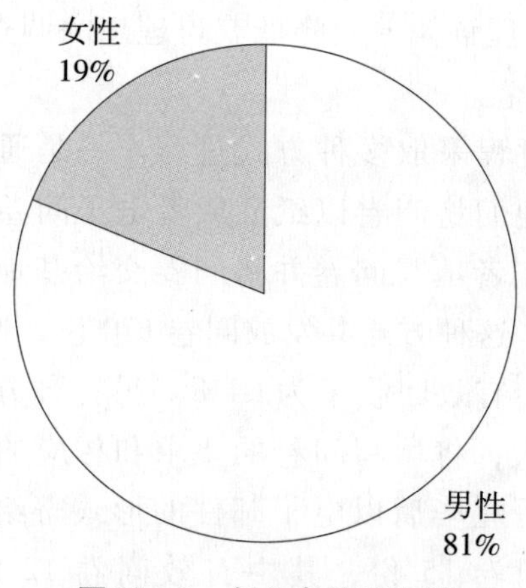

图 13－3 创业者性别比例

（2）年龄特征。图 13－4 描述了创业者的年龄分布，从数据中我们可以看出，创业者的年龄多分布于 31～50 岁，占被调查比例的 63%，这说明中年人是创业的主要群体，21～30 岁占 12%，20 岁以下占 9%，50 岁以下占 16%。

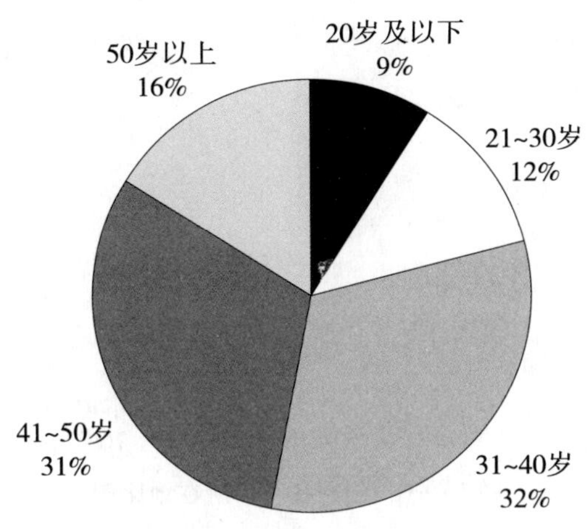

图 13－4　创业者年龄比例

（3）负责人学历。图 13－5 描述了创业者的文化程度分布，从数据中我们可以看出，创业者的文化程度多集中于高中、初中及以下，分别占被调查比例的 33% 和 33%。本科及以上学历才占 15%，高层次人才匮乏。不难发现，河北省中小企业管理者的文化程度普遍不高。

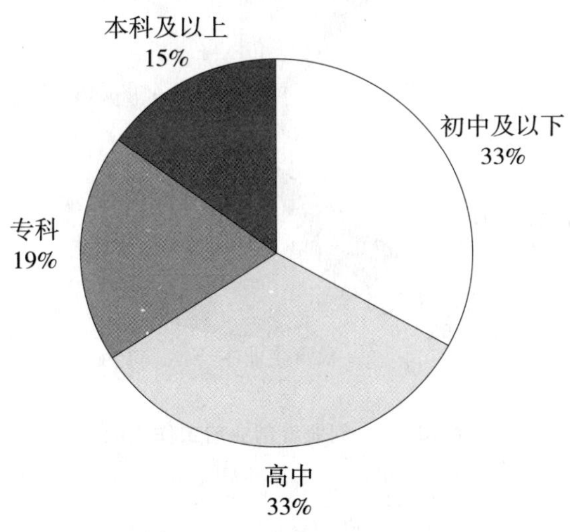

图 13－5　创业者学历比例

（4）户籍分布。图 13－6 描述了被调查者的户口分布，从数据中我们可以看出，创业者大多数是本地人，占 76%，外地人只占 24%，说明河北省中小企业创业者大多选择本地创业。

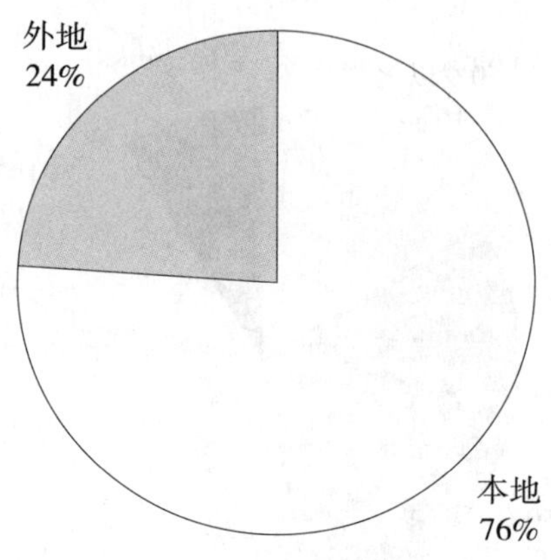

图 13－6　创业者户口所在地比例

（5）创业前的工作。图 13－7 描述了创业者创业前工作性质分布，从数据中我们可以看出，商业服务人员、工人和私营企业主占据了前三位。总体上来说，选择创业的人员来源非常丰富，呈现多元化趋势。

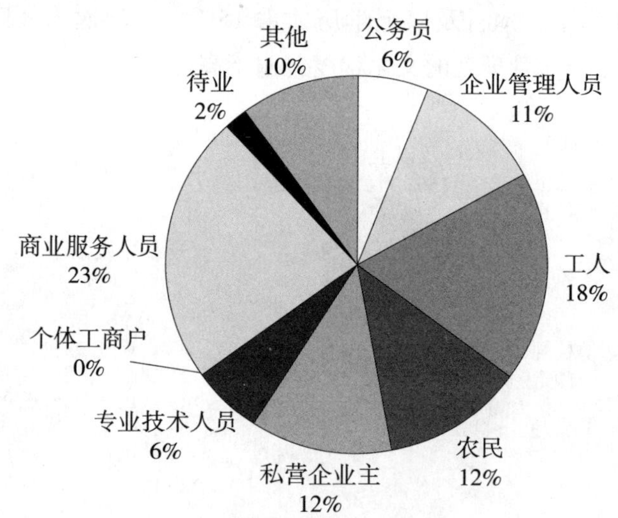

图 13－7　创业者创业前工作比例

2. 企业情况

（1）企业年龄。图 13－8 描述了创业者所在企业的运行年龄分布，从数据中我们可以看出，2～5年的企业占据了最大份额，占38%，其次是5年以上的企业占34%，2年以下的企业占28%。

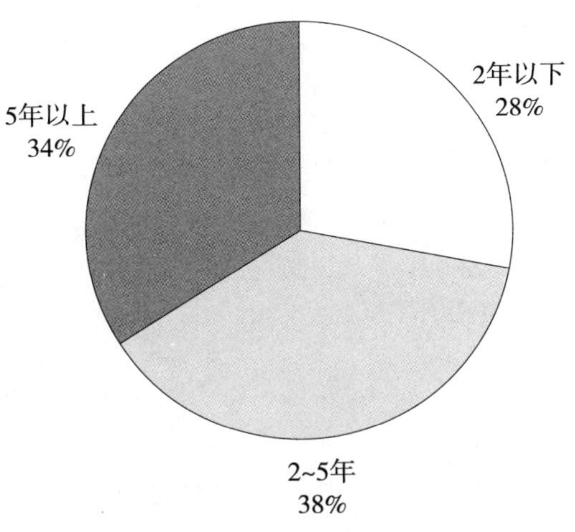

图13－8　创业企业年龄比例

（2）员工人数。图13－9描述了创业者的企业规模分布，从数据中我们可以看出，被调查的企业多为单位人数在100人以下的中小企业，共占所调查比例的87%，100人以上的企业比例仅为13%。

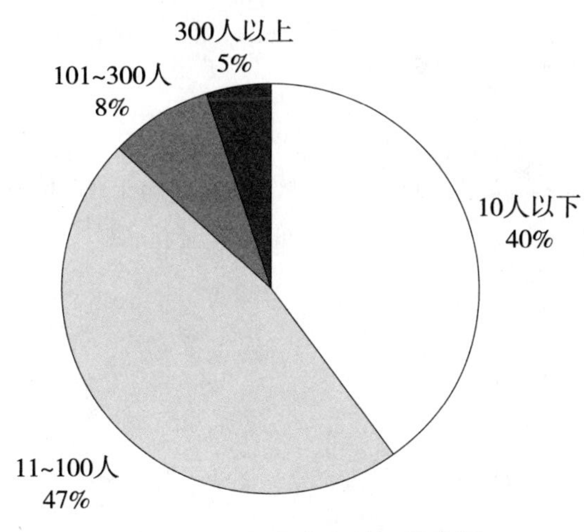

图13－9　创业企业员工数比例

（3）销售额。图13－10描述了创业者的企业销售额情况，从数据中我们可以看出，创业企业的销售额大多数在500万元以下，占到69%的比例。销售额在500万元至1000万元的企业比例是22%，1000万元以上的企业比例为9%。

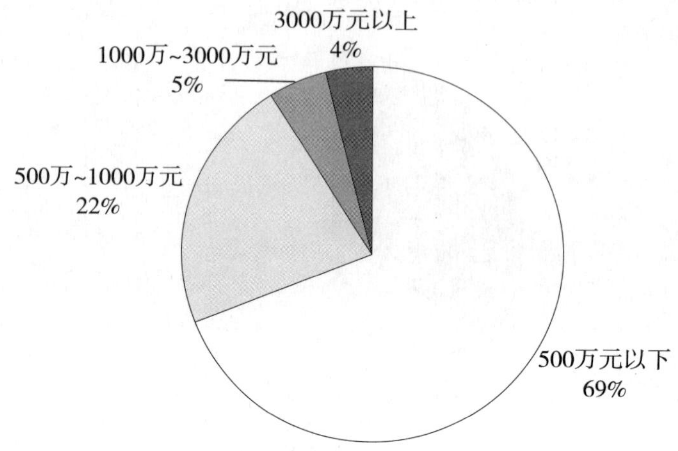

图13－10　创业企业销售额比例

13.2.4.3　创业者的创业意识与创业需求

1. 创业者的性格

图13－11描述了创业者的性格特征，从数据中我们可以看出，富有冒险精神的被调查者所占比重最大，占41%，其次是比较保守的性格占35%，最后是一般的性格，占24%。

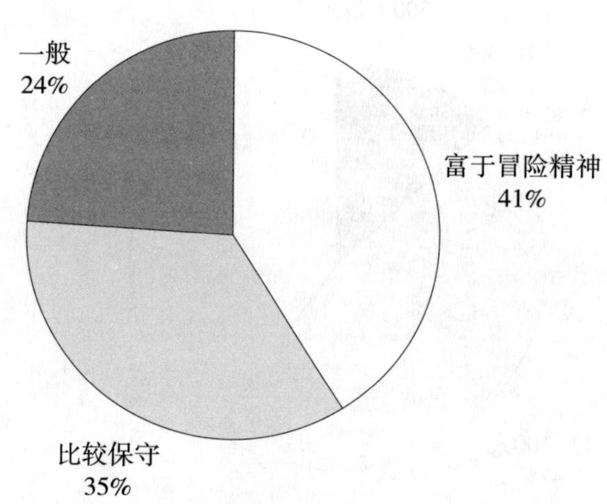

图13－11　创业者的性格特征分类

2. 创业资本来源

图13－12描述了创业者投入的创业资本的来源，从数据中我们可以看

出，自筹的比重最大占64%，其次是银行贷款来源，占17%。总体来看，资本来源比较单一。

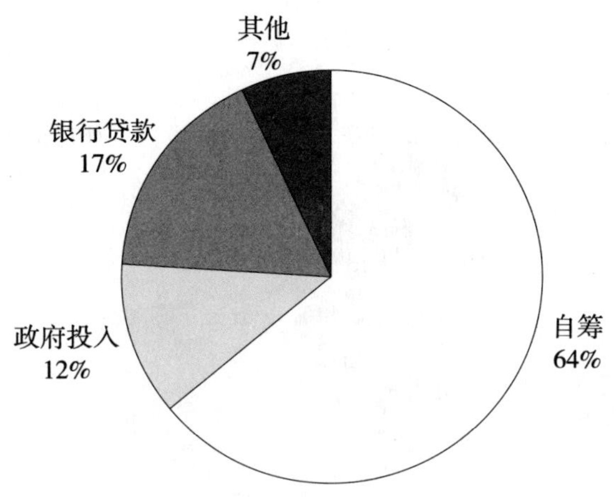

图13－12　创业者的资本来源分类

3. 创业形式选择

图13－13描述了创业者创业形式分类，从数据中我们可以看出，创业者采取自主创业的所占比例最高，达36%，其次是家庭创业，所占比重是31%，合伙创业所占比重是26%。

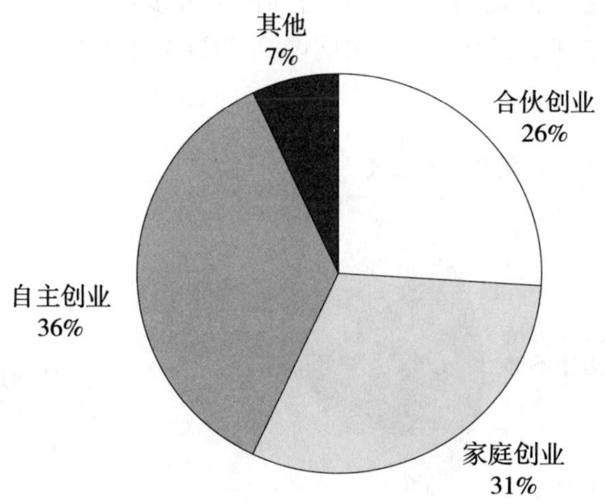

图13－13　创业者的创业形式分类

4. 创业最需要的条件

图13－14描述了创业者认为创业最重要的条件分类，从数据中我们可以

看出，被采访者认为，创业条件中研究成果和个人强烈的创业志向是最重的，所占比重在30%左右，其次是政府的创业政策的支持和创业培训。

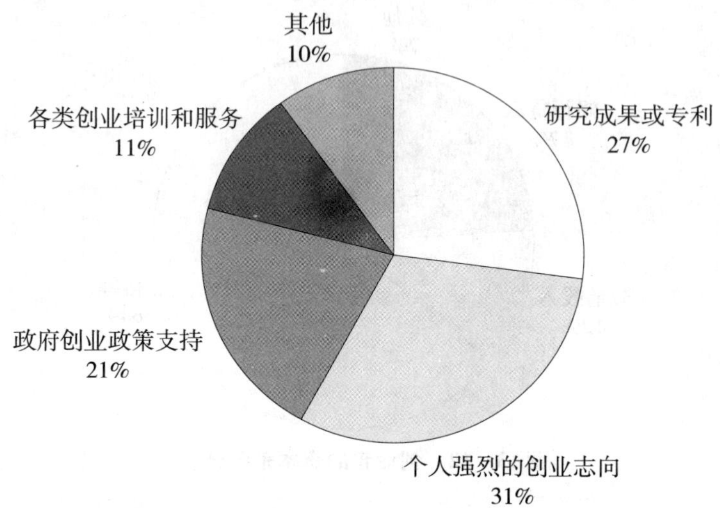

图13－14　创业者认为创业的最重要的条件分类

5. 创业进程中最大的障碍

图13－15描述了创业者创业最大的障碍分类，从数据中我们可以看出，创业者认为，资金压力是创业最大障碍的占了大多数，比例为55%，其次是政府支持力度不够等，总体来说，中小企业的资金压力非常大。

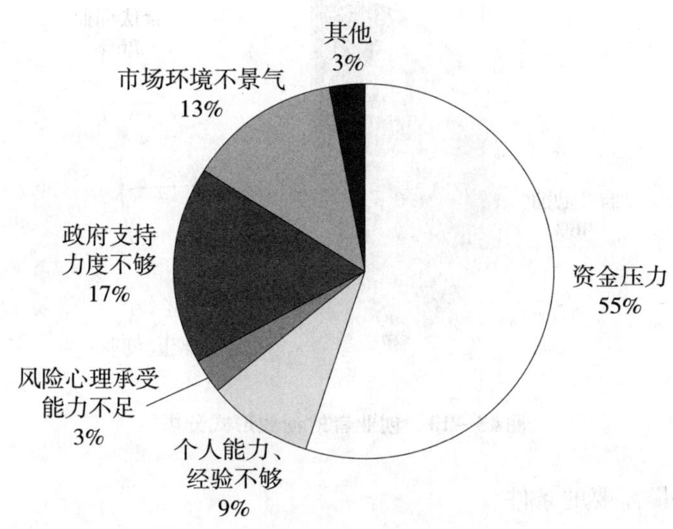

图13－15　创业者认为创业最大障碍分类

6. 创业想法的主要来源

图 13－16 描述了创业者创业想法来源，从数据中我们可以看出，创业者认为，家庭和朋友的影响最大。

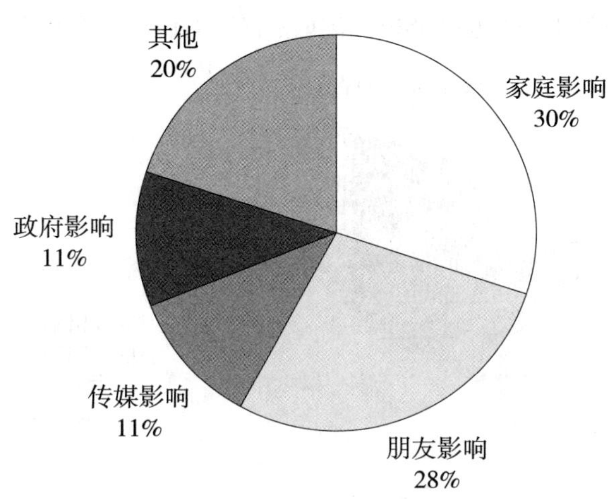

图 13－16　创业者创业想法来源分类

7. 选择创业领域时的主要根据

图 13－17 描述了创业者选择创业领域的依据，从数据中我们可以看出，有 32% 的人会选择自己有兴趣的领域，有 20% 的创业者会选择自己的专业领域，有 19% 的创业者会选择自己熟悉或市场前景好的领域。

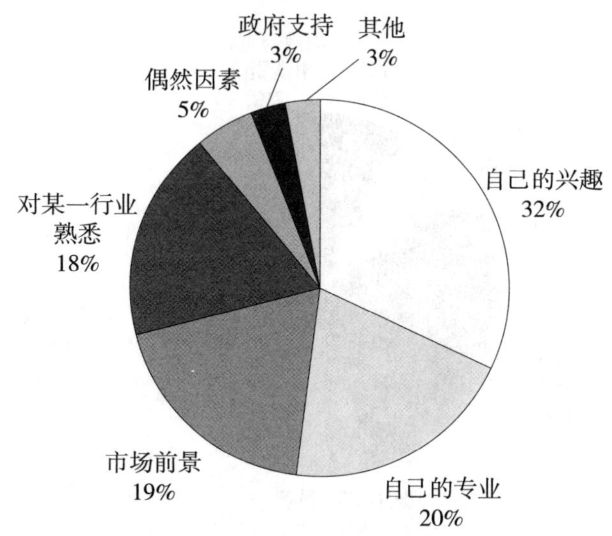

图 13－17　创业者选择创业领域的依据分类

8. 如果创业失败会如何行动

图 13－18 描述了创业者创业失败后的选择，从数据中我们可以看出，53%的创业者会选择相同行业再次进行创业，15%的创业者会选择其他行业再次创业，选择再次创业的总计达到68%。同时有7%的创业者会放弃再次创业。

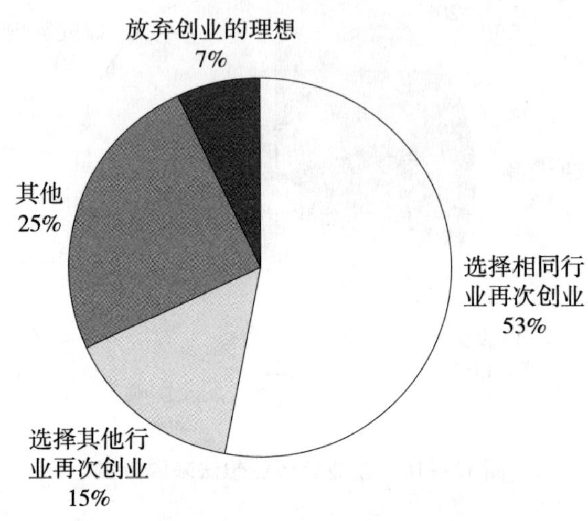

图 13－18　创业者创业失败后的选择分类

9. 资金不足时会如何解决

图 13－19 描述了创业者的筹资选择分类，从数据中我们可以看出，面对资金困难，主要有两种筹资渠道，即向银行贷款和向亲朋借钱。

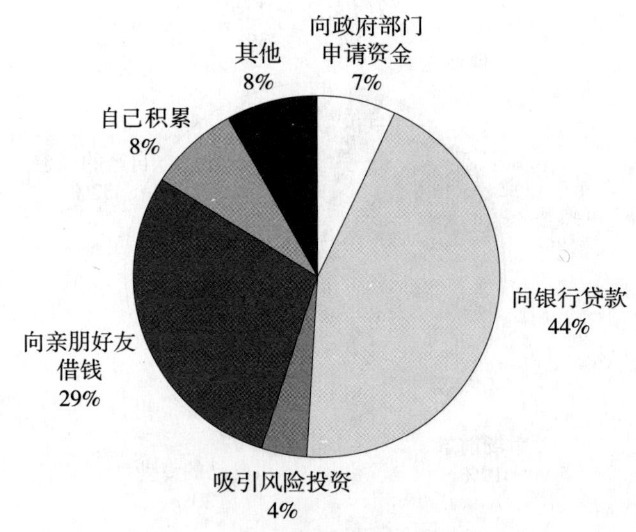

图 13－19　创业者的筹资选择分类

10. 对创业前景的看法

图 13－20 描述了创业者对创业前景的看法，从数据中我们可以看出，有 63% 的创业者对创业前景感到很好，但也有 23% 的创业者对创业前景不乐观。

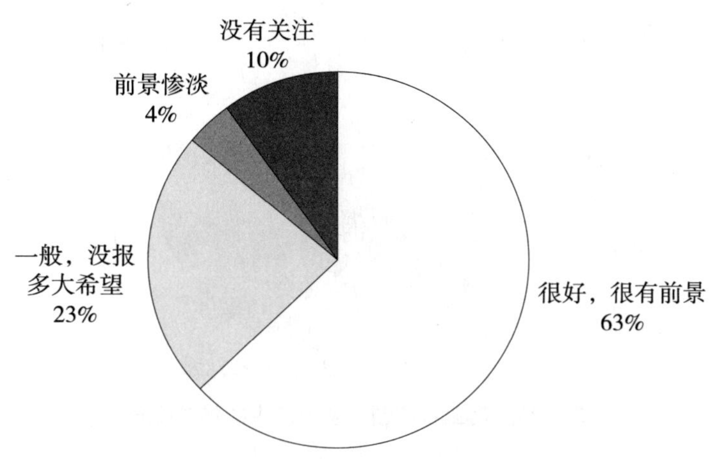

图 13－20　创业者对创业前景看法

11. 如何看待当前创业的社会环境

图 13－21 描述了创业者对创业的社会环境的看法，从数据中我们可以看出，有 46% 的创业者认为社会环境很好，有很多的创业机会，但也有 24% 的创业者认为创业环境不好，创业政策有些名存实亡。

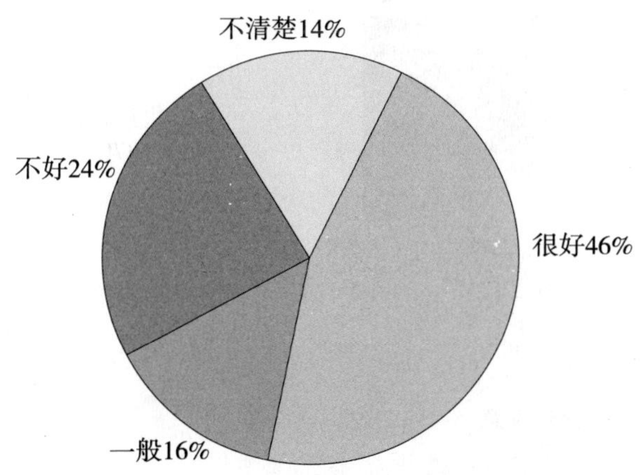

图 13－21　创业者对创业社会环境的看法

12. 创业意识产生的阶段

图 13－22 描述了创业者创业意识产生的阶段，从数据中我们可以看出，

学生阶段就产生创业意识的创业者仅有23%，大多数创业者产生创业意识的时间是在工作后，特别是长期工作后。

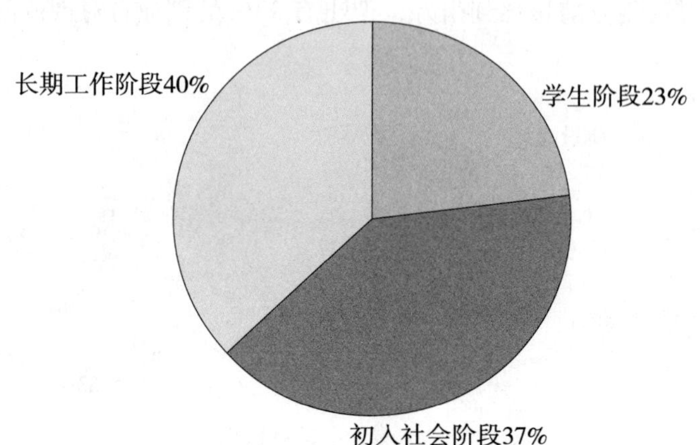

图13－22　创业者的创业意识产生的年龄段分类

13. 创业前对所从事的工作是否满意

图13－23描述了创业者对创业前工作的满意度，从数据中我们可以看出，仅有19%的创业者对创业前的工作感到不满意，相反比较满意的创业者占42%，非常满意的创业者占37%。

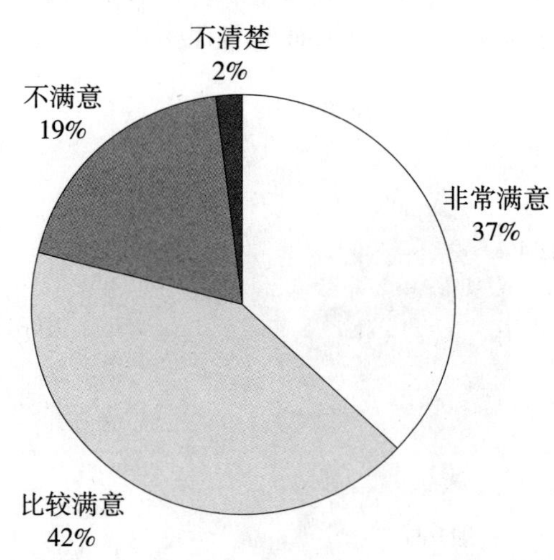

图13－23　创业者对创业前工作满意度情况

14. 创业技能培训和指导的必要性

图13－24描述了创业者对创业培训的态度情况，从数据中我们可以看

出，绝大多数创业者认为有必要进行创业培训，仅有4%的人认为没有必要。这充分说明创业培训对创业者的重要性。

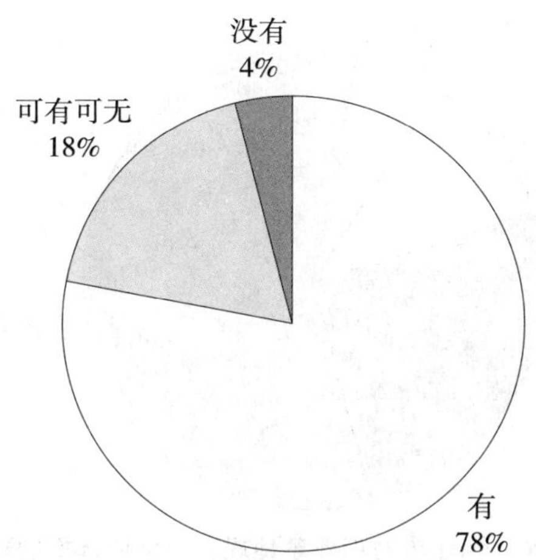

图13－24　创业者对创业培训必要性的态度

15. 创业辅导基地是否满足了创业者的创业需求

图13－25描述了创业者对创业基地的满意程度，从数据中我们可以看出，有59%的创业者认为完全可以满足自己的创业需要，但也有8%的创业者对创业基地不满意。

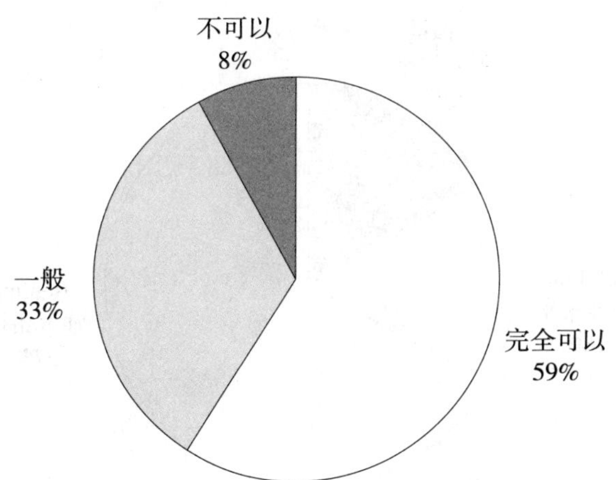

图13－25　创业者对创业基地的满意程度

16. 创业基地的建立对创业者作出创业决定的影响

图13－26描述了创业者对创业基地的成立对自己创业选择的影响，从数据

中我们可以看出，有一半多的创业者进行创业是受到创业基地的影响，说明创业基地对中小企业创业起到了积极的作用，但同时也有6%的人认为没有影响。

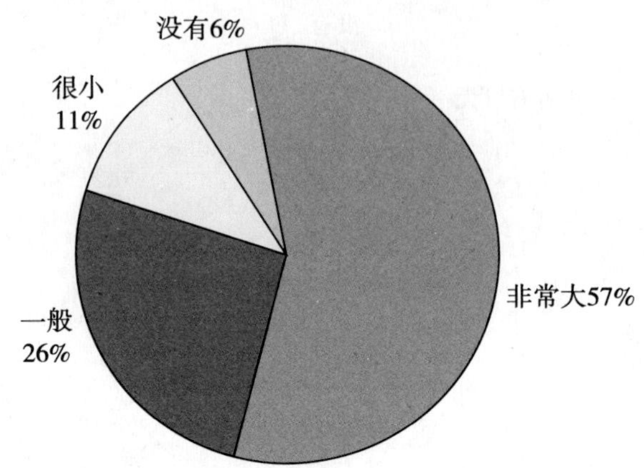

图 13－26　创业者对创业基地成立对创业选择的影响评价

17. 创业者对基地的评价

图 13－27 描述了创业者对创业基地服务项目满意度情况，从数据中我们可以看出，69%的创业者对基地的基地条件最满意，但对基地的管理水平和服务水平的满意度不是很高，这说明基地在服务水平和管理水平方面有进一步提升的空间。

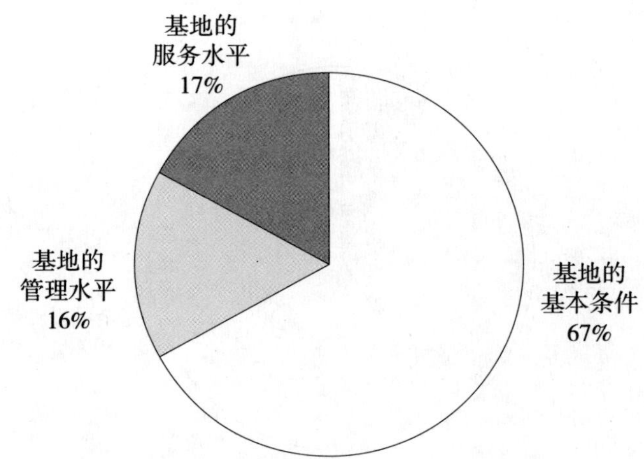

图 13－27　创业者对创业基地的满意项目分类

18. 对创业基地的满意度

图 13－28 描述了创业者对创业基地服务项目满意度情况，从数据中我们

可以看出，有62%的创业者对创业基地总体满意程度评价很高，但也有5%的创业者对创业基地满意程度很低，有33%的创业者对创业基地的满意程度中等。说明创业者对创业基地总体满意程度还是可以的。

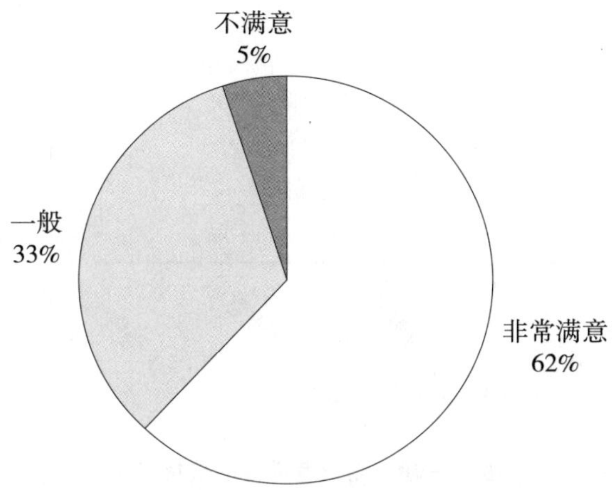

图13－28　创业者对创业基地的总体满意程度

19. 创业过程中得到过政府的哪些帮助

图13－29显示了企业在创办阶段曾受到过的政府的帮助，可以看到政府对企业的帮助包括了各方各面，其中尤以创业指导和培训为最。

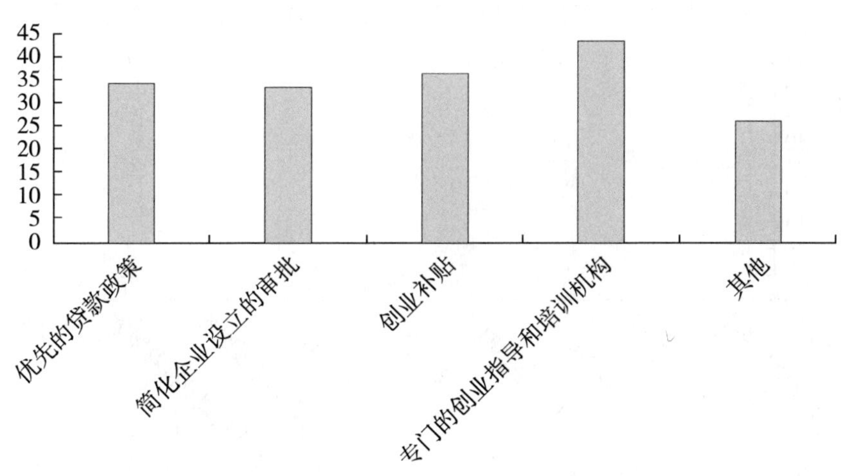

图13－29　创业者接受的政府帮助形式

20. 政府应该在哪些方面给予扶持

图13－30显示了企业最需要政府帮助的几个方面，有将近70个企业认

为应当加大基金支持，有55个样本认为应当加大政策支持，这两个方面占了所有选择的绝大多数，是急需解决的。

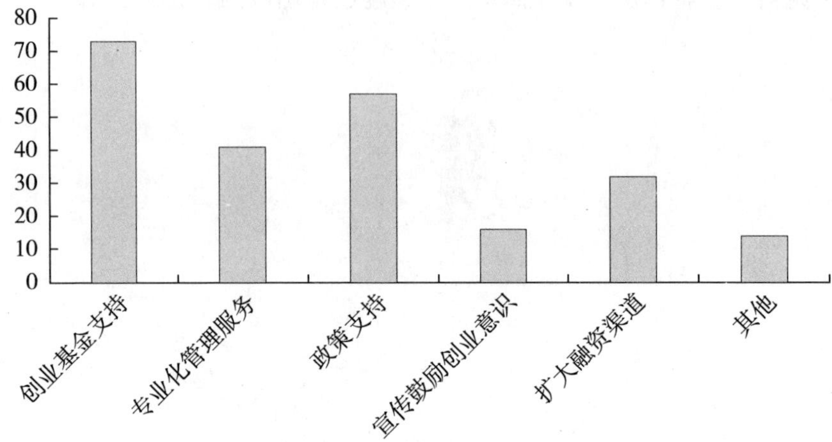

图13－30　创业者需要的扶持政策

21. 对创业辅导基地提供的哪些方面比较满意

从图13－31可以得知，样本对创业培训和人才培训最为满意，但是需要看到，在所有的服务中，没有一项的服务满意度超过五成，这是创业辅导基地需要改进的地方。

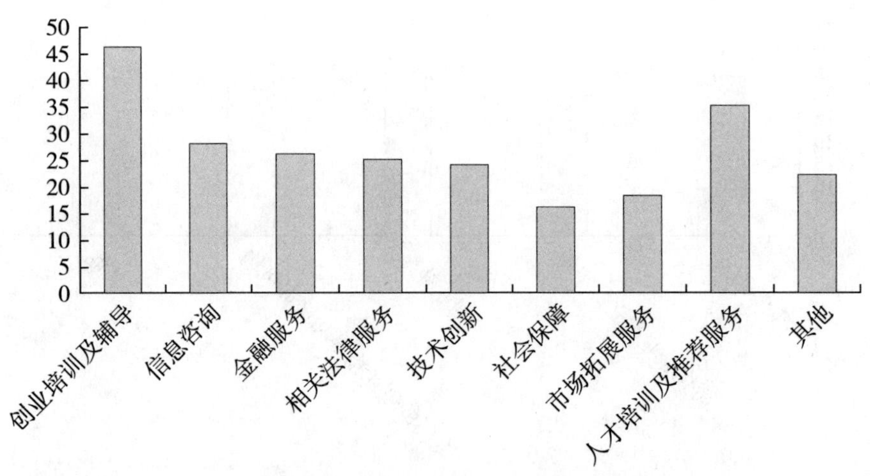

图13－31　创业者对基地分类服务满意

22. 对创业基地提供的哪些基础设施比较满意

图13－32出现了两极分化，样本对租用场地成本、道路交通，尤其是水

电供应较为满意，但对信息网络、食堂餐饮、会议场所、邮政快递，尤其银行网点满意度较低，亟须改进。

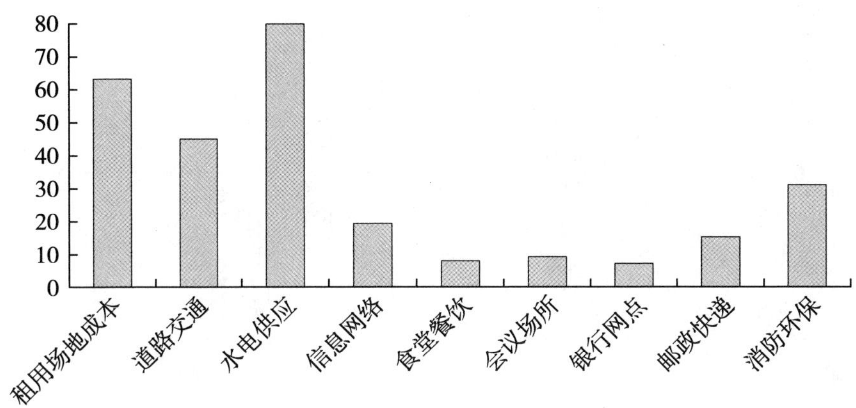

图 13－32　创业者对基础设施满意度

23. 哪些途径有助于培养创业意识

图 13－33 显示的是样本认为哪些途径容易培养人的创业意识，由图表中可以看到创业培训、个人经历和能人示范是得到认可的。

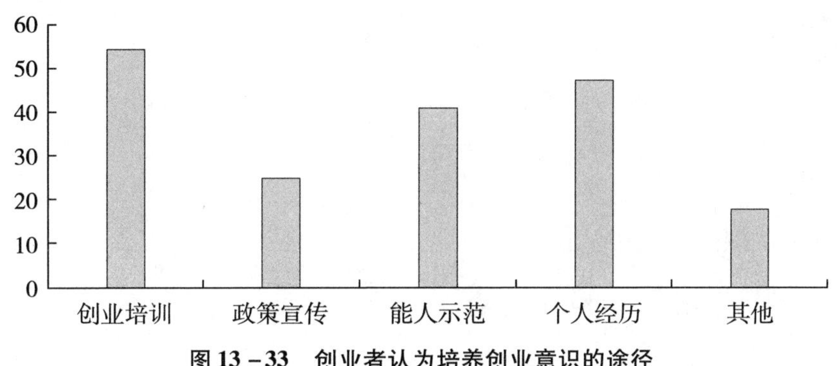

图 13－33　创业者认为培养创业意识的途径

24. 创业动机

图 13－34 显示，没有一个创业动机超过五成，分布也比较均衡，也就是一个人选择创业的原因是各式各样的，其中获得成就认可、实现创业想法、控制自己人生、提供经济保障和解决就业问题是稍微突出的。

25. 影响创业成功的主要因素

由图 13－35 可以看到最为推崇的还是个人能力，其次是政府政策和市场

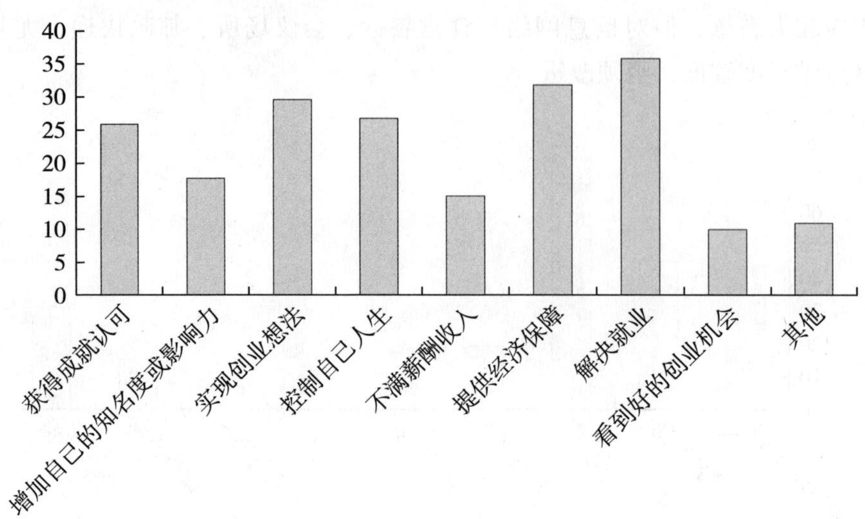

图 13－34　创业者的创业动机

大环境，机会、经济实力及社会资源也不容忽视，创业伙伴和社会舆论被放在了最后两位。

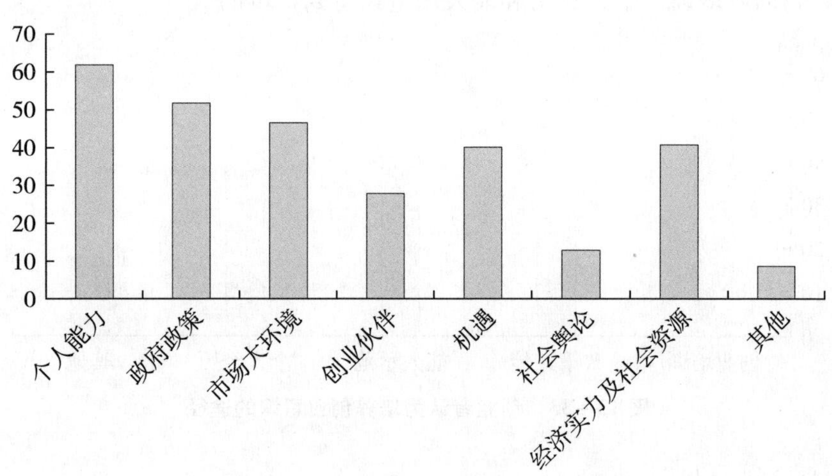

图 13－35　创业者认为的创业成功要素

26. 创业者应具备什么样的素质

在图 13－36 中，市场洞察能力、专业知识、良好的心理素质和适应能力、较好的组织能力不相上下，可见这几项都十分重要，而较好的沟通能力和丰富的社会资源在样本人群眼中，重要性略逊。

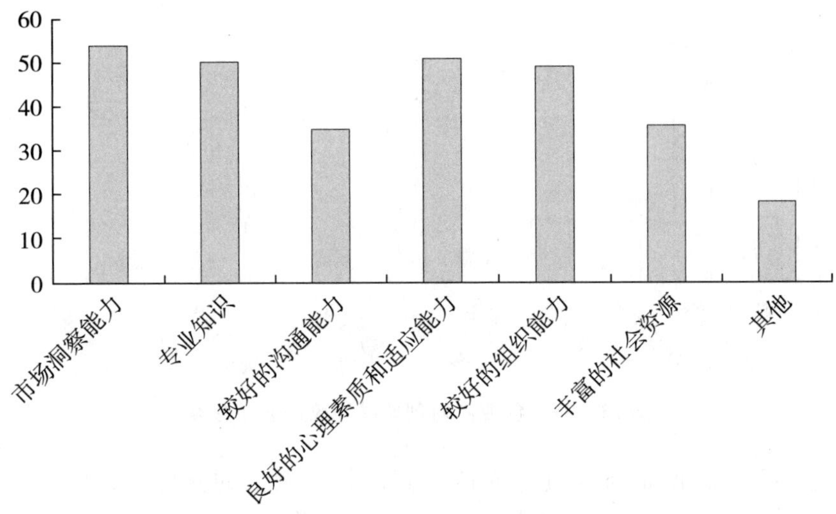

图 13－36　创业者认为的创业者最应具备的素质

27. 政府应该为创业者提供什么样的支持

图 13－37 是样本认为的政府应该为创业者提供哪方面的支持，几乎每一个提出要求的样本都提到了资金支持或者政策支持，只有很少的人提到基础设施、项目开发和培训指导，可以看到创业者在这两方面对政府的殷切期盼。

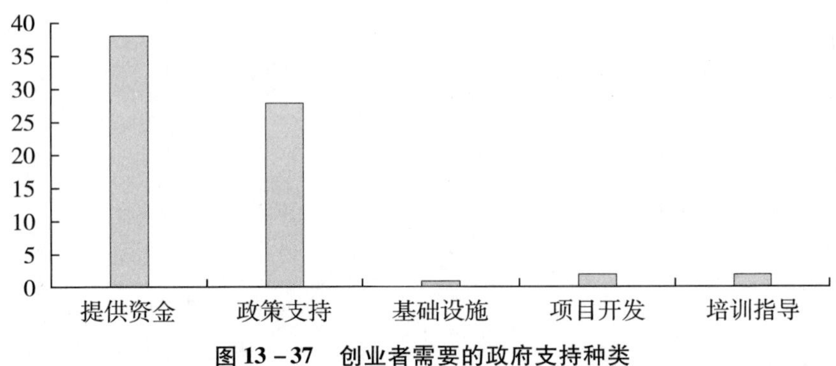

图 13－37　创业者需要的政府支持种类

28. 创业辅导基地应该在哪些方面进行改进与改善

由图 13－38 可以看到，样本人群认为创业培训、硬件设施、信息服务、政策宣传和技术服务是创业辅导基地需要改进的地方。

由图 13－37 和图 13－38 这两个开放题的结果可以看到创业公司普遍

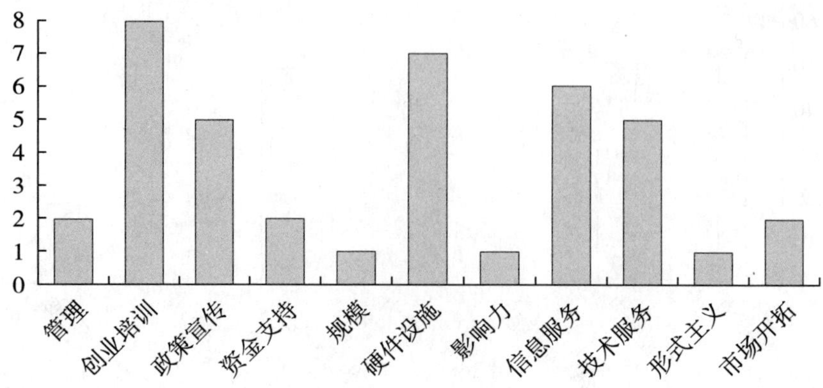

图 13－38　创业者对创业基地改进途径分类

存在的一个问题便是缺少资金支持，其次是政策上的支持和宣传，而且大多数创业者想要获得更多的创业培训，这是创业辅导基地进一步改进的方向。

13.2.4.4　不同竞争力地区间样本问卷统计比较

1. 性别特征

由图 13－39 和图 13－40 比较可以看到，在发达地区，女性的创业积极性要比不发达地区的女性更高。

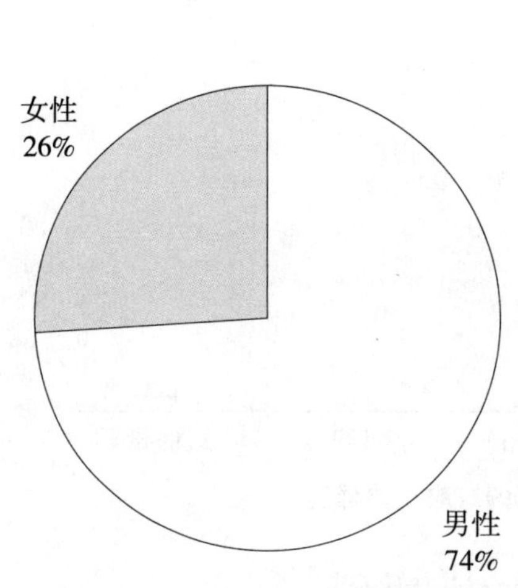

图 13－39　发达地区创业者性别比例

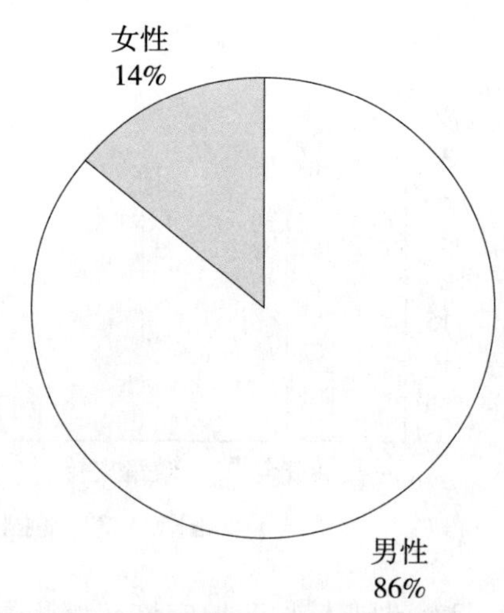

图 13－40　不发达地区创业者性别比例

2. 年龄特征

由图 13－41 可以看到，在发达地区，31～40 岁年龄段的人是创业者的绝对主力军，占到50%以上，而不发达地区的主力军是41～50岁，相对于发达地区，年龄较大。另外可以看到，不发达地区，20岁以下创业者的比例要远高于发达地区，说明不发达地区的青年人具有更强的创业意识，也有另一种可能，就是不发达地区的青年人上不起学校的更多。

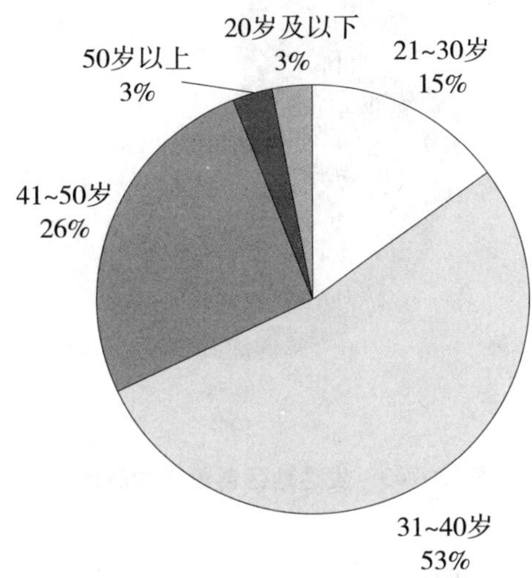

图13－41　发达地区创业者年龄比例

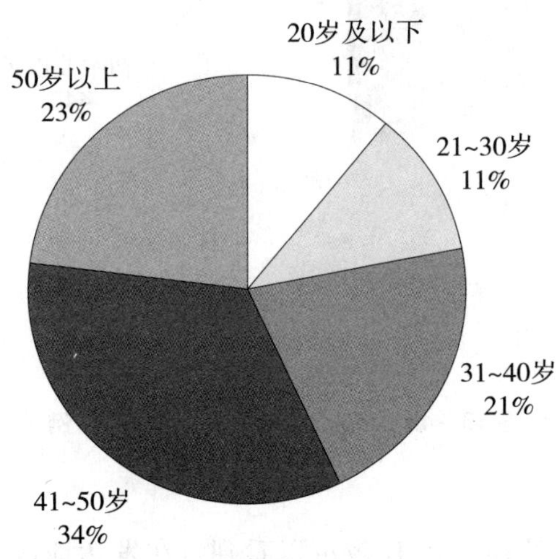

图13－42　不发达地区创业者年龄比例

3. 学历特征

由图13－43和图13－44比较可以看到，在发达地区，创业者多是专科或本科以上学历，而在不发达地区，创业者多是高中或初中以下学历。

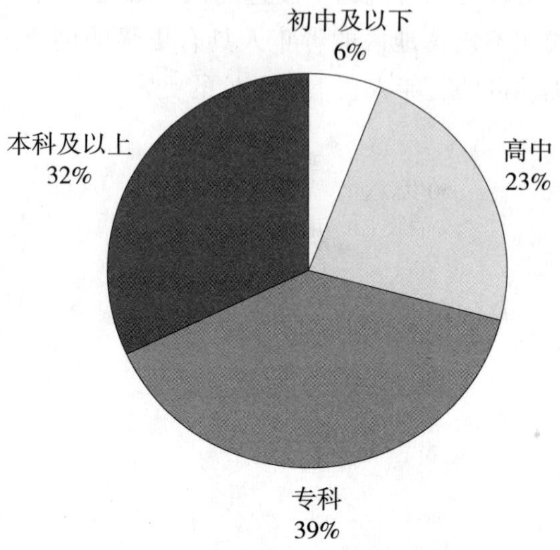

图 13－43　发达地区创业者学历比例

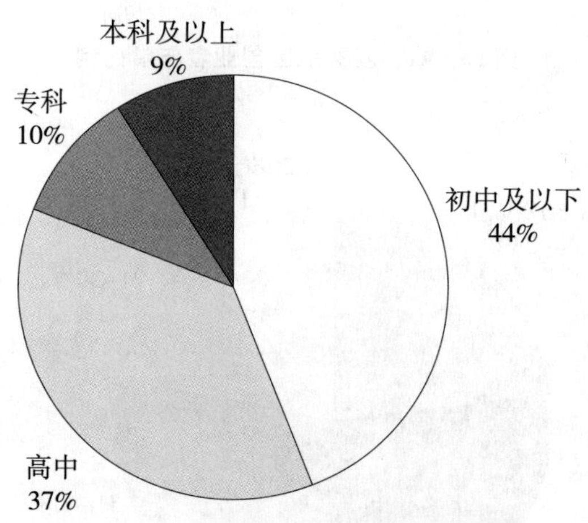

图 13－44　不发达地区创业者学历比例

4. 户籍特征

由图 13－45 和图 13－46 比较可以看到，在发达地区外地创业者的比例要远远高于不发达地区。

5. 创业前工作

由图 13－47 和图 13－48 比较可得，发达地区的创业者主要是工人，其次是专业技术员、企业管理人员和农民，而不发达地区的创业者主要是个体工商户，其次是工人、待业者、私营企业主和农民。

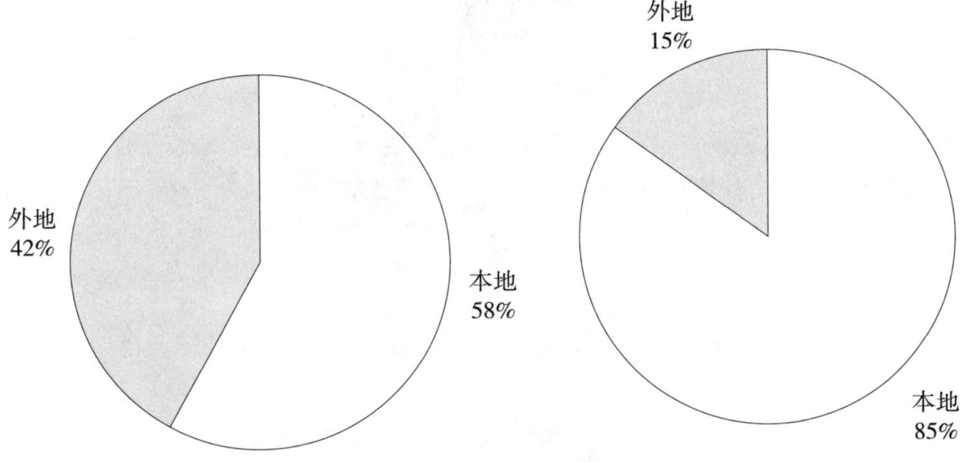

图 13－45　发达地区创业者户口比例　　**图 13－46　不发达地区创业者户口比例**

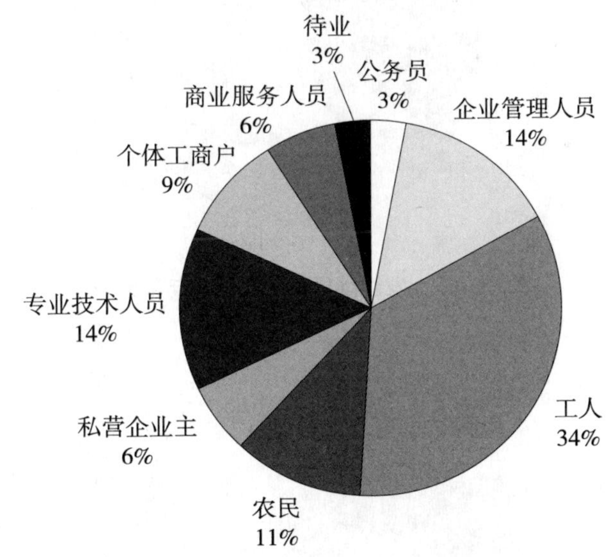

图 13－47　发达地区创业者创业前工作分布

6. 企业年龄

由图 13－49 和图 13－50 比较可以看到，所有的企业年龄分布比较平均，但相对来说，发达地区的企业年龄 2～5 年和 5 年以上的企业较多，不发达地区 2 年以下和 2～5 年的企业较多。

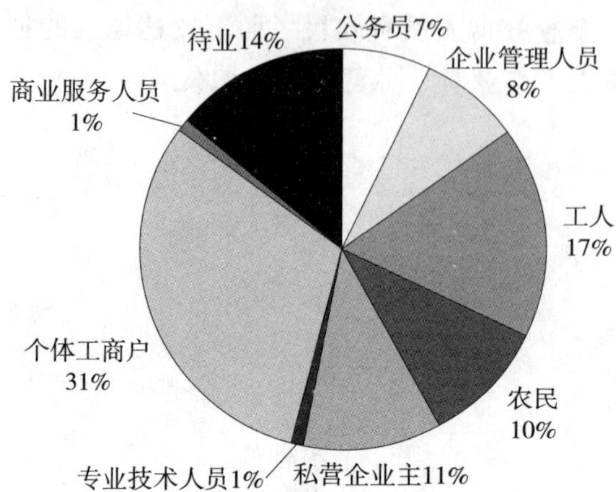

图 13-48　不发达地区创业者创业前工作分布

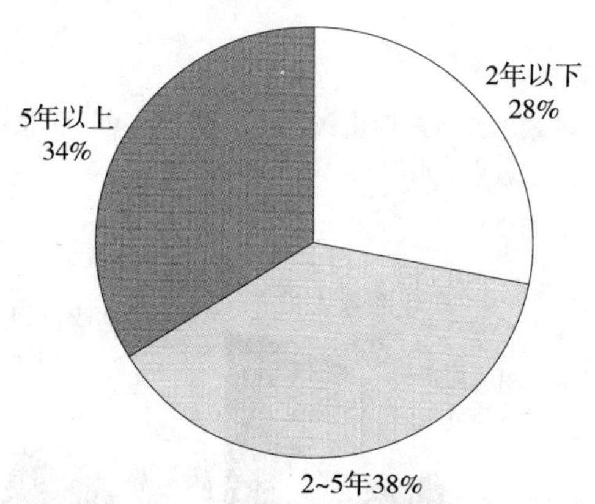

图 13-49　发达地区创业者企业年龄分布

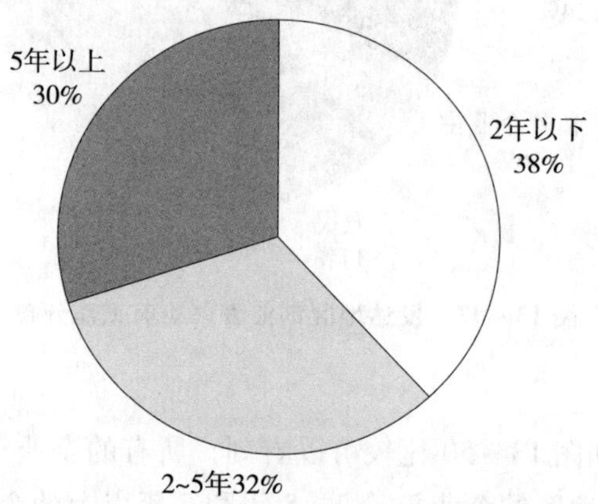

图 13-50　不发达地区创业者企业年龄分布

7. 员工人数

由图 13－51 和图 13－52 比较可以看到，发达地区的企业人数主要是 11 ~ 100 人，达到 57%，而不发达地区的企业人数主要是 10 人以下，相差较大。

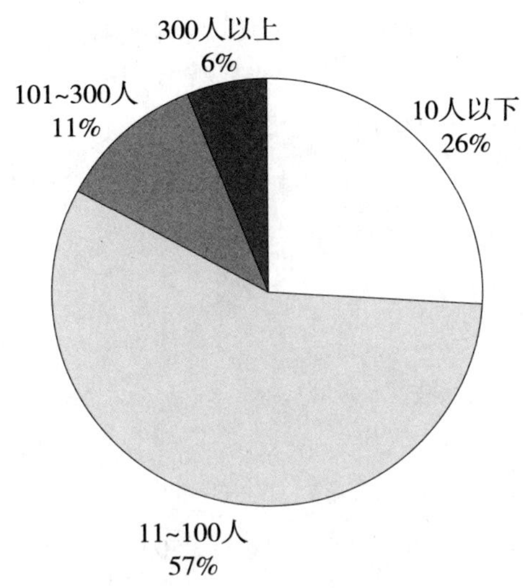

图 13－51　发达地区创业者企业员工人数分布

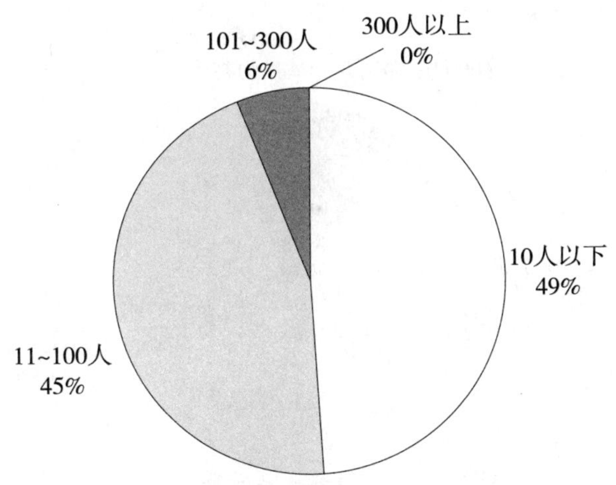

图 13－52　不发达地区创业者企业员工分布

8. 年销售额

由图 13－53 和图 13－54 比较可以看到，发达地区的企业销售额 84% 主要分布在 500 万元以下，不发达地区企业销售额只有 63% 销售额分布在

500 万元以下。另外，发达地区 500 万 ~1000 万元销售额的企业仅为 8%，而不发达地区 500 万 ~1000 万元销售额的企业占到 27%，全面超过发达地区。

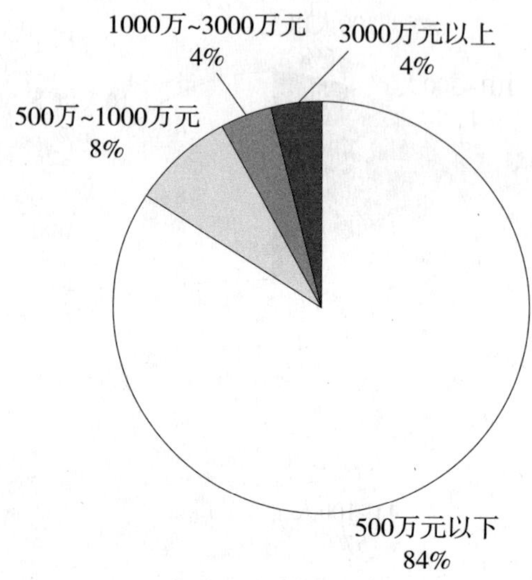

图 13-53　发达地区创业者企业销售额分布

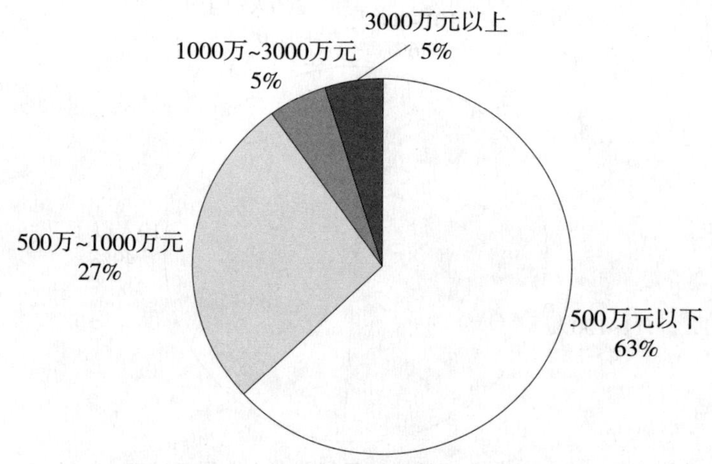

图 13-54　不发达地区创业者企业销售额分布

9. 性格特征

由图 13-55 和图 13-56 可以看到，不发达地区相较于发达地区，保守的人多，富于冒险精神的人也多。

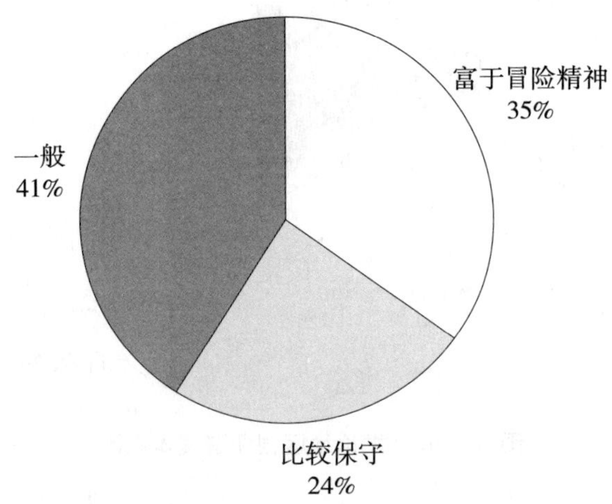

图 13-55　发达地区创业者性格比例

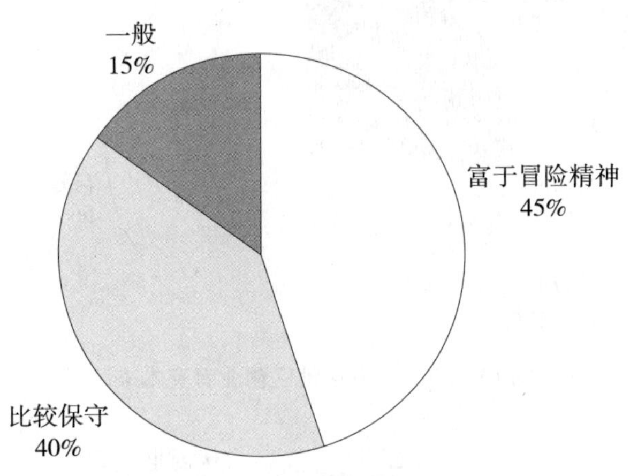

图 13-56　不发达地区创业者性格比例

10. 创业者资本来源

由图 13-57 和图 13-58 可以看到，发达地区的创业者资本主要来源于自筹，占到 82%，而不发达地区，在自筹 56% 的基础上，还有 23% 的银行贷款和 17% 的政府投入，值得注意的是发达地区的政府投入为 0%。

11. 创业形式

由图 13-59 和图 13-60 可以看到，发达地区的创业形式主要是自主创业，其次是家庭创业，而不发达地区家庭创业、合伙创业和自主创业平均分布。

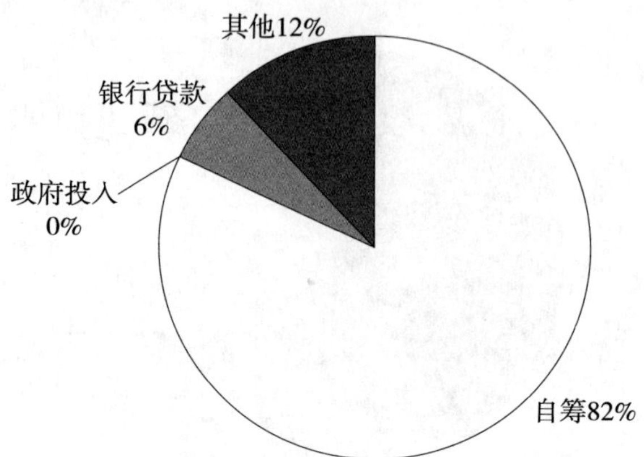

图 13－57　发达地区创业者资本来源

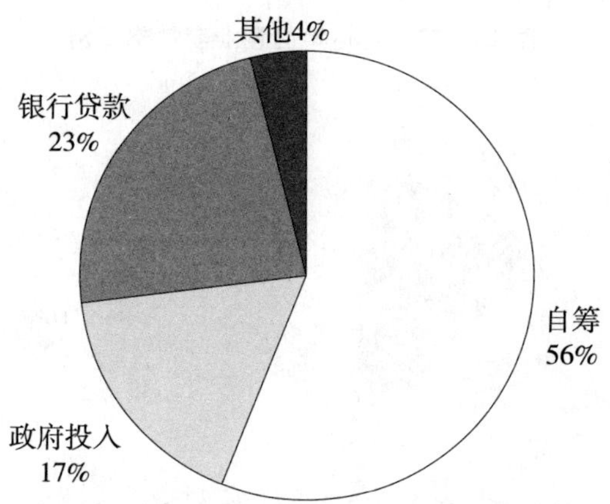

图 13－58　不发达地区创业者资本来源

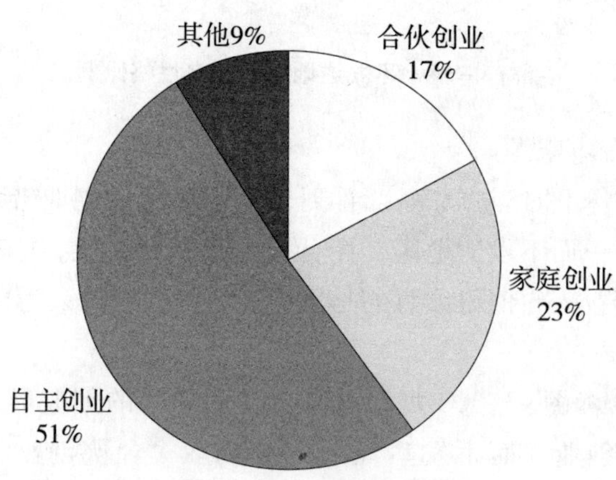

图 13－59　发达地区创业形式比例

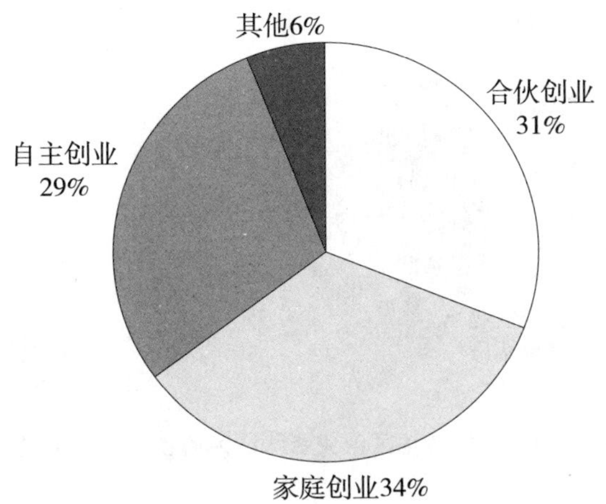

图 13－60　不发达地区创业形式比例

12. 创业需要的条件

由图 13－61 和图 13－62 可以看到，发达地区的创业者认为创业最需要的是个人强烈的创业志向，达到 52%，而不发达地区有 31% 的人认为创业最需要个人强烈的创业志向，另有 25% 的人认为最需要研究成果或者专利。

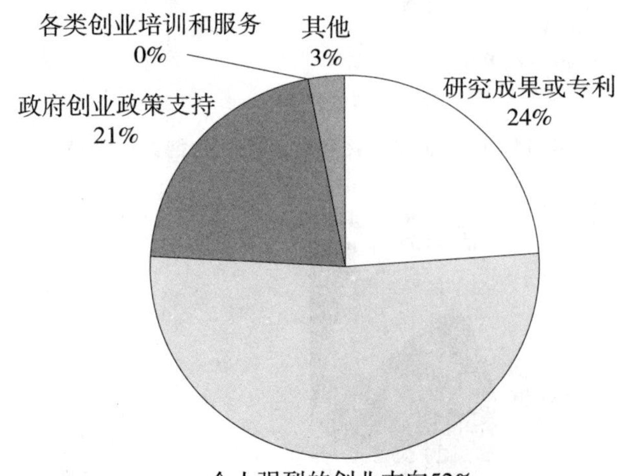

图 13－61　发达地区创业者所认为的创业最需要的条件

13. 创业最大的障碍

由图 13－63 和图 13－64 比较可以看到，发达地区的创业者和不发达地

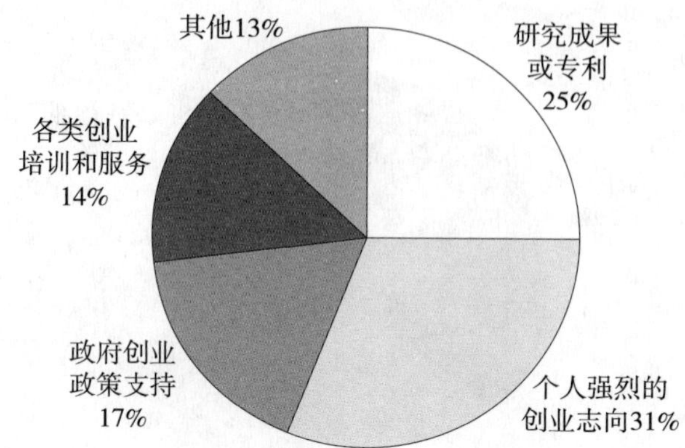

图 13－62　不发达地区创业者所认为的创业最需要的条件

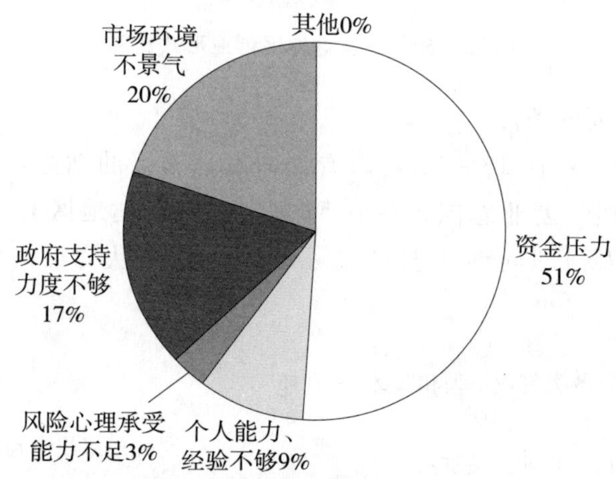

图 13－63　发达地区创业者所认为创业的障碍

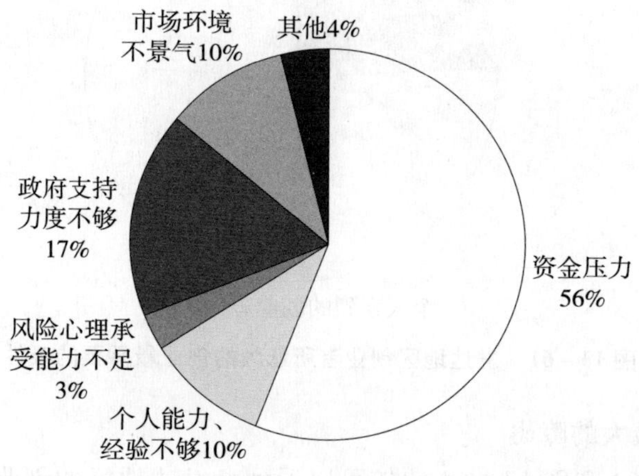

图 13－64　不发达地区创业者所认为创业的障碍

区的创业者所认为的创业的障碍大致相当，主要是资金压力。

14. 创业想法来源

由图 13－65 和图 13－66 可以看到，发达地区的创业想法主要来自于其他方面，其次是家庭影响和朋友影响，而不发达地区的创业想法主要来自于家庭影响和朋友影响。

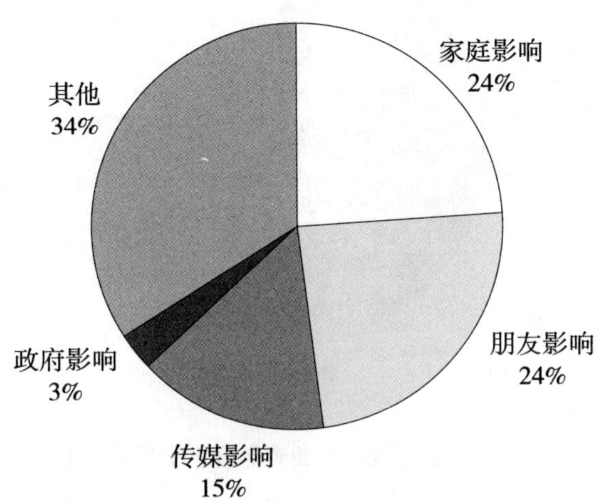

图 13－65　发达地区创业者创业想法来源分布

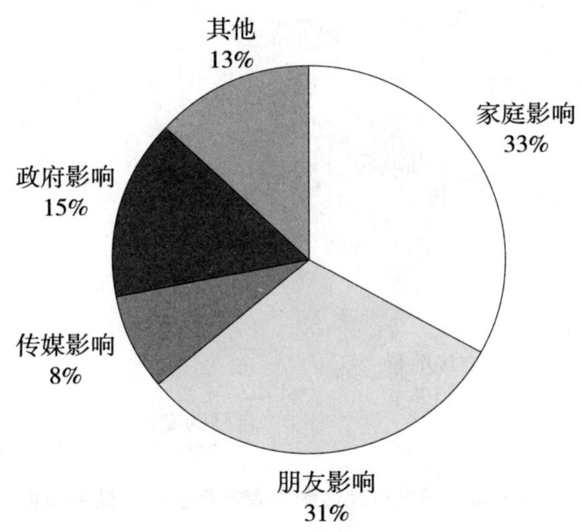

图 13－66　不发达地区创业者创业想法来源分布

15. 选择创业领域的根据

比较图 13－67 和图 13－68 可以看到，发达地区的创业者主要依据市场前景选择创业领域，而不发达地区的创业者主要是依据个人兴趣选择创业领域。

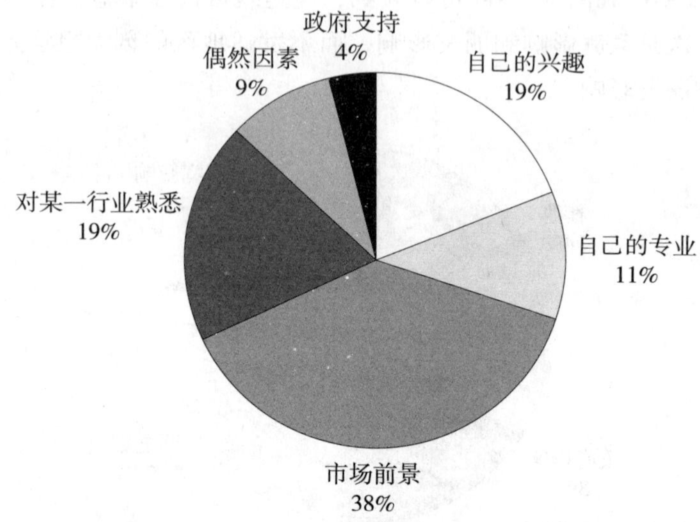

图 13-67　发达地区创业者选择创业领域的根据

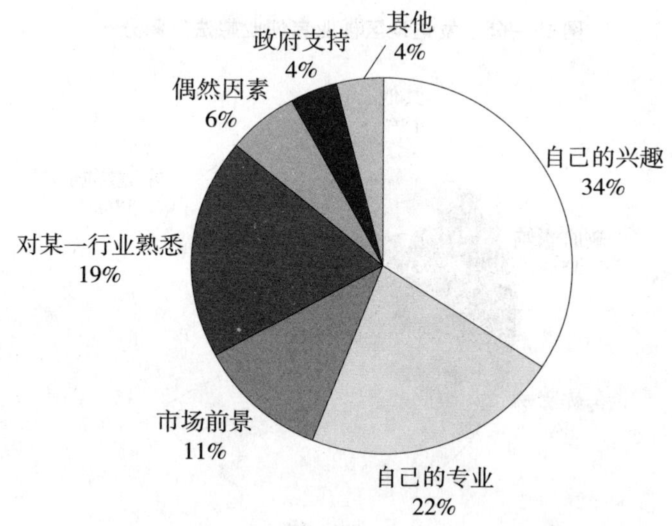

图 13-68　不发达地区创业者选择创业领域的根据

16. 创业失败后的选择

由图 13-69 和图 13-70 比较可以看到，虽然两者在选择相同行业再次创业上的比例相当，但是在发达地区，一旦创业失败，会有 41% 的人放弃创

业想法，而不发达地区仅有16%的人放弃创业。

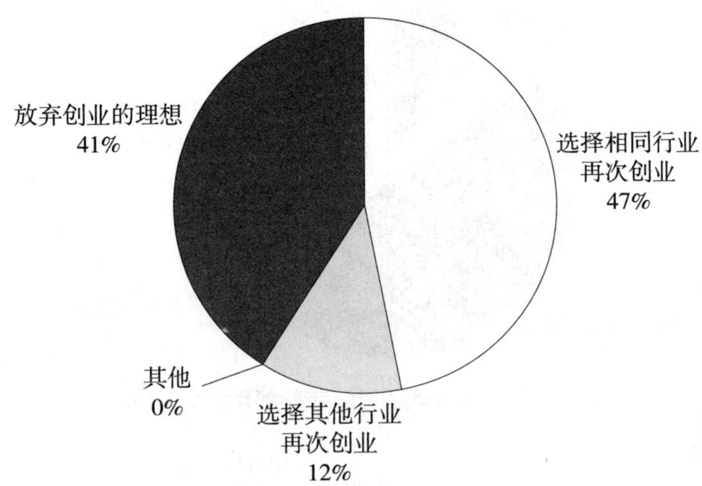

图13－69　发达地区创业者创业失败后的选择

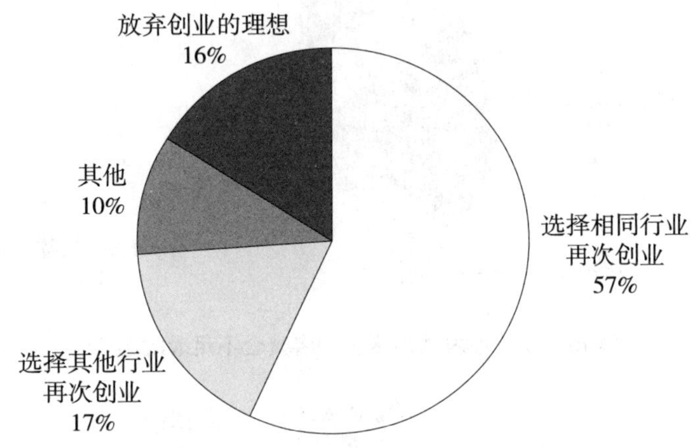

图13－70　不发达地区创业者创业失败后的选择

17. 资金不足时的选择

由图13－71和图13－72可以看到，发达地区的创业者在资金不足时大多数人会选择向亲朋好友借钱，而不发达地区创业者在资金不足时大多数选择向银行贷款。

18. 创业前景

由图13－73和图13－74比较可以看到，发达地区对创业持悲观态度的人要远远多于不发达地区。

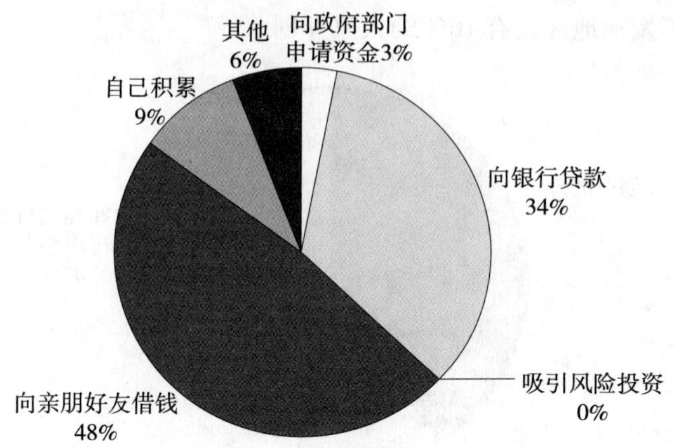

图 13－71　发达地区创业者资金不足时的选择

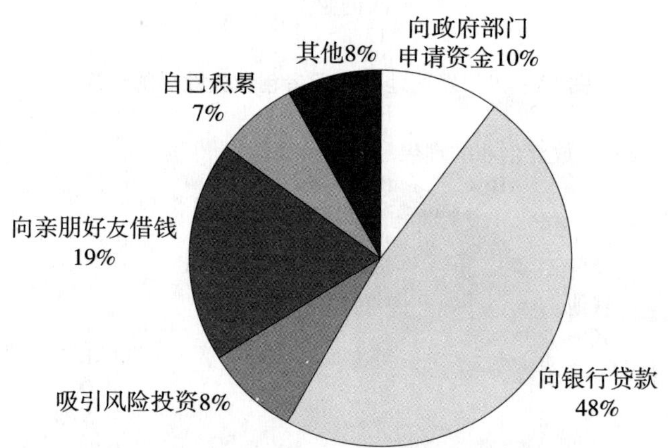

图 13－72　不发达地区创业者资金不足时的选择

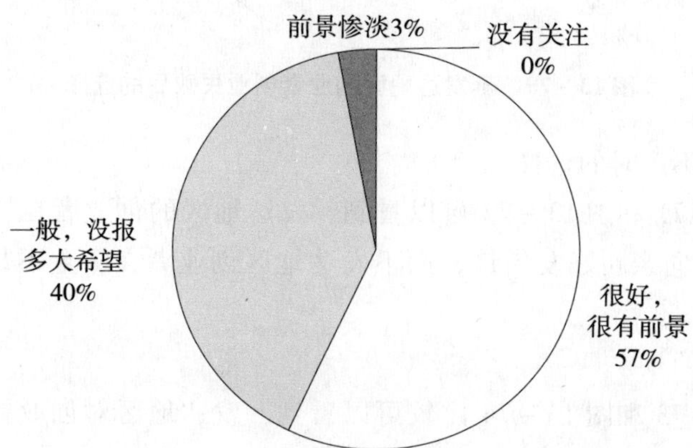

图 13－73　发达地区创业者所认为的创业前景

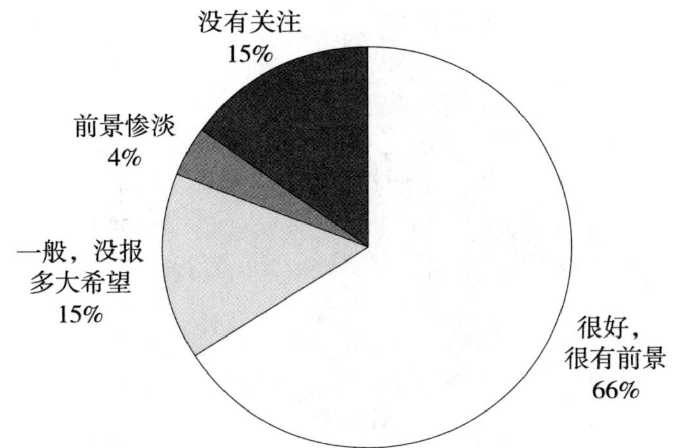

图 13 – 74　不发达地区创业者所认为的创业前景

19. 创业的社会环境

由图 13 – 75 和图 13 – 76 可以看到，在创业的社会环境认识上，发达地区和不发达地区大致相当。

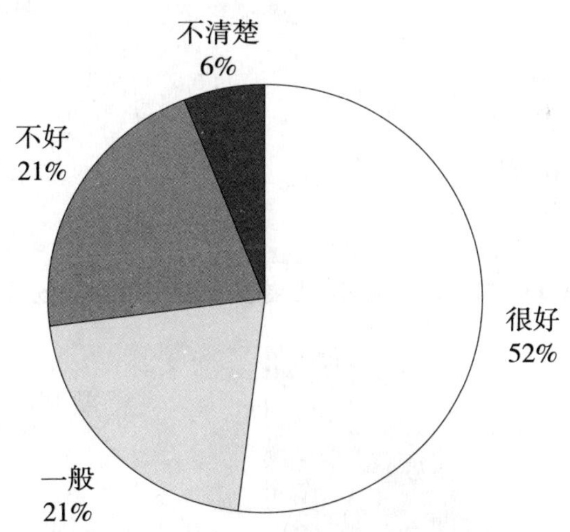

图 13 – 75　发达地区创业者所认为创业的社会环境

20. 创业意识产生的阶段

由图 13 – 77 和图 13 – 88 可以看到，发达地区的创业者创业意识主要产生在长期工作中，而不发达地区的创业者创业意识产生阶段比较平均。

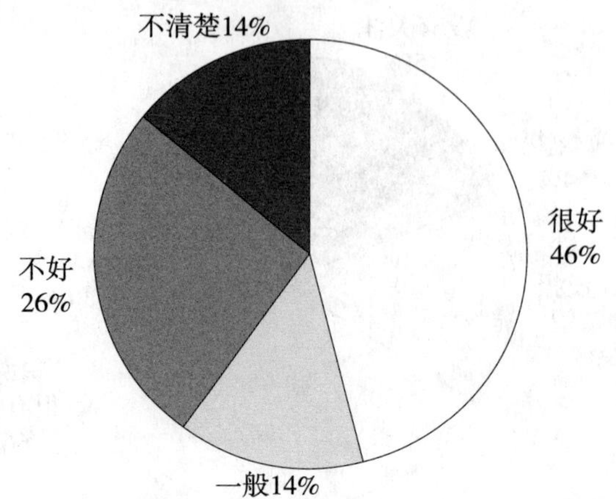

图 13－76　不发达地区创业者所认为创业的社会环境

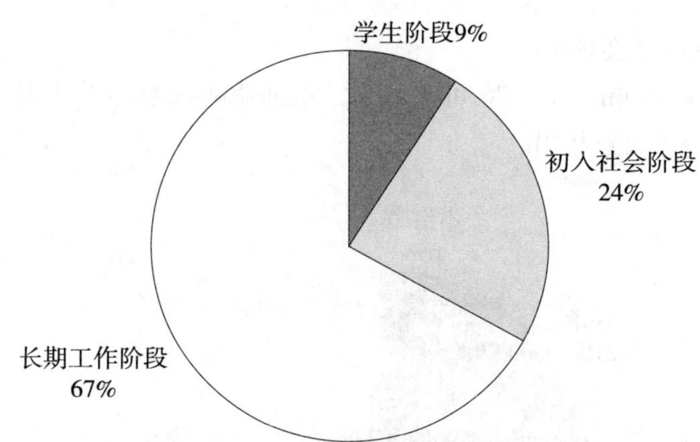

图 13－77　发达地区创业者创业意识产生阶段分布

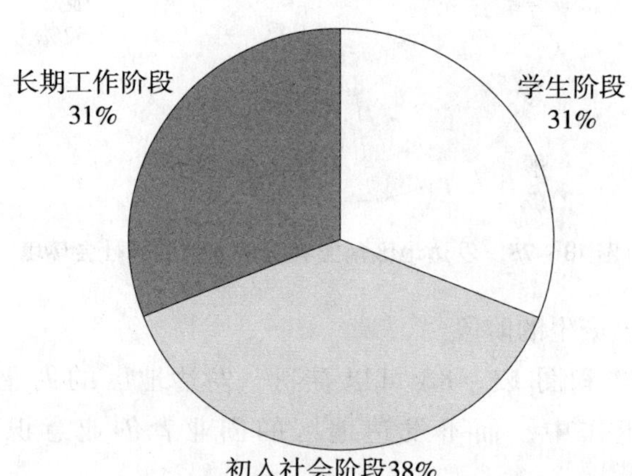

图 13－78　不发达地区创业者创业意识产生阶段

21. 创业前工作的满意程度

由图 13－79 和图 13－80 可以看到，不管是在发达地区还是在不发达地区，创业者对自己的工作都是满意的。只是在发达地区比较满意的占大多数，在不发达地区非常满意的占大多数。

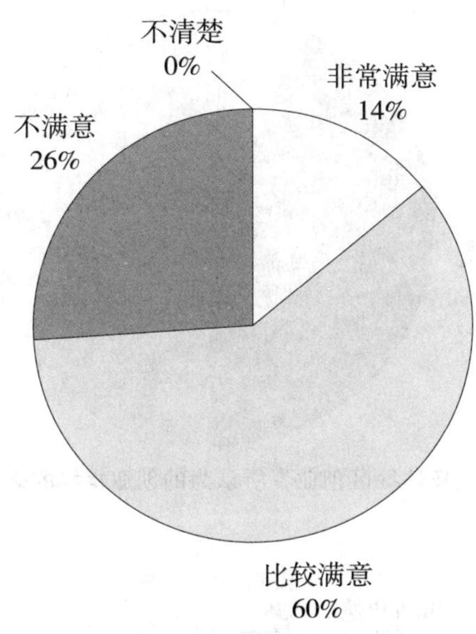

图 13－79　发达地区创业者创业前工作的满意程度分布

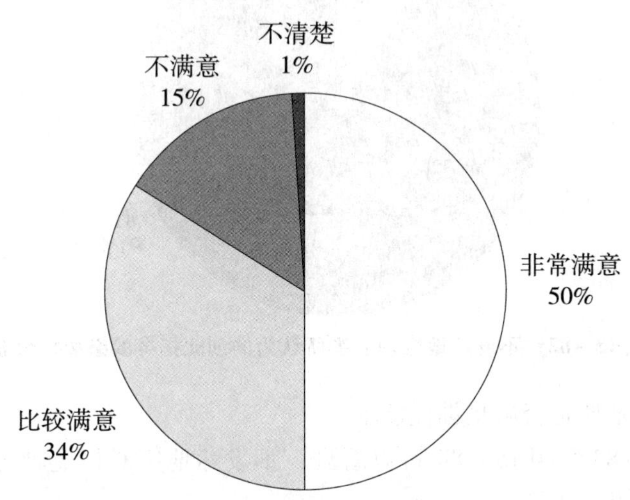

图 13－80　不发达地区创业工作的满意程度分布

22. 创业技能培训和指导的必要性

由图 13－81 和图 13－82 可以看到，在发达地区只有 51% 的人认为需要进行创业培训和指导，而在不发达地区，这一比例达到 91%。

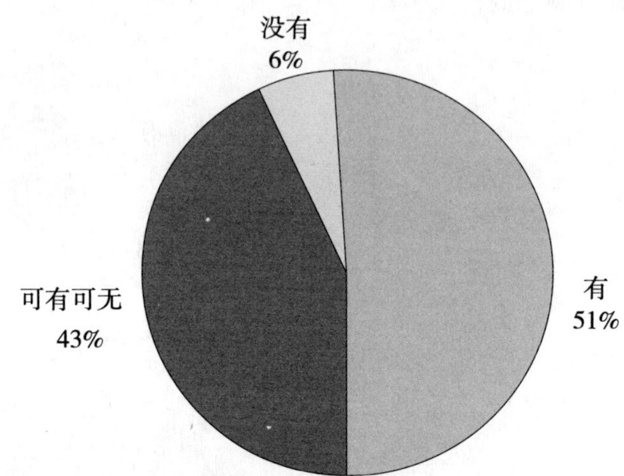

图 13－81　发达地区创业者所认为的创业指导的必要性分布

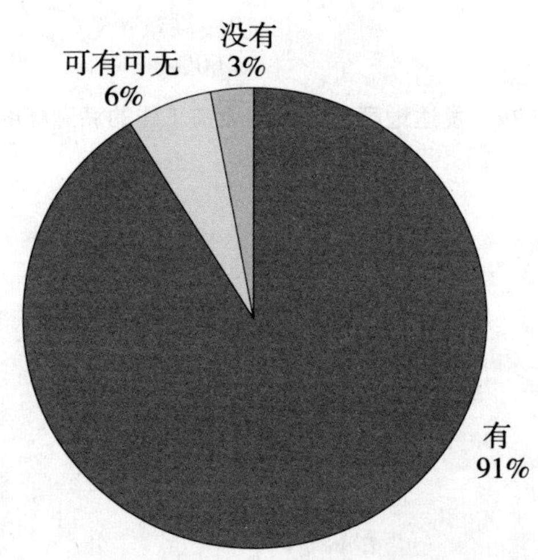

图 13－82　不发达地区创业者所认为的创业指导的必要性分布

23. 创业基地是否满足创业需求

由图 13－83 和图 13－84 可以看到，不发达地区对创业辅导基地的满意度要远远高于发达地区。

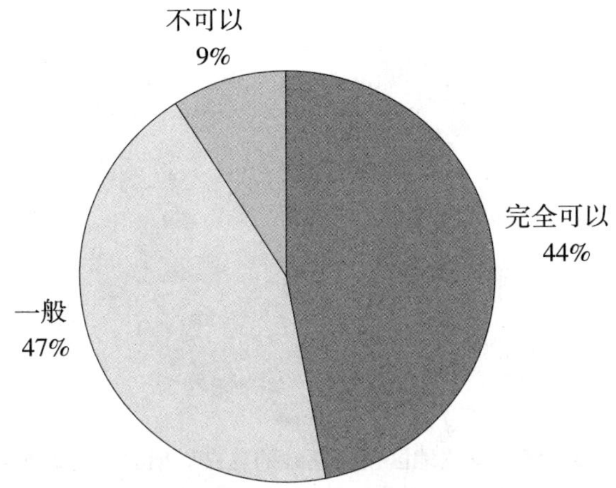

图 13－83 发达地区创业者所认为创业基地对创业需求的满足分布

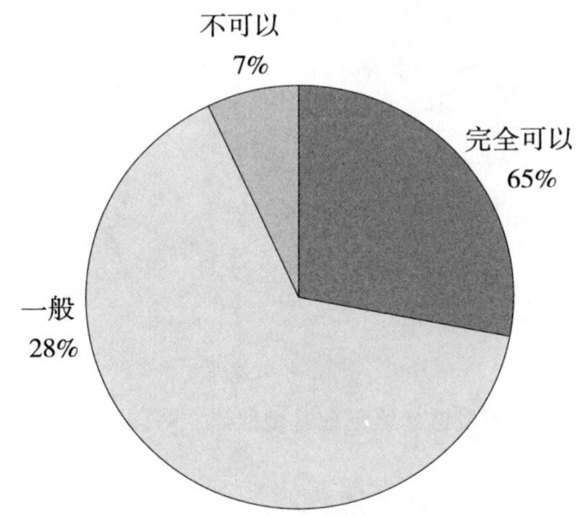

图 13－84 不发达地区创业者所认为创业基地对创业需求的满足分布

24. 创业基地的建立对创业决定的影响

由图 13－85 和图 13－86 可以看到，不发达地区创业基地的建立对创业决定的影响要大于发达地区。

25. 对创业基地哪方面满意

由图 13－87 和图 13－88 比较可以看到，不发达地区对基地的满意方面主要集中在基地的基本条件方面，占到 71%，而发达地区在这方面的满意度仅仅达到 56%。

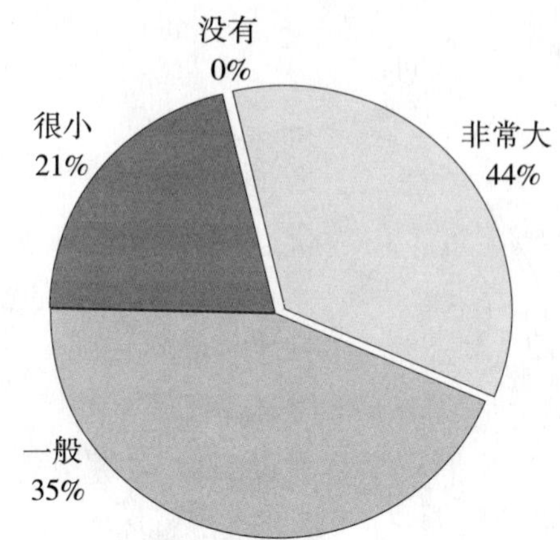

图 13－85　发达地区创业基地的建立对创业决定的影响

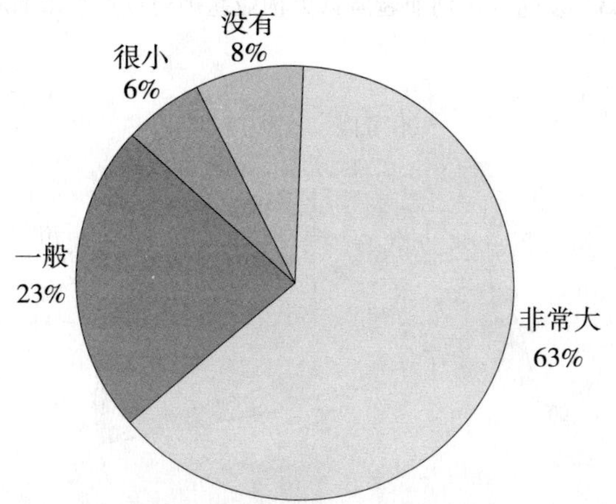

图 13－86　不发达地区创业基地的建立对创业决定的影响

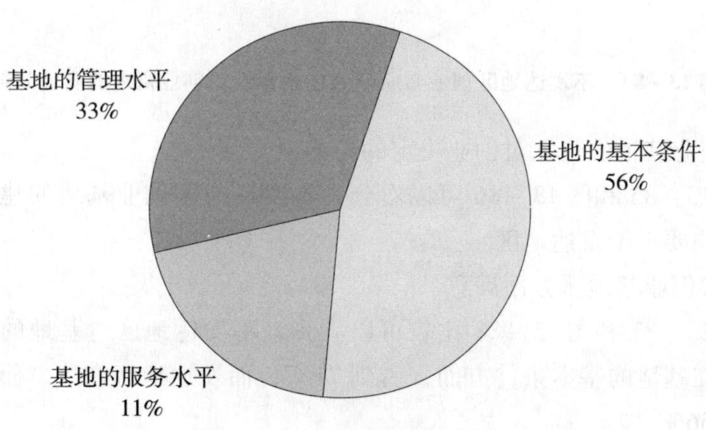

图 13－87　发达地区对创业者创业基地满意的方面分布

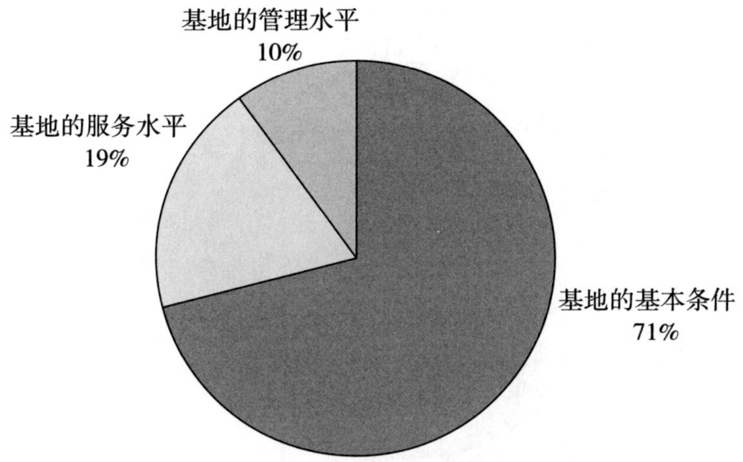

图 13－88　不发达地区创业者对创业基地满意的方面分布

26. 创业辅导基地的满意度

由图 13－89 和图 13－90 比较可以看到，相较于发达地区，不发达地区的创业者对创业辅导基地的满意度较高。

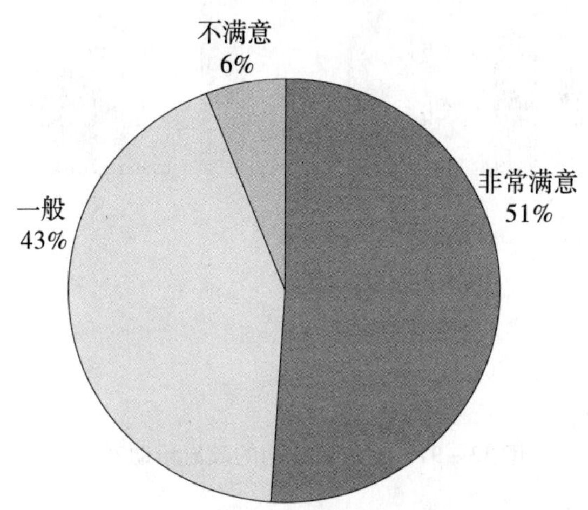

图 13－89　发达地区创业者对创业辅导基地的满意度

27. 在创业过程中得到的政府帮助

由图 13－91 可以看到，双方主要在两个方面存在较大差距，在发达地区，创业者更多的得到了政府在简化审批方面的帮助，而在不发达地区，创业者更多的得到了创业补贴方面的帮助。

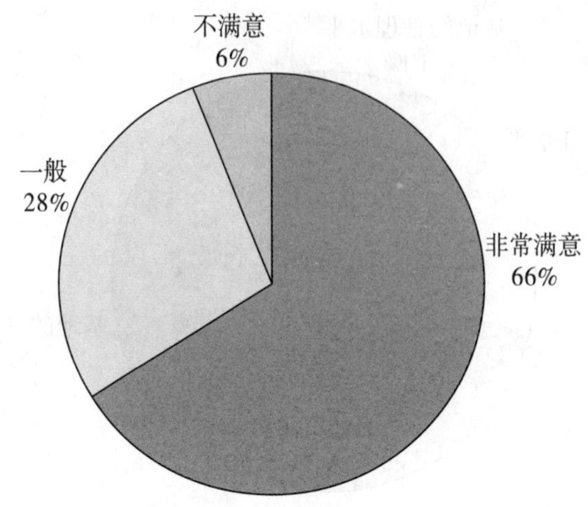

图 13－90　不发达地区创业者对创业辅导基地的满意度

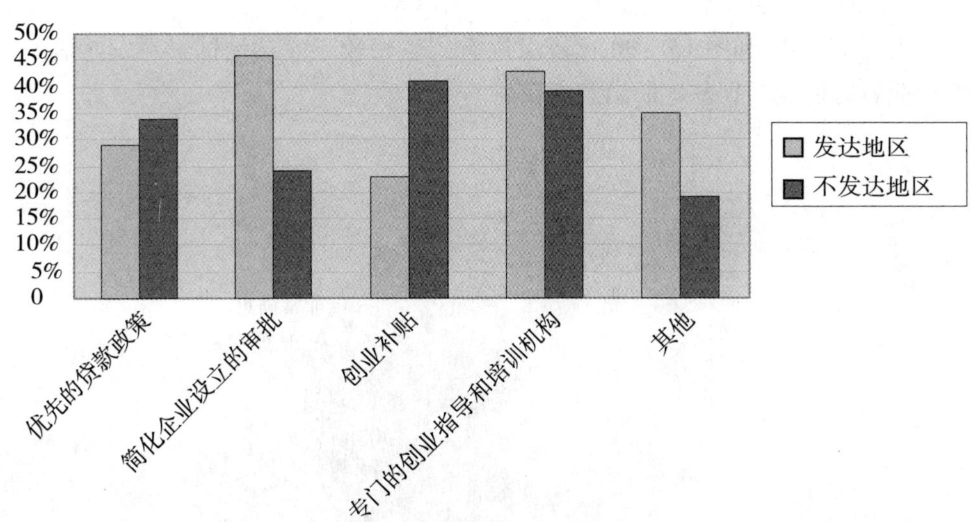

图 13－91　创业者得到的政府帮助对比

28. 政府应该提供的扶持

由图 13－92 可以看到，在发达地区，创业者更渴望得到资金和政策方面的支持，而在不发达地区，创业者更渴望得到融资渠道方面的帮助。

29. 对创业辅导基地满意的服务

由图 13－93 可以看到，发达地区对创业辅导基地服务的满意程度普遍高于不发达地区，不发达地区只在人才培训及推荐服务上与发达地区相当。

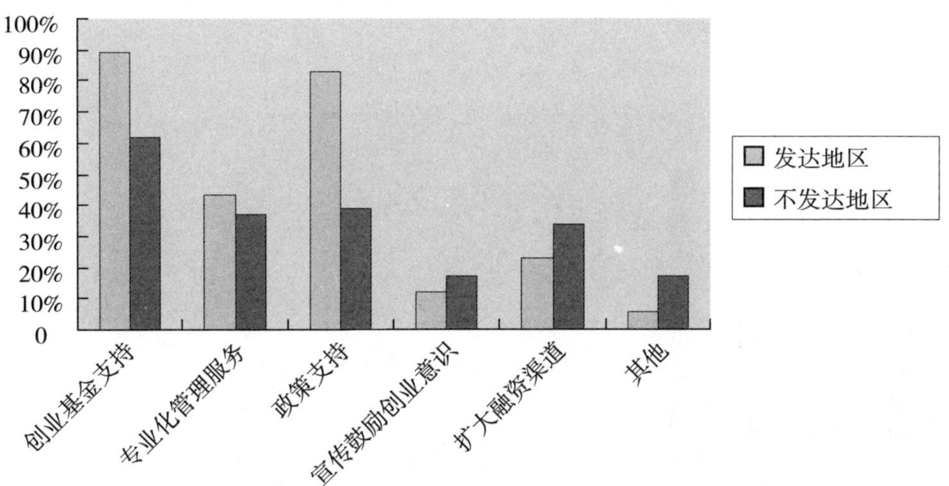

图 13-92　创业者认为政府应该提供的扶持对比

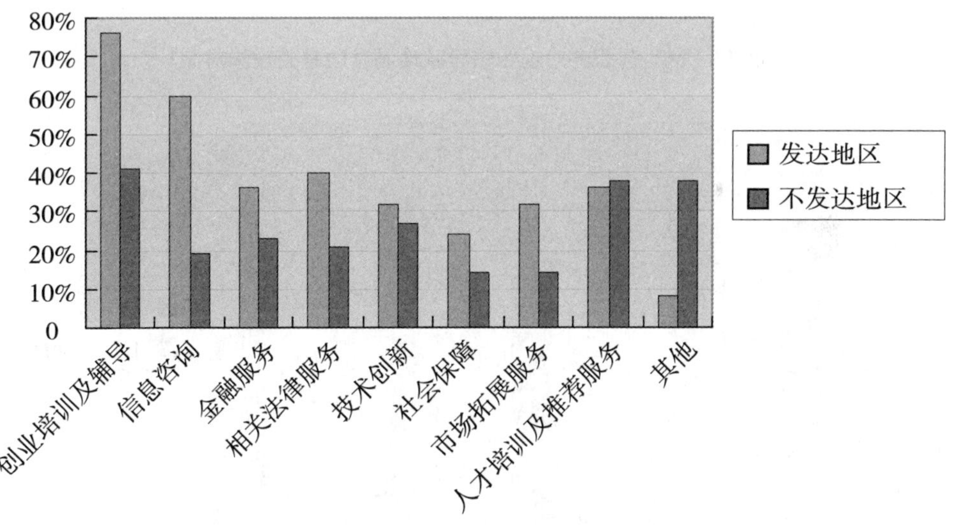

图 13-93　创业者对创业辅导基地满意的服务对比

30. 对创业辅导基地满意的基础设施

由图 13-94 可以看到，发达地区的创业者对于创业辅导基地基础设施的满意度普遍高于不发达地区，不过在水电供应和消防环保两个方面，不发达地区的满意度普遍高于发达地区。

31. 有助于培养创业意识的途径

由图 13-95 可以看到，发达地区的创业者认为创业培训、政策宣传和能人示范更有助于培养创业意识，而不发达地区则认为个人经历更有助于培养创业意识。

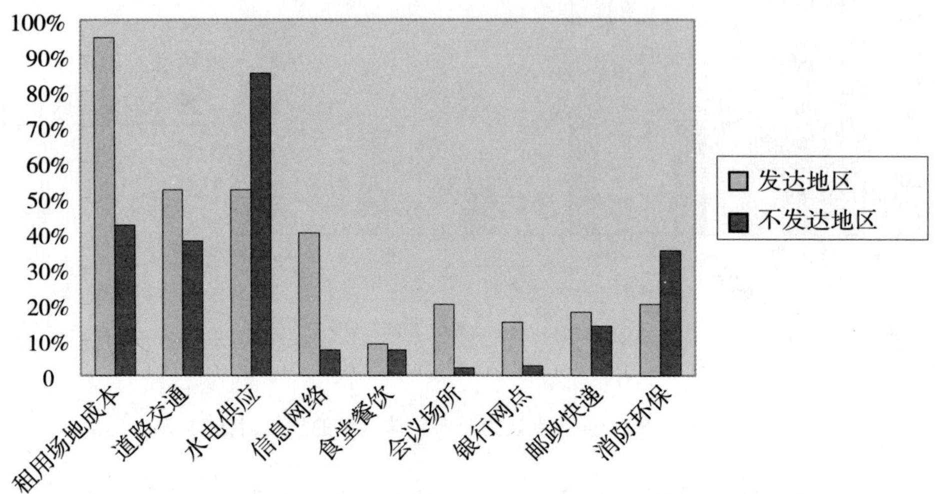

图 13－94　创业者对创业辅导基地满意的基础设施对比

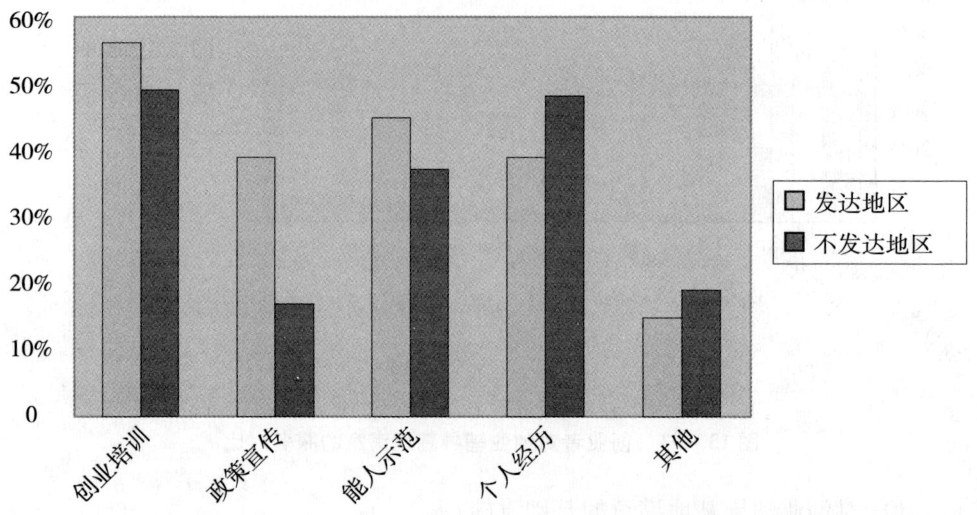

图 13－95　创业者认为有助于培养创业意识的途径的对比

32. 创业动机

由图 13－96 可以看到，发达地区的创业者创业动机更多，他们可以因为各种意愿而去创业，说明在发达地区创业较为容易，而在不发达地区，相比于发达地区，他们的创业动机不足。还可以看到发达地区的创业者更为务实，他们大多数创业不是为了提高自己的知名度或影响力，而不发达地区只有在这一项上超过了发达地区。

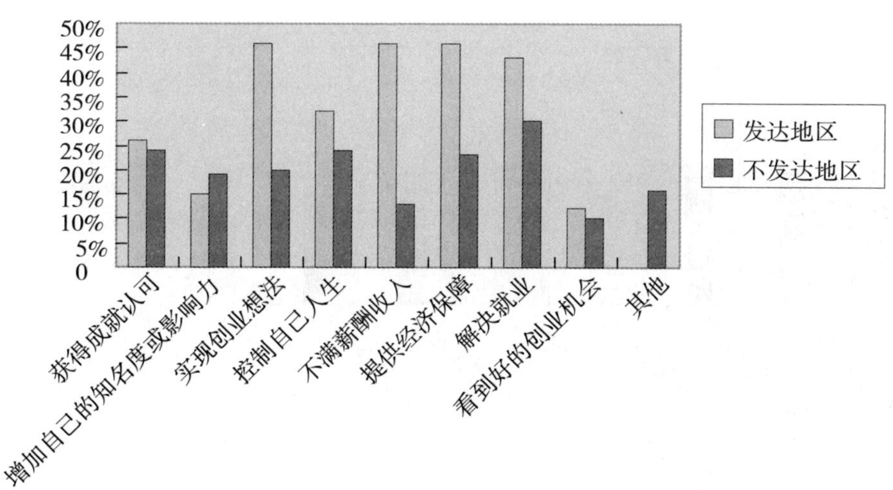

图 13－96　创业动机对比

33. 创业成功的因素

由图 13－97 可以看到，个人能力、机遇、经济实力及社会资源，尤其是政府政策，这些因素发达地区的创业者都比不发达地区的创业者更为看重，不发达地区只在创业伙伴一项上超过了发达地区，说明不发达地区比发达地区更看重创业伙伴。

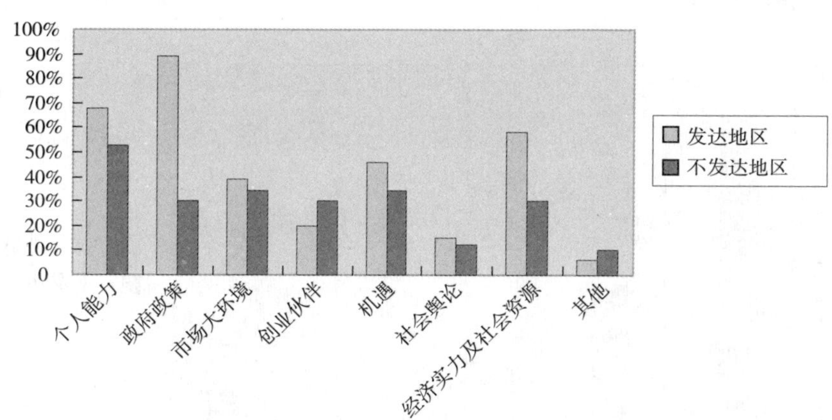

图 13－97　创业者认为创业成功因素的对比

34. 创业者应具备的素质

由图 13－98 可以看到，发达地区的创业者，对创业者各方面的素质都比不发达地区更为看重，不发达地区仅在沟通能力和社会资源两项上略高于发达地区，说明他们认为创业是一项十分具有挑战性的事情。

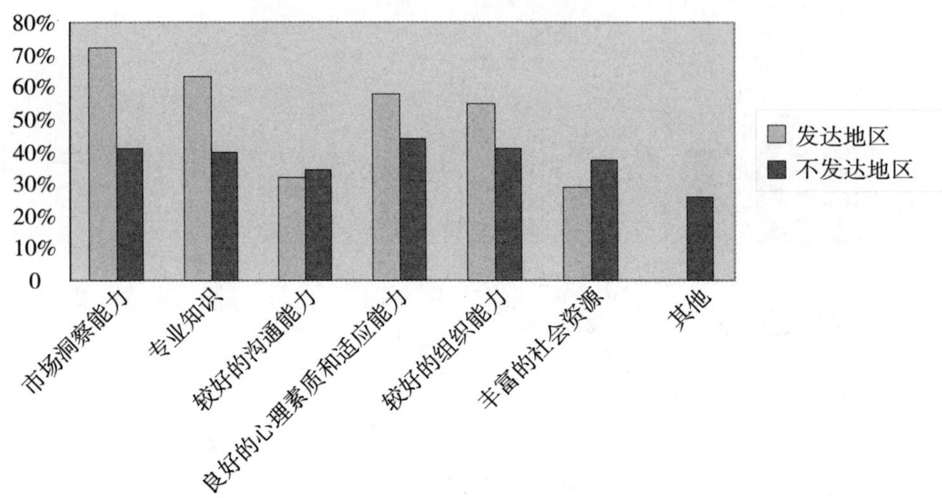

图 13 – 98　创业者认为的创业者应具备的素质对比

35. 政府应提供的支持

由图 13 – 99 可以看到，两者在资金支持上保持了一致，此外，发达地区要求更多的政策支持，基础设施支持和项目开发支持，而不发达地区则要求培训指导支持。

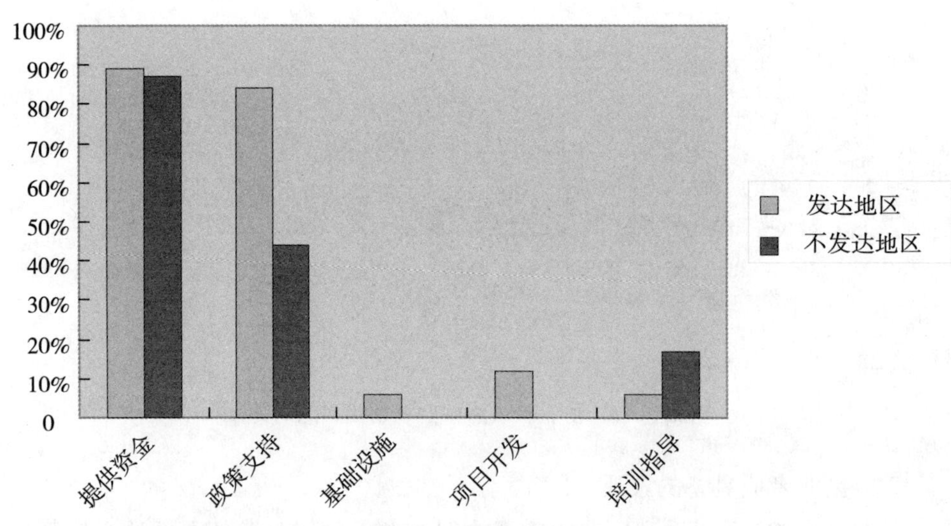

图 13 – 99　创业者认为的政府应提供的支持对比

36. 创业辅导基地应该改进的方面

由图 13－100 可以看到，发达地区认为创业辅导基地应该更多地在创业培训、政策宣传、资金支持、规模上改进，而不发达地区则认为创业辅导基地应该在硬件设施、信息服务、技术服务、形式主义和市场开拓方面进行改进。

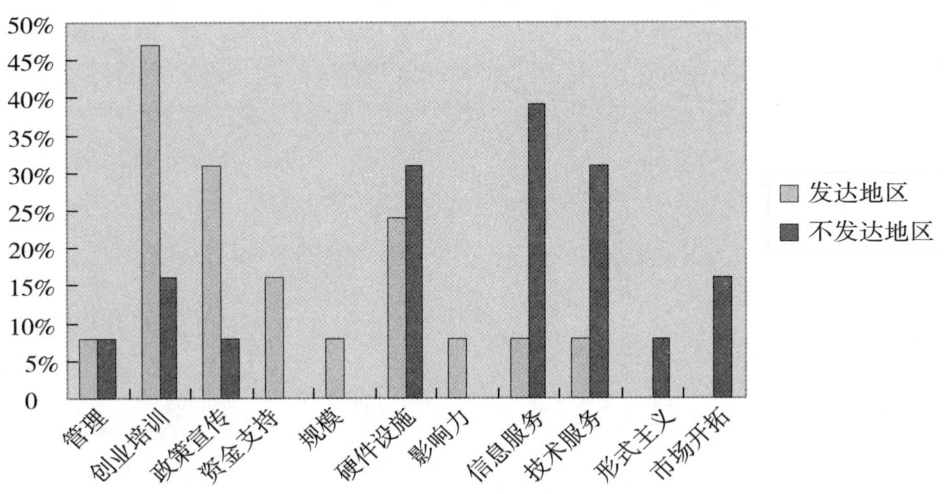

图 13－100　创业者认为的创业辅导基地应该改进的方面对比

13.3　本章小结

本章首先对创业意识进行理论综述，并依据全面、易懂等原则设计了调查问卷。通过对回收的有效调查问卷的分析可以看到，在基本面上，这些创业者大多学历不高，多在高中以下，而且这些创业者的企业年龄大多在五年以下，人数在 100 人以下，销售额大多在 500 万元以下，可以说大多数企业规模较小，正处于起步阶段。

进一步对创业意识分析会发现，这些创业者都有一个共同的特点，就是他们对创业之前的工作满意，他们已经有了一些工作经历、人脉和资金，再辅之以个人强烈的创业志向、研究成果或专利、政府创业政策的支持和家人或朋友的鼓动，为了解决就业和经济保障，也为了实现自己的人生，就会走上创业的道路。

我们也发现了创业者的一些需求，比如，他们需要更多的资金支持和政策支持，也希望创业辅导基地可以更多地创业培训，增加更多的技术服务和信息服务，这些可以全面地加强创业者和员工的素质，有利企业的更好发展。

此外，我们还对不同竞争力地区之间的数据进行了统计比较，发现：发达地区创业者的学历要远远高于不发达地区，但发达地区的创业门槛和条件更高，而且发展空间不及不发达地区。发达地区的创业者的创业意志要低于不发达地区。这些都与发达地区发展完善、工作岗位多，但竞争力大、物价高有关。

第四部分

河北省创业辅导基地商业模式分析与评价

14 商业模式理论综述及分析框架设计

14.1 中小企业创业辅导基地理论研究

1987 年 6 月，在联合国科技基金会的帮助下，我国第一家孵化器——东湖创业中心在湖北武汉诞生。根据科技部公布的创业辅导基地统计资料，经过 20 多年的发展，目前国内经认定的创业辅导基地已有近 600 家，创业辅导基地数量成为仅次于美国。创业辅导基地在我国的发展前期主要是由政府牵头建立，绝大部分是以公益性非营利组织为主，主要职能为向创业者提供相对市场价格便宜的房屋、物业服务和企业咨询等相关孵化服务，以扩大就业、促进中小创业发展为其目的。

14.1.1 国内中小企业创业基地研究

近年来，虽然创业基地的发展引起了理论界和学术界的高度重视，但是，国内对于创业基地的研究，还是将其纳入孵化器的范围之类，并没有将创业基地独立出来进行分析。李岱松、王瑞丹、马欣（2005）指出，我国创业基地的建立大多是靠政府扶持或由政府直接创办，政府对创业基地的行政干预强度大，创业基地缺乏相应的激励措施；王自更（2006）认为，专业化是创业基地的必经之路，服务团队的专业化不仅是提升创业服务功能和水平、打造核心竞争力、更好地育成企业的需要，也是创业基地从业者自身发展、提升价值和职业追求的必然；沈金虎、杨辉明（2006）以浙江小企业创业基地的建设为基础，指出，创业基地是扶持中小企业成长的有效措施；井涛、许义（2007）从明确创业服务中心的定位、模式的转变、专业人才的引进、发展资金来源、完善管理水平和服务、创业服务中心的特色产业、政策支持及现实意义等几方面入手，阐述了我国创业服务中心的现状及存在问题；梅强、谢振宇、赵观兵（2007）以创业辅导制度、创业辅导投入、创业辅导产出绩效、创业者对区域创业辅导的满意程度为指标，构建了区域创业辅导考核指标，并以江苏省那州市为例进行了实证分析。

14.1.2 国外中小企业创业基地研究

国外对创业基地的直接研究也非常有限，涉及创业基地的研究主要集中在孵化器和中小企业支持体系等方面。美国的 Dinyar Lalkaka（2001）认为，目前创业基地已经从第一代演化到了第三代，第三代孵化器的功能相对于第一代的只提供孵化场地和公共设施、第二代的增加了商业咨询和专门化服务，又增加了提供资金和赢利及风险投资的支持和帮助；荷兰的 Peter Engberts（2003）认为，对小企业的支持应当由私营企业来经营，而各级政府只能提供有限的支持，旨在刺激、导向、加快这种过程；Aruna Chandra（2007）通过对中国境内的 12 个创业基地的访谈指出，创业基地必须重视对入驻企业财政方面的支持力度；Anna Bergek（2008）指出创业基地的最佳运营框架必须包括企业筛选、商业支持以及协调企业与企业之间、企业与各个社会组织之间的关系。从现有的文献可以看出，目前，在学术界还比较缺乏针对创业基地的直接研究，因此，本研究很具有前瞻性和挑战性。

14.1.3 基于国际比较视角研究孵化器商业模式的演变

随着孵化企业的成长，特别是孵化器在硅谷的成功，创业辅导基地对促进经济增长，激励创新的效果得到了广泛的认同，世界各国开始重视孵化器的建设。目前全球共有孵化器近 5000 家，国外孵化器在发展前期主要是由政府牵头组建，大部分以公益性非营利组织为主，为创业者提供相对市场价格便宜的办公房、物业管理和企业咨询等相关孵化服务，以扩大就业，促进中小企业发展。这一时期的创业辅导基地以提供综合性服务为主。到了 90 年代前后，民办孵化器逐渐增加，孵化器开始向专业化服务方向发展，出现了越来越多的以赢利为目的的孵化器。

全球创业辅导基地的发展经验表明，创业辅导基地作为一种特殊的社会经济组织形态，在促进科技成果转化、形成创新集群、扶持新创企业和创业者、扩大就业、繁荣区域经济等方面具有非常重要的作用。创业辅导基地作为一种有效的区域经济发展工具，在全世界范围内得到了广泛的应用和推广，通过建立创业辅导基地带动科技创业活动已成为各国政府促进创新的重要工具。国外创业辅导基地取得成功的经验主要有以下几点：①政府的高度支持。政府出台相应的匹配政策，特别是在创业辅导基地发展的初期阶段，政府作为创业辅导基地的投资者、组织者，甚至经营者的身份出现。②重视全国创业辅导基地的统一规划，建立创业辅导基地持续发展的机制。③产学研结合紧密。创业辅导基地与当地优势产业、大学院校、科研机构合作，使优势资源和创业企业形成优势互补。④中介机构比较发达，特别是与风险投资合作，保障了创业企业的资金需求。⑤创业辅导基地管理制度完善，重视软环境建设。当然各个国家创业辅导基地的成功经验各具特色，以下重点介绍美国、以色列和芬兰创业辅导基地的经营特色（如表 14 - 1 所示）。

表 14 - 1　　美国、以色列、芬兰创业辅导基地商业模式特点

	美国	以色列	芬兰
国家参与程度	政策调控、引导为主	政策制定、参与项目筛选，投入孵化资金	政策制定、投入资金
创业辅导基地种类	政府、私营、公司型、大学、网络型孵化器	政府型创业辅导基地	政府和大学创业辅导基地
创业辅导基地服务	从单一提供场地服务转为以资金、专业创业辅导基地为主	提供资金加创业孵化服务	提供资金加创业孵化服务
创业辅导基地与入驻企业关系	租客、提供免费或有偿服务、股权关系	股权关系	提供免费或有偿服务、股权关系
收入来源	房租、孵化服务，股权投资	孵化器收入多少取决于孵化企业的成功与否	来源与政府经费，房租，孵化服务收入
商业模式特点	专业孵化器、投资型创业辅导基地的发展趋势	投资型创业辅导基地	大学创业辅导基地加专业孵化

14.2 商业模式研究

14.2.1 商业模式概念内涵研究

正如中小企业创业基地的研究一样，商业模式的研究也处于初级阶段，梳理国内外学者的研究我们发现，对于商业模式定义的研究由于研究视角和目的的不同，使得这一研究出现了百花齐放的局面，一时间没有形成较为权威和完整的定义。在已有的研究成果中，具有代表性研究是从系统论、价值论、赢利论的角度去探讨商业模式的定义。

1. 商业模式系统论定义

相关研究学者认为，商业模式是由多个要素组成的系统，在这一系统内，各要素间相互依存、相互作用。Timmers 认为商业模式是由产品、服务和信息流构成的体系，这一体系能够很好地解释企业活动参与者的利益及利润来源；Mahadevan 认为商业模式是企业与商业伙伴以及买方之间价值流、收入流和物流的特定组合，这些组合构成了商业模式系统；Thomas 则认为商业模式是涉及流程、客户、供应商、渠道、资源和能力的总体构造；国内学者李振勇（2006）认为商业模式为了实现企业的利润最大化，把维持企业运行的各种要素进行整合，以形成一个高效且具有核心竞争力的系统，并通过提供产品和服务使这个系统达到可持续运行的一种整体解决方案。

2. 商业模式价值论定义

Magretta（2002）运用波特的价值链理论，认为商业模式是企业维持正常运转的一系列做法与设想，这些做法与设想都为了达成一个目标，就是如何为客户创造价值；Afuah 和 Tucci（2001）、Amit 和 Zott（2000）等学者通过不同研究对象和方法，都认为商业模式是企业为自身、供应商、合作伙伴、客户等相关利益群体创造价值的核心所在；Scott M. Shafer 等（2005）研究认为，商业模式是企业持续创造和获取价值的战略选择，商业模式能够创造机制并从这个价值中获得回报。

3. 商业模式赢利论定义

基于赢利论角度研究的学者认为，商业模式概念的本质内涵是为描述企业获取利润的一种逻辑，与此相关的逻辑变量包括收入来源、定价方法、成本结构、最优产量等。Rappa 认为，商业模式最基本的内涵是企业为了创造利润而经营商业活动的方法，并详细阐述了企业如何在价值链中定位并获取利润；Stewart 等（2000）认为，商业模式是企业获取并维持收益的一种客观陈述。

上述是给出的有关商业模式概念内涵具有代表性的研究成果，除此之外，其他学者还从不同侧面和角度对商业模式的概念内涵进行了论述，但是到目前为止，仍然没有一个权威的定义出现，这正是商业模式研究复杂性的体现。

14.2.2　商业模式体系构成的研究

国内外的研究者都认为商业模式被看作一个系统，系统必然由若干要素构成，那么弄清楚商业模式的构成要素和要素之间的内在联系就十分必要。Gray Hamel（2000）认为，商业模式应由客户界面、核心战略、战略资源和价值网络四大核心要素组成，这些要素密切相关而又通过一个界面紧密相连、协调运转；Ches－brough 等（2002）认为商业模式体系由目标市场、价值主张、内部价值链结构、成本与利润、价值网络、竞争战略六个要素组成；Michael Morris（2003）认真梳理有关商业模式体系构成的研究，并进行了统计分析，发现有关商业模式的体系构成版本很多且差异较大，共有 25 个要素被提及，其中价值主张、收入模式、目标顾客、产品等要素出现概率较大。王伟毅与李乾文（2005）对商业模式的要素结构组成进行了分析，分析结果显示，商业模式要素的组成结构可以分为横向列举式和网状式两种基本类型，但是不论哪种类型，要素之间都需具有较强的逻辑关系，这体现出商业模式的整体性和系统性。根据对商业模式构成要素研究文献的整理发现，商业模式构成要素研究可根据研究深度不同划分为三个阶段：简单罗列阶段、细节描述阶段和网络建模阶段。

学者对商业模式构成要素总结，如表 14－2 所示。

表 14－2　　学者对商业模式构成要素总结

来源	构成因素	数量	范围
Horowitz（1996）	价格、产品、分销、组织特征、技术	5	普遍
Viscio 等（1996）	全球核心、管制、业务单位、服务、连接	5	普遍
Timmers（1998）	产品、服务、信息流结构、参与主体利益、收入来源	3	电子
Markides（1999）	产品创新、顾客关系、基础设施管理、财务	4	普遍
Donath（1999）	顾客理解、市场战术、公司管理、内部网络化能力、外部网络化能力	5	电子
Chesbrough 等（2000）	价值主张、目标市场、内部价值链结构、成本结构和利润模式、价值网络、竞争战略	6	普遍
Gordijn 等（2001）	参与主体、价值目标、价值端口、价值创造、价值界面、价值交换、目标顾客	7	电子
Linder 等（2001）	定价模式、收入模式、渠道模式、商业流程模式、寄予互联网的商业关系、组织模式、价值主张	8	普遍

续 表

来源	构成因素	数量	范围
Hammel 等（2000）	核心战略、战略资源、价值网、顾客界面	4	普遍
Petrovicd 等（2001）	价值模式、资源模式、生产模式、顾客关系模式、收入模式、资产模式、市场模式	7	电子
Dubosson – Torbay 等（2000）	产品、顾客关系、伙伴基础与网络、财务	4	电子
Afuah 等（2000）	顾客价值、范围、价格、收入、相关行为、实施能力、持续力	8	电子
Weill 等（2001）	战略目标、价值主张、收入来源、成功因素、渠道、核心能力、目标顾客、IT 技术设施	8	电子
Applegate（2001）	概念、能力、价值	3	普遍
Amit 等（2001）	交易内容、交易结构、交易治理	3	电子
Alt 等（2001）	使命、结构、流程、收入、法律义务、技术	6	电子
Rayport 等（2001）	价值链、市场空间提供物、资源系统、财务模式	4	电子
Betz（2002）	资源、销售、利润、资产	4	普遍
Sthler（2002）	价值主张、产品/服务、价值体系、收入模式	4	普遍
Forzi 等（2002）	产品设计、收入模式、产出模式、市场模式、财务模式、网络和信息模式	6	普遍
Gartner（2003）	市场提供物、能力、核心技术投资、概要	4	电子
Osterwalder 等（2005）	价值主张、目标顾客、分销渠道、顾客关系、价值结构、核心能力、伙伴网络、成本结构、收入模式	9	普遍

14.3 评价方法研究

如何在众多的商业模式确定适合自己并具有潜力和创意的商业模式，并且在实施商业模式过程中进行不断调整，成为企业的战略选择和着重思考的问题。因此，对商业模式进行客观、科学的评估就显得尤为重要，并且成为商业模式研究的一项重要内容，国内外学者针对此进行了卓有成效的研究。综合分析商业模式评估的研究成果，我们不难发现，评估主要分为两类：一类是事前评估，主要是用于预测商业模式的营利性和适用性，通过科学的评估方法可初步得出实施该商业模式后课程产生的结果和绩效。Hamel（2000）研究认为，一个商业模式的财务潜力即创造高水平利润的能力是评估的关键因素，他认为效率、独特性、适用性和营利性是评估商业模式的四个主要方面；Morris 等（2003）认为，商业模式评估的关键在于评估商业模式内部匹配性和外部匹配。另一类是事后评估，主要是实际评估企业实施某种商业模式后的绩效。Dubos 等（2002）采用平衡积分卡方法对商业模式进行事后评估，主要从财务状况、顾客、业务流程、可持续发展能力等方面建立了一套评价指标体系进行评价；Afuah 等（2001）同样从赢利能力的角度来评价商业模式的潜力。

常素认为要从商业模式的有效性、延伸性及管理团队对商业模式的执行能力这几个方面对企业的核心优势进行综合评价。陈翔对商业模式的评价分为两个层面：对商业模式各组成部分的评价和对商业模式财务指标的评价，同时他也提出了商业模式评价的方法和过程。张灵莹指出，对企业商业模式的评价与分析应该从对企业的市场与客户价值的评价分析、对企业提供的产品（或服务）定价的评价、对企业赢利能力的评价、对企业实现能力的评价、对商业模式能否保持企业竞争优势的评价五个方面进行。周卫军提出了搜索引擎商业模式的评价指标体系，利用层次分析方法确定了各指标的相对权重。李曼（2007）认为，商业模式创新是由运营方式和战略选择这两个方面决定的，她借鉴平衡记分卡这个工具，构建商业模式的平衡记分卡评价指标体系，这个体系包括商业模式战略目标、商业模式的运营效率、产品和服务客户价值以及商业模式财务价值具有驱动关系的四大指标体系组成。

张炳等（2008）通过 DEA 方法，在现有生态效率评价的基础上构建了企业生态效率评价指标体系，并将污染物排放作为一种非期望输入引入到数据包络分析模型中，运用该模型对杭州湾精细化工园区企业生态效率进行评价，对实现园区的可持续发展提供了一条可资借鉴的方法。

商业模式的事前和事后评估采用不同的研究视角，二者静态评估与动态评估、横向评估与纵向评估相结合，达到了互为补充的效果，极大丰富了商业模式的研究领域。

14.4　商业生态系统研究

商业生态系统是指由组织和个人所组成的经济联合体，其成员包括核心企业、消费者、市场中介、供应商、风险承担者，在一定程度上还包括竞争者，这些成分之间构成了价值链，类似于自生态系统中的食物链，不同的链之间相互交织形成了价值网，物质、能量和信息等通过价值网在联合体成员间流动和循环。

关于商业生态系统的研究主要集中在以下几个方面：①对商业生态系统自身成长和发展的研究 Moore 在《竞争的消亡》一书中，指出了商业生态系统是具有生命周期的。②应用于研究地区或产业的发展，从系统的开放性程度和由此而导致的物种强壮程度、物种完善程度、链接关系、系统完全、优胜劣汰作用、成熟关键物种的作用等方面对行业的发展作出评判。③将商业生态系统理论用以研究企业成长，只有健康的商业生态系统才能为企业成长提供持续稳定的支持。Marco 和 Roy Levien 借鉴了自然生态系统健康的理念和模型，针对商业世界与自然界的不同，对指标进行更改和修正，最终确定了一套商业生态系统健康的评价指标，并利用这套指标来指导企业制定战略和管理操作。④将商业生态系统理论用以研究技术创新。Rycroft 和 Kash 等认为，技术的进步不仅需要研究人员不断地深入学习，也需要不同学科领域人员的参与，没有一个组织能够单独取得复杂技术的创新。实践表明，复杂技术的创新依靠的是自组织的创新网络，即把各种不同的知识集成到一个创新过程中。

14.4.1 商业生态系统的特征

商业生态系统的特点可以运用复杂性理论（Complexity Theory）加以研究。商业生态系统是一种复杂的适应性系统，其基本特性表现在涌现性、协同进化、适应性（Adaptation）、自组织四个方面。

商业生态系统的涌现性是指商业生态系统作为由众多系统成员组成的整体，可以发挥比部分之和更大的作用，取得单个个体难以达到的更大的发展，或者说商业生态系统作为整体具有其成员企业所不具有的特性。

协同进化是相互作用着的物种或组织之间共同的进化演变，当适应一个系统的变化会改变另一个系统的适应性，或者反之的时候，这种相互依赖性就叫作协同进化。对于商业生态系统，协同进化是商业生态系统的本质，也是商业生态系统进化的目标。但是，协同进化不是一起进化，它指的是系统成员们在合作与竞争中协同发展，更详细地说，是指系统成员通过功能耦合形成超循环，共同发展各自的管理能力、技术水平、营销水平等。协同进化要求价值和信息共享，它追求系统价值最大化和成员最大满意度。协同进化强调合作但并不排除竞争。

商业生态系统的适应性是指系统成员主动地适应外部环境的变化，使系统整体不断向更加健壮的状态发展，不断提升系统整体的绩效。自组织是指在没有系统外部指导和帮助的情况下，仅仅通过系统内部成员的互相协作，也能促使系统不断自我更新、向前发展。

商业生态系统的进化机制包括内部机制和外部机制，其中自组织是内部机制，是根本动力；外部机制是环境选择，但这种环境选择并不是最适者生存，而是“最劣必汰、差别保存”。了解商业生态系统的特性，有利于企业深入了解自身所处的商业生态系统，制定完善的企业战略，设计更恰当的组织架构以适应环境的变化。当然，对于促进整个商业生态系统的发展也具有重要意义。

14.4.2 商业生态系统与价值网络

价值链的概念由迈克尔·波特教授提出。他认为企业是个综合设计、生产、销售、运送和管理等活动的集合体。其创造价值的过程可分解为系列互不相同但又相互关联的增值活动，总和即构成“价值系统”。价值网络（Value Net－work）是企业与合作对象以经济技术联系为基础形成的能够信息共享、共同创造价值的体系或系统。价值网络是随着分工与协作的产生而产生、随着分工与协作的发展而发展的。在传统的工业经济时代，价值网络就已经很发达，比如以通用汽车公司为核心的价值网络、以华为技术公司为核心的价值网络等。以通用汽车为核心的价值网络由通用汽车的一级、二级、三级供应商等构成，像德尔福（Delphicorp）、固特异以及中国的万向集团、台湾中钢公司等都是其价值网络的一部分。

价值网络强调的只是价值共同创造，而商业生态系统除了强调系统内成员的共同进化以外，还强调系统整体对系统内个体的约束。价值网络强调一致性的“价值”，而商业生态系统中的“价值”是多元的；价值网络中价值的形成是单向的，商业生态系统中价值的形成则是多向的。商业生态系统强调成员企业的关系以及其发展动力，而价值网络则强调企业之间的联系。较之集群以及价值网络，从商业生态系统的角度出发更符合现代商业的特点，有利于企业了解自身的发展趋势和结构状态，对企业管理方法做出有价值的改进。

14.4.3 商业生态系统与协同理论

最早把协同思想作为一门科学来研究的是德国著名理论物理学家赫尔曼·哈肯。哈肯将协同定义为：系统的各部分之间互相协作，使整个系统形成微个体层次所不存在的新质的结构和特征。在管理学界，有关协同概念最早是由伊戈尔·安索夫提出，他在《公司战略》一书中，认为战略模型应包括四个要素：产品市场规模、发展方向、竞争优势、协同。随后伊丹广之在《启动隐形资产》一文中对协同所产生的效应进行解析，把安索夫的协同概念分解为“互补效应”和“协同效应”两部分。

商业生态系统是由多种价值链组成的价值网络，因此企业间基于价值链的协同是商业生态系统内实现企业间协同的基础。商业生态系统内各个价值链环节的企业在优化内部价值链的基础上，在外部上下游企业间实现资源共享、管理统一、资金互补及人员台理流动等，从而充分发挥价值链乃至整个商业生态系统的协同效应。Lewis（1995）研究认为，良好的供应链伙伴关系可以使市场交易成本减少一半，比传统关系中的设计周期时间缩减 20% ~ 75%，以及为客户创造更多的顾客价值。因此，为了更快更好应对竞争和挑战，企业间相互协作，构建共赢的企业间管理模式具有十分重要的意义。

所谓协同效应，是指两个或两个以上企业组合成一个组合以后，其产出比原先两个企业的产出之和还要大的情形，即“1 + 1 > 2”的效应。协同效应是企业从资源配置和经营范围的决策中所能寻找到的各种共同努力的结果。目前国内大多数学者认为协同效应主要包括管理协同效应、生产协同效应、销售协同效应及财务协同效应等。也有学者从协同创新效应、协同竞争效应和协同文化效应角度来理解协同效应。

协同创新效应，是系统通过竞争机制，激活要素，优化配置，最终达到满足创新绩效最大化的效果。商业生态系统内的协同机制通过信息和技术的协同，可以将不同企业的相关部门联系起来，提高系统的创新速度和效果。各个企业根据战略需要共同承担费用、共同研究开发，这有利于筹集研究经费，避免重复投资和重复劳动，缩短开发周期，分散投资风险。而且，不同企业研发人员间的合作有利于他们各自优势的相互结合，这对每个企业来说都是新技术力量的注入，将更有利于创造力的培养和技术创新能力的提升。对于商业生态系统内相互竞争的企业而言，一方面可以促进企业从自身角度出发不断进行技术和产品内的创新，另一方面又会对其他企业的新技术和新产品保持高度的敏感性，从而产生技术创新和模仿创新的冲动。

协同竞争源于利益的共享，共同利益是协同竞争的基础。通过合作，企业的资源配置得以优化，资源及核心能力实现互补，并创造出创新的契机。商业生态系统中的协同竞争从根本上说是一个演化的过程，它的发展进程主要取决于系统内部协同与竞争两种机制的相互作用。其稳定性则主要取决于这两种机制的动态平衡。在协同竞争中，企业既要与竞争对手展开竞争，又要在一定领域内与其协调共进；企业既要适应社会外部环境，又要充分利用和改造它，使之对企业的发展带来正面效应。协同使企业在这些关系中保持平衡，不断发展。协同与竞争这两种逻辑上相反的机制并存和相互作用，可以促进商业生态系统发展，带来更大的效益，实现企业双赢。

商业生态系统是一种开放的系统，成员间关系的维持依靠信任和成员道德素质。因此，一个商业生态系统内的成员间都具有某种相似的特质，形成了一种协作、创新和学习的文化。协作文化使企业间真诚合作，乐于为系统的整体发展共享资源。创新是一种多因素、全方位的创新，包括观念创新、制度创新和技术创新的全部内容和形式。创新文化强调知识的创造、利用和扩散的统一。学习文化，是系统内企业形成一种互相学习的氛围，是对环境、竞争者和组织本身各种情况的分析、探索和交流过程。商业生态系统的建立就是为了企业间能加强合作，交流学习，发挥各自的优势，从而实现整体价值的最大化。

14.5 构建创业辅导基地商业模式五要素理论分析框架

我国科技型创业辅导基地经过多年的发展，目前正处于由提供简单物业服务、科技政策咨询服务向为创业企业提供管理咨询甚至投资服务的过渡阶段，并且逐步走向市场化经营的道路，因此创业辅导基地急需要解决为谁服务、如何服务和自身如何生存的问题。由于创业孵化服务是一种溢出现象极强的服务，创业辅导基地仍保留着很强的公益性质，因此创业辅导基地的商业模式及其分析框架不能简单照搬一般企业的商业模式及其分析方法。本研究从 Osterwalder 的九要素方法和 Schweeizer 的三维分析方法结合目前我国孵化器运营特点，认为创业辅导基地商业模式是阐述创业辅导基地如何整合内外部资源，为孵化企业提供创业孵化服务，获取弥补孵化器运营收入，达到收支平衡，同时实现持续经营的商业逻辑。创业辅导基地需要重点解决为谁服务，如何组织资源提供服务，价值如何产生和配置，收支平衡等问题。由此，本研究提出创业辅导基地商业模式五要素法（如表 14 - 3 所示）。

表 14 - 3　　创业辅导基地商业模式五要素

要素	定义	角度	描述
主导力量	发起建造者	主导力量 租地模式	模糊 明确
价值主张	提供何种服务	服务内容 服务类型	有形 无形
价值链	价值如何产生、分配及其流向	价值网的构成 制度	简单 复杂
动态能力	有效整合内外资源，为创业企业服务，并获取持续发展的能力	团队 目前现金流	弱 强
赢利模式	现金流获取能力	现金流获取潜力 入驻条件	低 高

14.6　解剖创业辅导基地商业模式分析框架

14.6.1　价值主张

Osterwalder 在其商业模式分析框架中指出，价值主张是指公司给客户提供什么样的产品或服务，即公司的存在给客户提供的价值。创业辅导基地作为帮助初创企业发展的工具，能够给初创企业提供各种支撑服务，如拓展市场、建立管理团队、获取资金以及各种专业服务资源等（Sherman 和 Chappell，2000）。创业辅导基地提供的服务与创业辅导基地所处的发展阶段、成立的目的、资源和能力有着很大的关系。早期的创业辅导基地主要提供廉价的房屋和物业，随着创业辅导基地的发展和创业企业需求的增加，有些创业辅导基地开始向企业提供政策咨询或管理咨询服务，当创业辅导基地被创业资本作为一种投资创业企业的渠道时，一些创业辅导基地开始向创业企业提供创业资本或投资咨询服务，同时也出现一些创业辅导基地打破物理空间限制以提供网络资源或合作服务为主，由此可见创业辅导基地给创业企业提供的服务是处于不断地发展和变化过程中的。本研究根据创业辅导基地的特点，将创业辅导基地提供的服务分为三类：即硬件服务（办公场所、物业、专有设备）、软性服务（科技政策咨询、管理咨询、技术咨询）和资本服务（投资咨询、种子资金）。随着创业辅导基地行业的发展，创业辅导基地服务能力的提高，创业辅导基地提供的服务将从硬件服务为主转向软性服务为主，最终转向以资本服务为主。

14.6.2 动态能力

Osterwalder 认为核心能力和合作伙伴资源对公司为客户创造价值极其重要，Schweize 则认为企业的核心能力是不断变动的。企业的动态能力能够有效地对企业内外部的资源进行整合、配置，从而对快速变化的环境作出应变。动态能力具有难复制性和难模仿性，是企业获取持续竞争优势的来源（Teece，1997）。从上面对创业辅导基地价值配置分析来看，创业辅导基地作为科技创新系统的资源整合者，它实际上需要具备一种随着外部环境的变化快速地调整内部资源，从而高效利用内外部资源的综合能力，并且这种能力是不断变化的。创业辅导基地提供给创业企业最重要的资源是创业辅导基地作为一个网络提供者，能够为创业企业提供联动发展的资源（Lichtenstein，1992）。动态能力是企业的一些明确的规定或流程（Zott，2003），动态能力的两个决定因素是组织结构和人力资源管理（Subba，2001），因此动态能力更能有效地说明创业辅导基地整合资源的能力。在衡量创业辅导基地动态能力时，主要考虑两个因素：一是创业辅导基地的制度完备性。如进驻规定、毕业规定和孵化流程等。二是创业辅导基地团队建设的完善程度。如团队规模（企业数/服务团队人数）、团队的学习能力（受教育程度）等。创业辅导基地的制度越完善，并能在实际运作中得到执行、修正，则其动态能力越强，其孵化服务人员的学习能力也就越强，创业辅导基地对内外资源整合能力也就越强。

14.6.3 赢利模式

鉴于无论国内孵化器还是国外创业辅导基地，大部分创业辅导基地成立的目的还是以促进区域经济发展和就业为主，因此创业辅导基地的性质带有很大的公益性，这就造成创业辅导基地在运营过程中对营利性要求关注度不高。但鉴于创业辅导基地日常现金流对创业辅导基地的持续经营有着更为重要的意义，因此只有流入现金流大于流出现金流达到收支平衡，孵化器才能正常经营发展。

考虑到国内创业辅导基地的现金流出构成比较简单且稳定，一般是创业辅导基地成立时的一次性房产投入和日常运营中的人员投入、办公运营费，而如何拓展稳定的现金流入来源才是目前创业辅导基地正在普遍关注的问题，因此本研究主要从现金流流入能力的角度来评估创业辅导基地收支平衡模型，并根据流入现金流的大小来判断现金流能力，同时根据现金流来源的种类来判断创业辅导基地未来现金流的强或弱。然而对维持创业辅导基地持续增长来说，未来现金流的强和弱则更为重要。此外由于各地政府补贴的政策不一样且不稳定，因此暂不予考虑。创业辅导基地未来现金流能力的高低用现金流在三类服务中所产生的比例来衡量，现金流能力高的孵化器更容易达到收支平衡

14.7 本章小结

本章对历年有关中小企业创业辅导基地、商业模式、商业模式演进、生态理论学以及商业模式评价进行综述，根据前人经验，以期获得对商业模式评价以及中小企业发展有利的相关观点。同时，创建了针对河北省创业辅导基地的商业模式分析框架，该框架主要是解决第 4 章中我们对创业辅导基地一个定性分析研究的基础问题，同时解析了相应的指标。

15 河北省创业辅导基地商业模式分析

本章用创业辅导基地商业模式框架深入分析第三章第1节选出的河北五个已具备可持续发展能力创业辅导基地，总结出他们的商业模式特点，并得到了可持续发展创业辅导基地商业模式的共同特征。基于本次对枣强玻璃钢创业辅导基地、武邑“虎牌”金属制品创业工业园、宁联集团创业辅导基地、万兴源创业辅导基地以及顺平县肠衣创业辅导基地的调研，就其商业模式进行比较分析，从其以上创业辅导基地比较分析中，发现目前存在的问题和不足，以及优势和长处。

15.1 河北省创业辅导基地商业模式实证分析

15.1.1 主导力量

创业辅导基地的创建和运营有三种主导力量作为支撑，帮助创业辅导基地能够正常有序高效的运营，同时实现其最大效率化，为社会孵化更多的企业，提高社会效益。这三种主导力量主要包括：政府主导力量、龙头企业领导力量、社会集群力量。

1. 政府主导力量

武邑虎牌金属制品创业工业园及顺平县中小企业（肠衣）创业辅导基地的运营主要是由政府力量主导，符合中国创业辅导基地创建初期的方式。顺平县中小企业（肠衣）创业辅导基地是顺平县委、县政府将中小企业创业辅导基地建设与提升传统肠衣特色产业巧妙结合，精心谋划建设的。在政府主导体制下建立的创业基地所实施的是一种事业单位企业化运营的模式，政府为创业基地制定优惠政策，同时为创业基地提供初始建设的资金。等到创业基地建设完毕后，政府就会设立专门的职能部门负责创业基地的招商、管理、提供孵化服务等日常运营活动，将创业基地当作自己下属的一个事业单位进行管理。作为政府下属的事业单位，政府负责创业基地的初始投资和行政事业经费，对创业基地的组织建设、人员安排、薪酬福利进行统一的管理，创业基地在政府的统一领导下开展经营活动，自负盈亏，其进一步发展所需的资金由其自身解决。在这种模式下，政府既是创业基地的所有者，也是创业基地的实际经营者。如图 15－1 所示。

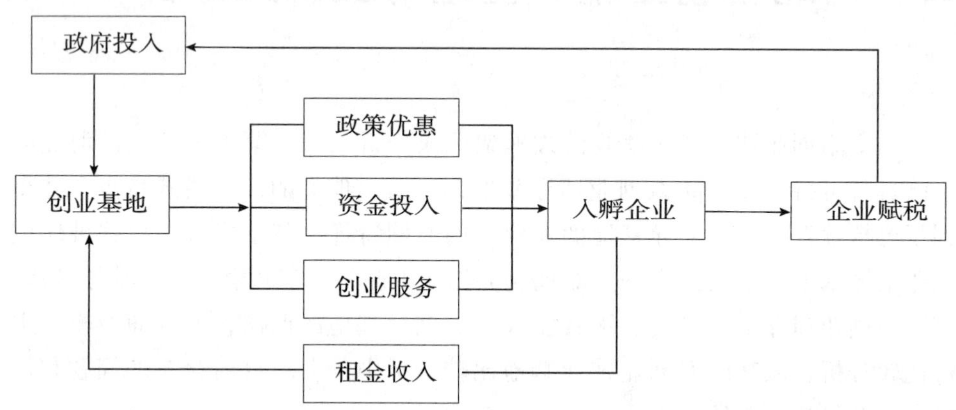

图 15－1　政府主导力量下的创业基地运营模式

2. 龙头企业领导力量

这种主导力量主要是由当地发展较为成熟的龙头企业作为主力，响应国家政策，同时也借助了国家政策和资金上的帮助。但是这种创业基地在运营过程中，较多的由龙头企业作为典范，帮助其解决自己的技术问题、销售渠道问题。龙头企业同时建立相关服务部门，对创业基地的日常管理工作进行监督和管制，同时借由自己的经验，提高孵化成功率。枣强玻璃钢创业辅导基地的华强集团与宁晋宁联创业辅导基地的宁联集团就是这种力量的典范。这种力量在一定程度上解决了由政府主导力量中出现的行政色彩浓重，政策工具性强、投资主体单一以及运营资金不足等不足。这种的力量主导下的运营模式如图 15－2 所示。

3. 社会集群力量

我国中小企业创业辅导基地的发展和建立离不开当地经济发展的根本制约。县域中小企业的建立大部分都具有当地特色，群集效应也尤为明显。在本次调研中的枣强玻璃钢创业辅导基地、武邑虎牌金属制品工业园等，都是根据地方长久以来就有的产业而发展的。社会集群力量有着一种自发

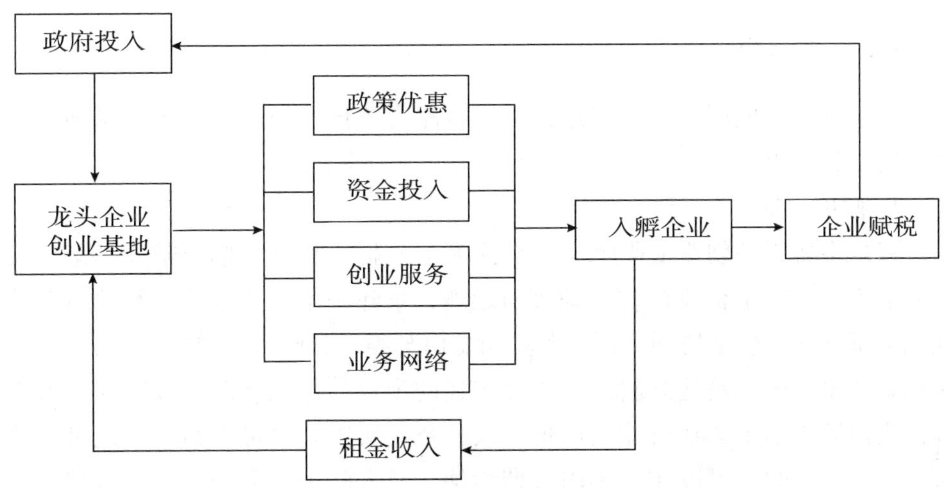

图 15－2　龙头企业领导力量下的创业基地运营模式

行为，但是在结合了政府力量的帮助下，更加的趋于规范性。宁晋万兴源创业辅导基地的形成具有社会集群力量的典型特点，自发性、区域性、协作性等。21 世纪初，小河庄全村大规模的电缆企业有 40 多家，村里大部分人都从事与电缆有关的行业，但村子的发展又遇到了一道坎儿：许多人买台机子就可以在家里做电缆，这些家庭小作坊既保证不了产品质量，又扰乱了整个行业的市场。为了规范家庭作坊式的小电缆企业，村里决定把所有的小企业集中到一起，统一规划，统一管理，于是就有了这“万兴源”线缆基地。这种力量主导的创业基地在很大程度上竞争力强，更具有市场经济机制的特色，对于地方经济的发展帮持作用显著，符合农村中小企业的发展。如图 15－3 所示。

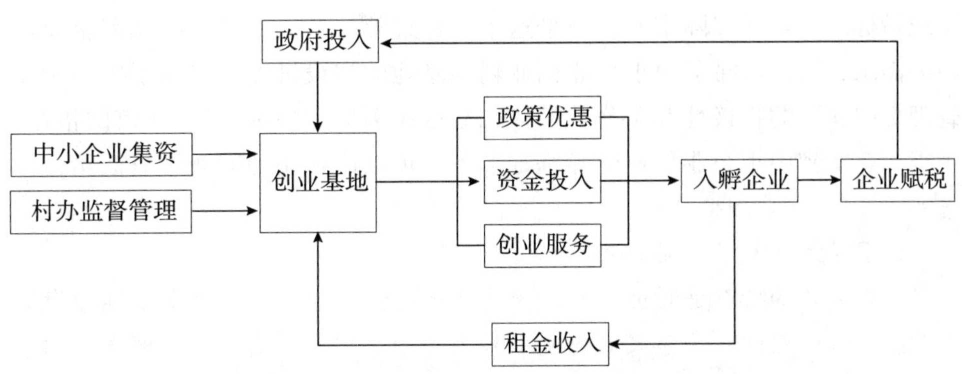

图 15－3　社会集群力量下的创业辅导基地运营模式

15.1.2 租地模式

上述创业基地调研过程租地模式上也略有不同，但是对于创业基地的正常运行都无大碍。

1. 政府出地

武邑金属制品创业工业园及顺平县中小企业（肠衣）创业辅导基地主要是政府出地，中小企业行政管理部门运作，组建一个事业单位进行筹资，建立创业基地。武邑金属制品创业工业园是由县委、县政府主要领导亲自协调，在用地政策方面向基地倾斜，一些可缓建的项目为基地让路，最终在县城工业区内协调规划了240亩建设用地。入驻企业所需厂房可以租用，也可以购买。资金困难的，可以在三年内分期缴纳。对入驻企业缴纳的各项税费，县政府无权减免的一律按下限收取；对下岗职工创办企业和安置下岗职工占企业人数60%以上的企业，积极协调税务、工商部门，按照有关规定减免税费。同时，加大优化环境力度，在基地的管理上，对入驻企业实行“清静”管理，任何单位、个人不准入内检查、收费、罚款。顺平县中小企业（肠衣）创业辅导基地是顺平县委、县政府将中小企业创业辅导基地建设与提升传统肠衣特色产业巧妙结合，精心谋划建设的。基地规划占地500亩，总投资10亿元。其中，一期项目投资4亿元，占地200亩，目前，已完成投资3.5亿元，建成大小厂房和加工车间300个。全部建成后，厂房面积可达10万平方米，将孵化催生肠衣中小企业300多家，安排5000多人就业。

这种方式的特点是政府提供土地，设立专门的事业单位，对创业基地采取事业单位企业化的运营管理模式。目前，我国的创业基地大多采用此种方式建立。中小企业创业辅导基地建设，按上级有关指示精神，每年拨约50亩用地指标。从基层实际来看，一是这个指标过低，远远不能解决众多企业进园的需求，从而迟滞了中小企业创业辅导基地的建设进度，挫伤了中小企业管理部门建设的积极性和工作热情；二是由于多方面原因，这50亩的指标，也很难落实到中小企业创业辅导基地名下。可以说在用地问题上有政策，无落实。

2. 民营企业建立创业基地

这种方式的特点是通过政府的引导，将民营企业吸引到创业基地建设的事业中来，此时创业基地采取的是一种完全企业化的运营模式。枣强玻璃钢创业辅导基地的就是该种方式。由华强集团协创的枣强玻璃钢创业辅导基地，对于入驻企业厂房、设备租用方面也以再放宽政策，更多地服务初创企业。入驻第一年可以免交租金，入驻条件没有硬性要求。

3. 产业集群

由行业协会出面，在产业集群内建立创业基地，为入驻企业提供创业服务。这种方式的特点是通过行业协会的中介作用，集中区域内部的优势力量扶持新创的中小企业。顺平肠衣创业基地在一定形式上也具有产业集群的性质，这也说明了一个创业基地，多种视野观察的效果。综合利用资源、多角度探讨问题，方能实现区域经济发展。宁联创业辅导基地与万兴源辅导基地的创办属于这种模式。但是，对于具体实施上，两者也略有差别。

宁联创业辅导基地是在河北省中小企业局、村两委和宁联集团的共同努力下，很快的开始着手建立。2009 年，党总支、村委会实施了总投资 3.6 亿元的宁联集团创业辅导基地建设。该创业辅导基地坐落于黄儿营西村，占地 1700 多亩，可容纳 150 余家企业。现已基本完成一期建设，但是还有空余土地，二期建设正在筹备当中。现已入驻企业 85 家，多为本地的电信电缆企业。基地的建设由企业支部统一规划、统一施工，并为每家企业提供 10 万元无息贷款，各个车间的具体建设由各入驻企业负责，其建设费用也由各入驻企业自己承担。基地对入驻企业提供无偿支持，税收优惠，各项管理费用按低标准收取。

万兴源创业辅导基地一期占地 60 亩，在建设初期，各厂家和村委会签订用地合同，合同期限 30 年，年租金 2 万元/亩，所需租金一次性付清。车间由基地统一规划，所有的车间大小一致，具体建设由各车间自己建设，基地为各入驻企业联系配备质检设备，公用设施由这些企业共同出资建设。如果企业成长成熟以后，可搬出园区，剩余合同年限可卖可租。

15.1.3　赢利模式

1. 收入来源

由于提供服务的能力有限，大多数创业基地的收入来源主要还是依靠出租厂房的租金以及政府的税收返还。租金收入非常稳定，但是由于创业基地不以赢利为目的的公益性，厂房的租赁定价不会太高，租金收入也就非常有限。税收返还是根据创业基地内部入驻企业的纳税情况而决定的，由于创业基地内部的企业还处于初创期，本身的生产经营规模不大，向政府缴纳的税款不多，因而创业基地所得到的纳税返还也比较有限。收入的有限性不仅影响了创业基地维持日常运作的开支，也增加了政府建立创业基地的投资风险。创业辅导低级收入方式比较，如表 15 -1 所示。

表 15 -1　　创业辅导低级收入方式比较

创业辅导基地	收入来源	收费方式
枣强玻璃钢创业辅导基地	基础服务收入、政府拨款收入、财政返还及税收优惠收入、对外部企业的服务收入	管理费用按照入驻企业销售额的 2%
万兴源创业辅导基地	基础服务收入、政府拨款收入、财政返还及税收优惠收入、投资收入	初期建立万兴源线缆有限公司的注册资金由入驻企业均摊；各厂家和村委会签订用地合同，合同期限 30 年，年租金 2 万元/亩，所需租金一次性付清
宁联创业辅导基地	基础服务收入、政府拨款收入、财政返还及税收优惠收入	
武邑金属制品创业工业园	基础服务收入、政府拨款收入、财政返还及税收优惠收入	0. 2 元/(平方米·月)
顺平县中小企业(肠衣)创业辅导基地	基础服务、政府拨款、参政返还及税收优惠收入、厂房出售	

值得一提的是万兴源创业辅导基地对于具有较大发展潜力且具有高成长性的技术项目或初创企业，创业基地可以以提供特殊的专项服务的方式取得企业的股份，或者直接出资购买企业的股份。随着企业的成长，创业基地即可以得到企业分派的红利收益，也可以通过出让股份取得资本收益。这种收入方式是创业基地的长期收益机制。

而枣强创业辅导基地所服务的对象不仅包括在其内部进行孵化的企业，也应包括创业基地外部的企业。该类企业是已经毕业了的企业，由于早期在创业基地内部形成的经营管理习惯，在毕业后也会经常向创业基地需求技术、管理、营销、融资等方面的支持，从而为创业基地带来一定的收入。这种收入方式是创业基地的额外收益机制。

2. 利润分配

利润分配就是将创业辅导基地实现的净利润在国家、基地本身和其他利益相关者之间进行的分配。

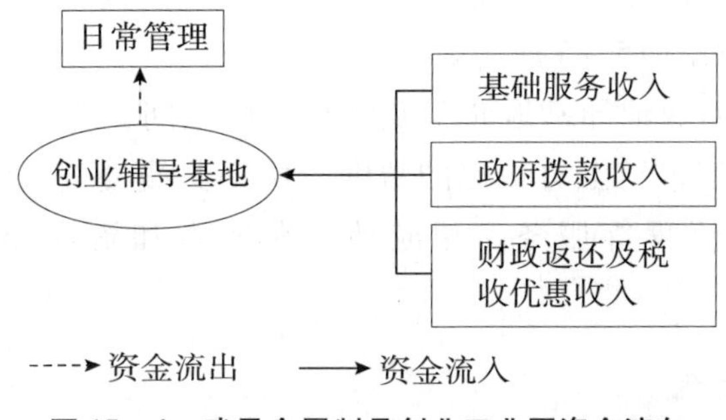

图 15－4　武邑金属制品创业工业园资金流向

由图 15－4 可以看出，该政府主导创业辅导基地的资金流较为简单，租金收入非常稳定，但是由于创业基地不以赢利为目的的公益性，厂房的租赁定价不会太高，租金收入也就非常有限。税收返还是根据创业基地内部入驻企业的纳税情况而决定的，由于创业基地内部的企业还处于初创期，本身的生产经营规模不大，向政府缴纳的税款不多，因而创业基地所得到的纳税返还也比较有限。

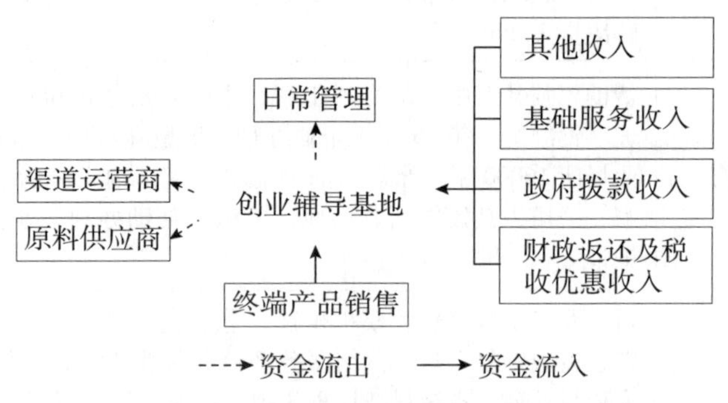

图 15－5　宁联、万兴源创业辅导基地资金流向

宁联和万兴源创业辅导基地有其共同点，基地对入驻企业统一规划，统一办证，统一采购，然后对进料进行检测验收，验收合格后根据各个车间的需要将原料分发下去。但是也有其差异：万兴源对各企业的销售不负责，各企业自负盈亏。基地对所采购的原料进行质检，但是产品出厂检测由各车间自己负责，销售产品出现任何质量问题基地不承担任何责任，这在一定程度上促进了企业之间的竞争，较为符合市场经济体制下的模式；宁联集团为入驻基地的企业提供质检标准，车间将产品生产完以后，由基地质监部门对产品进行检测，合格后发放产品合格证。基地内各企业统一使用宁联集团生产许可证及其品牌，由基地统一负责销售，增加了一定的渠道成本支出，如图 15－5 所示。

枣强玻璃钢创业辅导基地介于武邑与宁联之间。枣强创业基地对初始创业的企业在销售渠道上有一定的帮助，协助其慢慢进入轨道。提供质检技术以及标准、流程等服务，相应地，在成本和资金流出上有一定的控制。

15.1.4 价值主张

枣强玻璃钢创业辅导基地针对中小企业的需要近年来开展了投融资服务、创业帮扶服务、共性关键技术开发、新材料应用、新技术推广、技术咨询、技术信息、技术培训等全方位的服务。如表 15－2 所示。

表 15－2　　枣强玻璃钢创业辅导基地主要服务

服务类型	服务内容
投融资服务	为枣强县真旺玻璃钢有限公司、枣强县众信玻璃钢加工厂、枣强县富强玻璃钢有限公司等 8 家企业开展了投融资服务，先后帮助解决资金 290 万元
创业帮扶服务	帮助枣强县海中冷却塔加工厂、枣强县庆才风机厂、枣强县郝红玻璃钢缠绕厂等 25 家小企业办理工商营业执照，帮助协调解决创业场所 16000 平方米。目前创业辅导基地内入驻的小企业达到 52 家，公司为其提供创业场地，并积极帮助办理营业执照、税务登记证等
研究开发	研究开发了数字彩胶模拟生产工艺、高触变耐高温树脂基复合材料、玻璃钢复合材料网络服务平台等共性技术 28 项，先后承担国家项目 6 项，省级科技计划 8 项，市科技计划 10 项
项目对接	先后与 18 家大专院校、科研单位建立了密切合作关系，创建中心网站，建立了集技术、信息、人才为一体的数据资源库
辐射带动	协助玻璃钢企业积极参与西部开发活动，建立蒙西大有玻璃钢复合材料有限公司等 11 家玻璃钢企业，促进带动了西部玻璃钢复合材料行业的发展
技术培训	先后与河北大学、华东理工大学、中国复合材料工业协会等联合举办了玻璃钢复合材料大专函授班以及各种各类的培训班 50 期，培训人员 16000 余人次，有 267 人获得了大专毕业证书

武邑金属制品创业工业园狠抓服务体系的建设，主要提供以下服务，如表 15－3 所示。

表 15－3　　　　　　武邑金属制品创业工业园主要服务

服务类型	服务内容
创业辅导服务	负责企业策划、政务代理、场地租用、劳动就业、社会保障、法律援助等服务。有创业辅导师专职对入驻企业进行创业服务。入驻企业须办理的各种审批手续，均由创业辅导中心的工作人员免费代办
融资担保服务	注册资本金 2000 万元，具备 10000 万元的担保能力，与县农村信用联社、中国农业银行武邑县支行签订了担保放贷协议，可为入驻企业提供方便、快捷的融资服务
职工培训服务	负责为企业提供生产技术、企业管理、财务管理、市场营销等方面知识的培训服务
商务推介服务	成立了进出口公司，设经理 1 名，工作人员 3 名，具有自营出口权。协助企业开展国内、国际业务，为企业产品打入国内外市场提供市场开拓和推介服务
信息服务	配备 2 名信息服务人员和 2 台微机，为企业提供国家政策、法律法规、发展动态、发展模式、成功经验以及新技术、新成果应用等方面的咨询服务
质量检测服务	河北省技术监督局下设在基地的省级金属橱柜质量检测机构，投资六十多万元增上了检测设备和仪器，为武邑县金属橱柜产品通过相关质量认证、创名、创优、创市场提供质量保障服务。目前正在申报国家级检测中心

万兴源创业辅导基地建设初期实行“七个统一”即：统一规划、统一管理、统一办证、统一拉电、统一修路和排水、统一绿化和统一安装电话。与上述两个基地服务核心服务类型有所差异，如表 15－4 所示。

表 15－4　　　　　　万兴源创业辅导基地主要服务

服务类型	服务内容
投融资服务	同表 15－2
创业帮扶服务	同表 15－2

续 表

服务类型	服务内容
质检服务	基地对所采购的原料进行质检
辐射带动	同表 15 - 2
技术培训	同表 15 - 2

宁联创业辅导基地的日常管理过程中，主要由创业辅导基地服务中心负责。创业辅导基地服务中心代表各入驻企业与工商、税务、质监、土管、金融等职能部门联系，及时沟通、协调企业生产经营过程中遇到的有关问题。

宁联创业辅导基地主要服务，如表 15 - 5 所示。

表 15 - 5　　宁联创业辅导基地主要服务

服务类型	服务内容
投融资服务	
创业帮扶服务	
质检服务	基地对所采购的原料进行质检
业务渠道	合格后发放产品合格证。基地内各企业统一使用宁联集团生产许可证及其品牌，由基地统一负责销售
辐射带动	
技术培训	

顺平肠衣基地，在服务方面与其他基地一个显著的差别是鼓励大型实力企业购买厂房，扩充融资资金，较为有利于创业基地在运营过程中的资金运作（如表 15 - 6 所示）。与政府主导力量的创业基地在其他政府支持政策上大同小异，都较为符合我国当前国家对中小企业创业基地的鼓励支持政策。

表 15 - 6　　顺平县中小企业（肠衣）创业辅导基地主要服务

服务类型	服务内容
政策扶持	创业辅导基地建设过程中的一切行政事业性收费全部减免，相关职能部门派人到工地提供上门服务，特事特办。对建设工程质量进行严格监督。县委、县政府出台了相关意见，除依法税收外，任何单位和个人不得向入驻企业征收任何行政事业性收费，积极主动提供免费、优质服务工作，保障企业和个体经营者顺利入驻

续　表

服务类型	服务内容
市场运作	对入驻企业和个体加工户采取灵活运作方式，对少部分有一定实力的企业，政府鼓励购买厂房，对大部分没有能力购买的小企业和加工散户，采取租赁的方式入驻
规范管理	创业辅导基地建成后，在管理上将实现“八个统一”，即统一环保治理、统一收费标准、统一票据管理、统一形象策划、统一宣传推介、统一质量标准、统一品牌经营、统一对外销售。同时，还将引导管理咨询、信息服务、财务管理、税务服务、融资服务、技术服务、销售服务等社会化法人机构入驻，建设培训、会议、洽谈等多功能服务大厅，为肠衣中小企业发展提供更加优质、人性化服务

15.1.5　动态能力

商业模式包含了企业价值有效循环性，企业如何创造价值、共享价值、分享价值、维护价值，既保持了企业的持续有效的发展，同时也涵盖了企业发展潜力。

武邑金属制品创业工业园作为典型的由政府承办的创业辅导基地，其模式是我国早期创业辅导基地，为入驻企业提供日常管理服务、融资服务、风险担保等。但是对于后期企业发展的后续力量开发不足，这种模式下孵化的成功企业较少。容易导致前期价值成果的流失。任佩瑜教授提出的“管理熵”概念揭示了组织内部管理效率递减的规律，它证明了企业最终将从有序发展到无序而走向衰亡。而这种价值的消亡，我们在一定意义上也可以称为“价值熵”。

万兴源创业辅导基地在一定基础上具有其先进特色。对于具有较大发展潜力且具有高成长性的技术项目或初创企业，创业基地可以以提供特殊的专项服务的方式取得企业的股份，或者直接出资购买企业的股份。随着企业的成长，创业基地即可以得到企业分派的红利收益，也可以通过出让股份取得资本收益。这是价值延续的一种方式，它解决了价值断层与后续力量不足的问题。同时可以吸收更多的创业者加盟，帮助农村中小企业孵化的成功，同时满足了利益相关体的利益最大化。

枣强玻璃钢创业辅导基地从企业文化入手，企业家精神作为领导。情感维系在很大程度上起到了很大的作用。同时枣强玻璃钢企业华强为典范先锋作用，积极鼓励创业者加盟，密切关注初创企业，同时培训发展中企业更多销售道路，对于成功毕业的企业也能在稳定期技术、管理、营销、融资等方面加以指导，这就更加稳固了这条产业链的发展。注重研发，保证产品与时俱进性，具有一定的创新精神。如图 15-6 所示。

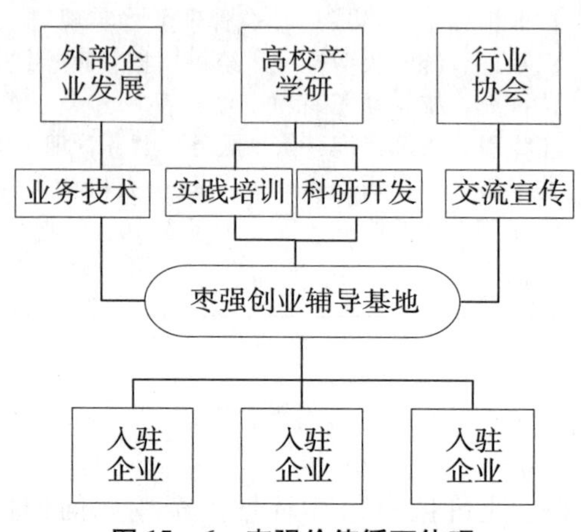

图 15-6　枣强价值循环体现

宁联集团运营成本较高，四个统一标准一定程度上解决了初创时期企业的盲目性，但是过多的约束性质不利于企业的孵化。价值初期实现良好，后续力量不足，具有循环消减的趋势。

顺平县中小企业（肠衣）创业辅导基地的创建以产业聚集、方便管理、综合治理污染为切入点，真正发挥孵化和催生更多中小企业的作用。但是在租地保值上，有一定流失。顺平肠衣租地与厂房出售同时进行，但是在实际中，厂房出售占到很大的比例，这在一定意义上有违孵化的本意，在长久孵化工作上，必然会造成一定的损失。如图 15-7 所示。

15.2　河北省中小企业创业辅导基地商业模式分类

基于本研究对以上创业辅导基地现有商业模式的具体描述，以及本研究基于前人理论观点，提出的研究中小企业创业辅导基地的商业模式要素。根据创业基地的价值主导力量，对于本次研究的对象河北省中小企业创业基地进行商业模式的分类，如表 15-7 所示。

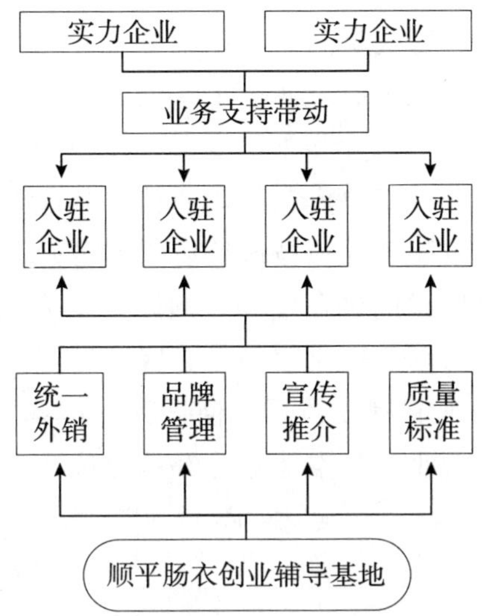

图 15－7　顺平肠衣基地循环体现

表 15－7　创业辅导基地商业模式分类

	动态能力	价值链	现金流模型	代表基地
简单模式	弱 制度完善 非职业化的团队	价值链：简单 服务：租赁、物业、公司税务政策咨询 资源：政府	低 政府补贴 房租和物业	武邑金属制品创业辅导基地、顺平肠衣创业辅导基地
专一模式	较强 制度完善 职业化的团队有待建立	价值链：简单 服务：租赁、物业、工商税务政策咨询、专业技术服务 资源：政府、研究机构	高 政府补贴 房租和物业费、技术服务费	枣强玻璃钢创业辅导基地
价值链陷阱模式	弱或强 制度全 职业化的团队	价值链：复杂 服务：租赁、物业、工商税务政策咨询、咨询服务 资源：政策、服务机构	低 政府补贴 房租和物业费	宁联创业辅导基地

15.2.1　简单模式

简单模式创业辅导基地特点是商业模式简单、服务简单，没有客户定位或定位模糊，即使有入驻条款或毕业条款，入驻条款也仅仅是高新技术行业或是有知识产权的企业即可或是制订有详细的入驻标准但在实践中不严格执行，只要是创业企业甚至只要企业愿意进驻，就同意企业进入创业辅导基地。这就造成创业辅导基地内企业的共性不明显，表现为什么行业的企业都有，什么发展阶段的企业都有。简单模式的创业辅导基地提供的服务以房屋租赁和物业为主，并带有一些简单的科技政策咨询服务及政府关系服务，如工商税务关系协调等。简单模式的创业辅导基地因定位模糊，企业种类多，共性少，因此很难提供精细的创业孵化服务，必然导致不会招聘高成本的职业化团队和花成本去建设完善的制度体系，使得整个体系运行成本和效率较低。同时稳定的房租收入和物业费基本能够弥补运营成本，现金流模式与服务能力基本相匹配，整个商业模式平衡。如图 15－8 所示。

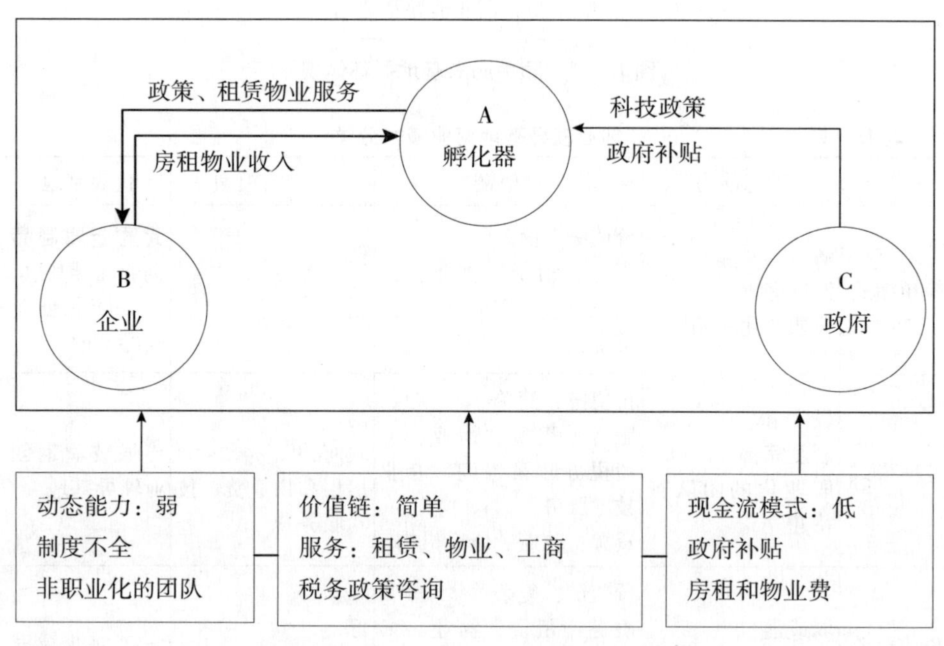

图 15－8　简单模式的创业辅导基地的商业逻辑

15.2.2　专一模式

专一模式创业辅导基地的特点是创业辅导基地的定位明确服务于特定行业的创业企业。孵化器根据创业企业的特征，寻找有闲置技术服务能力的科研机构一起为创业企业提供相应的技术服务。该模式一是通过与科研机构合作实现低成本为创业企业提供所需的专业技术服务。二是拓展了创业辅导基地现金流渠道。三是解决了科研机构富裕的服务能力问题。专一模式弱点在于动态能力和价值链较弱，除了特定的技术服务之外，其给初创企业提供的创业孵化服务内容较少，网络资源相对缺乏。此外由于在创业辅导基地内的企业具有相同的行业特征，因此创业辅导基地能够比较容易的给企业开展有针对性的咨询服务。目前，国内很多专业孵化器还处于该模式的初级阶段。如图 15－9 所示。

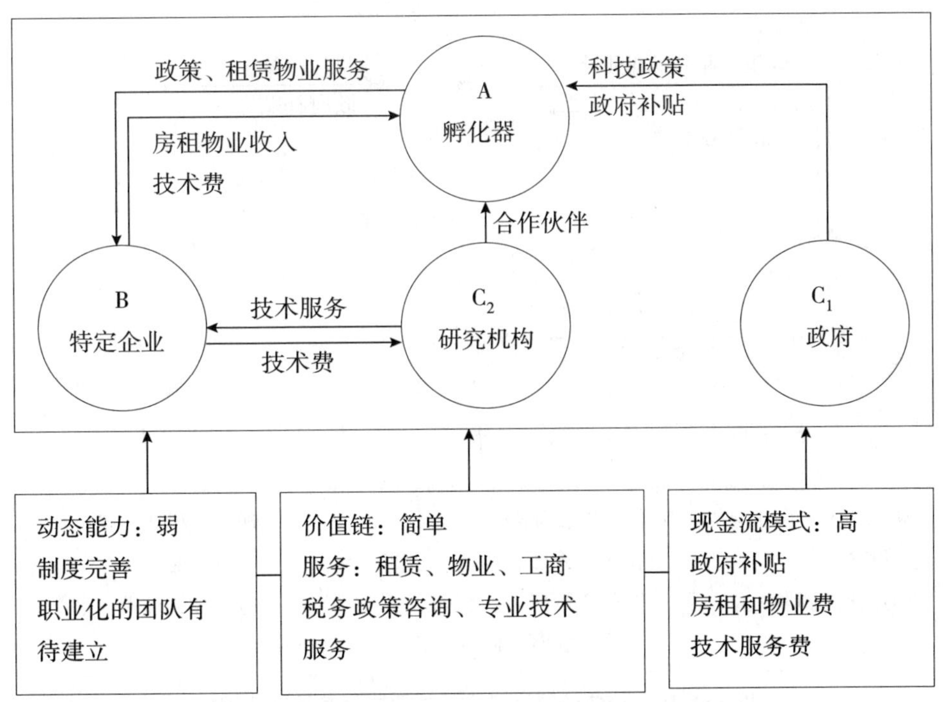

图 15－9 专一模式的创业辅导基地商业逻辑

15.2.3 价值链陷阱模式

价值链陷阱模式希望能为创业辅导基地提供更多的孵化服务，加强与孵化企业的关系。从价值链陷阱模式的创业辅导基地商业逻辑图来看，其收入渠道单一但业务模式复杂，使其收入模式和动态能力、价值链并不匹配。此类创业辅导基地对企业定位模糊，却又要为企业提供高质量的个性化孵化服务，这就要求有一支高素质的职业队伍，同时还要维护诸如会计师事务所、律师事务所和各种各样的管理咨询等网络关系，导致创业辅导基地成本大幅上升。但从其收入模式来看，这部分服务成本并没有客户支付。目前，大多数创业辅导基地解决这个问题的方法主要是通过打造创业孵化服务的品牌，加大招商力度，争取招到更多税收大户的同时获取更多的政府补贴。这种状况造成创业辅导基地越来越关注大企业，而不是初创企业，从而违背了创业辅导基地成立的最根本目的，而这也正是目前很多创业辅导基地变成和经济开发区一样的原因。如图 15－10 所示。

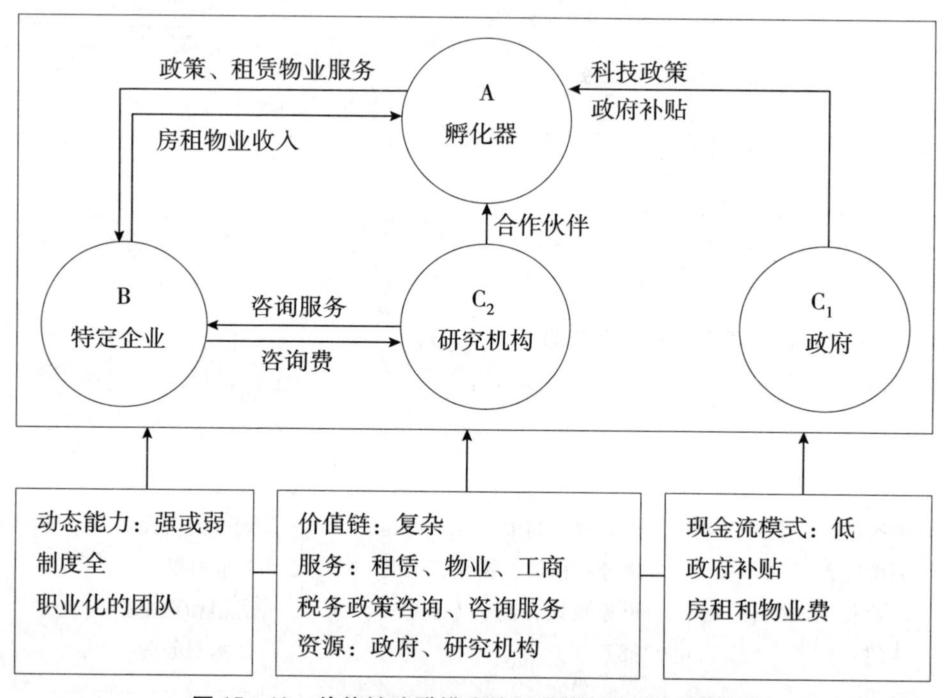

图 15－10　价值链陷阱模式的创业辅导基地商业逻辑

15.3　本章小结

本章主要介绍了河北创业辅导基地的目前基本情况，同时根据所创建的商业模式分析指标体系，对其进行分析，得出河北省创业辅导基地目前商业模式的优劣势所在，最后总结归纳出目前创业辅导基地的商业模式分类。

16 创业辅导基地中核心企业商业模式评价——以华强为例

16.1 创业辅导基地中核心企业的重要性

16.1.1 创业辅导基地中核心企业的功能

商业生态系统是以组织和个人（商业中的有机体）的相互作用为基础的经济联合体，是供应商、生产商、销售商、投资商、政府等以生产商品和提供服务为中心组成的群体。这种经济联合体具有特定的经济功能，生产出对消费者有价值的产品和服务。商业生态系统借喻于自然生态系统，是以企业生态位理论、协同进化理论和自组织理论等为基础的开放的复杂系统。该系统分为核心商业层；扩展企业层；支持、维护层和外部环境层，其中，核心商业层的驱动力是消费者的需求。

创业辅导基地中的核心企业，尤其是主导力量为龙头企业的创业辅导基地，核心企业对于创业辅导基地的活力、价值持续力等，都有着举足轻重的功能。主要表现在核心企业位于核心商业层，在商业生态系统中占很小的一部分，但是他们都通常能发挥全系统范围的影响力，在系统中有两个基本的功能。第一，为其系统创造价值；第二，在创造价值的基础上，核心企业还必须与系统内其他成员企业共享所创造的价值。一个企业创造价值但却不能使这一价值在整个系统中进行有效的传递与共享，那么，这个企业虽然可能暂时获得丰厚利润，但是最终会被淘汰。

商业生态系统中的核心企业决定着整个系统的发展方向。在系统中其他节点的消失，都不会对系统造成太大的危害，但是，如果核心企业减弱或消失，整个系统就可能发生根本性的变化，致使整个系统遭到摧毁或彻底失败。在出现扰动的情况下，核心企业会给系统带来更强的生命力。

16.1.2 核心企业健康商业生态系统的体现

专家认为，当一个生态系统的内在潜力能够实现、它的状态稳定、遇到干扰时有自我修复能力以及以最少的外界支持来维持期自身管理是，这个系统就可以认为是健康的。健康商业生态系统是指商业生态系统有完善的内在防御机制，能够快速对抗外界环境变化，稳定性极高；系统能够不断挖掘内在潜力，实现可持续发展。在上一章的分类分析中，我们可以看到，创业辅导基地不只是包含创业企业，同时还有政府、服务机构、行业协会、龙头企业等。借鉴从上文中可以知道，核心企业的活力、价值可持续能力、稳定性对创业辅导基地商业模式的发展有着至关的作用。

借鉴生态系统中有关健康生态系统较成熟的研究，笔者将归纳核心企业活力与可持续发展性的概念。活力：能量或活动性。在生态系统背景下，活力指根据营养循环和生产力所能够测量的所有能量。但并不是能量越高的系统就越健康。在商业生态系统中，活力意味着生产力和生产量。可持续发展性是指系统的状态随着时间和环境的变化呈现出不断发展的态势。健康的商业生态系统不仅应该满足稳定性的特征，系统的状态不随时间变化而变化，更应该满足可持续发展性的特征，系统不断挖掘内在潜力，呈现不断发展的态势。

商业生态系统作为一种典型的网络组织经营模式，其竞争力可以由其运营价值的大小来测量：处于不同“活性节点”上企业在生态系统协作框架之内，通过优势互补、资源共享、风险共担所创造和增加的价值总和。从总体意义上说，商业生态系统的运营价值与节点顾客价值，当各节点企业协同，互相合作，整个系统创造的价值将高于各节点创造价值的简单加总。核心企业处于关键节点位置，对实现整个商业生态系统内各个企业的协同，可以创造更大的价值，实现商业生态系统的共赢。

本研究通过研究商业生态系统中核心企业的活力与可持续发展性，对创业辅导基地的商业模式进行评价研究。

16.2 创业辅导基地核心企业商业模式评价指标体系设置原则

评价指标体系的设置应该符合一定的原则，这样才能让评价体系具有合理性、科学性和客观性，中小企业创业辅导基地的评价要坚持。

1. 科学性原则

如何在抽象、概括中抓住最重要、最本质、最有代表性的东西，是设计指标体系的关键和难点。对客观实际抽象描述越清楚、越简练、越符合实际，其科学性就越强。另外，各指标的概念要科学、确切，有精确的内涵和外延，指标体系应尽可能全面地、合理地反映评价对象的本质特征，是对客观实际的抽象描述。

2. 系统性原则

中小企业创业辅导基地是一项有多种要素参与、关系复杂的系统工程，要从整体角度来设立评价指标体系，要求多视角多方位进行考察，要求指标体系要统筹兼顾各方面的关系，既要考虑到基地自身特点，也要考虑到基地的外部环境和内部的孵化企业，同时也要考虑到不同地区、不同类型创业基地的特点。

3. 操作性原则

指标体系的设置应该注意指标含义的清晰度和数据的可靠性，尽量避免产生误解和歧义；指标体系应尽量简单明了，易于理解，方法简便易行，便于操作；选择的评价指标尽可能采用量化指标，有可获得的数据资料作为依托，并且指标尽量具体化和可解释化。

4. 目标导向原则

指标体系要全面地反映创业辅导基地的目标定位，指标的选取应当充分反映创业辅导基地在优化创业环境、培养创业主体、增强创业主体持续创业能力的功能，以及在推进新农村建设、促进就业、增强县域经济竞争力、实现富民强县方面的作用和意义，使得指标体系能够帮助主办方及其各级政府正确评价创业辅导基地的营运绩效，纠正运行过程中出现的偏差，实现运行目标定位。

5. 动态与静态相结合原则

创业辅导基地的建设与发展是一个连续动态的过程。创业也是一个时间连续的过程。因此，评价指标体系要注重动态与静态相结合，应当既关注静态投入产出水平，又从连续和发展角度关注创业基地持续性的演变过程和趋势。在评价方案的设计上，应使评价指标能够同时兼顾纵向评价和横向评价两个方面。

6. 定性指标与定量指标相结合的原则

在对基地进行分析评价时常常涉及较多的定性指标，这些因素具有模糊性和复杂性，为了增强评价结果的科学性并对项目进行整体分析评价，应当将定性指标定量化、规范化，最后再对定性结果进行定性分析。

16.3 创业辅导基地评价指标体系构建

企业仅仅以自己为核心构建一个商业生态系统是远远不够的，必须发挥自己价值创造和价值分享的功能，并始终确保自己的核心地位和所在整体生态系统的稳定性和持续发展。所以了解核心企业的发展情况无论对核心企业本身还是整个系统都是非常重要的。基于此，构建一套适合核心企业绩效评价的指标体系则称为必不可少的。使一个企业真正成为系统核心企业的是它所采取的行动是否产生了核心企业的功效。为了能够客观、准确地评价核心企业的绩效，现根据核心企业的特点，遵循科学性、全面性和可操作性的原则，在现有评价指标体系的基础上，本研究从核心企业的功能出发，将指标体系分为三个层级，九个子指标。

根据目前现有的指标体系，本研究选取了净资产收益率、资产负债率、销售增长率三个指标，因其在整个基本指标体系中所占权数较大，能较准确、较全面地反映企业活力状况。

净资产收益率是指一定时期企业净利润与平均净资产的比率，是一个基于公司净资产效率的赢利能力指标，净资产收益率较高代表了较强的生命力。如果在较高净资产收益率的情况下，且保持较高的净资产增长率，则表示企业未来发展更加强劲。有较高的赢利能力才是企业能够生存和发展的最根本基础，其计算公式为：

$$\text{净资产收益率} = \text{税后利润} \div \text{净资产} \times 100\% \qquad (16-1)$$

资产负债率指的是负债总额与资产总额的比率。这个指标表明企业资产中有多少债务，是反映企业偿债能力的指标，同时也可以用来检查企业的财务状况是否稳定。其公式为：

$$\text{资产负债率} = \text{负债总额} \div \text{资产总额} \times 100\% \qquad (16-2)$$

市场覆盖率，该指标从地域覆盖面的角度考虑核心企业的市场开发能力。地域覆盖率高，可以带动产品的销量，提升产品的知名度，从而为企业创造更多的价值。由于产品的市场地位不同，在此采取同类比较的形式，得出相对数值。设行业中平均的市场覆盖地区为$\overline{MF}$，该企业的市场覆盖地区为MF，在企业的市场覆盖率（R_{MF}）为：

$$R_{MF} = \frac{MF - \overline{MF}}{MF} \times 100\% \tag{16-3}$$

研发投入率，是指核心企业在一定时期内进行研发所投入的资金占总销售额的比重，反映了企业对研究开发的投入强度，资金投入是企业的创新能力提供的基础。其计算公式为：

$$研发投入率 = 研发费用 \div 销售额 \times 100\% \tag{16-4}$$

市场变化信息，在掌握了客户需求信息的同时，核心企业应随时了解竞争对手的策略，因此带来的市场状况变化情况，并将此信息与系统成员企业分享，使成员企业能够对市场状况及变化迅速做出反应。

新市场开发程度指的是一定时期内，企业新增市场占原有市场的比值。该指标反映的是一段时期内，企业的发展和市场扩张能力。设新市场开发程度用 P 表示，原有市场占有率为 T，一定时期内新增市场占有率为 T，则：

$$P = \frac{\Delta T}{T} \times 100\% \tag{16-5}$$

销售增长率是反映企业发展能力的指标，该指标值越大说明企业的发展前景越好。该指标是指某一地区，某一时间内，销售增长额与基期销售额的比值。

核心企业在商业生态系统中商业模式健康适应度评价体系，如表 16 - 1 所示。

表 16 - 1　核心企业在商业生态系统中商业模式健康适应度评价体系

一级指标	二级指标	三级指标
稳定性	活力	净资产收益率
		资产负债率
		销售增长率
	恢复力	市场覆盖率
		研发投入率
		市场变化信息
可持续发展性	生产率	投资收益率
	生命力	系统成员的存活率
	缝隙空间创造能力	新市场开发程度

16.4 评价方法

商业生态系统核心企业商业模式健康适应度评价方法采用层次分析和模糊综合评价方法。

16.4.1 层次分析法确定权重

1. 构造判断矩阵

对表 16-1 中同一层次的各元素关于上一层中某一准则的重要性，采用 1～9 标度的专家赋值法两两比较。分别构造两两比较判断矩阵。

2. 计算各指标的权重

此处选择方根法计算指标权重。计算上例判断矩阵中每行所有元素的几何平均值：

$$\overline{w_i} = \sqrt[n]{\prod_{j=1}^{n} a_{ij}} \qquad i = 1,2,3,\cdots n \tag{16-6}$$

将$\overline{w_i}$进行归一化处理，其计算公式为：

$$w_i = \frac{W_i}{\sum_{j=1}^{n} w_j} \qquad i = 1,2,3,\cdots,n \tag{16-7}$$

即得到指标权重：

$$\boldsymbol{w} = (w_1, w_2, w_3)^{\mathrm{T}} \tag{16-8}$$

3. 进行一致性检验

一致性检验的目的是检查专家在判断指标重要性时，各判断之间是否一致，避免出现相互矛盾的结果。一致性可以通过随机一致性比率 CR 来检验：$CR = \frac{CI}{RI}$，其中 $CI = \frac{\lambda_{\max} - n}{n-1}$，$\lambda_{\max} = \sum_{i=1}^{n} \frac{(AW)_i}{nw_i}$，$AW = A \times W$。

而 RI 的值可以在均随机一致性指标表中查得。当 $CR < 0.1$ 时，说明不存在逻辑矛盾；否则，要对判断矩阵进行修改。

16.4.2 模糊综合评价

模糊综合评价是通过构造等级模糊子集把反映被评事物的模糊指标进行量化。然后利用模糊变换原理对各指标综合。

（1）确定评价对象的因素论域，即评价指标。

$\boldsymbol{U}=(u_1, u_2, \cdots, u_n)$，也就是确定 n 个评价指标。

（2）确定评语等级论域。

$\boldsymbol{V}=(v_1, v_2, \cdots, v_m)$，一般情况下，评语等级 m 取［3，7］中的整数。

（3）一级模糊综合评价，对每一个最后一级指标进行单指标评价。根据专家们的评价，可以得出模糊关系判断矩阵：$\boldsymbol{R}_{ij}=(r_{ij})_{mn}$，$m$ 为因素个数，n 为评语个数。其中 r_{ij}表示从最后一集指标的某一因素 U_{ij}着眼，该评判对象被评为 V_j的隶属度，也就是第 i 个因素在第 j 个评语上的频率分布。$\boldsymbol{R}_{ij}$中不同的行反映了某个被评价事物从不同的单因素来看对各等级模糊子集的隶属程度。

（4）进行模糊变换：将该层次同一方面指标的权重 U_{ij}与相应的评价模糊矩阵 $\boldsymbol{R}_{ij}$进行综合，即 $\boldsymbol{B}_{ij}=U_{ij}\times\boldsymbol{R}_{ij}$，从而得到每个 U_{ij}评价结果 $\boldsymbol{B}_{ij}$。

（5）合成同属于一方面的 U_{ij}的评价结果，设为 $\boldsymbol{B}_i$，同理将 $\boldsymbol{B}_i$与相应的指标权重进行综合，依次类推直到第一级指标，从而得到企业综合评价结果。

16.5 评价结果类型

评价结果采用最后综合评价得分和评价结果类型加评价级别来表示，评价结果类型如表 16－2 所示。

表 16－2　　综合评价结果类型表

综合评价得分	评价结果类型	类型级别
80 分以上（含 80 分）	优（A）	A＋＋、A＋、A
70～80 分（含 70 分）	良（B）	B＋、B、B－
50～70 分（含 50 分）	中（C）	C、C－
40～50 分（含 40 分）	低（D）	D
40 分以下	差（E）	E

等级级别的划分，是评价属于“优”“良”类型企业，以本类分数段最低限为标准，每高出 5 分（含 5 分），提高一个级别。如 A 类，当综合评价得分在 85～90（含 85 分）为 A，90～95 分（含 90 分）为 A＋，95～100（含 95 分）为 A＋＋；B 类 70～75（含 70）为 B－，75～80（含 75 分）为 B，80～85 分（含 80 分）为 B＋；当企业评价属于“中”类型时，以本类分数段最低限

为基准，高出10分提高一个级别，如C类分数段最低限为基准，高出10分提高一个级别，如C类60~70分（含60分），50~60分（含50分）为C-；当企业评价属于“低”“差”类型时不再分级别，直接用D、E表示。

16.6 华强创业辅导基地商业模式分析

枣强县的玻璃钢产业可以追溯到20世纪50年代，它是国内最早引进玻璃钢生产工艺的县份之一。进入20世纪80年代，随着国内改革开放程度的推进，县内玻璃钢企业不断涌现，规模不断扩大，逐渐形成枣强的特色产业。

河北华强科技有限公司成立于1983年，经过十余年的发展，到1998年，公司年销售收入突破1亿元，成为集玻璃钢产品开发、设计、生产、销售、安装为一体的科技型企业，其生产的玻璃钢产品包括：格栅、冷却塔、风机、风机盘管、通风器、夹砂玻璃钢管道及组装式空调末端设备、水处理设备和除尘设备等。

1998年，枣强县玻璃钢科技园区成立，已经具备一定实力的华强公司获批了114亩开发用地。在这114亩开发用地上创建了华强创业辅导基地，2000年创业辅导基地动工，2003年企业陆续入驻，2005年基地正式建成，所有厂房全部出租。目前基地内有企业52家，从业人员1200多人，基地内企业年产值约8亿元，在枣强县玻璃钢行业排名第2位。

华强公司目前有员工120~130人，业务员400~500人，人员设置主要针对办公楼日常工作以及车间厂房的维护。目前创业辅导基地厂房最小建筑面积200平方米。对于没有技术、资金、业务能力的创业者，一般先在华强公司内工作，慢慢培养积累经验。基地对入驻企业没有特别严苛的条件，入驻企业可直接与华强商议，华强为其创业提供一定的担保。根据企业实际情况和需求，也为了辅导基地的正常运转，华强公司对入驻企业提供统一质检和品牌，帮助其拓宽销售渠道。

创业辅导基地收入主要来源于三部分，其一是租金，其二是管理费，其三是服务性收入，其中前两项为主要收入来源。企业的支出主要由两部分构成，其一是一次性厂房建设投入；其二是日常的运营、服务支出。基地内厂房建筑总面积为38000平方米，最小厂房建筑面积200平方米，入驻企业按照80~100元/(平方米·年）的价格交纳租金，每年租金收入约300万元；另外对于入驻企业，华强公司可以提供统一质检和品牌出租，帮助其拓宽销售渠道，每年按照企业销售额的2%收取管理费。基地提供服务主要包括以下几个方面：融资财税代理、技术服务、信息服务及培训服务。其中前两项为有偿服务，后两项为公益性服务，只收取成本费。

华强创业辅导基地的运营模式是在经营过程中，慢慢发展起来的，与其他创业辅导基地旨在提供厂房不同，其以提供厂房为基础，并不断延伸出其他功能，以更好服务基地内的创业企业。

16.6.1　华强创业辅导基地资源整合方式分析

华强创业辅导基地由河北华强公司创建，华强公司本身是一家玻璃钢生产企业，在创建创业辅导基地前，已经有近20年的玻璃钢生产、管理及销售经验，在相关领域积累了大量的资源、知识与经验，这些积累为创业者提供良好的创业支撑。具体体现在如下两个方面。

入驻企业创建期间，华强公司把相应的资源提供给创业者，以弥补创业者资源不足，降低创业门槛，如图16－1所示。

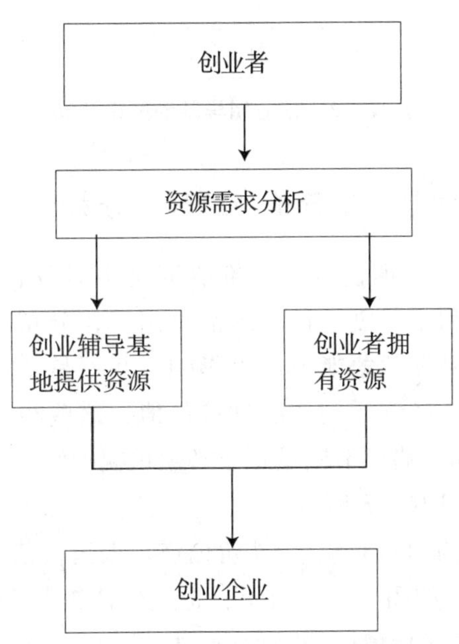

图16－1　基地内企业资源整合方式

在创业企业生产运营期间，华强公司通过知识管理，将自身积累知识传递给创业企业，以推动创业企业发展，如图16－2所示。

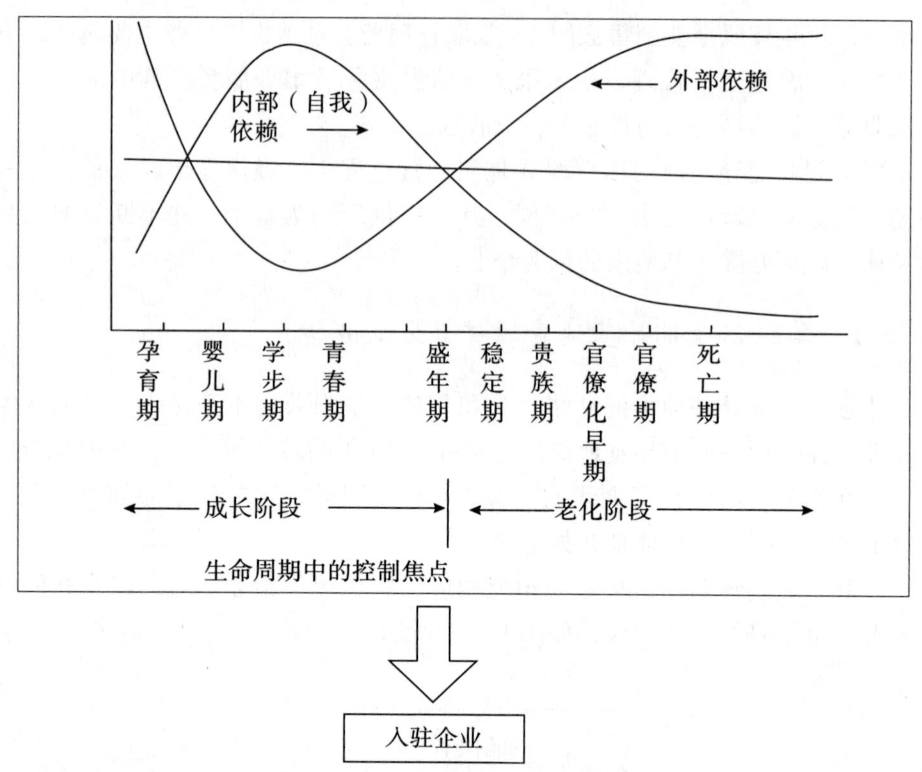

图 16－2　创业辅导基地知识流动

16.6.2　华强创业辅导基地价值创造过程分析

波特（1985）提出价值链理论，价值链是由研发、采买、制造、销售、服务等一系列为顾客和企业创造价值的活动组成，分布于企业各生产经营环节并对企业的经营效果和竞争能力产生影响。并不是企业参与的所有活动都能创造价值，只有部分经营活动才能创造价值，这些经营活动被称为价值链上的“战略环节”，而战略环节则是企业必须重视的活动，这一模型也被称为传统价值链模型，如图 16－3 所示。

波特同时提出供应商价值链、企业价值链、渠道价值链和买方价值链共同构成了产业价值体系。如图 16－4 所示，企业价值链与上游的供应商价值链、下游的渠道价值链和顾客价值链同时相连，构成一条完整的产业价值链。产业链可看成是通过某种隐性契约达成的各节点企业以分工协同为基础的企业价值共生链，其链接媒介是节点企业间各种显性或隐性的契约。产业链内各个节点企业与其他企业通过信息传递、物质能量交换等活动建立了动态而协调的链接。

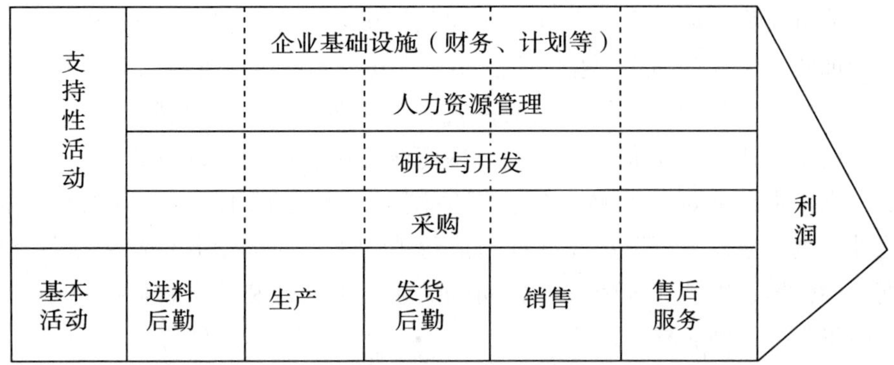

图 16-3 传统价值链模型

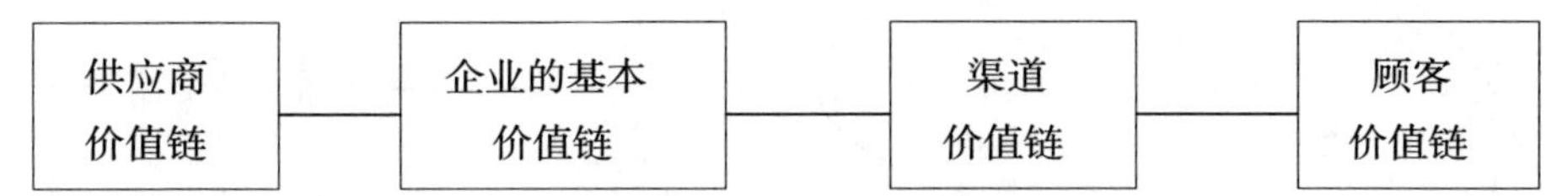

图 16-4 产业价值链模型

Kathandaraman 等（2001）提出了价值网的模型，如图 16-5 所示。在这一模型当中，价值网的价值创造取决于 3 个要素：优越的顾客价值、核心能力和企业间的相互关系。顾客价值是企业价值创造的目标，核心能力是价值网得以存在和运行的关键环节，但它们都必须通过企业之间的相互关系才能得以存在和实现。相互关系划分为横向的价值关系、纵向的价值关系以及交叉的价值关系。处于价值网中的企业，其价值同时受到这三种关系的影响，这些关系决定了企业在激烈的市场竞争中创造价值和分取价值的能力。

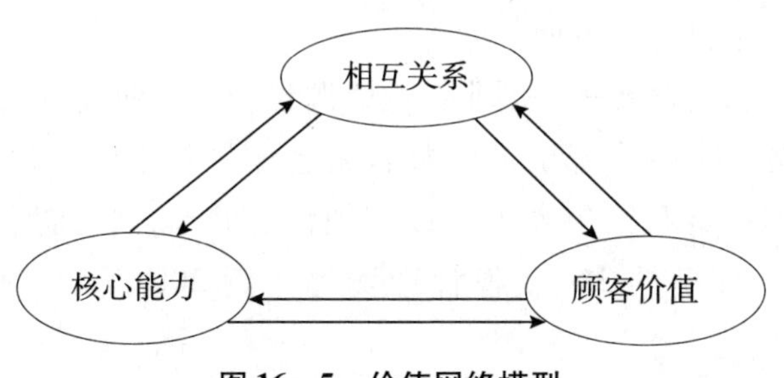

图 16-5 价值网络模型

通过分析华强创业辅导基地管理系统、技术系统及商业系统，可以看出其以三个系统构成的立体结构中，上述三个价值模型同时存在，如图 16-6 所示。如果仅分析华强创业辅导基地内创业企业的管理系统，其价值形成为传统价值链模型，创业企业在华强公司的辅助下，完善采购、生产及销售过程，增加收益，提升创业企业价值。如果将其技术系统与管理系统一起分析，其价值形成过程为产业价值链模型，创业企业在华强公司的辅助下，其价值链创造过程延伸至供应商与顾客。当将商业系统、技术系统及管理系统一起分析，则华强创业辅导基地为价值网络模型，华强公司、基地内创业企业、基地外同类企业及上下游企业共同形成价值网络，内部创业企业依据其在价值网中的位置，以及与其他企业之间的关系，来创造和分享价值网络中的价值，而华强公司则居核心位置。

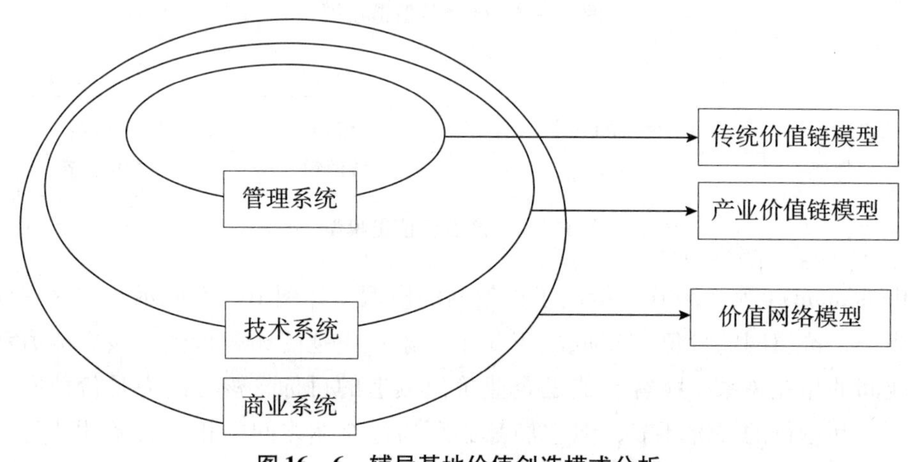

图 16－6　辅导基地价值创造模式分析

华强公司这一独特位置，决定了其价值创造源泉不仅在于内部创业企业，还与创业企业间协调度以及外部环境发展密切相关。华强创业辅导基地价值驱动因素来自三个方面。

第一，创业企业发展——创业企业资源整合。创业企业人力资源、创新学习能力和财务能力等内部资源的整合是企业最基本的价值源泉。创业辅导基地通过厂房租金和销售收入分成实现价值共享，目前厂房租金每年收入约 300 万元，分享的 2% 品牌管理费每年近 200 万元，且处于不断增长中。

第二，产业链协调——产业内资源整合。通过对产业链上下游环节及产业网络资源的整合，可以帮助基地内企业减少与上下游之间不必要的环节，降低交易成本，改善与供应商和客户的关系，避免零和游戏，实现双赢结果。对辅导基地的贡献是租金与品牌管理费用的稳定增长，其租金从 2003 年的 40

元/(平方米·年）增长到目前80元/(平方米·年)，品牌管理费从最初每年0元增长到目前每年200万元。

第三，基地内外协调——商业环境改进。通过协调基地内外部关系、合理利用当地产业政策可使创业企业经营环境得以改善，提升竞争力，实现价值增值。对创业辅导基地的贡献是土地溢价，与10年前相比，创业辅导基地的土地价值增长20倍，从200万元增至近4000万元。

16.6.3　华强创业辅导基地收益管理模式分析

收益管理就是在一段时期内从每个单位的生产能力中取尽可能高的收益。收益管理的核心思想是：对市场进行细分，采用多种价格以满足每个细分市场的价格，最大可能地消除“消费者剩余”和挖掘“市场潜在需求”。

华强创业辅导基地将客户分为三类：创业企业、小企业、中型企业。中型企业由于规模较大，抗风险能力较强，华强公司主要为其提供厂房，收益主要是厂房租金。对于小企业，华强公司除提供厂房外，还提供管理咨询及技术指导，收益除租金外，还获取管理咨询费用。对于创业企业，华强公司提供的扶持最多，包括厂房租借、资金支持、品牌出租、质量检测、管理及技术咨询等，相应其从创业企业获取的收益也最多，不仅有厂房租金及咨询管理费用，还有担保借款费用和品牌管理费用，其中品牌管理费用收益很可观，按创业企业销售收入2%收取，在创业辅导基地总收入中仅次于厂房租金。

华强公司对三类入驻企业分别采取不同的收益管理策略，尽管厂房单位租金相同，但华强公司通过管理费用来调节收益。由于创业企业对其收益增长非常重要，华强公司对其也很重视，其客户中约有三分之一是这类企业。尽管中型企业仅对基地贡献租金，但这部分收益稳定，风险较小，基地内有约三分之一以上的厂房出租给这类企业，以支撑基地正常运营支出。

16.7　华强创业辅导基地商业模式评价

16.7.1　层次分析法确定权重

本研究选择了专家评定法，根据本研究提供的华强资料以及专家自身具有的丰富经验和理论知识，对各指标重要性做出判断。根据专家的评判，构造判断矩阵，然后用 AHP 软件层次单排序计算各指标的权重。如图 16 – 7 ~ 图 16 – 11 所示。

活力	净资产收益率	资产负债率	销售增长率
净资产收益率		0.8	0.6
资产负债率			0.7
销售增长率			
所得权重	0.2546459	0.3110708	0.4342834
单排序			

图 16 – 7　三级指标权重计算 a

注：$CR=0.0005$，$\lambda_{max}=3.0005$，$CI=0.0003$，$RI=0.58$。

恢复力	市场覆盖率	研发投入率	市场变化信息
市场覆盖率		0.9	1.2
研发投入率			1.3
市场变化信息			
所得权重	0.3398852	0.3744768	0.2856381
单排序			

图 16 – 8　三级指标权重计算 b

注：$CR=0.0001$，$\lambda_{max}=3.0001$，$CI=0.0000$，$RI=0.58$。

可持续发展性	生产率	生命力	缝隙空间创造能力
生产率	1	0.9	1.3
生命力		1	1.2
缝隙空间创造能力			1
所得权重	0.3493093	0.3648613	0.2858292
单排序	2	1	3

图 16 – 9　二级指标权重计算 a

注：$CR=0.0033$，$\lambda_{max}=3.0038$，$CI=0.0019$，$RI=0.58$。

稳定性	活力	恢复力
活力	1	1.3
恢复力		1
所得权重	0.75	0.25
单排序	1	2

图 16-10 二级指标权重计算 b

注：$CR=0$，$\lambda_{max}=2$，$CI=0$，$RI=1E-6$。

核心企业在商业生态中发展能力	稳定性	可持续发展性
稳定性	1	4
可持续发展性		1
所得权重	0.8	0.2
单排序	1	2

图 16-11 一级指标的权重计算

注：$CR=0$，$\lambda_{max}=2$，$CI=0$，$RI=1E-6$。

表 16-3 所有指标的平均权重值

一级指标	权数	二级指标	权数 U_i	三级指标	权数 U_{ii}	W_{ij}
稳定性	0.8	活力	0.75	净资产收益率	0.2546	0.15276
				资产负债率	0.3111	0.18666
				销售增长率	0.4343	0.26058
		恢复力	0.25	市场覆盖率	0.3399	0.06798
				研发投入率	0.3745	0.00749
				市场变化信息	0.2856	0.05712
可持续发展性	0.2	生产率	0.3493	投资收益率	1	0.06986
		生命力	0.3649	系统成员的存活率	1	0.07298
		缝隙空间创造能力	0.2858	新市场开发程度	1	0.05716

16.7.2 模糊综合评价

1. 确定隶属度

本次指标都为定量指标，根据计算正指标隶属度的公式进行计算。

对于正指标例如净资产，即指标值越大越好。根据公式：

$$v_{1i}(u)=\begin{cases}1 & u\geqslant x_{4i}\\(u-x_{3i})\div(x_{4i}-x_{3i}) & u\in[x_{3i},x_{4i}]\\0 & \text{其他}\end{cases}\qquad(16-9)$$

计算可得净资产的隶属度（v_1，v_2，v_3，v_4），即（1.00，0.00，0.00，0.00）。

同理，可得其他定量指标的隶属度。具体数据来源于《华强企业财务报告2013》和《中国制造业统计年鉴》。

表16－4　所有指标的平均权重值及评语等级

<table>
<tr><th rowspan="2">一级指标</th><th rowspan="2">权数</th><th rowspan="2">二级指标</th><th rowspan="2">权数 U_i</th><th rowspan="2">三级指标</th><th rowspan="2">权数 U_{ii}</th><th rowspan="2">W_{ij}</th><th colspan="4">评价等级隶属度</th></tr>
<tr><th>好</th><th>较好</th><th>一般</th><th>差</th></tr>
<tr><td rowspan="6">稳定性</td><td rowspan="6">0.8</td><td rowspan="3">活力</td><td rowspan="3">0.75</td><td>净资产收益率</td><td>0.2546</td><td>0.15276</td><td>1.00</td><td>0.00</td><td>0.00</td><td>0.00</td></tr>
<tr><td>资产负债率</td><td>0.3111</td><td>0.18666</td><td>0.00</td><td>0.23</td><td>0.77</td><td>0.00</td></tr>
<tr><td>销售增长率</td><td>0.4343</td><td>0.26058</td><td>0.00</td><td>0.33</td><td>0.67</td><td>0.00</td></tr>
<tr><td rowspan="3">恢复力</td><td rowspan="3">0.25</td><td>市场覆盖率</td><td>0.3399</td><td>0.06798</td><td>0.32</td><td>0.68</td><td>0.00</td><td>0.00</td></tr>
<tr><td>研发投入率</td><td>0.3745</td><td>0.00749</td><td>0.37</td><td>0.63</td><td>0.00</td><td>0.00</td></tr>
<tr><td>市场变化信息</td><td>0.2856</td><td>0.05712</td><td>0.25</td><td>0.40</td><td>0.24</td><td>0.11</td></tr>
<tr><td rowspan="3">可持续发展性</td><td rowspan="3">0.2</td><td>生产率</td><td>0.3493</td><td>投资收益率</td><td>1</td><td>0.06986</td><td>0.36</td><td>0.34</td><td>0.26</td><td>0.04</td></tr>
<tr><td>生命力</td><td>0.3649</td><td>系统成员的存活率</td><td>1</td><td>0.07298</td><td>0.15</td><td>0.25</td><td>0.30</td><td>0.30</td></tr>
<tr><td>缝隙空间创造能力</td><td>0.2858</td><td>新市场开发程度</td><td>1</td><td>0.05716</td><td>0.00</td><td>0.00</td><td>0.84</td><td>0.16</td></tr>
</table>

2. 模糊综合评价

构造模糊关系矩阵，进行综合评价。

根据表 16 -4 的数据，构造模糊关系矩阵。设各个指标的模糊关系矩阵为 $\boldsymbol{R}_{11}$，则：

$$\boldsymbol{R}_{11} = \begin{bmatrix} 1.00 & 0.00 & 0.00 & 0.00 \\ 0.00 & 0.23 & 0.77 & 0.00 \\ 0.00 & 0.33 & 0.67 & 0.00 \end{bmatrix}$$

进行模糊变换：

$$\boldsymbol{V}_{11} = U_{11} \times \boldsymbol{R}_{11}$$

如上述可得：

$$\boldsymbol{V}_{11} = (0.5757 \quad 0.1097 \quad 0.3128 \quad 0.0000)$$
$$\boldsymbol{V}_{12} = (0.0799 \quad 0.4319 \quad 0.4656 \quad 0.0225)$$
$$\boldsymbol{V}_{13} = (0.2401 \quad 0.5837 \quad 0.1762 \quad 0.0000)$$
$$\boldsymbol{V}_{21} = (0.3237 \quad 0.3556 \quad 0.2566 \quad 0.0641)$$
$$\boldsymbol{V}_{22} = (0.0542 \quad 0.4374 \quad 0.4282 \quad 0.0803)$$
$$\boldsymbol{V}_{23} = (0.2990 \quad 0.3800 \quad 0.2478 \quad 0.0733)$$

将上述六个方面的综合评价结果 $\boldsymbol{V}_{11}$、$\boldsymbol{V}_{12}$、$\boldsymbol{V}_{13}$、$\boldsymbol{V}_{21}$、$\boldsymbol{V}_{22}$、$\boldsymbol{V}_{23}$ 分别构成更高一级的模糊关系矩阵，即：

$$\boldsymbol{V}_{1i} = \begin{bmatrix} 0.5757 & 0.1097 & 0.3128 & 0.0000 \\ 0.0799 & 0.4319 & 0.4456 & 0.0225 \\ 0.2401 & 0.5837 & 0.1762 & 0.0000 \end{bmatrix}$$

$$\boldsymbol{V}_{2i} = \begin{bmatrix} 0.3237 & 0.3556 & 0.2566 & 0.0641 \\ 0.0542 & 0.4374 & 0.4282 & 0.0803 \\ 0.2990 & 0.3800 & 0.2478 & 0.0733 \end{bmatrix}$$

同理将模糊关系矩阵与相对应的指标权重进行模糊综合。

$$\boldsymbol{V}_{1} = U_{1} \times \boldsymbol{V}_{1i} = (0.3780 \quad 0.3834 \quad 0.2322 \quad 0.0064)$$
$$\boldsymbol{V}_{2} = U_{2} \times \boldsymbol{V}_{2i} = (0.2580 \quad 0.4070 \quad 0.2850 \quad 0.0496)$$

将 $\boldsymbol{V}_1$、$\boldsymbol{V}_2$ 构成矩阵 $\boldsymbol{V}$ 与相应的指标权重综合可得综合评价结果 $\boldsymbol{V}^1$：

$$\boldsymbol{V}^1 = U \times \boldsymbol{V} = (0.3411 \quad 0.3906 \quad 0.2491 \quad 0.0192)$$

将模糊评语 $\boldsymbol{V}^1$ 转换为总得分。

将评语 V^1 确定一个权数 W，这里令：

$$W_1 = 100, W_2 = 80, W_3 = 60, W_4 = 40$$

由此可得出华强集团综合得分：

$$V = \sum_{i=1}^{2} V_j \times W_j$$

$$= 0.3411 \times 100 + 0.3906 \times 80 + 0.2491 \times 60 + 0.0192 \times 40$$

$$= 81.07$$

华强集团综合评价得分较高，处于良好状况。华强集团在所构建的创业辅导基地商业生态系统中基本发挥了作为核心企业应有功能，使整个系统处于良好的运行状态，华强集团本身也获得了巨大收益。

16.8　商业生态系统核心企业战略

从商业生态系统核心企业的特征以及华强企业的案例分析出发，本研究对于构建商业生态系统的企业应具备的能力提出以下几点对策和建议。

1. 创建核心竞争力，持续为系统创造价值

核心竞争力是企业经营和发展能力中最根本的能量，也是企业发展最有力、最主要的驱动力。核心企业作为所在创业辅导基地的商业生态系统的领导者，必须先创造出自己的核心竞争力，找到为系统创造价值的有效方法和途径，持续为创业辅导基地的整体系统创造超额利润，确保整个系统所有成员的共同发展。

核心竞争力可以是企业拥有的专利、技术、品牌等特殊的有形资源，也可以是企业自有的、独特的、内生的，使用有形资源创造价值的集体知识和能力。这些资源和能力，要成为企业的核心竞争力，必须与企业本身相融合，能被企业充分利用，并且能为企业创造价值，给企业带来持续的竞争优势。另外，核心企业还要通过不断创新，提升自身核心竞争力，以适应外界环境的不断变化。

2. 协调内部成员，共同进化

商业生态系统是由多个成员企业构成的整体，作为系统的领导者，一方面，核心企业必须协调各成员之间的关系，使之相互促进，在发展自己的优势能力的同时积极学习如何把其他成员的技术集成到自己的产品和服务里，从而更好地为系统创造价值；另一方面，核心企业应建立价值共享机制，合理安排价值分配比例，保证所有成员的可持续发展。如果一个系统核心企业不能将其创造的价值在生态系统中进行分享，这一生态系统的健康将受到威

胁。生态系统中的参与者将开始出现衰退，并因此设法转向其他商业生态系统，整个系统将面临崩溃。

3. 创造有利于商业生态系统发展的环境

商业生态系统的构建和健康发展，离不开整个经济体系的完善和发展。政府和行业协会作为社会经济活动的管理者和协调者，为企业提供稳定的社会、经济、政治环境。随着全球经济的发展，新的商业运行模式的出现，政府需要为商业生态系统的构建提供应有的经济运行机制。

政府应该建立以经济、法律手段为主，行政手段为辅的商业运行间接调控体系，以校正市场扭曲和市场缺陷，维持市场经济的正常运行，为商业生态系统的构建和持续发展提供良好的法律体制保证；而行业协会等部门作为企业与政府组织间的“桥梁”，应该协调政府，为商业生态系统的平衡发展提供必要的基础等硬件要素，以及制度和运行体制等方面的软件要素。

16.9 本章小结

本章主要针对枣强玻璃钢创业辅导基地中核心企业华强玻璃钢有限公司进行了综合评价，主要定量分析了该核心企业商业模式在其创业辅导基地商业生态系统中的适应程度，为国内创业辅导基地实践提供了可供借鉴的蓝本。同时综合分析了华强企业在收益模式、技术层次和商业层次的具体状况。

第五部分

河北省创业辅导基地运行绩效评价研究

17 运行绩效相关理论综述

17.1 利益相关者理论

17.1.1 利益相关者理论的产生和发展

20 世纪 50 年代，英美等国家的企业推崇“股东利益最大化”，在这一理论的指引下，企业获得了飞快地发展。但是，到了 20 世纪 60 年代，英美经济到了前所未有的困难时期，加上企业伦理、社会责任问题日益突出，迫切需要解决。与此同时，德国、日本等国家采取的是另外一种经营管理理念，即充分考虑每一个公司相关人员的利益，将公司看成大家的公司。例如，日本丰田倡导“发扬友爱精神，以公司为家，相亲相爱”的核心价值观，它认为丰田公司是每一个人的丰田，每一个丰田人构成了丰田这个组织，正是这种管理理念，使得日本在第二次世界大战后迅速发展起来。相关学者随后对这两种发展形式进行了研究。结果表明，这两种不同思想导致经济后果形成严重差距的其中一种原因就是公司奉行“股东至上主义”将会加大管理层的短期目标压力，从而忽视公司的长远发展；而由于日本、德国等更注重于内部监控及企业利益相关者的利益需求，解决了员工的后顾之忧，进而使得员工全心全意为企业的发展而服务。

第一次提出“利益相关者”概念的是美国学者伊戈尔·安索夫，他指出：公司的经营者要合理平衡企业各利益相关者的利益冲突，确保每一个利益相关者都是为了公司的发展而努力。

首先提出以利益相关者理论界定公司目标的是 Ansoff，即平衡各利益相关者的利益冲突。1984 年，弗里曼明确提出了利益相关者管理理论，即利益相关者管理理论是指企业的经营管理者为综合平衡各个利益相关者的利益要求而进行的管理活动。该理论认为，公司的发展是公司的每一个利益相关者辛勤投入的回报，企业追求的是整体利益的最大化，而不是某一个或者某几个个体的利益最大化。这些利益相关者包括企业的投资人、债权人、员工、经销商等经济往来伙伴，还包括政府行政机关、区域内居民、电视媒体等社会相关者。1995 年，Darkson 根据相关利益相关者对企业发展的重要性将其分为主要利益相关者和次要利益相关者。主要利益相关者包括股东、员工、顾客等对企业的生存和发展产生决定性影响的人或者组织，次要利益相关者包括环保主义者、特殊利益集团等对公司的生存不产生决定影响的人或者组织。米切尔等人为了区分各利益相关者之间的关系，将其分为权力性、合法性和紧迫性三个层面。

17.1.2 利益相关者理论的理论基础

契约理论和产权理论共同构成了利益相关者理论。契约理论认为，企业主要由股东出资筹建，企业应该对其主要其利益相关者承担相应责任，在此基础上同时保证各利益相关者的利益。产权理论认为股东和其他利益相关者共同拥有企业，所以，企业应该对其利益相关者承担社会责任。利益相关者认为，各个利益相关者共同构成了企业主体，其利益相关者是对企业的经营发展承担风险的个人或组织。图 17 – 1 是企业在发展经营过程中各利益相关者的说明。

17.1.3 创业辅导基地的利益相关者分析

利益相关者是能够影响一个组织目标的实现，或者是受到一个组织实现其目标过程影响的人。这个概念从与组织之间的影响关系的角度描述利益相关者，对利益相关者的界定相当宽泛，股东、债权人、雇员、供应商、顾客这些主体必在此概念界定之内，公众、社区、环境、媒体等对企业活动造成直接或间接、或大或小影响的也在此列。如果这些对象不能从企业中获得自己期望的满足，他们就会停止对企业的“投入”，甚至对企业的运营施加负面的影响。

1. 入驻企业

为一定数量的中小企业提供生产经营场所、公共服务设施和创业辅导服务是创业辅导基地运行的重要使命。所以创业辅导基地所面对的目标顾客就是区域内的创业者，创业辅导基地通过引导、集聚和扶持等功能，引导创业

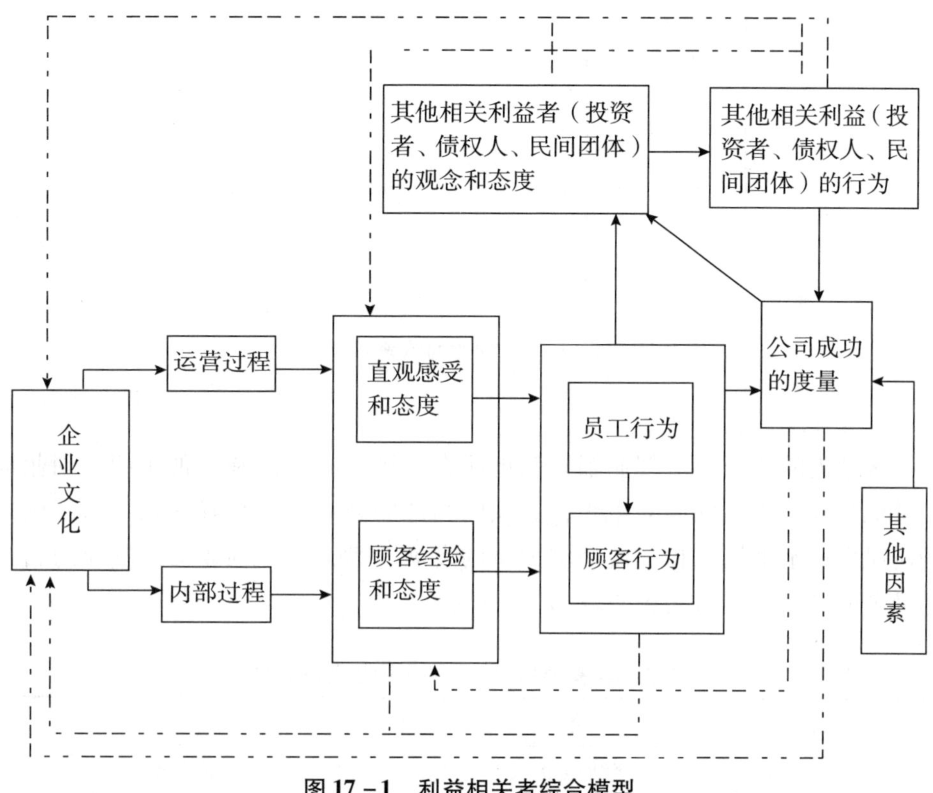

图 17 -1 利益相关者综合模型

者在基地内进行创业，直至辅导成功离开基地。因此从过程的视角来看，创业辅导基地的主要对象是从开始创业直至创业成功的创业者。

创业辅导基地必须要面对处于不同阶段的创业者，对不同阶段的创业者提供不同支持。参考 Holt（1992）的创业过程理论，创业过程会经历四个阶段：创业前阶段、创业阶段、早期成长阶段和晚期成长阶段，如图 17 -2 所示。各阶段不同的活动内容与重点如下：在创业前阶段，主要任务是做好项目规划和可行性分析；在创业阶段，创业者要分析自身优劣势，明确自身定位；在早期成长阶段，创业者要合理分配使用相关资源，确保资源利用率最大化；在晚期阶段，创业者需要进一步完善组织结构和管理职能，为进入成熟期做准备。

2. 政府机构

大多创业辅导基地是在政府的主导下建设和运营的，作为政府机构的代理，创业辅导基地服务中心是创业辅导基地的实际管理者和运营者。创业辅导基地的运行和发展必须和政府的发展计划、产业政策、法律法规保持一致。

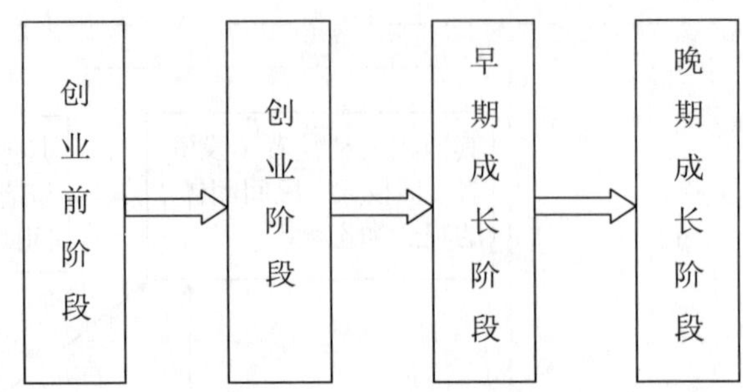

图 17－2 创业的阶段划分

3. 区域公众

区域内的公众包括创业辅导基地所在区域内的居民和其他组织。创业辅导基地是扎根于区域内的组织，必须同当地的公众保持良好关系，为区域内的居民生活水平提高和其他经济力量的发展贡献力量。创业辅导基地的利益相关者的具体权利与义务如表 17－1 所示。

表 17－1 创业辅导基地的利益相关者的权利与义务

利益相关者	义务	权利
创业者	交纳租金	享受服务
	提供就业和税收	知识共享
	榜样力量	品牌效应
政府机构	提供土地使用权和厂房	提升经济活力
	管理和提供服务	社会和谐和稳定
	产业链的延伸	提高财政收入
区域公众	创业者和就业的来源（居民）	增加收入
	市场、订单等的提供（企业）	环境治理，提升生活质量
	舆论支持	获得基地内企业的加工能力和市场
辅导基地	提供服务	实现组织目标，获得利润和持续发展

利益相关者理论对组织运行绩效有很大影响。组织在发展过程中要充分考虑每一个利益相关者的利益，即组织的存在与发展是以为每一个利益相关者服务为前提的，即组织的发展是实现各个利益相关者共同利益的最大化。本研究在选取评价指标时，在充分考虑各利益相关者的基础上构建河北省中

小企业创业辅导基地运行绩效评价体系，通过采用定性和定量指标分析，来确保实现创业辅导基地各利益相关者的利益最大化。

17.2　绩效理论

17.2.1　绩效定义

绩效的定义在学术界有很多，经过文献整理发现，其代表观点主要可以分为两大类：即结果观和过程观。“结果观”只注重结果，不注重过程，强调员工工作的结果是一定阶段的终极结果。“过程观”强调影响绩效的工作过程，关注工作完成过程中对绩效有利和不利的各种因素。

绩效概念广泛存在于组织、过程/职能及团队、个体三个层面上，其差别主要体现在以下四种不同的定义：第一，绩效是结果。Bernadin 等（1995）认为绩效是工作的结果，是组织某一阶段发展的最终成果。第二，绩效是行为。Conway（1999）把管理者的任务绩效分为技术管理和领导能力。第三，绩效是行为和结果。Brumbrach（1985）认为行为是人们工作中的所作所为，它由人来表现。行为是结果的工具，同时它自身也是结果，是为完成某项工作所付出的行为的结果，并且能与结果分开进行判断。第四，绩效是建构的事物。Campbell（1977）认为必须将组织绩效看作一个构造，它没有直接的操作性定义，且它必须由组织绩效的理论模型来建构。

17.2.2　组织绩效理论

1. 组织绩效评价理论的发展概述

通过大量阅读相关文献，可以将相关绩效理论的研究的演进过程大致分为以下几个阶段，如表 17－2 所示。

表 17－2　　国外组织绩效评价理论发展阶段概述

阶段	相关作者	指标
观察阶段	—	观察
成本阶段	—	简单统计指标
	哈瑞	标准成本制度
	—	利润
	—	债权人对组织偿债能力

续　表

阶段	相关作者	指标
财务阶段	亚历山大·沃尔	7个标准比率
	杜邦公司	杜邦财务体系
	Modigliani 和 Miller	MM 资本结构理论
组织阶段	Melnnes 和 Persen	EVA、资产负债率等
	Gary Ashworth	EPS 及 EPS 增加值、MVA
	Robert S. Kaplan	平衡计分卡

从组织绩效的演进过程中，可以发现：组织绩效的评价从早期单独的财务指标，到添加部分非财务指标，再到充分考虑各利益相关者的利益，直到现在要注重组织发展的战略目标，对组织绩效的评价越来越完善。

2. 组织绩效的衡量指标

有关组织绩效的衡量指标有很多，许多学者因研究侧重点不同而有所差异，整理如表 17 –3 所示。

表 17 –3　　组织绩效衡量指标汇总表

年代	研究者	组织绩效准据
1967	Seasbore	营业额、生产成本、维护成本等
1975	Steer	适应力、资源利用能力、整合能力等
1977	Campbell	生产力、职工满意度、投资报酬率等
1987	Nkomo	营业收入成长率、纯益率、平均职工每人平均资产额
1990	Miller	市场占有率及稳定性、职工服务能力
1994	Arthur	员工劳动生产率、质量与员工流动率
1995	Huselid	流动率、生产力、股票市场价值
1996	Msdu	长短期绩效期绩效、成本、竞争力等
2001	Kapian	顾客、流程、学习与成长的等具体可行的行动
2003	Burrow	投资报酬率、生产力、质量、顾客满意度、市场占有率
2005	蒋春燕	营业收入、净利润、职工招聘等

Lawless（1987）的研究，就将组织绩效分为个人层次、社会层次及组织层次，通过介入变量产生个人效能、团体效能、组织效能三种，其中组织效

能包括生产力、士气、顺从、制度化及稳定性等项目，如图 17 -3 所示。

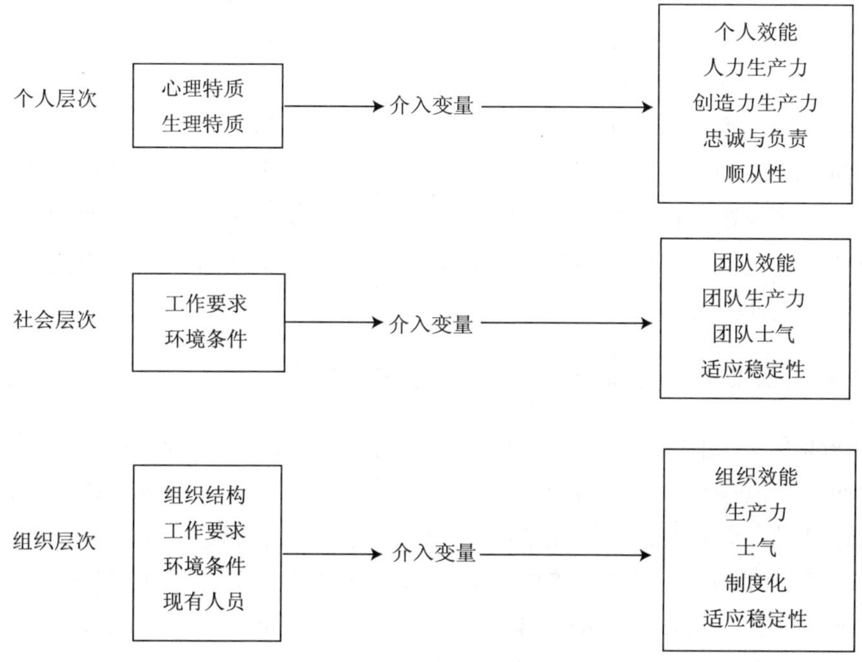

图 17 -3 Lawless 组织绩效的复杂模式

17.2.3 绩效评价的研究状况

通过大量阅读相关专著和文献，发现绩效评价的关键在于评价指标的选取，从哈瑞的成本指标，到纳德森·布朗的投资报酬率（ROI）指标，到霍尔·麦尔尼斯的净资产回报率（RONA）指标，直到帕森的每股收益和内部报酬率（IRR）等指标，这些指标都局限于数量型的财务指标。1982 年，米勒首次将非财务指标引入绩效评价指标体系。

进入 21 世纪以来，学者发现，过度关注某个部分的评价会导致整体结果的弱化。随后，罗伯特·卡普兰等提出平衡计分卡（BSC），它将长期与短期因素、财务与非财务因素、外部与内部等多方面因素引入绩效评价系统。之后，特恩·斯图尔特咨询公司提出了经济增加值（EVA）方法考虑了货币时间价值和所有者投入资本的机会成本，量化了投资增值收益，比较准确地反映了公司在一定时期内为股东创造的价值，避免了企业利润高估。Malina 等在总结有关绩效评价指标的文献基础上提出了良好的绩效评价指标的特质，即互补性、客观性、经济性等，并深入研究了指标特质对指标选择与指标进化的影响。

此外，关键绩效指标法（Key Performance Indicators，KPI）也是一种重要的绩效评价方法，它将组织的战略目标经过层层分解产生出具体的可操作性的战术目标，通过各指标的达成促成组织目标的达成。

仲理峰（2002）认为，绩效管理是一个强调发展的过程，目标是建立学习型组织和绩效文化。常健（2003）实证分析了5种不同治理类型的上市公司业绩决定机制。王化成（2004）将业绩评价划分为财务模式、价值模式和平衡模式三种模式。

17.2.4 创业辅导基地的绩效评价理论

1980年，美国有了12家创业辅导基地，这时对新兴产业开始了全国性的评价研究，但这一时期的研究大部分都是一般性的叙述，缺少系统的概念和方法论基础，而且对创业辅导基地业绩问题进行阐述的只有Smilor和Allen。

到了20世纪90年代，美国许多学者开始更多地关注创业辅导基地的性能和业绩问题。Allen和McCluskey（1990）主要是从创业辅导基地的基础设施和入驻企业来考察创业辅导基地的业绩。Massey（1992）等根据管理者和股东方的目标确立了创业辅导基地的25个目标来衡量绩效。2002年，Mark Rice用入驻企业的“毕业率”（辅导成功的企业比例）来衡量创业辅导基地的绩效，他认为影响创业辅导基地绩效的主要服务是：基础设施、培训和网络资源。而Bhabra－Remedios提出衡量创业辅导基地是否有效运作的指标主要包括：是否实现了利润和销售收入的增长、创业企业是否创造了新的就业机会以及毕业企业是否成功的发展等。此后还从组织理论和战略管理两方面研究创业辅导基地的业绩评价问题。

国内关于创业辅导基地绩效评价的研究较少，研究的时间主要集中在2000年以后，研究的内容主要集中在评价体系的构建和评价方法的选择。钟卫东（2003）使用入驻企业满意度测评来评价创业辅导基地的绩效高低。梁敏（2004）遵行目的性、科学性和适用性的原则，根据创业辅导基地基础设施、综合服务功能、辅导经济功能等构建创业辅导基地评价指标体系，并运用层次分析法设计综合评价模型。

随后，我国学者对创业辅导基地评价的研究从体系指标的构建转移到评价方法的选择上。

徐菱涓（2008）以我国32家科技创业服务中心为研究对象，运用主成分分析法对影响创业辅导基地绩效的22个因素进行提取，得到5个主成分因子即外部环境、运作能力、发展能力、在孵企业、创新能力，构建新的指标体系。

孙凯（2007）以可操作性和指标量化为原则，选择场地面积、入驻企业个数、入驻企业总收入和入驻企业净利润4个指标来构建指标体系，采用变异系数法，对黑龙江部分省级创业辅导基地进行实证分析。

2010年，侯合银、原野等从生命周期的角度，深入分析了创业辅导基地可持续发展及其能力的概念，并提出其可持续发展评价指标体系的框架，该指标体系是由目标层、准则层和领域层构成的层次体系。

17.2.5 本研究的绩效评价出发点

Donabedian 和 Scott 认为总体上对绩效的度量有三种类型指标：结果、过程以及结构。第一，结果。它侧重组织所实现的物质或客观结果的特征，例如产品的可靠性、销售量等。第二，过程。它侧重组织所开展的活动的数量和质量，例如，每天生产的汽车数量、医疗历程的精度和完整度等。过程指标强调“对投入的数量和力度的考评而不是对产出的考评。它关心的是‘做了什么’和‘做得怎样’”。过程指标的缺点在于它们往往与结果的关联性不强。第三，结构。它测评组织有效运行的能力。例如，工人的技能水平、教师中博士学位拥有者的比例等。它侧重衡量人或系统从事工作的能力，而不是人或系统所做的工作。

近年来企业界有走向一致的趋势，收敛于一个主要的准则：通过金融市场反映出来的股东价值。股东与其利益相关者包括雇员、顾客、供应商以及组织所在的社区的成员。但制度论者认为，为了取悦金融市场等外部评价者所采纳的某些措施和结构往往会脱离企业内部的运行。

因此，绩效度量标准的建立是一个复杂的过程。本研究所选取的指标中包含了结果、过程和结构，希望通过这三个方面的指标对中小企业创业辅导基地的运营绩效评价做出一个合理而有效的分析。

17.3 本章小结

本章通过对创业辅导基地的相关理论的综述，梳理了创业辅导基地的基本形式和组织结构。其次对绩效的国内外的研究情况进行描述，了解到对绩效评价可以采取的方法。最后，通过对利益相关者相关理论的发展回顾，说明创业辅导基地是政府、承建商、依托企业以及员工等利益相关者的共同平台。

18 创业辅导基地运行绩效评价分析

18.1 创业辅导基地运行绩效模糊综合评价

18.1.1 创业辅导基地运行绩效模糊综合评价的步骤

模糊综合评价是以隶属度理论为基础，对事物的各项指标进行定量评价的一种综合评价方法。可以分为六个步骤，如图 18－1 所示。

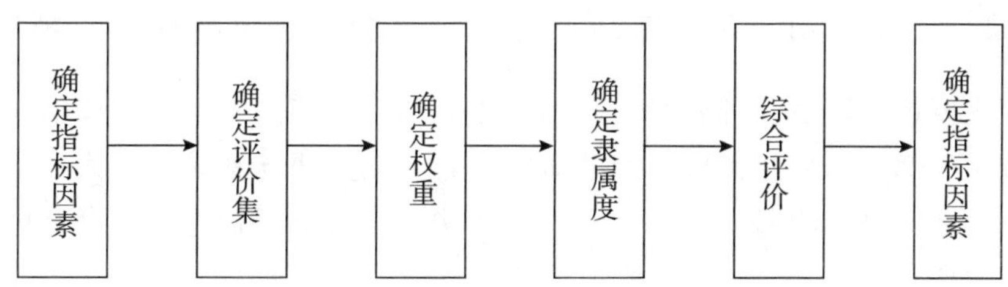

图 18－1 模糊综合评价法的一般步骤

步骤 1：确定评价因素。本研究将河北省创业辅导基地运营绩效评价体系分为了三个层次，分别是目标层，即运营绩效；准则层，即相关投入产出过程的指标；项目层，即具体性要素。据此建立了各评价因素层的因素集：

$$U = \{u_1, u_2, u_3, \cdots, u_n\} \tag{18-1}$$

步骤 2：确定评语等级集。建立评语集：$V = \{v_1, v_2, v_3, \cdots, v_m\}$，依据评语等级集来对评价对象进行等级归属。

步骤 3：建立模糊关系矩阵。本研究根据研究实际情况确定隶属函数为：

$$r_{ij} = \frac{d_{ij}}{M} \tag{18-2}$$

式中：r_{ij}——相对于第 u_i 个评价指标给予 v_j 评语的隶属度（$i = 1, 2, \cdots, n$，$j = 1, 2, \cdots, m$）；

d_{ij}——第 i 个指标的数值，第 j 个地区；

M——第 i 个指标中的最大数值。

然后依据此隶属函数建立模糊关系矩阵 $\boldsymbol{R}$。

$$\boldsymbol{R}=\begin{bmatrix} r_{11} & r_{12} & \cdots & r_{1m} \\ r_{21} & r_{22} & \cdots & r_{2m} \\ \vdots & \vdots & & \vdots \\ r_{n1} & r_{n2} & \cdots & r_{nm} \end{bmatrix} \quad (18-3)$$

步骤 4：确定权数向量。本研究采用层次分析法来对各个指标的权重 $\boldsymbol{A}=(w_1, w_2, \cdots, w_n)^{\mathrm{T}}$ 进行确定。

步骤 5：合成 $\boldsymbol{B}$。本研究选用模糊综合评价法的基本模型：

$$\boldsymbol{B}=\boldsymbol{A}\circ\boldsymbol{R}=(b_1,b_2,\cdots,b_m) \quad (18-4)$$

步骤 6：结果分析。求得的 $\boldsymbol{B}$ 即为创业辅导基地运行绩效的最后总评分。根据分值高低对各个基地进行排名分析。

18.1.2 河北省创业辅导基地运营绩效模糊评价模型权重的确定

首先要评价体系中各要素之间的权重。基于上述因素，与创业辅导基地的行政主管部门、创业辅导基地的研究学者、创业辅导基地管理人员及基地内入驻企业家进行沟通交流，根据德尔菲法综合分析后构造出判断矩阵，如表 18－1 所示。

表 18－1　一级指标权重判断矩阵

	管理的有效性 u_1	资源配置 u_2	入驻企业效益 u_3	基地自身运营能力 u_4	重要性排序值
管理的有效性 u_1	1	3	9	3	0.313
资源配置 u_2	1/3	1	5	1	0.257
入驻企业效益 u_3	1/9	1/5	1	1/5	0.173
基地自身运营能力 u_4	1/3	1	5	1	0.257

通过对第一层次因素指标的综合分析，即可得出评价指标的权重系数，按照重要性的高低依次排序为：管理的有效性（0.313），资源配置（0.257），基地自身运营能力（0.257）和入驻企业效益（0.173）。经计算，$\lambda_{\max}=4.032$，

$CI=0.011$，$RI=0.90$，$CI/RI=0.012<0.1$，故判断矩阵符合满意的一致性。

然后利用同样的方法来计算要素权重和指标权重，得到表 18－2 和表 18－3。

表 18－2　　二级指标权重计算值

指标	重要性排序值	总排序值
管理机构层级	0. 3	0. 094
职能部门数	0. 4	0. 125
管理人员所占比例	0. 1	0. 031
管理制度的完善性	0. 2	0. 063
场地有效面积	0. 4	0. 103
提供的服务数	0. 3	0. 077
服务质量	0. 15	0. 039
信息的有效性	0. 15	0. 039
入驻企业总收入	0. 3	0. 052
净税收	0. 2	0. 035
发明专利数	0. 1	0. 017
净利润	0. 4	0. 069
入驻企业数	0. 15	0. 039
毕业企业数	0. 15	0. 039
累计毕业企业数	0. 1	0. 026
在就业岗位数	0. 2	0. 051
基地的收入总额	0. 25	0. 064
基地获市级以上奖励数	0. 05	0. 013
竞争程度（退出企业数）	0. 1	0. 026

表 18－3　河北省中小企业创业辅导基地的运行绩效评价体系及其指标权重

<table>
<tr><td rowspan="8">河北省中小企业创业辅导基地的运行绩效</td><td>过程</td><td>指标</td></tr>
<tr><td rowspan="4">管理的有效性（0. 313）</td><td>管理机构层级（0. 094）</td></tr>
<tr><td>职能部门数（0. 125）</td></tr>
<tr><td>管理人员所占比例（0. 031）</td></tr>
<tr><td>管理制度的完善性（0. 063）</td></tr>
<tr><td rowspan="3">资源配置（0. 257）</td><td>场地有效面积（0. 103）</td></tr>
<tr><td>提供的服务数（0. 077）</td></tr>
<tr><td>服务质量（0. 039）
信息的有效性（0. 039）</td></tr>
</table>

续 表

	过程	指标
河北省中小企业创业辅导基地的运行绩效	入驻企业效益（0.173）	入驻企业总收入（0.052）
		净税收（0.035）
		发明专利数（0.017）
		净利润（0.069）
	基地自身运营能力（0.257）	入驻企业数（0.039）
		毕业企业数（0.039）
		累计毕业企业数（0.026）
		在就业岗位数（0.051）
		基地的收入总额（0.064）
		基地获市级以上奖励数（0.013）
		竞争程度（退出企业数）（0.026）

18.1.3 综合评价模型计算

进一步对河北省10个创业辅导基地的运营情况进行综合评价，令：

$$U = \{U_1, U_2, U_3, U_4\} \quad (18-5)$$

其中 U_1 为管理的有效性，U_2 为资源配置，U_3 为入驻企业效益，U_4 为基地自身运营能力。再令：

$$u_1 = \{u_{11}, u_{12}, u_{13}, u_{14}\}, u_2 = \{u_{21}, u_{22}, u_{23}, u_{24}\},$$

$$u_3 = \{u_{31}, u_{32}, u_{33}, u_{34}\}, u_4 = \{u_{41}, u_{42}, u_{43}, u_{44}, u_{45}, u_{46}, u_{47}\}$$

设：A——华强创业辅导基地；B——宁联集团创业辅导基地；C——廊坊香河创业辅导基地（集团）；D——廊坊市中小企业创业辅导（大城）基地；E——清河县羊绒产业中小企业创业辅导基地；F——武邑创业辅导基地；G——万兴源创业辅导基地；H——威县汽车工业配件创业辅导基地；I——顺平创业辅导基地；J——威县常庄汽摩配件创业辅导基地。将数据进行处理后得到诸指标的模糊综合评判如表18－4所示。

表 18－4　　综合评价得分

	A	B	C	D	E	F	G	H	I	J
u_{11}	0.63	0.52	0.59	0.70	0.91	0.76	0.87	0.58	1.00	0.54
u_{12}	1.00	0.63	0.41	0.43	0.58	0.44	0.25	0.25	0.25	0.23
u_{13}	0.78	0.57	1.00	0.24	0.73	0.31	0.22	0.27	0.49	0.57
u_{14}	1.00	0.34	0.33	0.17	0.58	0.36	0.20	0.08	0.15	0.31
u_{21}	0.75	0.65	0.49	0.37	1.00	0.41	0.42	0.43	0.26	0.43
u_{22}	1.00	0.47	0.64	0.93	0.96	0.25	0.15	0.25	0.38	0.35
u_{23}	0.07	0.23	0.63	0.03	1.00	0.01	0.15	0.17	0.03	0.17
u_{24}	0.70	0.83	0.85	0.46	0.59	0.46	0.75	1.00	1.00	0.91
u_{31}	0.74	1.00	0.62	0.25	0.60	0.33	0.32	0.39	0.37	0.66
u_{32}	0.84	0.90	0.78	0.68	0.68	0.69	0.82	0.84	1.00	0.88
u_{33}	1.00	0.68	0.60	0.25	0.77	0.35	0.25	0.31	0.30	0.46
u_{34}	1.00	0.38	0.16	0.32	0.83	0.21	0.15	0.23	0.13	0.21
u_{41}	1.00	0.16	0.13	0.26	0.57	0.15	0.16	0.19	0.08	0.13
u_{42}	1.00	0.26	0.10	0.31	0.19	0.33	0.10	0.07	0.10	0.10
u_{43}	1.00	0.42	0.10	0.13	0.55	0.16	0.04	0.07	0.05	0.11
u_{44}	0.79	0.79	0.93	0.47	0.75	0.55	0.56	0.57	1.00	0.82
u_{45}	0.67	0.67	1.00	0.73	0.77	0.67	0.27	0.20	0.67	0.53
u_{46}	0.92	0.74	0.74	0.88	0.74	0.75	1.00	0.86	0.80	0.98
u_{47}	0.83	0.65	0.68	0.76	1.00	0.93	0.55	0.50	0.55	0.63

（1）$u_1 = \{u_{11}, u_{12}, u_{13}, u_{14}\}$，权重 $\boldsymbol{A}_1 = (0.3, 0.4, 0.1, 0.2)$，由上表对 u_1 的模糊评价构成的单因素评判矩阵：

$$\boldsymbol{R}_1 = \begin{bmatrix} 0.63 & 0.52 & 0.59 & 0.70 & 0.91 & 0.76 & 0.87 & 0.58 & 1.00 & 0.54 \\ 1.00 & 0.63 & 0.41 & 0.43 & 0.58 & 0.44 & 0.25 & 0.25 & 0.25 & 0.23 \\ 0.78 & 0.57 & 1.00 & 0.24 & 0.73 & 0.31 & 0.22 & 0.27 & 0.49 & 0.57 \\ 1.00 & 0.34 & 0.33 & 0.17 & 0.58 & 0.36 & 0.20 & 0.08 & 0.15 & 0.31 \end{bmatrix}$$

用创业环境评价模糊综合评价模型计算得：

$\boldsymbol{B}_1 = \boldsymbol{A}_1 \circ \boldsymbol{R}_1$

$= (0.867, 0.533, 0.507, 0.44, 0.694, 0.507, 0.423, 0.317, 0.479, 0.373)$

类似地：

$B_2 = A_2 \circ R_2$

$= (0.716, 0.56, 0.61, 0.501, 0.927, 0.31, 0.348, 0.423, 0.373, 0.439)$

$B_3 = A_3 \circ R_3$

$= (0.89, 0.7, 0.466, 0.364, 0.725, 0.356, 0.345, 0.408, 0.393, 0.504)$

$B_4 = A_4 \circ R_4$

$= (0.855, 0.328, 0.303, 0.495, 0.649, 0.496, 0.533, 0.586, 0.495, 0.454)$

(2) $U=\{u_1, u_2, u_3, u_4\}$，权重 $A=(0.313, 0.257, 0.173, 0.257)$，则综合评判：

$B = A \circ R$

$= (0.829, 0.516, 0.474, 0.457, 0.747, 0.427, 0.418, 0.429, 0.441, 0.433)$

由此得出最后总排名，如表 18－5 所示。

表 18－5　　各创业辅导基地综合评价得分

总排名	得分	管理的有效性	得分	资源配置	得分	入驻企业效益	得分	基地自身运营能力	得分
A	0.829	A	0.867	E	0.927	A	0.89	A	0.855
E	0.747	E	0.694	A	0.716	E	0.725	E	0.649
B	0.516	B	0.533	C	0.61	B	0.7	H	0.586
C	0.474	C	0.507	B	0.56	J	0.504	G	0.533
D	0.457	F	0.507	D	0.501	C	0.466	F	0.496
I	0.441	I	0.479	J	0.439	H	0.408	D	0.495
J	0.433	D	0.44	H	0.423	I	0.393	I	0.495
H	0.429	G	0.423	I	0.373	D	0.364	J	0.454
F	0.427	J	0.373	G	0.348	F	0.356	B	0.328
G	0.418	H	0.317	F	0.310	G	0.345	C	0.303

注：A——华强创业辅导基地；B——宁联集团创业辅导基地；C——廊坊香河创业辅导基地（集团）；D——廊坊市中小企业创业辅导（大城）基地；E——清河县羊绒产业中小企业创业辅导基地；F——武邑创业辅导基地；G——万兴源创业辅导基地；H——威县汽车工业配件创业辅导基地；I——顺平创业辅导基地；J——威县常庄汽摩配件创业辅导基地。

18.1.4　结果分析

通过表 18－5 各创业辅导基地综合评价得分我们可以大致对参评的 10 个创业辅导基地有一个排序，即 A、E、B、C、D、I、J、H、F、G，即华强创业辅导基地综合评价得分最高，万兴源创业辅导基地得分最低。根据综合评价得分和 4 个分指标评价得分情况对这 10 个创业辅导基地进行层次划分，第一层次为 A，即华强创业辅导基地；第二层次为 E 和 B，分别为清河县羊绒产业中小企业创业辅导基地和宁联集团创业辅导基地；第三层次为 C、D、I、H 和 J，即廊坊香河创业辅导基地（集团）、廊坊市中小企业创业辅导（大城）基地、顺平创业辅导基地、威县汽车工业配件创业辅导基地和威县汽车工业配件创业辅导基地，第四层次为 F 和 G，即武邑创业辅导基地和万兴源创业辅导基地。下面将按照层次有重点的分析。

1. 第一层次：A

基地 A 在 4 个评价指标中 3 个第一，1 个第二，在综合评价指标中排名第一。摆在面前的数据谁都不能否认基地 A 的成绩。该基地是这次评价基地中创建时间最早的基地，始建于 2003 年，比排名第二的清河县羊绒产业中小企业创业辅导基地早 4 年。河北省枣强玻璃钢/复合材料创业辅导基地依托河北华强科技开发有限公司而建，实行董事会领导下的总经理负责制。该基地和华强集团密不可分，基地基本上是以一个分公司的形式存在于华强集团中。该集团的所有职能管理部门都对基地的发展提供服务，并且有严格的公司管理制度。譬如，公司新入职员工在每天 8 点之前到公司上班报到，每天奖励 10 元现金，坚持到第二年每天奖励 11 元，依次每年递加。通过这件小事就可以发现该基地不仅有完善的管理制度，并且还充满了人性化。该公司还有着自己独特的企业文化，进入基地办公大楼，首先映入眼帘的是贴满了名言和员工心声的警示墙，有漫画，有警语，有公司的生产理念、经营理念和人才理念。

经过了 10 年的发展，基地 A 的组织管理、对现有资源的充分利用、入驻企业产生的效益和基地自身的运营都进入了一个成熟稳定阶段，相比较新建基地来说具有很大的优势。

有了资源，有了完善管理制度和企业文化，又有了各个部门的紧密合作，加上基地成熟的运营模式，基地 A 脱颖而出似乎成了理所当然。

2. 第二层次：E 和 B

基地 E，即清河县羊绒产业中小企业创业辅导基地。该基地是 2007 年创建的，依托企业是清河县华源羊绒制品市场开发有限公司。创建之初，河北省创业辅导基地的建设已经取得了一定的经验，可以说，基地 E 的建设是站在了一个高起点上。依托当地丰富的羊绒资源，对新建中小企业进行帮扶，快速扶植了大批中小企业。在管理的有效性方面，基地 E 甚至超过了综合排名第一的基地A，即基地E在组织结构管理方面有着得天独厚的优势。经过对基地E的研究，发现其在组织管理方面的特点，具体如图18－2和图18－3所示。

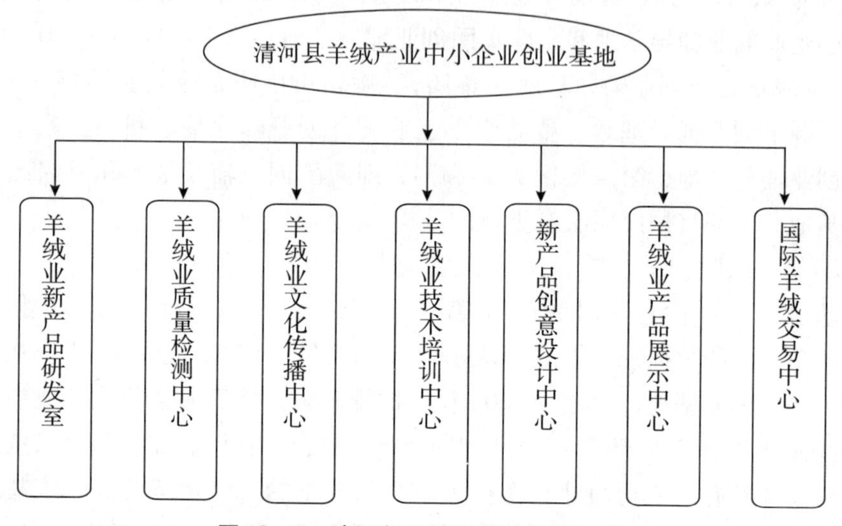

图18－2　清河创业辅导基地机构设置

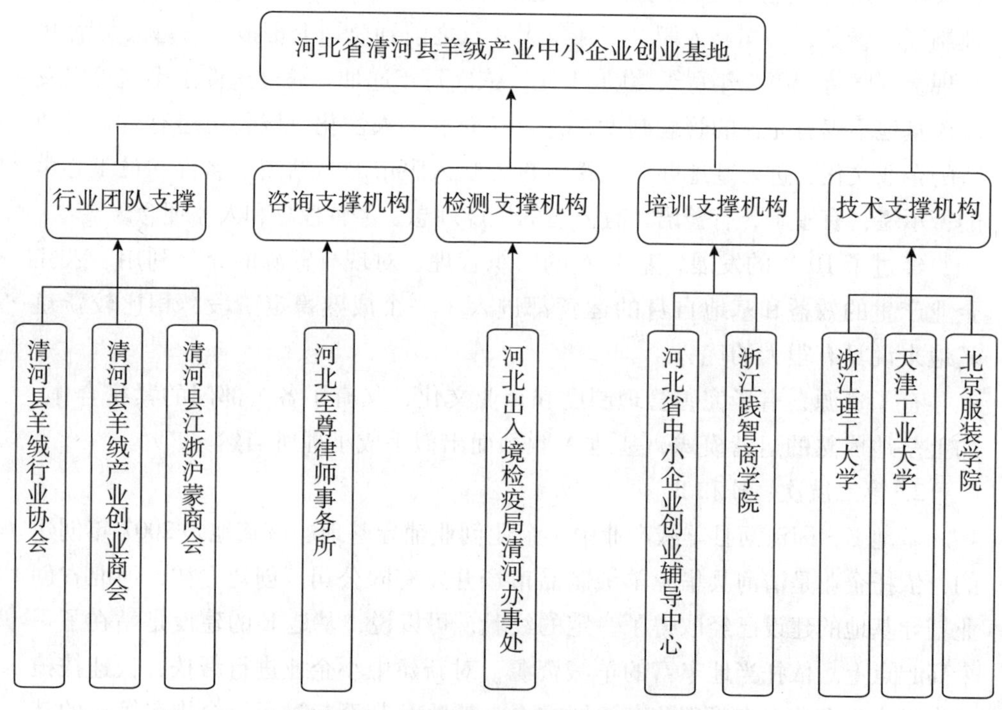

图18－3　清河创业辅导基地的支撑机构

正是由于各组织机构的完善性和部门之间的有效衔接，使得基地 E 在众多的创业辅导基地中脱颖而出。

基地 B，即宁联集团创业辅导基地。该基地管理的有效性和入驻企业效益方面运营较好，在资源配置方面尚且可以，但是自身运营能力很差，排名第 9。通过对宁联集团创业辅导基地的实地调研，了解到该基地依托宁联集团而建，基地内企业统一使用宁联集团生产许可证及品牌，由基地统一负责销售，但盈亏自负。在发展过程中，陆续出现了一些新的问题，如宁联品牌的使用权问题，创业辅导基地运营服务中心的管理问题，还有基地自身运营能力的问题。

入驻基地 B 的企业，免费使用“宁联”品牌，这样对前期入驻的企业有很大的吸引力，但是随着发展规模的扩大，贴牌使用“宁联”商标的入驻企业越来越多，在 2011 年甚至超过了宁联集团自己的产量。这样就对宁联自身的产品形成竞争关系，一是影响自身的销售量，二是减少了因品牌使用而应得的利润。

基地 B 的管理模式是交叉任职，宁联集团董事长兼任基地所在行政村主要领导职务，并且兼任创业辅导基地的主要领导职责，这在一方面就造成了组织管理的混乱，这也是该基地管理的有效性较低的主要原因。基地 B 的建设资金由河北省中小企业局和村委会共同出资建设，其中河北省中小企业局出资 20 万元，基地所在村委会再出资一部分，所集资金用于基地的公共设施的建设。在村委会的协调下，统一征地，然后投资人各自出资，各自建设厂房。基地内企业统一使用宁联集团生产许可证及品牌，由基地统一负责销售，但盈亏自负。对于创业辅导基地服务中心的日常运营费用则由入驻企业承担，费用的多少根据企业经营的好坏按比例承担，收取费用以维持服务中心的正常运营为限。村镇两级政府管理机构没有收入。这样的运营赢利模式直接导致了该基地运营能力的低下。

3. 第三层次：基地 C、D、I、H 和 J

该层次创业辅导基地代表了半数的创业辅导基地。在这一层次里，有着以下几个明显的特点：第一，都和本土的产业紧密联系。基地 C 以家具业作为主流产业，基地 D、H 和 J 以汽摩配件作为主流产业，而基地 I 则以肠衣作为主流产业，每一个主流产业都经过了数十载的发展而成熟起来。第二，都有一家当地龙头企业帮扶，提供相应的基础设施、技术、培训等支持。第三，在四个评价指标中，两极分化严重，既有着自己突出的优势，即核心竞争力，也有自己明显的劣势，即短板。基地 C 的组织结构及管理能力是 5 个基地中最强的，但其自身运营基地能力却是最差的。基地 H 的自身运营能力是最强的，甚至超过了位于第二层次的基地 B，但其管理的有效性却排名倒数第一。而基地 J 对入驻企业产生效益是最有帮助的，但其管理的有效性排名倒数第二。第四，个别基地没有核心竞争力，但其在每一方面都处于平均线以上，例如基地 I。

创业辅导基地可以获得如此快速的发展，和社会经济环境也有着不可分割的联系。房地产市场的快速发展直接导致家具行业的井喷，而基地 C 在此时抓住机遇，结合自身资源优势，顺势而起取得了相当的成绩。近些年来，老百姓生活水平的不断提高，越来越多的家庭拥有了私家车，每逢节假日的道路阻塞间接说明了中国私家车数量的庞大。如此庞大的数量需要强有力的售后支持，汽摩配件行业借势而起，快速发展。而基地 D、H 和 J 虽然在不同的区域，但是却因为抓住了相同的机遇而取得了发展。

4. 第四层次：F 和 G

处于此层次的创业辅导基地无论是各指标层面还是综合指标层面都是需要警惕的。基地 F 最强的是管理的有效性，排名第四，最弱的是资源配置。基地 G 最强的是自身运营能力，排名第四，最弱的是入驻企业效益。直观来看，基地 F 和 G 处于最底层有着其相同点，优势方面排名都是第四，都有最弱。其他方面处于平均线或平均线以下。

针对基地 F，经过实地调研，其经营管理人员是从县工信局直接抽调的专业人才，并且抽调后全职负责创业辅导基地的日常管理，由他们出面协调各管理部门的关系，因此是比较有效的。关于其资源配置排名最低，在实际调研过程中有直观感受。该基地的厂房闲置率特别高，很多厂房锁着大门。该基地的厂房建设较晚，建设标准都是以大厂房的标准建设，基地内道路宽，可并排通行 2 辆大卡车。该基地的主要入驻企业是生产保险柜等铁柜的厂家，他们一般不需要太大的厂房，厂房大，租金高，不划算。正是这样导致了基地内企业的入驻率低。但是小企业不入驻，较大企业入驻使得基地运营机构的相关不必要成本减少，这也是为什么该基地的自身运营能力较好的主要原因。

针对基地 G，它的情况和基地 F 有相似的地方，也有不同的地方。在资源配置方面，两者情况相差不大，都是空置率较高，基地 F 与 G 资源配置指标分别排名第十、第九。

万兴源创业辅导基地是万兴源线缆有限公司加工车间的所在地，在万兴源创业辅导基地内的生产厂家名义上隶属于万兴源线缆有限公司。“万兴源”这个营业执照是由该村总支书记在2005年办理注册的，注册资金600万元，但是注册资金由初期入驻企业均摊。公司领导班子由各入驻企业派代表加入，领导班子负责创业辅导基地内的日常经营管理工作。作为中小企业的初创者，这些管理者大多缺乏专业的管理知识和管理背景，所以在相当程度上导致了该基地管理的有效性排名倒数第三的事实。

值得注意的是，在对基地G的4个评价指标中，“基地自身运营能力”是最好的，得分0.533，排名第四；而“入驻企业效益”是最差的，得分0.345，排名第十，两者相差悬殊。但是在基地A、E和I中，“入驻企业效益”和“基地自身运营能力”是相辅相成的，排名顺序一致，基地A处于第一层次，基地E处于第二层次，而基地I处于第三层次。基地G的“创业辅导基地的发展和入驻企业的发展是相悖的”这样的结果是什么原因造成的?

在日常运营中，基地服务中心为入驻企业提供各种培训、政府代理、安全生产监督、质检等功能，这些功能有的收费，有的不收取费用，收费服务项目均摊。公司的日常运营管理费用由各入驻企业按照纳税额均摊，而纳税额的多少则根据各车间的用电量按比例承担，多用多纳。日常水电费用一月一结算，公司的运营管理费用一年一结算。基地的领导层由各入驻企业出人轮流管理，不发工资。这样的运营模式和收费模式在很大程度上减少了铺张浪费，节省了基地运营中心的成本和费用。此外关于入驻企业的效益，该村企业家们热衷于公益事业，捐款对全村街道进行了硬化、亮化、美化、绿化，加宽了小河庄开源大道，安装了高标准玉兰灯，架设了高标准彩虹桥。2005年又组织企业家带头捐资11.5万元成立了河北省宁晋县第一个扶贫基金会，每年春节为该村孤寡老幼发放扶贫款物，又捐出100多万元为村办小学扩建教学楼，新建住宿楼和食堂等公益活动。

我们在采用专家评分法的时候，没有入驻企业家的捐款行为这一统计指标，所以才导致基地G“创业辅导基地的发展和入驻企业的发展是相悖的”这样的一种数据表现。

18.2　数据包络分析（DEA）模型

18.2.1　数据包络分析（DEA）模型简介

数据包络分析（Data Envelopment Analysis，DEA）是由A. Charnels和

W. W. Copper（1978）创建的。它是以“相对效率”概念为基础，根据多指标投入和多指标产出对相同类型的单位或部门进行相对有效性或效益评价的一种新的系统分析方法，以多个相似决策单元（DMU）的投入、产出指标的权重系数为优化变量。它是集数学、经济、管理概念与方法为一体，可以用来研究具有相同类型的部门间的相对有效性。

DEA 模型的主要分析变量是投入和输出的相关指标，因此投入输出指标的选取是进行 DEA 分析的关键。Thomas 等运用 DEA 方法评价美国 522 个零售店铺效率时，使用了每平方米营业面积的雇员数、全职员工与兼职员工的比率、年薪与工资总额、店铺经营年限、基本租金与占用成本、运营费用、到最近可选择店铺的距离、存货等多个投入要素，产出要素只使用了销售额和利润额。Barros 和 Alves 将销售收入和运营结果（如利润额、满意度等）作为产出指标，员工数、店铺数、资本因素（全部资产负债）作为投入指标，采用 DEA 方法对葡萄牙大型综合超市的运营进行了研究。

1990 年，我国学者魏权龄等对八个省市的 177 家大中型棉纺企业进行实地调研，然后应用数据包络法对它们的经济效益进行了评价。2003 年，石晓军从制度效率和规模效率两个方面出发，运用数据包络分析法，对 11 个国家软件产业基地进行了评价。

通过阅读我国学者采用 DEA 方法对运营效率的研究，特将相关学者采用的投入指标和产出指标汇总如下，如表 18－6 所示。

为了使 DEA 评价结果有效客观，要求评价单元的个数至少是评价指标个数的 2 倍。在企业运营过程中，影响企业经营效率的原因有很多，但是由于评价的客观性，不可能采用每一个指标，只能是选取部分指标。本研究依据 DEA 评价指标的选取原则，借鉴前人的研究结果，综合考虑到河北省创业辅导基地的实际情况，本研究选取投入产出指标如表 18－7 所示。

表 18－6　基于 DEA 企业运营效率投入产出变量的选择

现有研究	投入指标	产出指标
周振（2005）	总资本，员工人数，主营业务成本	净利润，主营业务收入
李陈华（2009）	平均总资产、销售成本、经营管理成本、财务成本	营业额，纯利润
潘春玲（2009）	销售费用，员工数，营业面积，流动资产	毛销售利润，零售总额
高娟华（2010）	总资产，运营性支出，投资支出	运营收入，营业利润

续　表

现有研究	投入指标	产出指标
姜向阳（2010）	员工总数，营业费用，总资产，门店数	企业净利润，营业收入
郭立宏（2011）	固定资产，存货，销售费用，应付职工薪酬	营业收入，净利润
黄毅，柳思维（2011）	销售费用投入，人力资本投入	销售利润

资料来源：根据参考文献整理。

表 18－7　　投入产出指标

投入指标	产出指标
职能部门数（x_1）、场地有效面积（x_2）、服务质量（x_3）	净利润（y_1）、毕业企业数（y_2）

从投入指标来看，职能部门数、场地有效面积和服务质量基本可以反映河北省创业辅导基地的投入情况。从输出指标来看，毕业企业数可以直接反映河北省创业辅导基地的经营活动所取得的直观结果，净利润可直接体现生产者的经营状况、生产效率和资源利用效率水平的高低。投入指标对经营效率起负向作用，指标值越小，则运营效率越高；产出指标与经营效率是正相关，指标值越大，投入产出率越好，企业的运营绩效就越好。

18.2.2　建立 DEA 模型

决策单元是将一定投入转化为产出的系统，在本研究中即为各创业辅导基地。相对有效性是决策单元各投入一定的人、财、物后，对其产值及经济效益等产出相互之间进行对比而言的。评价同类型组织的相对有效性可以了解到哪些组织有效，哪些组织相对无效。而 DEA 本身就是评价同质决策单元相对有效性的数据方法，故建立 DEA 模型对河北省各创业辅导基地的相对有效性进行评价。

本研究将各创业辅导基地看作一个决策单元，记为 A_j，它是具有多重输入和输出的投入产出系统，设 A 代表单元集 $A=\{A_j,\ j=1,\ 2,\ \cdots,\ n\}$，$n$ 为创业辅导基地数。

假设每个创业辅导基地 DMU_j 均有 m 种投入和 s 种产出，记作：

$$x_j = (x_{1j}, x_{2j}, \cdots, x_{ij}, \cdots, x_{mj})^{\mathrm{T}} > 0 \qquad i = 1,2,\cdots,m;\quad j = 1,2,\cdots,n$$

$$y_j = (y_{1j}, y_{2j}, \cdots, y_{rj}, \cdots, y_{sj})^{\mathrm{T}} > 0 \qquad r = 1,2,\cdots,s;\quad j = 1,2,\cdots,n$$

其中，x_{ij}表示第j个决策单元对第i个输入指标的输入总量；y_{rj}表示第j个决策单元对第r个输出指标的输出总量，且$x_{ij}>0$，$y_{rj}>0$。

又设v_i是对第i种类型投入的一种度量，u_r是对第r种类型产出的一种度量。则权系数向量为：

$$v_i = (v_1, v_2, \cdots, v_m)^{\mathrm{T}}$$

$$u_t(u_1, u_2, \cdots, u_s)^{\mathrm{T}}$$

定义第j个决策单元DMU_j的相对有效性指数为：

$$h_j = \frac{u^{\mathrm{T}} y_j}{v^{\mathrm{T}} x_j} = \frac{\sum_{r=1}^{s} u_r y_{rj}}{\sum_{i=1}^{m} v_i x_{ij}} \qquad j = 1, 2, \cdots, n \qquad (18-6)$$

选取适当的u和v，使$h_j \leqslant 1$，$j=1$，2，…，n。

对第j_0个决策单元进行评价（$1 \leqslant j_0 \leqslant n$），$u$和$v$为变量，以指数$h_j \leqslant 1$（$j=1$，2，…，$n$）为约束，构成CRS模型：

$$(\bar{P})\begin{cases} \max \dfrac{\sum_{r=1}^{s} u_r y_{rj_0}}{\sum_{i=1}^{m} v_i x_{ij_0}} = V_{\bar{P}} \\ \text{s. t.} \dfrac{\sum_{r=1}^{s} u_r y_{rj_0}}{\sum_{i=1}^{m} v_i x_{ij_0}} \leqslant 1 & j = 1, 2, \cdots, s \\ u_r \geqslant 0 & r = 1, 2, \cdots, s \\ v_i \geqslant 0 & i = 1, 2, \cdots, m \end{cases} \qquad (18-7)$$

上式为分式规划问题（为了简便，将x_{j0}简化为x_0，相同方法处理y_0），运用Charnes，Cooper变换，令$t=\dfrac{1}{v^{\mathrm{T}}x_0}$，$\omega=tv$，$\mu=tu$。

则可将上述模型转换成线性规划问题，得到等价的线性规划模型为：

$$(P)\begin{cases} \max \mu^{\mathrm{T}} y_0 = V_P \\ \text{s. t.}\ \omega^{\mathrm{T}} x_j - \mu^{\mathrm{T}} y_j \geqslant 0 & j = 1, 2, \cdots, n \\ \omega^{\mathrm{T}} x_0 = 1 \\ \omega \geqslant 0, \mu \geqslant 0 \end{cases} \qquad (18-8)$$

根据线性规划的对偶理论，（P）的对偶规划模型为：

$$
(D^0)\begin{cases}\min\theta = V_{D0} \\ \text{s. t.} \sum_{j=1}^{n}\lambda_j x_j + \theta x_0 \leqslant 0 \\ \sum_{j=1}^{n}\lambda_j y_j \geqslant y_0 \\ \lambda_j \geqslant 0 \qquad j = 1,2,\cdots,n \end{cases} \tag{18-9}
$$

引入松弛变量，$s^+ \geqslant 0$，$s^- \geqslant 0$，$s^+ = (s_1^+, s_2^+, \cdots, s_s^+)^T$，$s^- = (s_1^-, s_2^-, \cdots, s_m^-)^T$，可将上式转换为下式：

$$
(D^1)\begin{cases}\min\theta = V_{D1} \\ \text{s. t.} \sum_{j=1}^{n}\lambda_j x_j + s^- = \theta x_0 \\ \sum_{j=1}^{n}\lambda_j y_j - s^+ = y_0 \\ \lambda_j \geqslant 0 \qquad j = 1,2,\cdots,n \\ s^+ \geqslant 0 \qquad s^- \geqslant 0 \end{cases} \tag{18-10}
$$

由式（18－10）可以看出，决策者追求投入最少，称作 Input－DEA 模型，若决策者追求产出最大，则上式可改写成式（18－11）的形式，称为 Output－DEA。

$$
(D^2)\begin{cases}\min\theta = V_{D2} \\ \text{s. t.} \sum_{j=1}^{n}\lambda_j x_j + s^- = x_0 \\ \sum_{j=1}^{n}\lambda_j y_j - s^+ = \theta y_0 \\ \lambda_j \geqslant 0 \qquad j = 1,2,\cdots,n \\ s^+ \geqslant 0 \qquad s^- \geqslant 0 \end{cases} \tag{18-11}
$$

其中，x_0，y_0 在上述模型中分别表示决策单元 DMU_{j0} 的输入向量和输出向量，θ 表示 DMU_{j0} 的有效值，x_j 表示输入要素集合，y_j 表示输出要素集合，λ_j 表示相对于 DMU_{j0} 重新构造一个新的有效的 DMU 组合第 j 个决策单元 DMU_j 的组合比例，s^+，s^- 为松弛变量。

为了满足“*DMU* 的规模大小不影响其效率”这一假设，Banker、Charnes

和 Cooper 于 1984 年提出了 CRS 的改进方案即 VRS 模型。规模报酬可变的假设可使计算技术效率时，忽略规模效率（SE）的影响，而得到纯技术效率（PTE）。

增加一个凸性假设 $\sum_{i=1}^{n}\lambda_i = 1$，CRS 模型就很容易的修正为 VRS 模型。

下式为基于投入的 VRS 模型：

$$(G^1)\begin{cases}\min\theta = V_{G^1} \\ \text{s. t. } \sum_{j=1}^{n}\lambda_j x_j + s^- = \theta x_0 \\ \sum_{j=1}^{n}\lambda_j y_j - s^+ = y_0 \\ \sum_{j=1}^{n}\lambda_j = 1 \\ \lambda_j \geqslant 0 \qquad j = 1,2,\cdots,n \\ s^+ \geqslant 0, s^- \geqslant 0\end{cases} \tag{18-12}$$

下式为基于产出的 VRS 模型：

$$(G^2)\begin{cases}\min\theta = V_{G^2} \\ \text{s. t. } \sum_{j=1}^{n}\lambda_j x_j + s^- = x_0 \\ \sum_{j=1}^{n}\lambda_j y_j - s^+ = \theta y_0 \\ \sum_{j=1}^{n}\lambda_j = 1 \\ \lambda_j \geqslant 0 \qquad j = 1,2,\cdots,n \\ s^+ \geqslant 0, s^- \geqslant 0\end{cases} \tag{18-13}$$

利用 CRS 和 VRS 模型可以分别计算出每个决策单元的技术效率和纯技术效率，然后根据上式即可得出该 *DMU* 的规模效率。

18.2.3 DEA 有效性分析

DEA 有效性分为规模有效和技术有效两种。通常情况下，当产出为 y 时，若对应的投入 x 不可能再减少时，就称作技术有效。当满足技术有效时并不一定 DEA 有效，因为还有一个规模收益的问题，只有当其投入增量相对百分比与产出增量百分比达到一致时，决策单元才可以称作规模有效。

对于上述 CRS 模型，如存在最优解 θ^*，s^{*+}，s^{*-}，λ^*，则有如下三种情况：

（1）当 $\theta^*=1$，$s^{*+}=s^{*-}=0$ 时，称 *DMU* 为 DEA 有效，也称 *DMU* 既为技术有效又为规模有效。此时在各资源配置系统中，DMU 的生产要素已经得到最优的组合，产出结果也为最优。

技术有效是指，任何的减少投入并保持产出不变的企图都是不可实现的，规模有效的是指，投入规模小于 x_0 时为规模效益递增，投入规模大于 x_0 时为规模效益递减。

（2）当 $\theta^*=1$，且 $s^{*+}\neq0$ 或 $s^{*-}=0$ 时，称 *DMU* 为 DEA 弱有效，此时的 DMU 或为技术无效或为规模无效。对于 *DMU* 来讲，投入量 x_0 可以减少 s^{*-} 且维持原产出量 y_0 不变，或者在投入 x_0 不变时，可以将产出 y_0 提高 s^{*+}。

（3）当 $\theta^*<1$ 时，*DMU* 是 DEA 无效，也叫作非 DEA 有效。*DMU* 既为技术无效也为规模无效。在连锁门店运营效率评价中，第 j_0 个决策单元可以通过组合形式将投入量降低到元投入量 x_0 的 θ^* 倍且维持原产出量不变。

18.2.4 规模收益分析

在公式（6－4）中，设定目标函数 $\min\theta=\theta^*$，则当 $\theta^*=1$ 时称 DMU_{j0} CRS 模型有效，且：

（1）如果 $\sum_{i=1}^{n}\lambda_i=1$，那么 DMU_0 规模收益不变；

（2）如果 $\sum_{i=1}^{n}\lambda_i<1$，那么 DMU_0 规模收益递增；

（3）如果 $\sum_{i=1}^{n}\lambda_i>1$，那么 DMU_0 规模收益递减。

CRS 模型和 VRS 模型在通常情况下分为投入和产出两种模型。基于投入的模型追求的是产出一定时的投入最小化；而基于产出的模型追求的是投入一定时的产出最大化。鉴于基地自身的特点，使得降低成本成为当务之急，投资规模受到限制，又由于创业辅导基地采用以低成本领先策略，故本部分用基于投入的 DEA 模型。

在基于投入的 DEA 模型中，对松弛变量的处理采用多阶段方法要明显优于一阶段方法和二阶段方法。因此，本部分采用的是多阶段的基于投入的 DEA 模型。

18.3 河北省各创业辅导基地运营绩效相对有效性分析

18.3.1 数据收集与处理

1. 数据收集

考虑到数据的可获性和分析结果的科学性，指标数据主要来自各创业辅导基地提供的财务数据和作者通过对企业实地调研，获得的一手数据资料。

涉及的创业辅导基地及其代码如下：A——华强创业辅导基地；B——宁联集团创业辅导基地；C——廊坊香河创业辅导基地（集团）；D——廊坊市中小企业创业辅导（大城）基地；E——清河县羊绒产业中小企业创业辅导基地；F——武邑创业辅导基地；G——万兴源创业辅导基地；H——威县汽车工业配件创业辅导基地；I——顺平创业辅导基地；J——威县常庄汽摩配件创业辅导基地。

2. 数据的处理

由于各创业辅导基地的创建时间前后相差较远，相关数据差距较大，由于各投入指标值和产出指标值具有不同的量纲，并且产出指标中的原始数据可能还存在负数，不能输入 DEA 模型进行计算，为了确保评价的科学性和客观性，故需要对原始数据无量纲化处理，处理后的所有原始数据均在 0.1 ~ 1 区间内。根据 DEA 理论，数据经无量纲化处理后，决策单元之间的相对关系不会改变，他们之间的相对有效性也不会受影响。无量纲化的具体方法如下：

设 $\max z_{ij}=a_j$，（a_j为第 j 项指标的最大值）；$\min z_{ij}=b_j$（b_j为第 j 项指标的最小值）。

则：

$$z'_{ij}=0.1+0.9\times\frac{z_{ij}-b_j}{a_j-b_j} \qquad z'_{ij}\in[0.1,1]$$

z_{ij}为第 i 个决策单元的第 j 个指标经无量纲化处理后的值。

根据此方法对所有的指标数值进行无量纲化处理，原始数据经无量纲化后的新数据如表 18 - 8 所示。

表 18 - 8　　无量纲化后的投入产出指标数值

基地	投入指标			产出指标	
	职能部门数（x_1）	场地有效面积（x_2）	服务质量（x_3）	净利润（y_1）	毕业企业数（y_2）
A	1.00	0.18	1.00	1	1.00
B	0.67	0.32	0.61	0.75	0.70
C	0.42	0.12	0.21	0.57	0.47
D	0.20	0.11	0.13	0.37	0.27
E	0.10	0.10	0.11	0.24	0.12
G	0.13	0.11	0.10	0.2	0.10
H	0.13	0.11	0.17	0.23	0.14
I	0.10	0.13	0.11	0.2	0.10
J	0.38	1.00	0.81	0.1	0.14

18.3.2 河北省各创业辅导基地之间相对有效性分析

将处理过的数据代入 DEA 模型，利用 DEAP 2.1 软件计算，得到以下结果如表 18 - 9 所示。

1. 总体分析

由表 18 - 9 可以看出 2012 年创业辅导基地有 4 个基地相对有效，其余六个都为无效。从创业辅导基地整体来看，10 个创业辅导基地的技术效率平均值为 0.802，纯技术效率为 0.875，规模效率为 0.918，说明创业辅导基地的运营效率既与纯技术效率有关，又与规模效率有关。从规模收益来看，有 4 个基地规模收益不变，1 个基地的规模收益递减，其余 5 个基地的规模收益递增。

2. 独立分析

第一，技术效率分析。根据表 18 - 9，A、C、D、E 的技术效率均为 1，说明这 4 个基地的技术效率有效，即达到了纯技术有效，又达到了规模有效，即他们的运营效率相对比较好，也即在产出一定时，投入一定达到了最小化。其余的决策单元的技术效率均小于1，说明这些创业辅导基地均为非DEA有效，也即运营绩效较差，按照他们的技术效率值由大到小依次排列为：H、I、B、G、F、J。这些非DEA有效的基地按照非有效程度可以分为：

第一层次：DEA相对有效性处于0.5以下，非DEA相对有效程度比较严重，这些基地包括：F和J；

第二层次：DEA相对有效性处于0.8以下的，非DEA相对有效性适中，这些基地包括：G；

第三层次：DEA相对有效性处于0.8以上，非DEA相对有效程度较轻，这些基地包括：B、H和I。

表18－9　　2012年创业辅导基地DEA评价结果

决策单元	技术效率	决策单元	纯技术效率	决策单元	规模效率	决策单元	规模报酬
A	1.000	A	1.000	A	1.000	F	递增
C	1.000	B	1.000	C	1.000	G	递增
D	1.000	C	1.000	D	1.000	H	递增
E	1.000	D	1.000	E	1.000	I	递增
H	0.841	E	1.000	F	0.936	J	递增
I	0.833	G	1.000	H	0.915	A	不变
B	0.812	I	1.000	J	0.915	C	不变
G	0.771	H	0.919	I	0.833	D	不变
F	0.494	F	0.528	B	0.812	E	不变
J	0.273	J	0.298	G	0.771	B	递减
平均	0.802	—	0.875	—	0.918	—	—

第二，纯技术效率和规模效率分析。非技术有效的创业辅导基地的无效率通常分为三种：一是纯技术无效，二是规模无效，三是纯技术与规模同时无效。由上可知10个创业辅导基地中6个基地的无效率的原因。

由图18－4可以看出，基地B、G、I的纯技术效率值为1，显示是纯技术效率有效，即在此次参与评价的10个中小企业创业辅导基地中，只有这3个创业辅导基地的技术能力与运营能力是互相匹配的，符合企业的运营要求，技术效率无效的原因是经营规模的不协调，主要体现在两个方面：一是创业辅导基地的规模过大，二是创业辅导基地的规模过小。另外 3 个创业辅导基地，无论是纯技术效率还是规模效率都小于 1，即它们的技术无效是纯技术效率和规模效率同时无效的，改变这种状况的途径是改善组织结构功能和完善自身资源配置。

基地 H 的纯技术效率数值为 0. 919，它的规模效率数值为 0. 915，这两个指标的数值都在 0. 9 以上，说明它的技术能力和规模与它的组织运营能力基本上相适应，但是还有待提高。基地 F 和基地 J 的规模效率都大于 0. 9，但是纯技术效率均在 0. 6 以下，特别是基地 J 低于 0. 3，首要工作是强化组织的有效性，改善组织结构，提高基地的经营能力，同时改变基地的经营规模，以此来提升技术效率。

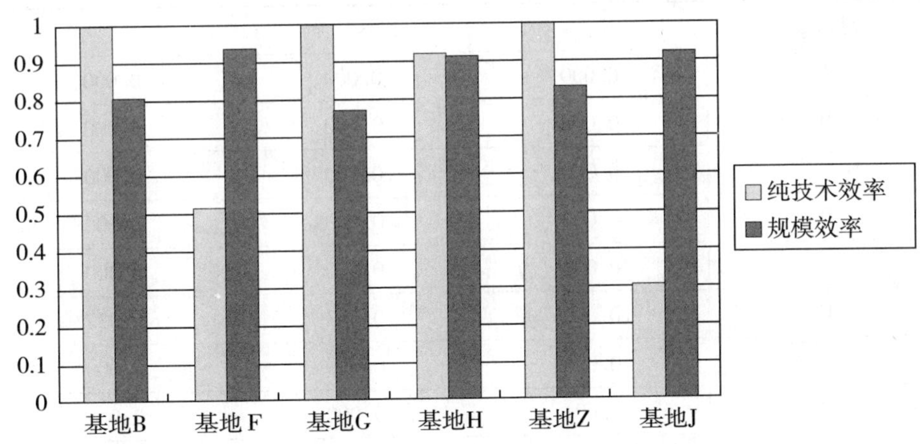

图 18－4　2012 年创业辅导基地相对无效的纯技术效率和规模效率

第三，规模报酬分析。由非技术有效的来源分析我们可以得到，基地 B、G、I 之所以运营绩效效率不高，归根结底是因为这 3 个创业辅导基地的规模效率低下。基地 B 处于规模报酬递减的阶段，说明其运营能力不能适应其经营规模，要想提高效率需要减小规模或者加大招商力度，引入更多有发展潜力的企业。基地 G 和 I 的规模报酬递增，说明其日常运营状况良好，运营能力超过其经营规模，故应该扩大经营规模或者暂缓或延缓招商力度，同时为入驻企业提供更高质量的服务。剩下 3 个基地均处在规模报酬递增的阶段，说明它们的运营能力超出了经营规模，仍有很大的发展空间。

综上可知，规模不经济仍然是影响创业辅导基地运营绩效的主要因素之一。在创业辅导基地的实际调研中，明显地感受到创业辅导基地的管理者简单地认为入驻企业多证明基地运营效果好，片面的追求入驻企业的数目，入驻企业销售规模的增加，净利润的多少等数值指标，而忽视自身管理的有效性和提供服务的质量，结果导致入驻企业多但经营效率低下。

18.3.3 非 DEA 有效单元的改进

对于非 DEA 有效的决策单元，管理者可以通过改善资源的投入和产成品的产出，逐步调节，从而使得基地进入 DEA 有效的阶段。本研究利用在创业辅导基地实际调研得来的一手数据，通过 DEAP 2.1 软件进行投影分析，如表 18－10 和表 18－11 所示，进而对非 DEA 决策单元进行改进。

表 18－10　投入冗余率

投入	s_1^-	s_2^-	s_3^-
A	0.000	0.000	0.000
B	0.000	0.000	0.000
C	0.000	0.000	0.000
D	0.000	0.000	0.000
E	0.000	0.000	0.000
F	0.000	0.003	0.032
G	0.000	0.000	0.000
H	0.001	0.000	0.041
I	0.000	0.030	0.000
J	0.000	0.197	0.129
平均	0.000	0.023	0.020

表 18－11　产出不足率

产出	s_1^+	s_2^+
A	0.000	0.000
B	0.000	0.000
C	0.000	0.000
D	0.000	0.000
E	0.000	0.000

续 表

产出	s_1^+	s_2^+
F	0.000	0.105
G	0.000	0.000
H	0.000	0.029
I	0.020	0.040
J	0.000	0.157
平均	0.002	0.033

从投入方面来看，基地F、基地H和基地J都出现了服务质量的冗余，即创业辅导基地提供的服务质量高于他们现在的需求水平，也就是说这3个基地除了提供必需的服务以外，有部分服务是多余的。基地F、基地I和基地J都出现了场地有效面积的冗余，说明创业辅导基地的场地利用率不足，基地管理人员在招商、政策宣传或者扶植力度等方面有待进一步提升。基地H出现了职能部门数的冗余，反映了创业辅导基地行政色彩严重，机构臃肿。

从产出方面来看，主要问题指标是净利润，净利润不足的创业辅导基地4个，除了基地H外，都高于平均值，说明该创业辅导基地的利润仍然有很大的提升空间。毕业企业数产出不足的只有1个，即基地I。说明在现有的投入基础上减少职能部门数、提高服务质量就能够增多毕业企业数。基地B既不存在投入冗余，也不存在产出不足，运营绩效比较好，但是由于其规模收益递减，故应在产出不变的情况下，同等比例的减少投入，才能达到有效。

综上分析，造成各创业辅导基地投入冗余、产出不足的原因主要有以下几个方面。

第一，职能部门管理混乱。各基地职能管理部门职责划分不是十分清晰，有的是以政府名义进行管理，任职人员在政府机构和创业辅导基地管理部门同时任职，有的是较大龙头公司兼任创业辅导基地管理部门领导，有的是入驻企业各处代表共同管理创业辅导基地，这样的职能管理对创业辅导基地的发展形成一定的阻碍。第二，创业辅导基地内部组织管理部门权责不清，好事争抢坏事推诿，也对创业辅导基地的发展形成阻力。第三，县级创业辅导基地的发展规划具有很大的随意性，缺乏科学的手段和方法，缺乏相应的评价监督体系。

第二，资源利用率低。河北省创业辅导基地的建设标准都是统一的，四通一平，有的是旧厂房，有的是新建的统一标准厂房，入驻企业如何充分的利用这些资源从而实现自身价值。投入冗余或产出不足实际上都是对现有资源利用的不充分。

第三，服务质量参差不齐。创业辅导基地的主要任务之一是为入驻企业提供相应的服务，包括政务代理、法律援助、金融支持、经营培训等。不可否认，每一个创业辅导基地的服务管理中心都会提供这些服务，但是提供服务后的效果如何，基地就不再过问。譬如经营培训，基地管理人员将专业技术人才、大学教授等请来为入驻企业做培训，培训时间两三天，培训过后便完成任务，各奔东西。关于培训效果如何，入驻企业关心，但基地不关心，服务质量如何能高。希望基地管理人员加大对提供服务的跟踪，以便为入驻企业提供更好的服务。

18.4 本章小结

本章首先对模糊综合评价方法的相关理论进行介绍，结合创业辅导基地的实际情况，选取了4个一级指标和19个二级指标来对创业辅导基地进行评价，得出相应的数值。最后，根据所得数值和实际调研感受，对创业辅导基地的发展提出建议。

然后，又利用数据包络分析法对河北省的10个创业辅导基地进行了评价，通过选取“职能部门数、场地有效面积和服务质量”作为投入指标，“净利润和毕业企业数”作为产出指标对创业辅导基地的运营绩效进行了评价，并对运营绩效偏差的基地提出了完善意见。

19 河北省创业辅导基地的综合分析与建议

19.1 综合分析

在第17章和第18章中，本研究分别采用模糊综合评价法和DEA分析法对河北省10个创业辅导基地进行了评价，并根据自己独特的分析特点进行了独自分析。现将两种综合评价的评价结果放在一起，对河北省创业辅导基地的运营绩效进行综合分析。由上文可得到的分析数据如表19－1和表19－2所示。

表19－1　　河北省10个创业辅导基地的两种评价结果

决策单元		模糊评价法得分					DEA分析法得分			
		B	管理的有效性	资源配置	入驻企业效益	基地自身运营能力	技术效率	纯技术效率	规模效率	规模报酬
A	华强	0.829	0.867	0.716	0.89	0.855	1	1	1	不变
B	宁联	0.516	0.533	0.56	0.7	0.328	0.812	1	0.812	递减
C	廊坊香河	0.474	0.507	0.61	0.466	0.303	1	1	1	不变
D	廊坊大城	0.457	0.44	0.501	0.364	0.495	1	1	1	不变
E	清河	0.747	0.694	0.927	0.725	0.649	1	1	1	不变
F	武邑	0.427	0.507	0.310	0.356	0.496	0.494	0.528	0.936	递增
G	万兴源	0.418	0.423	0.348	0.345	0.533	0.771	1	0.771	递增
H	威县汽车	0.429	0.317	0.4225	0.408	0.586	0.841	0.919	0.915	递增
I	顺平	0.441	0.479	0.3725	0.393	0.495	0.833	1	0.833	递增
J	威县常庄	0.433	0.373	0.439	0.504	0.454	0.273	0.298	0.915	递增

表 19－2　　河北省 10 个创业辅导基地的两种评价结果排名

决策单元		模糊评价法排名					DEA 分析法			
		B	管理的有效性	资源配置	入驻企业效益	基地自身运营能力	技术效率	纯技术效率	规模效率	规模报酬
A	华强	1	1	2	1	1	1	1	1	不变
B	宁联	3	3	4	3	9	4	1	6	递减
C	廊坊香河	4	4	3	5	10	1	1	1	不变
D	廊坊大城	5	7	5	8	6	1	1	1	不变
E	清河	2	2	1	2	2	1	1	1	不变
F	武邑	9	5	10	9	5	6	3	2	递增
G	万兴源	10	8	9	10	4	5	1	7	递增
H	威县汽车	8	10	7	6	3	2	2	3	递增
I	顺平	6	6	8	7	7	3	1	5	递增
J	威县常庄	7	9	6	4	8	7	4	4	递增

1. 基地 A

在该基地的模糊评价指标数值中，只有“资源配置”排名第二，其他各指标数据都是第一，综合评价排名第一。在 DEA 评价分析中，所有数据也都是 1，这些数据说明了在此次评价的 10 个创业辅导基地中，该基地的数据是完美的。但是其规模报酬不变，“资源配置”排名第二，结合调研时直观感受，该基地就其资源利用率来说较低，应充分发挥管理的有效性，更加合理有效的利用基地内现有资源，发挥资源的最大价值。部分闲置的厂房可以加大使用效率，进而提高其规模报酬。

2. 基地 B

该基地综合排名第三，但是其“基地自身运营能力”排名倒数第二，大大拉低了其竞争能力。规模效率同样排名倒数第二，同时其规模报酬递减，并且是所选 10 个创业辅导基地中唯一一个规模报酬递减的基地，即规模的扩大不但不能增加报酬，反而使基地报酬降低，这个与模糊评价法中的资源配置得分较低互相佐证。这三个数据指标低也反映了该基地还有很大的提升空间。

结合实际调研，发现其过分注重公益，且基础建设过好。该基地有自己的 4 层办公大楼，且办公大楼装饰较为豪华，大量消耗了基地的利润。该基地的管理层带有较强的行政色彩。由于其基地建设的特殊性，使其基础设施建设好，但是利用率却不高。这也是其规模报酬递减的主要原因。

因此，应强化组织管理的制度性和有效性，努力提升基地的自身运营能力，加大对资源利用方面的研究，减少资源的浪费，从而使基地的规模报酬从递减到规模报酬不变直至规模报酬递增。组织机构和支撑机构的完善是企业获得长远发展的保证，但是过多的部门设置会导致成本费用增加，进而增加了企业的负担，减弱基地的竞争力。具体的改善措施有以下两个方面：第一，该基地规模效率低，说明其自身完善的组织机构有时没有发挥更大的作用。完善的组织机构应该服务更多的企业，不单是基地内入驻的企业，还应服务基地外的企业，增加收入。第二，在基地的发展过程中，应合理设计组织机构，避免组织机构过多，人浮于事，给企业造成不必要的负担。通过这两种方式变革，提高基地的自身运营能力。

另外，关于“宁联”品牌的使用也应提早入手，以防基地内企业做大以后因此而产生冲突。同时，收取品牌使用费也会增加基地的收入，提高基地自身的运营能力。

3. 基地 C

该基地“自身运营能力”很差，排名倒数第一。结合实际调研，这个与它自身的产业链有关系，家具行业作为生产加工类企业，对场地资源占用较大，同时，由于家具展卖需要较大的展厅，且展厅布局要上档次，这样就增加了基地前期的资金投入，且回收期较长，需要较长时间才能获得更大的收益。

4. 基地 D

该基地的“管理的有效性”“入驻企业效益”和“基地自身运营能力”都处于平均线以下，只有“资源配置”排名较高。虽然该基地的综合排名在平均线以上，DEA 评价的各项指标均为优，但是其规模报酬却是不变的。由此可知，其各项指标还有很大的提升空间。该基地属于汽车配件加工行业，且位于乡镇，对入驻企业工人素质要求较低，工人属于熟练工种。应改变基地服务中心的管理理念，强化职能部门的功能，对入驻企业的日常运营管理提供更多有价值的培训等，都可以使该基地晋升至第二层次。

5. 基地 E

该基地在“管理的有效性”“入驻企业效益”和“基地自身运营能力”3 个指标上排名都是第二，甚至在“资源配置”指标上排名第一，但是综合排名却是第五。因此，该基地的各部门独立能力很强，但是各部门之间的沟通和配合能力却比较差。

在 DEA 分析中，其各项指标都为满分，是 4 个满分基地中的一个。在 4 个基地 A、B、C 和 E 中，他们的综合排名分别为第一、第三、第四和第二，是 10 个创业辅导基地中最好的 4 个，但是它们的规模报酬却都是不变的，即它们的发展到达了一个瓶颈，需要基地的管理层对基地的发展有一个重新的认识。

但是，综合模糊评价法和 DEA 评价法的评价结果，该基地的运营可以说是比较严重的，因为该基地的各项指标显示其有向第一冲刺的潜力，但是综合排名却是第五。这些问题集中反映在“管理的有效性”，即组织结构与组织运营方面，组织结构的部分不合理在平时的运营过程中可能不会出现问题，但是在某些关键的时刻，这些问题却是致命的。基地服务中心组织机构管理的非有效性不会对入驻企业的经营提出很多有效的建议，这就不仅导致入驻企业的效益低下，也会影响基地的自身运营能力。

6. 基地 F

该基地的“资源配置”排名最低，“入驻企业效益”排名倒数第二。“管理的有效性”和“基地自身运营能力”排名都是第五。但是其规模效率却很高，排名第二，规模效益的分值甚至是技术效率的 2 倍。结合调研观察，该基地的厂房闲置率特别高，很多厂房锁着大门。该基地的厂房建设较晚，建设标准都是以大厂房的标准建设，基地内道路宽，可并排通行 2 辆大卡车。该基地的主要入驻企业是生产保险柜等铁柜的厂家，他们一般不需要太大的厂房，厂房大，租金高，不划算。正是这样导致了基地内企业的入驻率低。但是小企业不入驻，较大企业入驻使得基地运营机构的相关不必要成本减少，这也是为什么该基地的规模效率排名第二的主要原因。

7. 基地 G

在该基地的 4 个模糊评价指标中，“基地自身运营能力”最强，排名第四。“管理的有效性”“资源配置”和“入驻企业效益”分别为第八、第九和第十。在 10 个创业辅导基地中，他的规模效率最低。

通过以上数据和实际调研分析有以下四方面原因：第一，管理机构的局限性。基地的管理层由各入驻企业选派代表组成，文化程度和管理能力普遍偏低，对公司的长远发展缺乏规划。第二，实际调研中，该基地的大量厂房闲置，招商引资力度有待加强。第三，该基地和基地 B 相距不足 3 千米，两个基地的入驻企业经营相似，两者之间存在竞争关系，也是主要影响原因之一。第四，基地的日常管理费用和服务费用由各入驻企业均摊，这样在实际经营过程中，就减少了不必要的费用支出，这个是产生基地规模报酬递增的主要原因。

8. 基地 H

该基地“管理的有效性”最差，排名第十。基地的“基地自身运营能力”很强，排名第三。由于基地 G 与基地 H 同样处于威县，相距不远，且两个基地排名都偏后，所以很多问题是共同的，在基地 J 分析时共同分析。

9. 基地 I

该基地在模糊评价法的 4 个指标中都居于中等偏下的位置，综合排名第九。在 4 个指标中，资源配置排名最低，为第八，说明资源的利用率低或不合理利用对基地的发展有很大影响。

结合前去基地的实际调研，原因分析如下：该基地的基础建设较好，基地占地面积大，规划完善，基地内厂房为生产车间和家庭居住两用，一层为车间，二楼为家庭住所。而基地内的布局基本全是如此。表 19－3 是该基地的硬件资源汇总。

表 19－3　　顺平创业辅导基地硬件资源

项目	单位	数值
总占地面积	万平方米	35. 74
总建筑面积	万平方米	23. 11
①厂房建筑面积	万平方米	1. 92
②办公楼建筑面积	万平方米	1. 19
③食堂建筑面积	万平方米	0. 30
④车间建筑面积	万平方米	16. 53
⑤沿街商业面积	万平方米	2. 05
⑥宿舍	万平方米	0. 70
⑦基地设施	万平方米	0. 42
建筑物占地面积	万平方米	12. 28
建筑密度	%	34. 36
容积率	—	0. 65
绿地率	%	20

该基地的管理机构如图 19－1 所示。

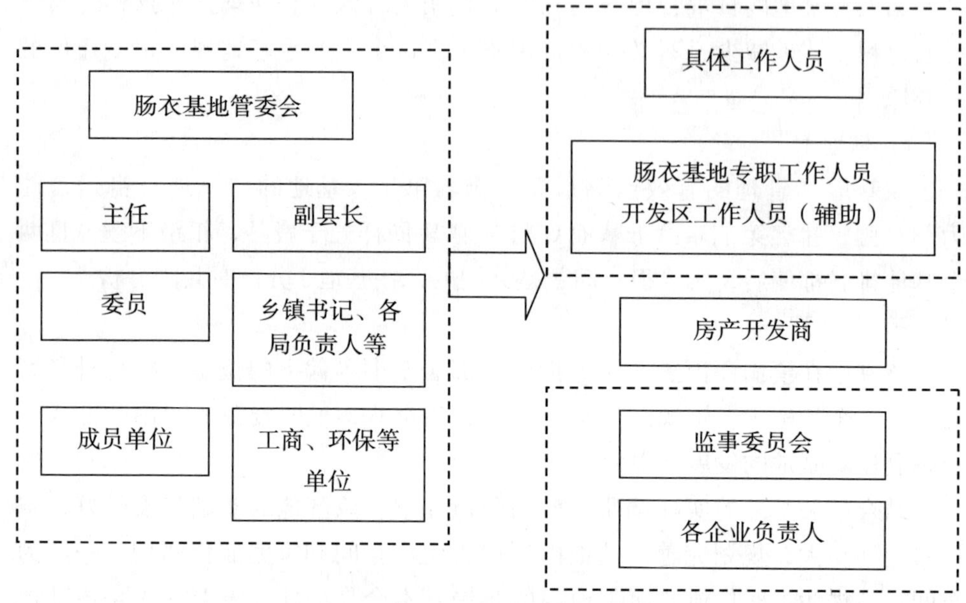

图 19－1　顺平创业辅导基地组织结构

由图 19－1 可知，该基地的管理机构为行政单位负责，所以管理风格带有很强的行政色彩和官僚主义，由于缺乏专业的经营管理理念和敏锐的市场嗅觉，会对基地的发展做出一些不合理、不科学的建议，这可能就是其各项指标排名平均线以下的原因所在。

10. 基地 J

基地 J 在模糊评价法的 4 个指标中都不是最差，“入驻企业效益”排名最高，为第四；“管理的有效性”排名最低，为第九；“资源配置”和“基地自身运营能力”居中，分别为第六和第八；但是其最后综合排名却为第十，为十个基地中最差。

该基地的投资主体是河北伟源橡胶制造有限公司。基地主要由企业建设，然后出租。管理机构由乡政府委派一位副乡长参与管理，服务中心现有员工 15 人，其中 8～9 人为核心，这些人由村委会和乡政府两级人员构成，乡里人员工资由财政负责，村里人员有任职工资，该基地的组织结构如图 19－2 所示。

结合基地实际情况和指标数据可知，该基地领导层人员构成简单，人员文化水平普遍偏低，缺乏强有力的领导力。这个也和该基地的产业特点有联

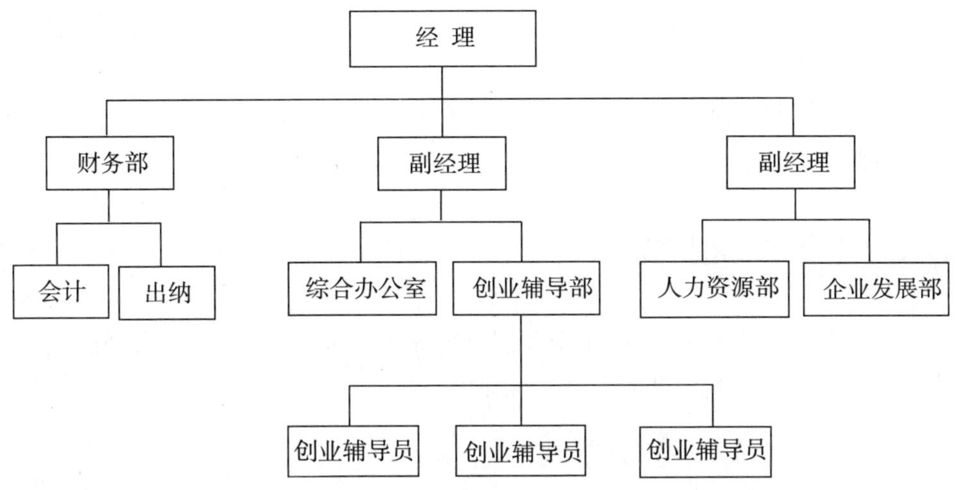

图 19－2　威县汽车工业配件创业辅导基地组织结构

系，汽摩配件行业作为简单的生产加工行业，对人员素质要求较低，只需要熟练工人，缺乏技术人员。

该基地下设“两部两中心”，即基地建设部、招商合作部、综合服务中心和技术培训中心。虽然有这些职能管理部门，但是基地服务中心没有独立的法人资格，缺乏经营实体。

在 DEA 分析法的 4 个评价结果中，技术效率和纯技术效率排名均为最低，规模报酬排名第四，但是规模报酬却是递增的。通过以上数据和实际调研分析有以下四方面原因：第一，管理机构的局限性。基地的管理层由各入驻企业选派代表组成，文化程度和管理能力普遍偏低，对公司的长远发展缺乏规划。第二，由于经营单位的“经济人”假设，各入驻企业更多关心的是自身价值、自身利润的创造，而对创业辅导基地的整体运营和利润产生关心较少，这也是造成基地的自身运营能力低的主要原因。第三，由于入驻企业的“经济人”假设，各入驻企业对自身发展较为关注，对基地集体事物关心就少，则基地提供的公共服务就比较少。第四，由于基地的日常管理费用和服务费用由各入驻企业均摊，这个是产生基地规模报酬递增的主要原因。

基地 D、基地 H 与基地 J 3 个基地的规模效率得分都在 0. 9 以上，同时这 3 个基地的规模报酬也都是递增的，占规模报酬递增基地的 60%。这三个基地都是以汽摩配件加工为主，且都坐落于乡镇之上，员工以熟练工人为主，管理人员素质不高。这 3 个基地虽然位于不同的区域，但是却因为抓住了汽车家庭化这一机遇而共同获得了发展。

综合基地F、G、H、I和J，是模糊评价中后五位，在DEA评价中也多在后面，但是它们5个基地的规模报酬却都是递增的，说明它们还有很大的发展空间，只要将基地自身存在的一些问题抓紧时间改正，就会很快发生一个质的飞跃。

19.2 建议与改进措施

在前面对河北省10个中小企业创业辅导基地进行了逐一分析，发现了一些问题，也有了一些自己的思考。现提出一些建议如下。

19.2.1 规范制度，严格管理

在调研的10个基地中，有的是以龙头企业为依托，借鉴其组织机构进行管理；有的是以行政单位的形式进行管理；有的是以入驻企业自发的形式进行管理；有的是行政单位和龙头企业共同进行管理的模式。这四种管理模式各有利弊。随着社会主义市场经济制度的不断完善，企业应紧密地与社会主义市场经济相联系，创业辅导基地需要经过社会主义市场经济的锤炼，才能做大做强，长远地发展下去。

创业辅导基地要完善自己的相关制度，例如日常管理制度、产品质量制度、人力资源制度等，只有做到有法可依，并且有法必依，那么企业才能具有强大的生命力，才可以获得长远的发展。

19.2.2 功能改进

为达到成功辅导入驻企业且实现自身赢利的目标，创业辅导基地必须具备相应的功能，而这些功能应该涵盖一个企业从开创初期到顺利实现经营的全部需要。创业辅导基地的功能如图19－3所示。

图中这些功能是多数创业辅导基地所具备的，但是在创业辅导基地具体的筹建过程中，还应根据具体创业辅导基地的客观情况进行选择。选择过程主要包含以下三个方面。第一，增加新功能。虽然图中所列功能已比较全面，但是根据行业、区域等的不同，有些其他功能可能是所需要的，那就需要把这些功能添加进去。第二，减少某些功能。例如人事招聘等功能，如果招聘需求不大，就没必要留着这个部门，完全可以把这项服务外包出去，减少基地的成本。第三，细化某些功能。为了基地发展的实际需要，为了提供更加

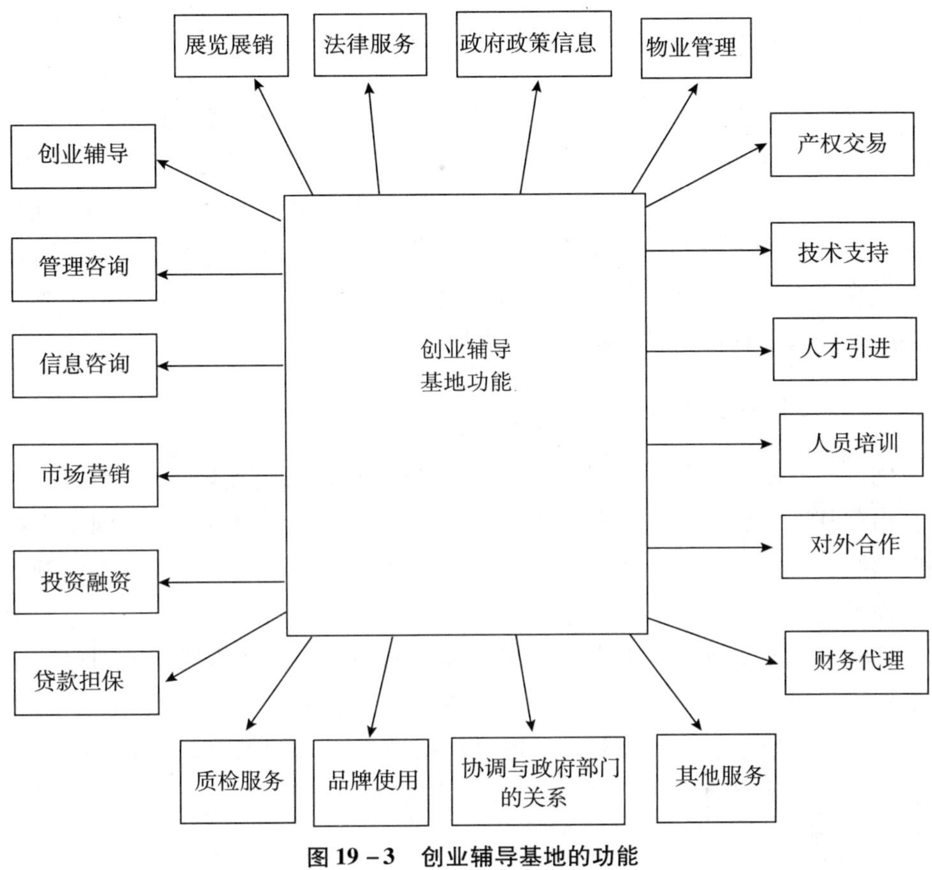

图 19－3　创业辅导基地的功能

专业化的服务，可以把某些岗位细化，以便提供更专业更好的服务。

19.2.3　选择符合市场化的运营模式

创业辅导基地的筹建方式有很多种，每一种筹建方式都有相应的运营模式，而这种运营模式代表的是基地的主要利益相关者的利益。不管是政府筹建的具有事业单位性质的创业辅导基地，还是龙头企业牵头，并出资筹建的民营单位性质的创业辅导基地，抑或入驻企业自发联合，共同筹资兴建的创业辅导基地，只要他们是为了促进中小企业的发展而创建的，他们的目标就是一致的，即帮扶中小企业渡过艰难的初创期，尽快成长起来。在这种情况下，并没有一种万能的运营模式是适合所有的创业辅导基地的。各创业辅导基地应根据自身优势，结合区域发展政策，选择出最适合自身发展的运营模式。

19.2.4 多元化发展

单纯地依靠国家政策拨款和向入驻企业收取租金和服务费用，对于创业辅导基地的长期运营发展来说远远不够。要扩大创业辅导基地的收益来源，可以从以下两个方面着手。第一，给基地外企业提供服务，收取费用。同样的服务资源，除了可以向入驻企业提供以外，还可以向基地外企业提供，增加收入来源。第二，自己创办企业增加收益，基地可以采取入股的形式参与入驻企业经营，获得入股企业分红，增加收益。

19.2.5 强化组织领导

创业辅导基地作为一种特殊的组织类型，其自身会发展，规模会扩张，也会出现其他发展中的企业所存在的问题，例如管理结构不合理、闲杂人员多等问题，为适应当前的经济形势以及解决基地存在的现实危机，基地领导层应逐渐的改善组织结构，通过内部培养和外部招纳两种方式引入人才，锻炼基地管理层的市场实战能力，提高基地内的职工的整体素质。公司要确定合适的管理幅度和管理层级，确保基地内的相关事务有专人负责。为了可以给入驻企业提供高质量的服务，基地可以按照组织职能部门对职工安排专业讲座和培训，通过提高员工素质来提高组织管理的有效性。

19.3 本章小结

综合模糊评价法和DEA评价法的评价结果，本章对河北省10个中小企业创业辅导基地的运营绩效进行了分析，并逐个对创业辅导基地提出了问题和改进建议。然后综合10个创业辅导基地的基本情况，提出了一些自己的建议。

参考文献

[1] SCHUMPETER. The Theory of Economic Development, Cambidge [M]. MA: Harvad University Press, 1934.

[2] AMAR, BHIDE. The Origin and Evolution of New Businesses [M]. Oxford: Oxford University Press, 2000.

[3] GARTNER. Conceptual FrKInework for Describing The Phenomenon of New Venture Creation [J]. Academy of Management Review, 1985, 10 (4): 696 – 706.

[4] SPECHT. Munificence and Carrying Capacity of The Environments and Organizational Formation [J]. Entrepreneurship Theory and Practice, 1993, 17 (2): 77 – 86.

[5] DESAI, GOMPERS. Institutions, Capital Constrains and Entrepreneurial Firm Dynamics: Evidence fromEurope. NBER Working Paper, 2003.

[6] GNYAWALI, FOGEL. Environments for Entrepreneurship Development: Key Dimensions And Research Implications [J]. Entreprenehurship Theoryand Practice, 1994 (2): 43 – 62.

[7] FRED, ALEXANDER. Environmental and Psychological Challenges Facing Entrepreneurial Development in Transitional Economies [J]. Journal of World Business, 2000, 35 (1).

[8] LITVAK, MAULE. Comparative Technical Entrepreneurship: Someperspective [J]. Journal of Internation Business Studies, 1976, 7 (1): 31 – 38.

[9] CHELL, PITTAWAY. A Study of Enirepreneurship in The Restaurant and Cafa Industry: Wxploratory Work Using The Critical Ineident Technique As Amethodology [J]. Hospitality Management, 1985 (17): 23 – 32.

[10] BLOODGOOD, SAPIENZA, CARSRUD. The Dynamics of New Business Start – ups: Penson, Context, and Process. Advances in Entrepreneurship, Firm Emergence, and Growth [M] . JAI press, Greenwich, CT, 1995.

[11] ANNA LEE. Silicon Vallcy's New Immgrant Entrepreneurs. Public Policy Institute of California, 2000.

[12] DEBORAH. Cornrnunity Environment for Entrepreneurship. Center for Rural Entrepreneurship, 2002.

[13] BATEN. Creating Firms for A New Century Detem in Ants of Firm Creation Around 1900 [J] . Eruopean Review of Economic History, 2003, 7 (3): 301 – 329.

[14] ANSTIN, SKILLERN. Soeial and Eommereial Enirepreneurship: Same, Different, or Both [J] . ET&P, 2006 (1): 1 – 22.

[15] DILL. Environment as an Influence on Managerial Autonomy [J] . Administrative Science Quarterly, 1958.

[16] HENRI. Entrepreneurial Intentions and the Entrepreneurial Environment: A Study of Technology – Based New Venture Creation [D] . Otaniemi: Helsinki University of Technology, 2004.

[17] EMERY, TRIST. The Causal Texture of Organizational Environments [J] . Human Relations, 1965 (18): 21 – 32.

[18] THOMPSON. Organizaions in Action [M] . New York: McGraw – Hill, 1967.

[19] CHILD. Organizational Structure, Environment and Perfomance: The Role of Strategic Choice [J] . Sociology, 1972. 6: 1 – 22.

[20] SHOTELL. The Emergence of Qualitative Methods in Health Services Research [J] . Health Services Research, 1999, 34 (5): 1983 – 1990.

[21] DESS, BEARD. Dimensions of Organizational Task Environment [J] . Administrative Science Quarterly, 1984 (29): 52 – 73.

[22] FRESS, ANOUKs, ROGEIR. Psychological Success Factors of Small Seale Businesses in Nmaibia: The Roles of Strategy Process Entrepreneurial Orientation and the Environment [J] . Journal of Developmental Entepreneurship, 2002, 10 (7): 259 – 282.

[23] SARATH, KODITHUWAKKU. The Entrepreneurial Process and Economic

Success in A Constrained Environment [J] . Journal of Business Venturing, 2002 (17): 431 -465.

[24] STEVENSON, ROBERT, GROUSBECK. New Busniness Ventures and The EntrePreneur [M] . Homewood IL: Irwin, 1990.

[25] CARTER, GARTNE, REYONOLDS. Exploring Start - up Event Sequence [J] . Journal of Bussiness Venturing, 1996 (11) .

[26] TIMMONS. New venture creation [M] . Singapore: McGraw - Hill, 1999.

[27] BRUYAT, JULIEN. Defining the Field of Research in Entrepreneurship [J] . Journal of Business Venturing, 2000, 16: 165 -180.

[28] KIRZNER. Competition and Entrepreneurship [M] . Chicago and London: The University of Chicago Press, 1973.

[29] SHANE, VENKATARAMAN. The Promise of Entrepreneurship As A Field of Research [J] . Academy of Management Review, 2000, 25 (1): 217 -226.

[30] KIRZNER. Entrepreneurial Discovery and the Competitive Market Process: An Austrian Approach [J] . Journal of Economic Literature, 1997 (35): 60 -85.

[31] MAN, TAN. Key Components and Implications of Entrepreneurship: A4 - p framework [J] . Journal of Business Venturing, 2006, 21 (5): 704 -725.

[32] PORTER ME. Towards a dynamic theory of strategy [J] . Strategie Management Journal, 1991 (12): 95 -117.

[33] DINYAR LALKAKA. New Eeonomy Incubation in Advanced Developing Countries. NBIA Conference, 2001.

[34] TEECE DJ. Explieating dyamice cpabilities: The nature and microfoundations of (sustainable) enterprise performance [J] . Strategic Management Journal, 2007 (28): 1319 -1350.

[35] WINTER S G. Understanding Dyamiec Capabilities [J] . Strategic Management Journal, 2003 (24): 991 -996.

[36] DJANKOV, SIMEON, RAFAEL LA PORTA, et al. The regulation of entry [J] . Quarterly Journal of Economics, 2002 (107): 1 -37.

[37] OSTERWALDER, A. The business model ontology - A proposition in a

design science approach [D]. Lausanne: Universite de Lausanne, 2004.

[38] OSTERWALDER A, YVES PIGNEUR, CHIRSTOPHER L TUCCI. Clarifying business models: Origins, present, and future of the concept [J]. Communications of the Information Systems, 2005, 15 (5): 1-25.

[39] MICHAEL MORRIS, MINET SCHINDEHutte, JEFFREY ALLEN. The entrepreneur' s business model: Toward a unified perspective [J]. Journal of Business Research, 2003, 58 (1): 726-735.

[40] SIEGEL D, WESTHEAD P, WRIGHT M. Science parks and the performance of new technology Based firms: Areview of recent U. K. Evidence and agenda for future research [J]. Small Business Economics, 2003 (20): 177-184.

[41] ROSA GRIMALDI, ALESSANDRO GRANDI. Business incubators and new venture creation: an Assessment of incubating models [J]. Teehnovation, 2005 (25): 111-121.

[42] GARY HAMEL. Innovation as a Deep Capability [J]. Leader to Leader, 2003, 27 (1).

[43] MICHAEL HAMMER. Deep Change: How Operational Innovation Can Transform Your Company [J]. Harvard Business Review, 2004, (4): 82.

[44] Thomas Powell. Competitive Advantage: Logical and Philosophical Considerations [J]. Strategic Management Journal, 2001 (9): 22.

[45] DAVID J. TEECE, GARY PISA no, AMY SHUEN. Dynamic Capabilities and Strategic Management [J]. Strategic Management Journal, 1997 (7): 18.

[46] BALLK er, CHAM es A, W W COOP er. Some Models for Estimating Technical and Scale Inefficiencies in Data Envel-opmnet Analysi [J]. Management Science, 1984 (30): 1078-1092.

[47] KRIS AEFTS, PAUL MATTHYSSens, KOEN VANDENBEMPT. Critical role and screening practices of European business incubator [J]. Technovation, 2007 (27): 254-267.

[48] MICHAEL RAPPA. The Utility Business Model and Future of Computing Services [J]. IBM Systems Joumal, 2004 (1).

[49] SCOTT BG. Stages of Corporate Development [M]. Boston: Harvard

Business School, Intercollegiate Case Clearing House, 1971.

[50] SCHUMPETER JA. The Theory of Economic Development, Cambridge [M]. MA: Harvard University Press, 1934.

[51] MICHAEL FRESSE, ANOUK BRNATJES, ROGEIR HOOM. Psychological Success Factors of Small Seale Businesses in Nmaibia: The Roles of Strategy Process Entrepreneurial Orientation and the Environment [J]. Journal of Developmental Entepreneurship, 2002, 10 (7): 259-282.

[52] A AZADEH, S F GHADERI, H IZADBAKHSH. Integration of DEA and AHP with Computer Simulation for Railway System Improvement and Optimization [J]. Applied Mathematics and Computation, 2008 (195): 775-785.

[53] DESAI, GOMPERS, LERNER. Institutions, Capital Constrains and Entrepreneurial Firm Dynamics: Evidence from Europe. NBER Working Paper, 2003.

[54] LAWRENCE W LAN, ERWIN T J LIN. Technical Efficiency and Service Effectiveness for Railways Industry: DEA Approaches [J]. Journal of the Eastern Asia Society for Transportation Studies, 2003 (5): 2932-2947.

[55] Dill W R. Environment as an Influence on Managerial Autonomy [J]. Administrative Science Quarterly, 1958.

[56] HENRI GRUNDSTÉN. Entrepreneurial Intentions and the Entrepreneurial Environment: A Study of Technology-Based New Venture Creation [J]. Helsinki University of Technology, 2004.

[57] MATTHEW G. KARLAFTIS. A DEA Approach for Evaluating the Efficiency and Effectiveness of Urban Transit Systems [J]. European Journal of Operational Research, 2004 (152): 354-364.

[58] THOMPSON, J D. Organizations in Action [M]. New York: McGraw-Hill, 1967.

[59] Child J. Organizational Structure, Environment and Performance: The Role of Strategic Choice [J]. Sociology, 1972 (6): 1-22.

[60] SHORTELL, S M. The Emergence of Qualitative Methods in Health Services Research [J]. Health Services Research, 1999, 34 (5): 1983-1090.

[61] DESS, BEARD. Dimensions of Organizational Task Environment [J]. Administrative Science Quarterly, 1984 (29): 52-73.

［62］SARATH S Kodithuwakku. The Entrepreneurial Process and Economic Success in a Constrained Environment［J］. Journal of Business Venturing, 2002,（17）：431－465.

［63］ANNA LEE. Silicon Valley's New Immigrant Entrepreneurs. Public Policy Institute of California, 2000.

［64］TOSHIYA JITSUZUMI. Akihiro Nakamura Causes of Inefficiency in Japanese Railways：Application of DEA for Managers and Policymakers［J］. Socio－Economic Planning Sciences, 2010（44）：161－173.

［65］CARTER, N, GARTNE, W, REYONOLDS. Exploring Start－up Event Sequence［J］. Journal of Business Venturing, 1996（11）：102－103.

［66］TIMMONS, JA. New Venture Creation［M］. Singapore：McGraw－Hill, 1999.

［67］BRUYAT C, JULIEN P. A. Defining the Field of Research in Entrepreneurship［J］. Journal of Business Venturing, 2000（16）：165－180.

［68］KIRZNER, I M. Competition and Entrepreneurship［M］. Chicago and London：The University of Chicago Press, 1973.

［69］SAATY A L. The Analytic Hierarchy Process. McGraw Hill, Inc, 1980.

［70］ZADEH L A. Fuzzy Sets［J］. Information and Control, 1965, 8（3）：338－353.

［71］CHEN G. Comparision of Some Fuzzy Composition Operators［J］. Busefal, 1995（62）：22－26.

［72］SHANE, S, VENKATARAMAN S. The promise of Entrepreneurship as a Field of Research［J］. Academy of Management Review, 2000, 25（1）：217－226.

［73］VERONICA MARTINEI, MIKE KENNERLEY. Impact of Performance Management Reviews：Evidence from an Energy Supplier［J］. Management Services, 2009：12－21.

［74］W RICHARD SCOTT, GERALD F DAVIS. 组织理论：理性、自然与开放系统的视角［M］. 高俊山，译. 北京：中国人民大学出版社，2011.

［75］董婷. 创业过程及案例分析［D］. 北京：北京交通大学，2009.

［76］姜彦福，张玮. 创业企业管理学［M］. 北京：清华大学出版社，2005.

［77］王自更．专业孵化器要有专业化的服务团队［J］．中国孵化器，2008（4）：86.

［78］程艳．科技企业孵化器的运行机制研究［D］．武汉：武汉理工大学，2004.

［79］张若强．铁路客运公司绩效评价指标体系的确定［J］．经营管理，2006（6）：31－33.

［80］路富裕．尽快把中小企业局建成服务局——2006 在全省创业辅导基地建设工作经验交流会上的讲话［J］．中小企业管理与科技，2006（5）：4－7.

［81］TIMMONS. 创业学［M］．周伟明，吕长春，译．北京：人民邮电出版社，2005.

［82］林强，姜彦福，张健．创业理论及其架构分析［J］．经济研究，2001（9）．

［83］张玉利，李乾文，李剑力，创业管理研究新观点综述［J］．外国经济与管理，2006（5）：33－36.

［84］张建英．企业创业活动总体特征分析［J］．中国市场，2008（2）：10－13.

［85］池仁勇．美日创业环境比较研究［J］．外国经济与管理，2002（9）：13－19.

［86］胡绍兰，霍晓霞，刘月君．改善河北省中小企业创业环境的对策研究［J］．商场现代化，2008（33）：206－207.

［87］罗新阳．农村创业环境评估体系研究［J］．兵团党校学报，2009（2）：66－78.

［88］张玉利．创业与企业家精神：管理者的思维模式和行为准则［J］，南开学报：哲学社会科学版，2004（1）．

［89］段利民，王林雪．基于模糊评价方法的技术创业环境评价研究——以西安市为例［J］．科技与管理．2010，12（2）：60－63.

［90］朱仁宏．创业研究前沿理论探讨——定义、概念框架与研究边界［J］．管理科学，2004（4）：50－63.

［91］郑炳章，朱空燕，赵磊．创业环境影响因素研究［J］．经济与管理，2008（9）．

［92］朱至文．主成分分析法在城市创业环境评价中的应用——基于2004

年至 2008 年江苏省各省辖市的统计数据 [J]. 科技管理研究, 2009, 29 (12): 132-137.

[93] 江虹, 朱涵. 论省级区域创业环境评价指标体系的构建及其评估——以江苏省各市为例 [J]. 生产力研究, 2007 (24): 54-56.

[94] 李晓. 区域创业环境评价指标体系的优化 [J]. 统计与决策, 2009 (15): 48-49.

[95] 郭晓丹. 基于 GEM 模型框架的辽宁省创业环境解析与评价 [J]. 财经问题研究, 2009 (11).

[96] 杨晔, 俞艳. 上海创业环境的 GEM 模型分析和政策建议 [J]. 上海财经, 2007 (4): 78-95.

[97] 张立柱, 褚洪雷, 朱辉. 基于多级模糊综合评价的区域创业环境评价方法 [J]. 山东农业大学学报: 自然科学版, 2008, 39 (3): 444-448.

[98] 李国军. 创业环境评价及区域比较 [J]. 云南行政学院报, 2009, 11 (2): 173-176.

[99] 郭元源, 陈瑶瑶, 池仁勇. 城市创业环境评价方法研究及实证 [J]. 科技进步与对策, 2006, 23 (2): 141-145.

[100] 陈兴淋. 南京创业环境现状评价一项基于专家问卷的实证研究 [J]. 南京社会科学, 2007 (7).

[101] 姚晓芳, 陈汝超. 北京, 合肥, 广州三地创业环境比较研究 [J]. 科技进步与对策, 2009, 26 (22): 70-73.

[102] 陈忠卫, 唐根丽, 钱丽. 安徽省城市创业环境评价及其优化政策设计——基于 GEM 框架的实证研究 [J]. 华东经济管理, 2009, 23 (2): 9-14.

[103] 刘冬华, 唐根丽, 钱丽. 官产学对城市创业环境评价的差异性比较: 基于安徽省 17 个地市数据的实证研究 [J]. 财贸研究, 2009 (1): 24-29.

[104] 付新爽, 陈秋玲. 高新技术创业企业发展环境评价方法研究 [J]. 上海大学学报: 自然科学版, 2004 (1).

[105] 赵观兵, 万武. 江苏省区域高新技术创业环境与规模的综合评价 [J]. 华东经济管理, 2004 (1).

[106] 冯建民, 刘莉, 杨云. 深圳特区科技创业环境的评价体系设计 [J]. 中国科技产业, 2004 (6).

［107］杜栋，庞庆华，吴炎．现在综合评价方法与案例精选［M］．北京：清华大学出版社，2001.

［108］徐坚成．优化创业型人才发展环境的对策研究［J］．科技管理研究，2012（3）：119－122.

［109］王化成，尹美群．价值链模式下价值创造的要素体系研究［J］．管理世界，2005（5）．

［110］霍家震，马秀波，等．集成化供应链绩效评价体系及应用［M］．北京：清华大学出版社，2005.

［111］赵湘莲，韩玉启．高新技术企业财务素质的评价方法［J］．统计与决策，2004（6）．

［112］冯岑明，方德英．多指标综合评价的神经网络方法［J］．现代管理可续，2006（3）：61－62.

［113］李卫国，钟书华．创新集群环境评价——以北欧国家ICT集群为例［J］．科技管理研究，2010（19）：163－169.

［114］胡永宏，贺思辉．综合评价方法［M］．北京：科学出版社，2000.

［115］朱建平．多元统计分析［M］．北京：科学出版社，2006.

［116］邵立周，白春杰．系统综合评价指标体系构建方法研究［J］．海军工程大学学报，2008（3）：62－66.

［117］汤姆斯·安德森，等．环境与贸易——生态、经济、体制和政策［M］．北京：清华大学出版社，1998.

［118］罗珉，曾涛，周思伟．企业商业模式创新：基于租金理论的解释［J］．中国工业经济，2005（7）：73－81.

［119］翁君奕．商务模式创新［M］．北京：经济管理出版社，2004.

［120］陈正．中国生态环境现状的统计评价分析［J］．统计与信息论坛，2009（3）：13－19.

［121］迈克尔·波特．国家竞争优势［M］．北京：华夏出版社，2002.

［122］邱东．多指标综合评价方法的系统分析［M］．北京：中国统计出版社，1991.

［123］梁云志．孵化器商业模式创新：关于专业孵化器与创业投资的研究［D］．上海：复旦大学，2010.

［124］蔡奇，创新商业模式推动新经济发展［J］．杭州科技，2008

(5)：4－7.

[125] 长城企业战略研究课题组．孵化器的商业模式及运作［J］．经济研究参考，2001（82）．

[126] 郭田勇，王望．推动我国高新产业发展的“孵化器＋风险投资”模式研究［J］．中央财经大学学报，2006（11）．

[127] 郭毅夫，赵晓康，商业模式创新与竞争优势：基于资源基础论视角的诠释［J］．理论导刊，2009（3）69－71.

[128] 李刚，张玉臣，陈德棉．孵化器与风险投资［J］．科学管理研究，2002（3）：18－22.

[129] 洪柳．商业生态系统内企业间协同问题［J］．商业时代，2010（8）：21－22.

[130] 韩丽，顾力刚．商业生态系统中企业共生及其稳定性分析［J］．中国管理信息化，2011（3）：42－43.

[131] 王兆华．生态工业园工业共生网络研究［D］．大连：大连理工大学，2002.

[132] 原磊．国外商业模式理论研究评价［J］．外国经济与管理，2007（10）：17－24.

[133] 孙凤海，刘涟．浅论企业孵化器及其运行机制［J］．沈阳建筑工程学院学报：社会科学版，2001（3）：12－14.

[134] 谭岚．基于DEA的洞庭湖河湖疏浚投入产出效率分析［D］．南京：河海大学，2006.

[135] 胡绍兰，霍晓霞，刘月君．改善河北省中小企业创业环境的对策研究［J］．商场现代化，2008（33）：206－207.

[136] 段利民，王林雪．基于模糊评价方法的技术创业环境评价研究——以西安市为例［J］．科技与管理，2010（12）：60－63.

[137] 杜伟，高志．高技术企业创业环境评价指标体系研究［J］．当代经济，2007（8）：144－145.

[138] 贾素英．邯郸粮食学校人才培养质量评价研究［D］．河北：河北科技大学，2011.

[139] 赵湘莲，王娜．商业生态系统核心企业绩效评价［J］．统计与决策，2008（7）：72－75.

[140] 马克尔·扬西罗，罗西·莱维思．商业生态系统对企业战略、创

新和可持续发展的影响［M］. 北京：北京商务印书局，2006.

［141］魏继华. 企业绩效评价研究概况分析［J］. 财会通讯：学术版，2007（1）：105－107.

［142］赵湘莲. 商业生态系统的序参量探讨［J］. 经济与管理研究，2006（11）.

［143］陈正. 中国生态环境现状的统计评价分析［J］. 统计与信息论坛，2009（3）：13－19.

［144］张卫华，靳翠翠. 多指标综合评价方法及方法优选研究［J］. 统计与咨询，2007（1）：32－33.

［145］于秀林，任雪松. 多元统计分析［M］. 北京：中国统计出版社，2004.

［146］陈鹏. 中小企业产业基地研究［D］. 江苏：江苏大学，2009.

［147］闫明超. 社会性规制框架下企业和谐劳动关系构建研究［D］. 济南：山东经济学院，2010.

［148］赵新亮. 利益相关者视角下高考加分政策研究［D］. 上海：华东师范大学，2011.

［149］陈军. 企业组织绩效评估模型研究［D］. 哈尔滨：东北林业大学，2006.

［150］张立柱，褚洪雷，朱辉. 基于多级模糊综合评价的区域创业环境评价方法［J］. 山东农业大学学报：自然科学版，2008，39（3）：444－448.

［151］杜栋，庞庆华，吴炎. 现代综合评价方法与案例精选［M］. 北京：清华大学出版社，2008.

［152］赵恒. 利用 AHP 和模糊综合评价法进行供应商选择评价研究［J］. 科学教育，2010（1）：148－151.

［153］乔永忠. 高校思想政治教育绩效评价的新方法探析——模糊综合评价法［J］. 黑龙江高教研究，2007（6）：45－48.

［154］卢佳. 基于模糊综合评价方法的中小型制造企业柔性管理综合评价［D］. 南京：南京理工大学，2010.

［155］刘和旭. 基于 DEA 的高校教师绩效评价方法及应用研究［D］. 长江：国防科学技术大学，2006.

［156］王希良，科技企业孵化器绩效评价研究［D］. 天津：天津大学，2011.

[157] 魏国峰. 国有企业绩效管理实证研究 [D]. 北京: 华北电力大学, 2007.

[158] 任婷婷. 安徽省科技企业孵化器绩效评价分析 [D]. 合肥: 安徽大学, 2011.

[159] 赵树宽, 陆晓芳. 国外典型企业绩效评价 [J]. 工业技术经济, 2003 (3), 57 - 58.

[160] 米传军, 李志祥. 基于模糊综合评判的企业集团内部绩效评价 [A] //第七届中国管理科学学术年会论文集, 2005: 536 - 542.

[161] 温德成, 张守真. 供应商业绩的模糊综合评价 [A]. 首届中国质量学术论坛论文集 (第一卷) [C], 2003: 109 - 114.

[162] 杨浪萍, 李军. 基于模糊综合评价的人力资源绩效评估 [A] //第八届中国青年运筹信息管理学者大会论文集, 2006: 826 - 831.

[163] 李润生, 唐加福. AHP 和模糊综合评判在电信企业绩效评价中的应用 [A]. 第四届中国不确定系统年会论文集, 2006: 314 - 320.

[164] 孙薇, 程龙生, 宋煜. 基于模糊综合评价方法的企业财务绩效评价 [J]. 南京理工大学学报, 2006 (12): 60 - 62.

[165] 任婷婷. 安徽省科技企业孵化器绩效评价分析 [D]. 合肥: 安徽大学, 2011.

[166] 袁国智. 孵化器绩效与创业要素的关联研究 [D]. 昆明: 昆明理工大学, 2011.

[167] 张波. 孵化网络对入孵企业创业绩效的影响研究 [D]. 长沙: 中南大学, 2010.

[168] 张晓宏. 河北省孵化器评价管理系统研究 [D]. 秦皇岛: 燕山大学, 2010.

[169] 李琳. 基于资源观的孵化器与创业投资对创业绩效的影响研究 [D]. 长沙: 中南大学, 2011.

[170] 钟晓非. 吉林省企业孵化器建设研究 [D]. 长春: 吉林大学, 2013.

[171] 谢芸, 科技企业孵化器绩效研究——政策分析视角 [D]. 南京: 南京邮电大学, 2010.

[172] 段利民, 王林雪. 基于模糊评价方法的技术创业环境评价研究——以西安市为例 [J]. 科技与管理, 2010, 12 (2): 60 - 63.

［173］高莹，李卫东，尤笑宇．基于网络 DEA 的我国铁路运输企业效率评价研究［J］．中国软科学，2011（5）：176－182.

［174］原红．我国企业绩效管理存在问题的原因分析和对策［J］．理论观察，2007（1）：47－48.

［175］张娇．我国国家级企业孵化器运行效率研究［D］．南京：南京邮电大学，2011.

［176］徐菱涓．我国科技企业孵化器绩效评价与实证研究［D］．南京：南京航空航天大学，2010.

［177］米辉辉，李永臣．企业集团业绩的模糊综合评价［J］．财会月刊，2007（1）：38－40.

［178］万淑艳，邢媛媛．浅析中小企业的组织模式的创新［J］．商场现代化，2007（7）：49－51.

［179］李大垒，仲伟周．浙江中小企业集群经营绩效的影响因素分析［J］．华东经济管理，2009（6）：9－12.

［180］顾志群，沈友娣，康君．中小企业集群核心竞争力评价指标体系研究［J］．经济问题探索，2004（11）：46－48.

［181］李君，雷定猷．基于 DEA 的铁路货场运营绩效评价的研究［J］．铁道货运，2007（4）：26－27.

［182］滕勇，李红艳，冯芬玲．基于 DEA 的中国铁路物流化运营绩效评价［J］．铁道科学与工程学报，2010，7（5）：113－117.

［183］殷筱琴．模糊综合评价法在企业绩效评价中的应用研究［D］．南京：河海大学，2005.

［184］赵云鹤．河北省创业环境评价研究［D］．石家庄：河北科技大学，2011.

［185］沈渊，漆世雄．基于 DEA 方法的我国物流上市公司绩效评价［J］．技术与方法，2009（8）：97－100.

［186］熊勇清．基于核心能力的中小企业组织结构模式的探讨［J］．经济师，2002（11）：26－28.

［187］梅强，谢振宇，赵官兵．创业辅导体系建设及其绩效考核研究［J］．中国科技论坛，2007（2）：47－50.

［188］孙文博．董莉．胡永翊．基于 DEA 方法的河北省主要城市服务业竞争效率评价［J］．区域经济，2011（16）：136－137.

[189] 盛昭瀚，朱乔，吴广谋. DEA 理论方法与应用 [M]. 北京：科学出版社，1996.

[190] 李瑞，科技企业孵化器绩效评价指标的研究 [D]. 武汉：华中科技大学，2011.

[191] 王少珺，科技企业孵化器建设中的政府作用研究——以天津市东丽区为例 [D]. 天津：天津商业大学，2012.

[192] 范良聪，罗卫东. 基于社会资本视角的创业环境评价体系研究 [J]. 科学学研究，2008.

[193] 路富裕. 解放思想，开拓创新，把创业辅导基地建设做实做好做快 [J]. 中小企业管理与科技，2006 (4)：4-6.

[194] 左和平，杨建仁. 论产业集群绩效评价指标体系构建——以陶瓷产业集群为例 [J]. 江西财经大学学报，2010 (4)：33-37.

[195] 李立娟. 基于 DEA 方法的企业财务绩效综合评价研究 [D]. 广州：广东商学院，2012.

[196] 李芸. 基于 DEA 对我国寿险公司效率的实证研究 [D]. 北京：首都经济贸易大学，2006.

[197] 姜向阳，任佩瑜，张永攀. 基于 DEA 的中国零售连锁企业经营效率比较研究 [J]. 学术问题研究：综合版，2010 (2)：1-7.

[198] 徐莉，周峰，毛鸿. 基于 DEA 模型的企业群绩效评价 [J]. 科技进步与对策，2007 (7)：5-7.

[199] 梅强，赵观兵. 中小企业创业研究——基于产业集群视角 [M]. 北京：中国社会科学出版社，2013.

附录1　我国部分省、市级小企业创业基地的认定标准和扶持政策

一、浙江省小企业创业基地的认定标准和扶持政策

（一）认定标准

1. 固定创业场所在20000平方米以上，具有连续滚动孵化小企业成长的功能；
2. 创办入驻孵化小企业在20家以上；
3. 安排从业人员在1500人以上；
4. 入驻孵化小企业创业成功率在90%以上；
5. 每个基地每年有2家以上培育成为规模企业；
6. 有为创业基地定向服务的服务管理机构；
7. 有规划布局图和实施工作方案。

（二）扶持政策

1. 对利用存量资产改造建设的创业基地项目，符合条件和标准、可由地方编制项目建设规划方案，经省局审核，报国家发改委审定后，申请国家给予一定比例的资金扶持。

2. 对创业基地建造标准厂房，其用地指标应优先予以保证。建议各县（市、区）用于创业基地建设的土地指标不低于当年工业用地总指标的5%。

3. 加大对创业基地建设的政策支持力度。各地可参照嘉兴市的做法，制定符合当地实际的政策措施，从财政补贴、地方税收留成减免等方面给创业基地建设予以扶持。

4. 选择一批符合条件的创业基地，确定为省级创业基地试点，根据项目指南，省中小企业发展专项资金中给予一定的扶持，各地财政也应予以配套扶持。

5. 积极引进政策性银行为创业基地中的小企业提供开发性金融新产品。中小企业信用担保机构要积极为创业基地提供融资担保的服务，多途径帮助解决小企业融资困难。

6. 省局确认的中小企业创业辅导服务机构，要加大对创业基地内销售收入500万元以下小企业的创业服务力度。年底将根据创业辅导的工作绩效，根据项目指南，给予适当的资金补助。

二、江苏省小企业创业基地的认定标准和扶持标准

（一）认定标准

1. 创业基地由独立法人单位负责运营，有完整的依据科学规划的建设工作方案，有较高素质的服务和管理队伍。

2. 科学规划布局。基地建设与市、县城镇建设总体规划相衔接，注重资源的整合利用、产业定位、公共服务平台建设和配套功能的完善。依托产业集聚区、工业集中区的基地应统一规划、设计和建设标准厂房，合理空间布局，明确划分和设置生产区域和综合服务区域。鼓励各地改造利用各类闲置场地、厂房、仓库建设创业基地。

3. 为入驻企业提供价格优惠的生产经营场所和公共服务场所，固定创业场所在2万平方米以上，公共服务面积占基地总面积的10%左右。

4. 有配套的公共设施，包括统一供排水、供电、网络、信息、会议室、洽谈室及后勤服务设施等。

5. 入驻企业30家以上，以新创办的小企业（年销售收入500万元左右）为主；基地内企业从业人员300人以上。

6. 入驻小企业创业成功率在80%以上，基地每年有企业新入驻或培育成规模以上企业，具有连续滚动孵化小企业成长的功能。

7. 服务功能完善。建立和整合一批社会中介服务机构，为基地小企业提供全方位、多层次的服务。一般应包括政务代理、创业咨询、融资担保、人员培训、物管后勤等综合服务功能。有条件的逐步建立行业协会、产品展示中心、仓储物流中心、技术服务中心、信息发布中心等。

（二）扶持政策

1. 加强组织领导。创业基地是哺育小企业成长的摇篮，是扶持小企业发

展的工作载体。加快建设创业基地，有利于资源的集约利用和共享，有利于小企业的健康成长，有利于区域经济统筹协调发展。各市要加强组织领导，明确工作职责，结合本地实际，认真制定和完善本地区小企业创业基地建设工作方案，加快推进小企业创业基地建设。

2. 提高建设水平。各市要加强政策指导，提高创业基地的建设水平。按照集约用地的原则，控制单层、鼓励多层标准厂房，充分挖掘土地使用潜力，缓解用地难问题。帮助创业基地不断完善创业服务和孵化功能；引导创业基地明确产业定位，将创建创业基地与先进制造业基地建设有机结合起来，与区域特色产业发展结合起来。

3. 创新运行机制。各地要积极探索基地建设的新途径，拓展投融资渠道，通过多元化投资和多方式融资来解决基地建设的资金问题。有条件的基地可组建投资管理公司，按照“谁投资、谁受益”的原则，积极吸纳社会各方面资金参与基地建设。对基地建设的标准厂房，可进行工业房地产开发试点，通过招标形式吸引社会机构和单位参与建设。

4. 有序培育推进。省局将根据基地建设要求，建立小企业创业基地培育信息库，按照“因地制宜、树立典型、规范发展、有序推进”的原则，对入库创业基地进行培育指导和跟踪服务，分批选择条件较好、成效突出的创业基地认定为“省级小企业创业示范基地”。争取用 3 年时间，建立和培育 100 个土地利用率高、公共设施齐全、配套服务功能完善、示范带动作用强的省级小企业创业示范基地。

5. 建立信息制度。创业基地应对入驻企业建立统计制度，及时掌握基地内企业的生产经营情况；各地中小企业管理部门要强化对创业基地的业务指导，建立信息联系制度，每半年将本地区小企业创业基地的建设和运营情况汇总上报省中小企业局。

6. 加大扶持力度。对省级小企业创业示范基地给予政策、资金方面的重点扶持。各地要结合本地实际，制定创业基地建设的政策措施，从厂房用地、财政补贴、优惠政策等方面对创业基地予以扶持。

三、四川省小企业创业基地（创业园）认定标准和扶持标准

（一）认定标准

1. 有固定的创业场所和配套的基础设施；

2. 有专门的服务机构和较高素质的服务人员；

3. 创办入驻孵化小企业在15家以上；

4. 从业人员在1000人以上；

5. 入驻孵化小企业的创业成功率在80%以上，具有连续滚动孵化小企业的功能；

6. 每年新增就业人员200人以上；

7. 每年有1家以上培育成为规模（销售收入500万元）以上企业。

（二）扶持政策

1. 加强培训。定期或不定期对创业者进行必需的工商、税务、金融、法律、产业政策、财务管理等基础知识的培训，强化创业意识和创业技能，提高新创企业的成活率。

2. 加强调查研究，及时反馈信息。建立信息定期报告制度，对小企业创业基地（创业园）运作过程中出现的问题要及时报告省、市中小企业主管部门。

3. 要加大宣传工作力度，转变创业者的思想观念，提高自主创业意识。充分依托电视、报刊、网络等新闻媒体，举办创业工作专题宣传活动，宣传创办小企业对解决就业问题、保持国民经济稳定健康发展的巨大作用，宣传党和政府鼓励创业的优惠政策，使自主创业观念深入人心。利用现有信息网站，公布创业技能培训、创业项目推荐、就业岗位等信息，搭建信息交流和资源共享的信息平台。

4. 与社会中介服务机构合作，积极开展管理、技术、人才等服务和工商、税务、财会等代理服务。

5. 对认定的小企业创业基地（创业园）由省中小企业局颁发《四川省中小企业创业基地》（《四川省小企业创业园》）证书和标牌。

6. 对经省中小企业局认定的小企业创业基地（创业园）在资金、政策等方面予以重点扶持。

四、山东省小企业创业基地认定标准和扶持政策

（一）认定标准

1. 有规划布局和具体建设方案。

2. 设区市建立的创业辅导基地孵化小企业的厂房面积在1万平方米以上，县区建立的创业辅导基地孵化小企业的厂房面积在5000平方米以上，具有连续滚动孵化小企业成长的功能。

3. 有相应的道路、供电、供水、排水、环保、消防、通信、网络、绿化及职工生活等基础配套设施。

4. 有统一的公用设施和完备的物业服务、公用的会议室、培训教室和免费使用的信息查阅系统等。

5. 有为创业辅导基地定向服务的管理机构和相应的社会中介服务机构。

6. 具有创业策划、管理咨询、技术支持、资金融通、人才培训、信息查询、市场开拓、事务代理（主要包括：工商登记、财税申报、人事管理、劳动保险、法律咨询、财务代理、年检等）等服务功能，及时为入驻小企业提供全方位服务，服务的满意率在80%以上。

7. 入驻小企业不少于25～50家，安排从业人员300～500人以上。

8. 入驻小企业创业成功率在80%以上。

（二）扶持政策

1. 推动创业辅导基地建设，为小企业的创立发展提供服务平台，营造良好的创业环境是中小企业主管部门的职责，也是全省中小企业工作的重点。各级中小企业主管部门要高度重视，加强领导，明确工作机构和工作人员，认真抓好这项工作。

2. 要积极组织和协调相关部门，充分发挥社会力量，共同参与创业辅导工作。鼓励和支持与其他部门、单位和企业联合创办辅导基地，发挥各自优势，充分利用资源，实行共同管理，形式多样地加快创业辅导基地建设。

3. 省办每年将确定一批符合条件的创业辅导基地，确定为省级创业辅导基地。授牌“山东省中小企业创业辅导基地”，并给予资金扶持。从今年起，凡市级未认定的小企业创业辅导基地，不得列入省级小企业创业基地，市级小企业创业辅导基地，由各市中小企业管理部门或与有关单位联合认定。

4. 省办每年对全省创业辅导基地建设提出工作要求，并进行考核。加强对各市和重点县（市、区）的工作指导，总结和推广先进经验和做法，年终进行检查验收。连续三年考核不符合要求的，将取消省级创业辅导基地资格。

5. 充分利用各类新闻媒体，广泛宣传创业辅导基地的作用，为创业辅导基地的健康发展营造良好氛围。

五、河南省创业辅导基地的认定标准和扶持政策

（一）认定标准

1. 有规划布局和具体建设方案。

2. 创业基地孵化小企业的厂房面积在 1 万平方米以上，具有连续滚动孵化小企业成长的功能。

3. 有相应的道路、供电、供水、排水、环保、消防、通信、网络、绿化及职工生活等基础配套设施。

4. 有统一的公用设施和完备的物业服务，有公用的会议室、培训教室，有免费使用的信息查阅系统等。

5. 有为创业辅导基地定向服务的服务管理机构和拥有一批社会中介服务机构。

6. 具有创业策划、管理咨询、技术支持、资金融通、人才培训、信息查询、市场开拓、事务代理（主要包括：工商登记、财税申报、人事管理、劳动保险、法律咨询、财务代理、年检）等服务功能，能及时为入驻小企业提供所需服务，服务的满意率在 80% 以上。

7. 已入驻小企业不少于 30 家，安排从业人员 5000 人以上。

8. 入驻小企业创业成功率在 90% 以上。

9. 有为中小企业创业提供小额工业用地并有一定发展潜力。

（二）扶持政策

1. 各级中小企业工作部门要高度重视，加强领导，明确工作机构和工作人员，积极开展创业辅导基地建设，为小企业的创立发展提供扶持服务平台，营造良好的创业环境。

2. 积极争取各职能部门的支持和重视利用部门和社会的力量，共同搞好创业辅导基地建设，提倡与其他部门、单位和企业联合创办，共同管理，发挥各自优势，充分利用资源，形式多样地创办创业辅导基地。

3. 省局每年对全省创业辅导基地建设提出工作目标，加强对各市创业基

地试点工作的指导，总结和推广先进经验和做法，每年年底对年度目标内的基地建设进行检查。

4. 充分利用各种新闻媒体，宣传创业辅导基地，引导小企业创业者进驻，为创业辅导基地的健康发展营造良好氛围。

5. 各省辖市局每年应将符合条件的创业辅导基地报省局，符合条件的确定为省中小企业创业基地，并积极向国家推荐，争取各方面对创业基地的支持。

六、甘肃省创业基地（创业园）认定标准和扶持政策

（一）认定标准

1. 具有独立的企业或事业法人资格，有固定的办公场所和健全的财务制度，大专及以上人员占机构服务人员的比例不低于50%；

2. 孵化小企业厂房面积5000平方米以上，有相应的道路、供电、供水、排水、环保、消防、通信、网络、绿化和职工生活等基础配套设施，具有连续滚动孵化小企业的功能；

3. 有为基地定向服务的管理机构和一批中介服务机构；

4. 基地入驻企业不少于50家，安排从业人员500人以上；

5. 入驻孵化小企业的创业成功率在80%以上，每年至少孵化1～2户成为规模以上企业。

（二）扶持政策

1. 省中小企业局经审查后，对符合条件的创业孵化基地，予以认定。

2. 对认定的省级中小企业创业基地（创业园），由省中小企业局颁发《甘肃省中小企业创业基地》（《甘肃省小企业创业园》）证书和牌匾，并在资金、政策等方面予以重点扶持。

3. 省中小企业局对省级中小企业创业孵化基地的建设情况、运行情况和专项资金的使用情况，要进行跟踪督查。

七、安徽省小企业创业基地的认定标准

1. 创业基地孵化小企业的厂房面积在5000平方米以上，具有连续滚动孵

化小企业的功能。

2. 有相应的道路、供电、供水、排水、环保、消防、通信、网络、绿化及职工生活等基础配套设施。

3. 有统一的公用设施和完备的物业服务。

4. 具有创业策划、管理咨询、技术支持、资金融通、人才培训、信息查询、市场开拓、事务代理（主要包括：工商登记、财税申报、人事管理、劳动保险、法律咨询、财务代理、企业年检等）等服务功能，能及时为入驻小企业提供所需服务。

5. 入驻小企业不少于20家，安排从业人员500人以上。

6. 入驻小企业创业成功率在70%以上。

7. 创业基地必须是独立的企业或事业法人，具有健全的财务管理制度。

8. 服务机构大专以上工作人员比例不低于50%。

9. 具有组织专业服务机构参与服务的能力，可实现收支平衡，具有可持续发展能力。

八、湖南省级中小企业创业基地认定标准和扶持政策

（一）认定标准

1. 有基地规划布局和建设实施方案。

2. 有10000平方米以上生产经营场所和共享配套设施。

3. 有专门的综合服务机构和较高素质的服务人员（大专以上文化占70%以上），社会化服务功能完善。

4. 入驻项目筛选严格，创业辅导与培训及时，服务措施得力，创业成功率高于80%。

5. 入驻项目或企业不少于20个，从业人员不少于300人。

6. 具有连续滚动孵化企业的功能，每年毕业企业不少于在孵企业的15%。

（二）扶持政策

1. 对确认的湖南省中小企业创业基地由省经委授予《湖南省中小企业创业基地》标牌。

2. 对确认的湖南省中小企业创业基地项目建设、创业服务和创业示范项

目，省中小企业发展专项资金予以优先支持。

九、河北省创业辅导基地认定标准和扶持政策

（一）认定标准

1. 有规划布局和具体建设方案。

2. 设区市建立的创业辅导基地孵化小企业的厂房面积在1万平方米以上，县区建立的创业辅导基地孵化小企业的厂房面积在5000平方米以上，具有连续滚动孵化小企业成长的功能。

3. 有相应的道路、供电、供水、排水、环保、消防、通信、网络、绿化及职工生活等基础配套设施。

4. 有统一的公用设施和完备的物业服务，有公用的会议室、培训教室，有免费使用的信息查阅系统等。

5. 有为创业辅导基地定向服务的服务管理机构和拥有一批社会中介服务机构资源。

6. 具有创业策划、管理咨询、技术支持、资金融通、人才培训、信息查询、市场开拓、事务代理（主要包括：工商登记、财税申报、人事管理、劳动保险、法律咨询、财务代理、年检等）等服务功能，能及时为入驻小企业提供所需服务，服务的满意率在80%以上。

7. 入驻小企业不少于20家，安排从业人员500人以上。

8. 入驻小企业创业成功率在90%以上。

（二）扶持政策

1. 开展创业辅导基地建设，为小企业的创立发展提供扶持服务平台，营造良好的创业环境是中小企业管理部门的职责，也是中小企业工作的重点。各级中小企业工作部门要高度重视，加强领导，明确工作机构和工作人员认真抓好。

2. 要善于组织和协调相关部门，利用部门和社会的力量，共同搞好创业辅导基地建设。提倡与其他部门、单位和企业联合创办，共同管理，发挥各自优势，充分利用资源，形式多样地创办创业辅导基地。

3. 省局每年年对全省创业辅导基地建设提出工作目标，并加强对各市和重点县（市、区）的指导，总结和推广先进经验和做法，每年年底对年度目

标内的基地建设进行检查验收。

4. 选择一批符合条件的创业辅导基地，确定为省级重点。对列为省级重点的创业辅导基地，在省中小企业专项资金预算额度内给予重点支持。

5. 充分利用各种新闻媒体，宣传创业辅导基地，引导小企业创业者进驻，为创业辅导基地的健康发展营造良好氛围。

十、河南省创业辅导基地认定标准和扶持政策

（一）认定标准

1. 有规划布局和具体建设方案。

2. 创业基地孵化小企业的厂房面积在1万平方米以上，具有连续滚动孵化小企业成长的功能。

3. 有相应的道路、供电、供水、排水、环保、消防、通信、网络、绿化及职工生活等基础配套设施。

4. 有统一的公用设施和完备的物业服务，有公用的会议室、培训教室，有免费使用的信息查阅系统等。

5. 有为创业辅导基地定向服务的服务管理机构和拥有一批社会中介服务机构。

6. 具有创业策划、管理咨询、技术支持、资金融通、人才培训、信息查询、市场开拓、事务代理（主要包括：工商登记、财税申报、人事管理、劳动保险、法律咨询、财务代理、年检）等服务功能，能及时为入驻小企业提供所需服务，服务的满意率在80%以上。

7. 已入驻小企业不少于30家，安排从业人员5000人以上。

8. 入驻小企业创业成功率在90%以上。

9. 有为中小企业创业提供小额工业用地并有一定发展潜力。

（二）扶持政策

1. 各级中小企业工作部门要高度重视，加强领导，明确工作机构和工作人员，积极开展创业辅导基地建设，为小企业的创立发展提供扶持服务平台，营造良好的创业环境。

2. 积极争取各职能部门的支持和重视利用部门和社会的力量，共同搞好

创业辅导基地建设，提倡与其他部门、单位和企业联合创办，共同管理，发挥各自优势，充分利用资源，形式多样地创办创业辅导基地。

3. 省局每年对全省创业辅导基地建设提出工作目标，加强对各市创业基地试点工作的指导，总结和推广先进经验和做法，每年年底对年度目标内的基地建设进行检查。

4. 充分利用各种新闻媒体，宣传创业辅导基地，引导小企业创业者进驻，为创业辅导基地的健康发展营造良好氛围。

5. 各省辖市局每年应将符合条件的创业辅导基地报省局，符合条件的确定为省中小企业创业基地，并积极向国家推荐，争取各方面对创业基地的支持。

十一、辽宁省级小企业创业示范基地认定标准

1. 综合性创业基地的场地面积在5000平方米以上，其中企业使用的场地占2/3以上；专业性创业基地场地面积在1500平方米以上；应有一定共享区间面积。

2. 服务设施齐备，服务功能强，可为企业提供商务、资金、信息、咨询、市场、培训、技术开发与交流、国际合作等多方面的服务。

3. 综合性创业基地入住企业达20家以上；专业性创业基地入住企业达10家以上。基地实际运营时间在一年以上，运营状况良好。

4. 综合性创业基地，年度毕业企业数应占入住企业数的25%以上。

5. 毕业企业应有一年以上的运营期，年销售收入达50万元以上，有20万元以上的资产。

十二、重庆市小企业创业基地认定标准

（一）"一小时经济圈"范围

1. 入驻企业户数在20户以上；

2. 入驻企业就业人数达到600人以上；

3. 入驻企业合计营业收入2000万元以上；

4. 有为入驻企业提供信息、培训、技术、人才、代理、咨询和后勤等服务的机构。

（二）“两翼”范围

1. 入驻企业户数在10户以上；
2. 入驻企业就业人数达到300人以上；
3. 入驻企业合计营业收入1000万元以上；
4. 有为入驻企业提供信息、培训、技术、人才、代理、咨询和后勤等服务的机构。

十三、重庆市工业园（楼宇）认定标准和扶持政策

（一）认定标准

1. 工业园（楼宇）内70%以上的入驻企业注册在当地行政区，入驻企业90%以上在工业园（楼宇）内，并在工业园（楼宇）内从事产品设计、技术开发和加工制造等经营活动。

2. 入驻企业在5家以上，经核定出租或出让建筑面积率超过50%。

3. 工业园（楼宇）及其入驻企业的一切活动符合城区环境与技术质量标准要求。

4. 工业园（楼宇）内房屋建筑结构符合相关建设标准。

5. 工业园（楼宇）整体形象符合市容及卫生质量标准。

6. 工业园（楼宇）的消防等安全措施和物业管理完整配套。

符合上述6条标准要求，且建筑面积在3万平方米（含3万平方米）以上的，可认定为都市工业园；建筑面积在1万~3万平方米的，可认定为都市工业楼宇。

（二）扶持政策

重庆市除对区县（市）中小企业工作部门推进小企业创业基地建设工作纳入企业发展工作考核外，在年底对认定的市级小企业创业基地进行考核，对服务创业工作优秀的创业基地业主（管委会）给予表彰和奖励，同时对符合条件的企业和项目向有关方面推荐，争取财政和银行的支持。

十四、温州市小企业创业基地认定标准和扶持政策

（一）认定标准

1. 固定创业场所在15000平方米以上，具有连续滚动孵化小企业成长的

功能。

2. 创办入驻孵化小企业在15家以上，就业人员在500人以上。

3. 创业基地年工业产值5000万元以上，利税总额300万元以上。

4. 入驻孵化小企业创业成功率在90%以上。

5. 每个基地每年有1家以上培育成为规模企业。

6. 有为创业基地定向服务管理机构，拥有为入驻企业提供综合服务的基本功能。

7. 有发展规划布局和实施工作方案。

（二）扶持政策

1. 加大对创业基地建设的政策支持力度。各县（市、区）可制定符合当地实际的政策措施，从财政补贴、地方税收留成减免等方面给创业基地建设予以扶持。

2. 选择一批符合条件的创业基地，确定为市级创业基地。根据市委、市政府《关于2007年进一步推进社会主义新农村建设的若干意见》（温委发〔2007〕1号）精神，2007年市财政安排100万元专项资金对10家先进的市级小企业创业基地进行扶持，根据建设规模、服务能力、管理水平、经济效益等情况，予以成效评价，区分不同等级分别给予资金补助。

3. 中小企业信用担保机构要积极为创业基地和基地内企业提供融资担保的服务，多途径帮助解决小企业融资困难。

4. 市级和各县（市、区）中小企业创业辅导服务机构，要加大对创业基地内销售收入500万元以下小企业的创业服务力度。对创业辅导工作绩效突出的创业辅导服务机构，优先安排创业辅导资金补助。

十五、常州市级小企业创业基地认定标准和扶持政策

（一）认定标准

1. 有相对独立的基地运作主体（有独立法人资格）。营运期限两年以上，经济效益、社会效益较好。

2. 有小企业创业基地规划和建设实施方案。

3. 小企业创业基地应具有完备的道路、电、水、排水、通信、环保等基

础配套设施。

4. 小企业创业基地包括综合型基地、楼宇型基地和生产型基地三种，其中综合型基地（研发、生产）营运面积不少于8000平方米；楼宇型（研发为主）基地营运面积不少于5000平方米；生产型基地营运厂房面积不少于10000平方米。

5. 综合型基地入驻企业不少于30户，楼宇型基地入驻企业不少于20户，生产型基地入驻企业不少于40户，入驻小企业创业成功率不低于80%。基地每年有企业新入驻或培育成规模以上企业，具有连续滚动孵化小企业成长的功能。

6. 服务设施齐全，服务功能强。能为入驻企业提供工商注册、财务、税务和劳务代理、商务服务、信息咨询、培训服务、技术交流、政策咨询、融资服务、产品展示中心、仓储物流中心、信息发布中心等。

（二）扶持政策

1. 对认定的常州市小企业创业基地，市经贸委（中小企业局）将优先推荐申报各类扶持项目。

2. 对创办小企业创业基地成绩突出的优先推荐为省级或国家级创业基地。

3. 加大对小企业创业基地建设的宣传报道力度，充分利用新闻媒体进行宣传，营造小企业创业基地建设的良好氛围。

十六、秦皇岛市创业辅导基地认定标准和扶持政策

（一）认定标准

1. 有布局规划和具体建设方案。

2. 市级创业辅导基地孵化小企业的厂房面积在1万平方米以上，县区级创业辅导基地孵化小企业的厂房面积在5000平方米以上，具有连续滚动孵化小企业成长的功能。

3. 有相应的道路、供电、供水、排水、环保、消防、通信、网络、绿化及职工生活等基础配套设施。

4. 有统一的公用设施和完备的物业服务，有公用的会议室、培训教室，有公共使用的信息查阅系统等。

5. 有为创业辅导基地定向服务的服务管理机构和拥有一批为入驻企

业提供创业辅导服务的社会中介服务机构和创业辅导师、创业辅导员队伍。

6. 具有创业策划、管理咨询、技术支持、资金融通、人才培训、信息查询、市场开拓、事务代理（主要包括：工商登记、财税申报、人事管理、劳动保险、法律咨询、财务代理、年检等）等服务功能，能及时为入驻企业提供所需服务。

7. 入驻小企业不少于20家（县区级创业辅导基地不少于15家），安排从业人员500人以上（县区级创业辅导基地不少于300人）。

8. 入驻小企业创业成功率在80%以上。

（二）扶持政策

1. 要切实加强对创业辅导基地建设工作的领导。开展创业辅导基地建设，为小企业的创立发展提供扶持服务平台，营造良好的创业环境是中小企业管理部门的职责，也是中小企业工作的重点。各级中小企业主管部门要提高对创业辅导基地建设工作重要性的认识，加强领导，明确工作机构和工作人员具体负责，推进我市创业辅导基地的建立和发展。

2. 加强组织和协调，充分利用和调动部门及社会力量，共同搞好创业辅导基地建设。要充分发挥各级民营经济领导小组的作用，加强与财政、税务、劳动、工商、科技等部门的合作与协调，充分利用资源，形式多样地创办创业辅导基地。

3. 每年对全市创业辅导基地建设提出工作目标，并纳入县区发展民营经济考核内容。要加强对各县区创业辅导基地建设的指导，及时总结和推广先进经验，年底对年度建设目标进行检查验收。

4. 选择一批符合条件的创业辅导基地，确定为市级重点并择优申报为省级重点。对列为省级重点的创业辅导基地，争取省中小企业专项资金予以支持；对列为市级重点的创业辅导基地，在市中小企业专项资金预算中给予支持。

5. 推进和完善创业辅导队伍建设。加强创业辅导师、创业辅导员队伍的培育，引导社会中介组织和专家技术力量为入驻企业提供方便、快捷、高效的创业辅导服务。

6. 充分利用各种新闻媒体，宣传创业辅导基地，引导小企业创业者进驻，为创业辅导基地的健康发展营造良好氛围。

十七、大连市市级创业基地认定标准和扶持政策

（一）认定标准

1. 具有独立法人资格、营运期限超过2年，营运效果较好。

2. 综合型基地营业面积在5000平方米以上；楼宇型基地面积应在3000平方米以上，营业面积占楼宇总面积的比率不应低于50%；生产型基地厂房面积应在3000平方米以上。创业基地应具有较完备的道路、供电、供水、排水、通信、环保、消防等基础配套设施。

3. 综合型基地入驻小企业数不少于30户、楼宇型基地入驻企业数不少于40户、生产型基地入驻企业数不少于20户，创业成功率不低于90%，年毕业企业数不低于20%。

4. 服务设施齐全、服务功能强，能为入驻企业提供工商注册、财务、税务和劳务代理、商务服务、信息咨询、培训服务、技术交流、政策咨询、融资服务等。认定年度及上一年度有违法记录的取消申报资格。

（二）扶持政策

1. 对认定为市级小企业创业基地的，市政府将给予重点扶持。在中小企业专项资金预算内给予重点支持。

2. 对创办小企业成绩突出的，优先推荐为省级或国家级创业基地。

3. 加大对小企业创业基地建设的宣传报道力度，充分利用新闻媒体进行宣传，营造小企业创业基地建设的良好氛围。

我国部分省、市小企业创业基地认定标准汇总表

省级部门	综合性定性条件	基地面积	入驻企业及从业人员	孵化能力	服务能力
浙江省中小局	有规划布局图和实施工作方案	固定创业场所在2万平方米以上	入驻孵化小企业在20家以上；安排从业人员在1500人以上	创业成功率在90%以上；具有连续滚动孵化小企业功能。每个基地每年有2家以上培育成规模以上企业	有为基地定向服务的服务管理机构

续　表

省级部门	综合性定性条件	基地面积	入驻企业及从业人员	孵化能力	服务能力
江苏省中小企业局	科学规划布局。基地建设与市、县城镇建设总体规划相衔接，注重资源的整合利用、产业定位、公共服务平台建设和配套功能的完善。依托产业集聚区、工业集中区的基地应统一规划、设计和建设标准厂房，合理空间布局，明确划分和设置生产区域和综合服务	固定创业场所在2万平方米以上，公共服务面积占基地总面积的10%左右	入驻企业30家以上，以新创办的小企业（年销售收入500万元左右）为主；基地内企业从业人员300人以上	入驻小企业创业成功率在80%以上，基地每年有企业新入驻或培育成规模以上企业，具有连续滚动孵化小企业成长的功能	建立和整合一批社会中介服务机构，为基地小企业提供全方位、多层次的服务。一般应包括政务代理、创业咨询、融资担保、人员培训、物管后勤等综合服务功能。有条件的逐步建立行业协会、产品展示中心、仓储物流中心、技术服务中心、信息发布中心等
四川省中小局		有固定的创业场所和配套的基础设施	入驻孵化小企业在15家以上；从业人员在1000人以上；每年新增就业人员200人以上	创业成功率在80%以上，具有连续滚动孵化小企业的功能。每年有1家以上培育成为规模以上企业	有专门的服务机构和较高素质的服务人员
山东省中小企业局	有规划布局和具体建设方案。有相应的道路、供电、供水、排水、环保、消防、通信、网络、绿化及职工生活等基础配套设施。有统一的公用设施和完备的物业服务、公用的会议室、培训教室和免费使用的信息查阅系统等	设区市建立的创业辅导基地孵化小企业的厂房面积在1万平方米以上，县区建立的创业辅导基地孵化小企业的厂房面积在5000平方米以上，具有连续滚动孵化小企业成长的功能	入驻小企业不少于25～50家，安排从业人员300～500人以上；入驻小企业创业成功率在80%以上		有为创业辅导基地定向服务的管理机构和相应的社会中介服务机构。具有创业策划、管理咨询、技术支持、资金融通、人才培训、信息查询、市场开拓、事务代理（主要包括：工商登记、财税申报、人事管理、劳动保险、法律咨询、财务代理、年检等）等服务功能，及时为入驻小企业提供全方位服务，服务的满意率在80%以上

续 表

省级部门	综合性定性条件	基地面积	入驻企业及从业人员	孵化能力	服务能力
安徽省经委		创业基地孵化小企业的厂房面积在5000平方米以上，具有连续滚动孵化小企业的功能，有相应的道路、供电、供水、排水、环保、消防、通信、网络、绿化及职工生活等基础配套设施。有统一的公用设施和完备的物业服务	入驻小企业不少于20家，安排从业人员500人以上	入驻小企业创业成功率在70%以上	创业基地必须是独立的企业或事业法人，具有健全的财务管理制度。具有创业策划、管理咨询、技术支持、资金融通、人才培训、信息查询、市场开拓、事务代理等服务功能，能及时为入驻小企业提供所需服务。服务机构大专以上工作人员比例不低于50%。具有组织专业服务机构参与服务的能力，可实现收支平衡，具有可持续发展能力
湖南省经委	有基地规划布局和建设实施方案	1万平方米以上的生产经营场所和共享配套设施	入驻项目筛选严格。项目或企业不少于20个，从业人员不少于300人	创业成功率高于80%。具有连续滚动孵化企业的功能，每年毕业企业不少于在孵企业的15%	有专门的综合服务机构，大专以上人员占70%以上，社会化服务功能完善。创业辅导与培训及时，服务措施得力
甘肃省中小企业局	具有独立的企业或事业法人资格，有固定的办公场所和健全的财务制度，大专及以上人员占机构服务人员的比例不低于50%	孵化小企业厂房面积5000平方米以上，有相应的道路、供电、供水、排水、环保、消防、通信、网络、绿化和职工生活等基础配套设施，具有连续滚动孵化小企业的功能	基地入驻企业不少于50家，安排从业人员500人以上	入驻孵化小企业的创业成功率在80%以上，每年至少孵化1～2户成为规模以上企业	有为基地定向服务的管理机构和一批中介服务机构

续　表

省级部门	综合性定性条件	基地面积	入驻企业及从业人员	孵化能力	服务能力
河北省中小局	有规划布局和具体建设方案	设区市建立的基地厂房面积在1万平方米以上，县区建立的基地厂房面积在5000平方米以上。有相应的道路、供电、供水、排水、环保、消防、通信、网络、绿化及职工生活等基础配套设施	入驻小企业不少于20家，安排从业人员500人以上	入驻小企业创业成功率在90%以上；具有连续滚动孵化小企业的功能	有统一的公用设施和完备的物业服务，有公用的会议室、培训教室，有免费使用的信息查阅系统等；有为基地定向服务的机构和一批社会中介服务机构资源；具有创业策划、管理咨询、技术支持、资金融通、人才培训、信息查询、市场开拓、事务代理等服务功能，能及时提供企业所需服务，服务满意率在80%以上
河南省中小企业服务局	有规划布局和具体建设方案	创业基地孵化小企业的厂房面积在1万平方米以上，具有连续滚动孵化小企业成长的功能。有相应的道路、供电、供水、排水、环保、消防、通信、网络、绿化及职工生活等基础配套设施。有为中小企业创业提供小额工业用地并有一定发展潜力	已入驻小企业不少于30家，安排从业人员5000人以上	入驻小企业创业成功率在90%以上	有为创业辅导基地定向服务的服务管理机构和拥有一批社会中介服务机构。具有创业策划、管理咨询、技术支持、资金融通、人才培训、信息查询、市场开拓、事务代理（主要包括：工商登记、财税申报、人事管理、劳动保险、法律咨询、财务代理、年检）等服务功能，能及时为入驻小企业提供所需服务，服务的满意率在80%以上

续 表

省级部门	综合性定性条件	基地面积	入驻企业及从业人员	孵化能力	服务能力
辽宁省中小局	基地实际运营时间在1年以上，运营状况良好	创业基地场地面积在5000平方米以上，其中企业使用的场地占2/3以上；专业性创业基地场地面积在1500平方米以上，应有一定的共享区间面积	综合性创业基地入驻企业达20家以上；专业性创业基地入驻企业达10家以上	综合性基地年毕业企业应占入驻企业25%以上；毕业企业应有一年以上的运营期，年销售收入达50万元以上，有20万元以上的资产	服务设施齐备，服务功能强，可为企业提供商务、资金、信息、咨询、市场、培训、技术开发与交流、国际合作等多方面的服务
重庆市中小局			入驻企业在20户以上；就业人数达到600人以上；入驻企业合计营业收入2000万元以上		有为入驻企业提供信息、培训、技术、人才、代理、咨询和后勤等服务的机构
大连市中小局、财政局	财务管理制度健全、具有组织专业机构参与服务的能力，可实现收支平衡，具有可持续发展的能力	总建筑面积在5000平方米以上，公共服务面积占总建筑面积的10%左右	基地内年小企业保有量不低于30家		服务设施齐全、服务功能强，具有较完备的为小企业创业服务的基础设施。大专及以上人员占机构服务人员的比例不低于50%。能为入驻企业提供信息、培训、技术、人才、代理、咨询等综合服务
温州中小企业局	有发展规划布局和实施工作方案。创业基地年工业产值5000万元以上，利税总额300万元以上	固定创业场所在15000平方米以上，具有连续滚动孵化小企业成长的功能	创办入驻孵化小企业在15家以上，就业人员在500人以上	入驻孵化小企业创业成功率在90%以上。每个基地每年有1家以上培育成为规模企业	有为创业基地定向服务管理机构，拥有为入驻企业提供综合服务的基本功能

续　表

省级部门	综合性定性条件	基地面积	入驻企业及从业人员	孵化能力	服务能力
常州市中小企业局	有相对独立的基地运作主体（有独立法人资格）。营运期限两年以上，经济效益、社会效益较好。有小企业创业基地规划和建设实施方案	小企业创业基地应具有完备的道路、供电、供水、排水、通信、环保等基础配套设施。小企业创业基地包括综合型基地、楼宇型基地和生产型基地三种，其中综合型基地（研发、生产）营运面积不少于8000平方米；楼宇型（研发为主）基地营运面积不少于5000平方米；生产型基地营运厂房面积不少于10000平方米	综合型基地入驻企业不少于30户，楼宇型基地入驻企业不少于20户，生产型基地入驻企业不少于40户	入驻小企业创业成功率不低于80%。基地每年有企业新入驻或培育成规模以上企业，具有连续滚动孵化小企业成长的功能	服务设施齐全，服务功能强。能为入驻企业提供工商注册、财务、税务和劳务代理、商务服务、信息咨询、培训服务、技术交流、政策咨询、融资服务、产品展示中心、仓储物流中心、信息发布中心等
秦皇岛市人民政府	有布局规划和具体建设方案	市级创业辅导基地孵化小企业的厂房面积在1万平方米以上，县区级创业辅导基地孵化小企业的厂房面积在5000平方米以上，具有连续滚动孵化小企业成长的功能。有相应的道路、供电、供水、排水、环保、消防、通信、网络、绿化及职工生活等基础配套设施。有统一的公用设施和完备的物业服务，有公用的会议室、培训教室，有公共使用的信息查阅系统等	入驻小企业不少于20家（县区级创业辅导基地不少于15家），安排从业人员500人以上（县区级创业辅导基地不少于300人）	入驻小企业创业成功率在80%以上	有为创业辅导基地定向服务的服务管理机构和拥有一批为入驻企业提供创业辅导服务的社会中介服务机构和创业辅导师、创业辅导员队伍。具有创业策划、管理咨询、技术支持、资金融通、人才培训、信息查询、市场开拓、事务代理（主要包括：工商登记、财税申报、人事管理、劳动保险、法律咨询、财务代理、年检等）等服务功能，能及时为入驻企业提供所需服务

附录2　河北省创业辅导基地的评价指标体系

一、创业辅导基地评价指标体系

河北省创业辅导基地评价指标体系

一级指标	二级指标	考核指标	考核说明
基础资源（35分）	硬件设施（25分）	提供生产经营场所面积	基地可以提供的创业空间
	配套设施（10分）	基础及配套设施情况	考察基地为创业企业提供的硬件设施和公共服务设施情况
基地管理（20分）	服务机构（10分） 管理团队（5分）	创业策划、管理咨询、技术支持、资金融通、人才培训、信息查询、市场开拓、事务代理等各类服务机构（10分）	基地管理人员综合素质和辅导能力
		管理团队中专业技术人员、大学及以上学历人员比重（3分）	
		创业辅导员占管理团队比重（2分）	
	管理制度建立（5分）	规章制度、服务规范、收费标准，保证正常运营措施等	

续 表

一级指标	二级指标	考核指标	考核说明
服务功能（25分）	政务代理服务（5分）	主要指工商、税务、财会、人事等代理服务	基地为创业企业提供各类服务
	技术、培训、信息服务（10分）	技术培训服务（8分）	
		信息服务（2分）	
	融资服务（5分）	融资服务（5分）	
	其他服务（5分）	管理咨询（2分）	
		个性服务（3分）	
运营效果（20分）	入驻企业情况（12分）	入驻企业数（6分）	基地企业发展的总体数量指标
		毕业企业数量（6分）	基地企业发展的质量指标
	入驻企业满意度、利用率（8分）	问卷调查满意度、厂房车间利用率	反映基地管理服务效果

二、评价细则

1. 基础资源主要有硬件设施和配套基础设施

（1）硬件设施是指创业辅导基地可利用的厂房车间面积，是反映基地空间的规模指数。反映了创业辅导基地所能提供物理空间的能力和潜力。

评分标准：现有厂房车间面积达到1万平方米得15分，每增加5000平方米增加1分，此项最高得分不超过25分。

（2）基础配套设施是指创业辅导基地的道路、供电、供水、排水、环保、消防、通信、网络、绿化及职工生活等基础配套设施完备程度，反映辅导基地所能提供的资源支持的能力。

评分标准：基础配套设施较完善，实现“五通一平”得5分，有环保、消防、多功能厅、产品展室、公共食堂、公共宿舍等设施，满足1项得1分，总分不超过10分。

2. 基地管理主要包括服务机构、管理团队、各项规章制度建立及执行情

况等

(1) 服务机构是指为基地内企业提供服务的社会服务机构。

评分标准：基地与社会服务机构签订服务协议，签订一家得 1 分，最多不超过 10 分。

(2) 管理团队有三项考核指标。

①管理团队中专业技术人员所占比重是指基地管理团队中具有初级以上专业技术职称的人员数量与基地管理团队人员总数的比率。

评分标准：达到 30% 得 2 分，小于 30% 得 1 分。

②管理团队中大专及以上学历人员比重反映了基地管理团队成员的素质。管理团队中大专及以上学历人员的比重越高，则说明管理团队的总体素质越高。

评分标准：达到 40% 以上得 1 分，小于 40% 得 0.5 分。

③创业辅导员占管理团队比重是指基地所拥有的经省局培训颁发创业辅导员证书的人员数量与管理团队人数的比率。

评分标准：到达 20% 得 2 分，小于 20% 得 1 分。

(3) 基地各项规章制度的建立和执行情况。

评分标准：基地有健全的规章制度，服务规范，公开的服务收费标准，中长期发展规划和年度工作计划，保证基地持续健康稳定运营得 5 分，缺项不得分。

3. 服务功能是反映基地运营质量和效率的重要指标

(1) 政务代理服务反映基地为企业提供的简化政务办理手续的相关服务。

评分标准：每年能够为 50% 的基地企业提供政务代理服务得 3 分，为 90% 以上的入驻企业提供此项服务得 5 分。

(2) 各类培训服务是创业辅导基地最基本的服务功能。

评分标准：为入驻企业提供培训服务得 2 分，每年提供 5 次以上培训服务得 5 分。

(3) 技术支持服务主要提供产学研合作服务、技术转移服务、技术交流与技术信息传递服务、企业技术开发市场等。

评分标准：提供该项服务得 3 分，没有该项服务不得分。

(4) 信息服务反映向创业者和中小企业提供政策、技术、市场等基本信息服务。

评分标准：提供该项服务得 2 分，没有该项服务不得分。

（5）融资服务包括信用担保、融资协助等服务。

评分标准：举办银企、银企保对接活动、上市辅导服务得2分，每年举办2次以上得5分。

（6）管理咨询服务指基地为入驻企业发展中存在的问题提供解决方案的情况。

评分标准：提供该项服务得2分，没有该项服务不得分。

（7）其他服务指基地根据自身特点提供的服务。

评分标准：提供一项服务得1分，满分为3分。

4. 基地运营效果有4个评价指标

（1）入驻企业数指评价期创业辅导基地内现存的企业数目，企业数目的多少反映了基地对于创业者和创业企业的集聚能力和服务能力。企业数目越多，说明基地对于创业者的吸引力越大，集聚力越强，服务能力越高。

评分标准：入驻企业或单位大于20家，得3分，大于40家企业，得6分，小于20家企业，得1分。

（2）毕业企业数指评价期年内创业辅导基地企业由于发展前景好，规模较大，已经具有了独立生存发展能力而由基地内迁出另寻找区域发展。

评价标准：有迁出企业得1分，5家以上得6分，没有迁出企业不得分。

（3）厂房利用率指出租厂房面积占全部厂房面积的比率。出租车间比例高说明基地的吸引力大，如果低则会导致基地内企业的流动性过低。

评分标准：车间出租率达到90%，得5分；大于或等于60%小于90%，得2分；小于60%，得1分。

（4）基地入驻企业满意度测评。通过问卷调查，基地内企业对基地管理服务情况进行测评。

评分标准：满意度到达80%以上得3分，小于80%大于或等于60%得2分，小于60%得1分。